사이코드라마의 이론과 적용

김수동 · 이우경 공저

학지사

머 리 말

사이코드라마가 우리나라에서 소개되고 시행된 지 벌써 30년이 넘었다. 저자가 처음 사이코드라마를 접한 때는 1985년으로 기억하고 있다. 당시 레지던트 2년차로 석사논문을 위해 국립서울정신병원을 찾았을 때였다. 김유광 선생님께서 디렉터로 사이코드라마를 진행하던 그곳에서 얼떨결에 주인공이 되어 무대에 섰던 기억이 난다. 의과대학 재학 시절 연극반을 했던 저자는 '사이코드라마' 라는 새로운 영역을 경험하고 색다른 감회를 느꼈다. 그 후 군의관 시절을 마치고 1990년 용인정신병원에 근무하게 되면서부터 사이코드라마에 본격적으로 빠져 들기 시작했다. 때마침 1991년에 병원에 조명과 음향기기 시설이 갖추어진 사이코드라마 전용극장이 만들어지면서 사이코드라마가 활기를 띠게 되었다. 그 당시 대학로 극장 대표였던 정재진 씨가 연극배우들을 섭외하고 병원에서는 자원한 간호사들 중 몇 사람을 선발하여 팀을 만들게 되었다. 환자들을 위한 사이코드라마와는 별도로 1999년부터 지금까지 일반인들을 위한 사이코드라마를 대학로 극장에서 공연하고 있는데, 10여년 이상 정재진 대표와의 인연이 많은 힘이 되었다. 14년간 사이코드라마에 몰두하면서 그동안 많은 계층의 사람들과 함께 할 수 있는 기회가 있었다. 정신과 환자들은 물론이고 심리학과, 간호학과, 사회사업학과, 예술치료학과 대학원생들 그리고 대학 내 사이코드라마 동호회원 등 많은 사람들이 인간의 심리적 차원을 탐구하는 사이코드라마에 관심을 가지고 있음을 피부로 느낄 수 있었다. 또한 중·고등학생들을 비롯하여 초등학생 그리고 유치원 학생들에 이르기까지 연령을 초월하여 사이코드라마를 시행하였고 노숙자, 비행청소년, 마약 및 음주 등의 물질남용자들을 대상으로 학교, 교회나 강당 등 여러 곳에서 소시오드라마 형식으로 진행하기도 하였다. 작년에는 대학로에 있는 마로니에 공원과 같이 열린 공간에서 수백 명의 사람들과 사회적인 이슈를 가지고 즉흥극을 하기도 하였다.

사이코드라마는 미리 쓰인 대본이 없다는 점에서 매우 창조적이다. 사이코드라마 참여자들은 집단 내에서 즉흥적으로 행동표출을 하고 정서적 갈등을 무대에서 재연한다. 또한 집단의 도움을 받아 자신의 주관적인 세계를 행동으로 표현하고 여러 가지 사건을 재경험하거나 새롭게 경험해 볼 수 있다. 사이코드라마 무대는 과거와 미래의 어떤 시점으로 돌아가서 보고 싶은 사람들과 조우할 수 있는 '만남(encounter)의 장'이 되기도 하고 대인관계에서 오는 갈등을 해결하고 자신에게 상처를 준 사람을 용서하는 '화해의 장'이 되기도 한다. 사이코드라마는 모든 것들이 자발적으로 이루어지며 창조적으로 이루어진다는 점이 다른 정신치료와는 구분이 된다.

내면세계를 행동으로 나타냄으로써 깊숙이 숨겨져 있던 감정이 표출된다는 점 또한 사이코드라마의 매력이라고 할 수 있다. 처음에는 머뭇거리던 사람도 일단 극에 몰입하게 되면 실제인 양 역할 연기를 한다. 내면의 진실된 목소리를 따라 자기 자신을 찾는 작업을 하다 보면 분명히 변화되는 순간이 있다. 행동을 통한 통찰력을 얻는 순간 치유를 경험하게 된다. 많은 이들이 카타르시스를 경험하고 관객들도 주인공을 통해 자신의 문제를 바라보게 된다.

잘 된 사이코드라마는 한 편의 연극을 관람하는 것과 같다. 사건이 전개되고 감정의 방출이 일어나고 클라이맥스가 있고 완결이 이루어진다. 치료적 요소 외에 극적인 요소, 미학적 요소도 골고루 갖추고 있다.

Moreno가 사이코드라마를 창시한 이래 사이코드라마의 여러 가지 기법들이 많은 분야에서 널리 사용되고 있음에도 불구하고 사이코드라마의 실제적 측면에 대한 소개가 국내에는 체계적으로 이루어지지 못한 감이 있다.

저자는 학문적 호기심이든 아니면 자신의 문제를 해결하기 위한 목적이든 사이코드라마에 관심을 가진 분들에게 드라마에 대한 올바른 이해를 심어 주기 위해 교과서가 될 만한 책을 저술할 필요성을 느끼게 되었다. 이 책의 목적은 사이코드라마에 대해 호기심을 가지고 있는 일반인, 학생 혹은 정신과 영역의 전문가들에게 사이코드라마의 이론과 실제를 소개하려는 데 있다.

이 책은 3부로 나누어져 있다. 1부는 사이코드라마의 이론적 고찰 부분으로 사이코드라마의 토대가 되는 여러 가지 이론들을 다루었다. 사이코드라마의 역사적 배경과 역할 이론, 자발성·창조성 등의 이론적 토대를 기술하였고, 사이코드라마가 가지고 있는 치료적 요인들을 살펴보았다. 특히 이 부분에서는 관련 서적을 두루 섭렵한 결과, Kellerman의 견해가 사이코드라마에 관련된 중요한 문제들을 일목요연하게 다루고 있고, 저자의 생각과도 일치되는 점이 많아 유용하게 참조하였다. 2부는 사이코드라마의 실제적 측면으로서 그 구성과 진행과정을 저자의 경험을 토대로 기술하였다. 사이코드라마를 진행할 때 디렉터나 보조자아들이 유념해야 할 사항과 사이코드라마기법, 저항 등 실제적으로 생길 수 있는 여러 가지 문제점들을 다루었다. 3부는 저자가 병원이나 대학로에서 진행하였던 사이코드라마 중에서 대표적인 임상적 사례들을 기술하였다. 정신분열병, 우울증, 부부갈등, 알코올중독, 자존감의 문제, 정신적 외상 등을 사이코드라마 장면에서 어떻게 다룰 수 있는지 구체적으로 예시하였다. 이 밖에 꿈, 애도 작업, 일상생활에서 겪는 갈등 등을 다루었다.

  이 책을 쓰는 동안 작업이 늘어지고 진도가 나가지 않을 때마다 저자에게 새로운 힘과 아이디어를 제공하여 준 공동저자인 이우경 선생에게 깊은 감사를 드린다. 특유의 성실함으로 끝까지 구석구석 세심한 배려를 아끼지 않았던 이 선생의 노력 덕분으로 이 책이 제때에 출간이 가능했으리라 생각한다. 또한 사이코드라마에 대한 호기심과 열정을 가지고 극에 참여하면서 자료 정리를 도와주었던 윤유경 학생과 원고를 꼼꼼히 읽어 가며 교정을 도와주었던 박희수, 최선 선생에게도 고마움을 느낀다. 끝으로 1990년부터 지금까지 팀을 이루어 함께 했던 연극배우들, 그동안 보조자아를 해 주었던 간호사들·전공의들과 사이코드라마에 대한 애정으로 드라마에 함께 참여하여 주신 자원봉사자 분들 그리고 병원과 대학로를 찾아 주었던 관객 분들에게 이 책을 바치고 싶다.

용인에서 2004. 7.
저자 대표 김수동

차 례

제2부 사이코드라마의 구성과 과정

제3부 사이코드라마의 적용

1

사이코드라마의 이론적 배경

제1장 사이코드라마란 무엇인가

사이코드라마라는 용어는 영혼(soul/spirit)을 뜻하는 그리스어 'psyche'와 행위(action)를 뜻하는 'drama'라는 말에서 유래된 것으로 '행위를 통해 영혼을 표현한다'는 의미를 지니고 있다. 즉, 사이코드라마는 개인의 갈등 상황을 말보다는 연기로 표현하게 함으로써 자신이 가지고 있는 문제의 심리적 차원을 탐구하도록 돕는 방법이다.

사이코드라마에서 유래된 방법들은 매우 다양한 상황에서 응용될 수 있다. 현재 널리 쓰이고 있는 인지행동치료, 연극치료, 사회기술훈련, 스트레스관리 훈련 등과 같은 치료에서도 사이코드라마적인 요소가 많이 들어가 있다. 또한 요즘 오락문화를 주도하고 있는 영화, 연극, 코미디, TV 드라마 등을 살펴보면 사이코드라마에서 중요한 요소인 이중자아(double)나 역할바꾸기(role reversal) 같은 기법들이 극적인 장치로 사용되고 있는 것을 알 수 있다.

사이코드라마에 참여한 사람들은 집단의 도움을 받아 자신의 인생에서 의미 있는 경험을 재연하고 주관적인 세계를 표현한다. 따라서 사이코드라마에 참여하면 인생의 각 단계에서 일어날 수 있는 여러 가지 사건들을 재경험할수 있다. 사람들이 살아가는 방식이 저마다 다양하듯이 사이코드라마에서 표현될 수 있는 주제 역시 다양하다. 사이코드라마를 통해 유아기, 청소년기,

성인기, 노년기 등 인생의 다양한 단계에서 일어나는 갑작스러운 생활 스트레스, 위기, 내적 갈등 그리고 다양한 인간관계와 상황들을 표현할 수 있다. 이와 같이 사이코드라마는 다양한 삶의 조건과 상황들을 다루고 있는데, 중요한 점은 가상의 세계에서 개인의 진실을 표현함으로써 스트레스가 되는 생활 사건을 극복하고 창조적이고 적응적인 방식으로 대처하게 하는 치유적인 힘이 있다는 것이다.

① 사이코드라마의 정의

사이코드라마는 다차원적이고 복잡한 특성으로 인해 문헌상 그 정의에 대한 일치된 견해가 부족한 실정이다. 혹자는 사이코드라마가 개인적 경험에 지나치게 의존하기 때문에 명확하게 정의 내릴 수 없다고 말하기도 한다. Moreno(1972)는 사이코드라마를 '극적인 방법'으로 '진실'을 탐색하는 과학으로 간단하게 정의한 바 있다. 대체로 사이코드라마라는 용어는 임상적 역할 훈련, 행동 시연, 행위 분석, 창조적 드라마, 드라마치료, 즉흥극, 자발적 해프닝 등으로 불리기도 한다.

사이코드라마에 관한 경험적 연구를 할 때 다른 접근들과 비교하기 위해서는 정확하게 정의를 내리는 것이 필요하다. 또한 사이코드라마를 환자나 집단에 소개할 때 간결하게 정리해서 이야기하면 보다 명확한 의사소통이 이루어질 수 있다. 뿐만 아니라 통일된 정의를 내리게 되면 사이코드라마를 주요 기법으로 활용하는 사람들 간에 활발한 토의를 촉진시킬 수도 있다.

하지만 사이코드라마를 명확하게 정의하는 것이 어려운데, Kellerman(1992)은 그 이유를 다음의 여섯 가지로 설명하고 있다.

1) 사이코드라마 용어

사이코드라마 정의가 어려운 첫 번째 이유는 사이코드라마 용어 자체에 있다. 사이코드라마에 대한 Moreno의 정의는 일관성이 부족하며, 어떤 점에서는 모순되는 측면도 있다. 예를 들어, Moreno는 사이코드라마를 종교적 가정 (Moreno, 1920), 심미적 이상을 가진 극적 예술 형태(Moreno, 1923), 사회적 가치를 지닌 정치 체계(Moreno, 1953), 학문적인 야심을 가진 과학(Moreno, 1953), 치료적 목표와 생활 철학을 가진 정신치료 방법으로 다양하게 정의하였다. 하지만 그 어느 것도 사이코드라마라는 치료적 패러다임을 일관성 있게 설명하지 못하고 있다.

2) 사회측정학, 집단정신치료, 사이코드라마의 '삼자 체계'

사회측정학이나 집단정신치료를 사이코드라마 체계의 일부로 보아야 할지 아니면 개별적인 기법으로 보아야 할지 논란이 있었다. Moreno는 집단정신치료, 사회측정학, 사이코드라마를 혼용하여 사용하였다. 한편 이 세 가지를 별개의 것으로 보는 입장도 있다.

3) 절충주의

사이코드라마는 고정된 역할치료(Kelly, 1955), 사회학습이론(Bandura, 1971), 게슈탈트치료(Perls et al, 1950; Landy, 1986), 참만남 집단(Schutz, 1971), 연극치료(Landy, 1986), 그 밖에 이와 연관된 다른 치료 접근을 포괄하고 있어서 정의상 어려운 점이 있다. 하지만 이러한 치료적 접근들이 사이코드라마의 한두 가지 요소들을 포함하고 있기는 하지만 사이코드라마의 전체 체계를 포괄하고 있는 것은 없다. 따라서 이들 치료 방법은 사이코드라마와는 별개이다.

4) 치료적 적용 vs. 비치료적 적용

많은 사이코드라마 전문가들은 사이코드라마의 치료적 적용과 비치료적 적용을 구분하지 못하고 있다. 전문적으로 훈련받은 임상가들은 심리적인 혼란이나 갈등을 겪는 환자 혹은 내담자에게 사이코드라마를 치료적으로 적용하고 싶어한다. 반면 비교적 건강한 사람들의 개인적인 성장이나 심심풀이 혹

은 문화적인 욕구를 해소하려는 목적으로 사이코드라마를 사용하는 디렉터들
은 치료적인 입장을 취하지 않는 편이다. 흔히 사이코드라마를 단순히 연극
하는 것으로 생각하는 사람들이 있다. 하지만 저자는 어떤 장면에서 어떻게
사용되든지 간에 사이코드라마는 분명히 치료의 한 형태라고 생각한다. 따라
서 산업체나 학교에서 사이코드라마에 나오는 역할 연기를 사용하는 것은 고
전적인 사이코드라마와 다르며 사이코드라마라고 정의 내리기보다는 역할 훈
련으로 보는 것이 바람직하다. 사이코드라마에 사회적 상황이 가미된다면 소
시오드라마 혹은 커뮤니티 연극으로 부르는 것이 바람직하며, 학교와 같은 교
육적 장면에서 사용될 때는 창조적 드라마라는 용어가 적당하다.

5) 연극과 유사성

사이코드라마가 연극과 유사하다는 점 때문에 정의상 혼란이 야기되기도
한다. 연극과 사이코드라마가 카타르시스와 같은 정서적 효과를 갖는다는 점
에서는 서로 공통점이 있지만 연극에는 사이코드라마의 치료적 특징이 결여
되어 있다. 사이코드라마는 주로 일회적으로 끝나기 때문에 그 치료 과정을
일반화하기가 어렵다고 할 수 있으나 시간, 장소, 내용 면에서 경계가 명확한
구조로 이루어져 있다. 즉, 주인공에게 자신의 문제를 표현할 수 있는 자유가
주어지고 그 다음에는 어떤 과정이 뒤따르게 되고 확고한 개입 전략과 발달
단계가 있다는 것이 특징이다.

6) 일관성 있는 이론의 결여

사이코드라마 전문가들 간에 일치된 이론적 견해가 부족하다는 것도 사이
코드라마 정의를 어렵게 만드는 요소이다. 사이코드라마는 이론보다는 기법
위주로 발전되어 왔기 때문에 특정한 이론을 지향하지 않는다. 이렇다 보니
사이코드라마를 주요 치료기법으로 사용하는 사람들 간에 통일된 이론적 체
계가 부족하다. 따라서 사이코드라마에 대한 정의는 어느 한 가지 이론적 지
향을 가정하지 않고 정의되는 것이 바람직하다.

행동주의적 사이코드라마와 실존적 사이코드라마

　과학은 크게 자연과학과 인문과학으로 나누어져 있고 각각은 사회적 세계에 대한 독특한 관점을 반영하고 있다. 자연과학적 접근은 실증적·환원주의적·객관적·분석적·양적·결정론적이며, 인문과학적 접근은 기술적·질적·설명적 과정에 따라 인간의 정신적 현상을 밝히는 것이다. 이와 같은 맥락에서 Kellerman(1991)은 사이코드라마를 자연과학적 접근인 '행동주의적' 사이코드라마와 인문과학적인 '실존적(현상학적)' 사이코드라마로 분류하였다. 행동주의적 사이코드라마는 의학적 사고, 즉 질병을 치료하고 증상을 없애고 행동을 변화시키고 사회적 적응을 촉진시키기 위한 목표를 가지고 있다. 행동주의적 사이코드라마에서는 정상적인 행동과 이상적인 행동을 구분하고 진단을 내리는 것이 필수적이다. 여기서는 사이코드라마 디렉터의 역할이 매우 기술적(technical)이다. 즉, 환자에게 특정한 기술적 처방을 해서 증상을 없애 주는 의사의 역할과 비슷하다고 볼 수 있다. Moreno(1937, 1972)가 '사이코드라마란 환자를 무대 위에 올려 놓고 전문 보조자아들의 도움을 받아 문제를 해결하는 것이며, 치료적 방법이자 진단의 한 방법'이라고 주장한 것은 이것과 맥락을 같이 한다.

　반면 실존적 사이코드라마에서는 건강·정상·병리라는 개념이 없고, 진단은 부적절하고 불필요하다고 보고 있다. 사이코드라마는 의학적 의미의 '치료'가 아니라 '대인 간 만남'이라는 틀 안에서 정서적 경험을 한다는 점에서 가치가 있다. 이러한 경험은 참여자들이 자신에 대해 좀 더 잘 인식하고 균형감을 갖게 되는 기회가 될 수 있다. 따라서 실존적 사이코드라마에서는 어떤 경우이든 목표는 '치료'가 아니라 각 개인의 개인적 한계와 경계 안에서 가능한 자발성과 창조성을 발휘하는 것이다. 그러나 실존적 의미에서 이루어지는 사이코드라마 활동 역시 극적인 재미나 즉흥 연극과는 구별할 필요가 있고 광범위하게는 정신치료의 일종으로 정의 내릴 수 있다.

　요약하면, 행동주의적 사이코드라마는 증상 제거와 같은 보다 근본적인 욕구의 만족을 추구하는 환자들에게 사용될 수 있다. 실존적 사이코드라마는 거짓된 자기 개념과 타인에 대한 비현실적 지각에서 벗어나 자신을 자유롭게 하고자 하는 사람들에게 사용될 수 있다.

⑬ 사이코드라마의 특성

사이코드라마의 목적은 기본적으로 행위화하는 데 있다. 언어적으로 표현하는 것은 제한적이기 때문에, 언어와 행동을 결합해야 정신적인 에너지가 정상적인 경로를 통해서 나올 수 있다. 다른 치료법과는 달리 사이코드라마는 언어보다는 행동을 통해 한 개인에 대해 더 많은 것을 알 수 있게 해 준다. 사이코드라마를 진행하는 치료자는 갈등과 문제를 해결하기 위해 행동을 강조하는 기법과 치료적인 전략을 사용한다.

살아 있는 유기체는 스스로 자각하지 못해도 시시각각 불수의적으로 신체적인 움직임을 보인다. 무의식적으로 일어나는 이러한 움직임들은 욕구를 충족시키는 측면이 있다.

▐ 행동 vs. 언어

1. 유기체는 통합된 전체기 때문에 기억은 신체와 분리될 수 없다. 기억은 마음뿐만 아니라 전체 유기체 내에 간직된다. 예를 들어, 어렸을 때 수영을 배웠던 사람이 오랫동안 수영을 하지 않았을 경우 수영하는 법을 말로 설명하지는 못해도 몸은 수영하는 법을 알고 있다.

2. 언어는 자극을 필요로 하지만, 행동은 자극과 상관없이 자발적으로 시작된다. 예를 들어, 태아는 목소리를 내기도 전에 엄마의 뱃속에서 움직이고, 신생아는 의사소통을 하기 전에 팔다리를 움직인다. 행동은 자발적이고 언어는 학습을 통해 이루어진다. 행동은 자연스러운 것이고 언어는 인위적인 것이다. 행동은 신체 에너지를 발산하고 언어는 정신 에너지를 발산한다.

3. 언어는 진실한 자기를 숨길 수 있다. 이런 점에서 언어는 일종의 방어기제일 수 있다. 방어기제는 적절히 사용되면 득이 되지만 지나치면 해가 된다. 때로 언어는 진실을 숨기고 왜곡하고 모호하게 만든다. 거짓말을 하게 되면 신체 언어로 진실이 드러나기 마련

이다. 사람들은 자신의 욕구를 충족시키기 위해 말을 조작하는 데 능숙하지만 신체 언어는 광범위한 행위 카테고리(자세, 손이나 발 움직임, 몸짓, 호흡하기 등)로 이루어져 있어 조작하기가 어렵다.

4. 행동은 보편적인 언어다. 예를 들어, 손을 흔드는 것은 어떤 언어를 쓰든 간에 통용될 수 있다. 또한 웃고 울고 찡그리는 등의 표정은 모든 언어권에서 거의 동일한 의미를 갖는다.

5. 행동(싸움과 도주)은 생존 전략이다. 모든 생물체의 가장 기본적인 추동은 생존하는 것이다. 위험에 처했을 때 싸우거나 도망가는 것은 생존을 위한 전략이다. 때로는 언어가 생존 전략이 되기도 하지만 행동만큼이나 분명하지는 않다.

6. 행동은 한 개인의 정서적 경험을 더 완전하게 만들어 준다. 당황해서 적절한 단어를 찾지 못하면 '혀가 꼬이거나 말문이 막히는' 것과 마찬가지로 감정은 몸을 통해 표현된다. 즉, 신체를 통해 표현된 감정을 이해하면 한 개인의 사고 과정을 이해할 수 있게 된다.

7. 행동은 카타르시스를 경험할 수 있게 해 준다. 예를 들어, 조깅을 하거나 오래 걷는 것, 잔디를 깎는 것, 자전거를 타는 것 등은 에너지를 발산하고 부정적인 감정을 해소하기 위해 사용될 수 있는 방법들이다. 행동치료는 이런 경험들을 자연스럽게 촉진할 수 있는 방법으로 이루어져 있다. 사이코드라마에서는 사람들이 카타르시스를 경험할 수 있도록 행동과 언어를 복합적으로 사용한다.

❹ 사이코드라마의 목적

1) 치료적 목적

사이코드라마는 정신치료의 한 방법으로, 여기서 내담자 또는 환자는 극화, 역할 연기, 극적인 자기표현을 통해 행위를 계속하거나 완성시키게 된다. 사이코드라마에서는 많은 장면들이 실연되는데, 예를 들면 과거에 일어났던 특정 사건들에 대한 기억들, 미완성 상황들, 내적 드라마, 공상, 꿈, 미래의 위험을 감수해야 하는 상황에 대한 준비 등이 지금-여기에서 이루어진다. 이러한 장면들은 실제 생활에 거의 가깝거나 내적인 정신 과정을 외현화한 것이다.

사이코드라마는 동작이나 행동을 이용한 행위치료(action therapy)라고 볼 수 있다. 물론 언어적 기법들도 사용되고 있지만 사이코드라마라는 전체 틀 속에 언어적 기법과 행동적 기법들을 통합해서 사용한다.

인간은 신체와 정신이 분리되어 있지 않고, 이 둘이 조화롭게 기능하는 유기체다. 따라서 치료과정에 마음과 정신뿐만 아니라 신체를 포함시키는 것은 중요하다. 흔히 정서적 문제를 위한 치료를 할 때에는 언어를 이용한 치료가 주가 된다. 언어를 위주로 한 치료는 언어라는 매개를 통해 표현하고 의미를 해석하는 수단으로 상징(symbol)만을 사용하지만, 행동과 언어를 모두 이용한 사이코드라마는 마음, 사고, 언어, 감각 운동, 근육 조직, 인체, 생리 현상 등 모든 과정을 통합한다.

2) 문제해결 및 의사결정의 수단

사람들은 살아가면서 일상적으로 일어나는 크고 작은 결정을 하게 된다. 어떤 결정은 아주 쉽게 그리고 자연스럽게 결정되지만, 어떤 결정은 커다란 혼선과 어려운 과정을 거치기도 한다. 매사를 자신의 의지에 따라 쉽게 문제를 결정하는 사람도 있지만, 아주 간단한 문제조차도 스스로 결정하지 못하고 우유부단해지거나 타인에게 의존하는 사람도 있다.

사이코드라마는 정신과 환자가 아니더라도 정상적인 사람들이 살아가면서 부딪히게 되는 여러 가지 갈등과 문제를 다룰 수 있다. 사이코드라마를 통해 사람들은 문제를 객관적으로 바라볼 수 있고 갈등 상황을 명확하게 인식하게 된다. 사이코드라마는 문제해결 상황에서 여러 가지 대안들의 차이점을 경험할 수 있는 기회를 제공한다. 이러한 점에서 볼 때, 사이코드라마는 사람들이 살아가면서 불가피하게 선택해야 하는 많은 결정들이 적합한지를 실험하고 경험할 수 있는 '삶의 실험실'이다. 만약 어떤 것이 옳지 않게 느껴지거나 불편하게 느껴진다면 자신이 취했던 단계들을 거슬러 올라가서 다시 시도해 볼 수 있다. 사이코드라마 무대에서는 잘못된 판단과 의사결정이 가져올 수 있는 시행착오를 거치지 않고도 효율적인 문제해결 방식을 터득할 수 있다.

사이코드라마를 통해 사람들은 역할 연기를 하는 것이 아니라, 자신의 문제와 실제 일어나는 일상의 경험들을 직접 시연해 볼 수 있다. 때로는 디렉터가 미래투사기법을 통해 주인공을 미래에 일어날 상황으로 인도하기도 하지만 사이코드라마 상황에서 일어나는 감정은 실제적이다.

3) 놀이 및 문화적 욕구의 충족

연극이나 드라마는 그 발생 동기를 '인간의 유희 본능'에서 찾을 수 있다. 영어의 'play'가 우리말로 '놀이', '연극'으로 해석되듯이 연극이 인간생활 가운데 본능적으로 싹트는 욕망의 구현, 즉 유희 본능에서 발생했다는 것은 수긍이 간다. 서양 속담에 '일만 시키고 놀리지 않으면 아이를 바보로 만든다.'는 말이 있듯이 사람은 일만 하고 살 수는 없다. 아이나 어른이나 할 것 없이 적당한 놀이 문화는 일로 지친 심신에 휴식을 주고 더 큰 생산성과 창조성에도 기여한다.

Blatner와 Blatner(1988)는 사이코드라마 상황에서 역할 레퍼토리를 탐색하고 확장하는 것이 일종의 놀이라고 피력하였다. 여타의 놀이와 마찬가지로 사이코드라마에서도 상호작용을 위해서는 마음과 몸을 함께 움직여야 한다. 사이코드라마는 활동적이고 재미있는 놀이치료의 한 형태다. 따라서 디렉터는 아이와 함께 놀아 주는 어머니와 같이 극적·치료적 의미에서 '놀이'를 촉진시키고 불안을 담아 두고(containing) 버텨 주면서(holding) 주인공을 변화시키고 발전시킬 수 있도록 도와주어야 한다.

조명, 무대의 세트 디자인 그리고 음악, 음향 효과 등은 인간의 감성을 자극하기 때문에 놀이 및 문화로서의 극의 몰입에 매우 중요한 요소들이다. 연극, 무용, 미술, 음악이 한데 어울려서 사이코드라마의 예술적 깊이를 더 할 수 있다. 음악, 미술, 무용치료가 예술치료의 일환으로 이미 각 대학에서 강의가 이루어지고 외국에서 공부한 전문가들이 활동을 벌이고 있는 것이 주지의 사실이다. 저자는 무용치료, 음악치료, 미술치료 분야의 치료사들과 사이코드라마를 함께 진행하면서 무용, 음악, 미술과 같은 예술적 요소들이 어떻게 인간의 감성을 자극하고 행동을 유발하는지를 새삼 느낄 수 있었다. 이러한 예술적 요소들이 가미된다면 사이코드라마는 참여자들의 문화적인 관심과 욕구를 만족시켜 줄 수 있다.

　사이코드라마의 정의나 목적을 어떤 것이라고 한정 지을 필요가 없다고 본
다. 놀이 개념만 강조된 드라마나 치료적 의미만이 강조된 드라마보다는 사이
코드라마가 행해지고 있는 집단의 성질과 분위기에 맞는 드라마가 가장 훌륭
한 드라마라고 생각한다. 놀이가 되기도 하고 자신의 생각이나 느낌을 무대에
서 연기해 보는 일종의 퍼포먼스일수도 있고 치료적 의미의 드라마일수도 있
으며 문화적 욕구를 반영하는 드라마일수도 있다는 것이 저자의 견해다.
　사이코드라마는 유연성(flexibility)이 있어 여러 가지 측면들을 다 담아 낼 수
있다는 것이 저자의 생각이다. 틀에 구애받지 않고 시대적 흐름이나 참여자
들의 욕구에 따라 유연성을 간직하는 것이 Moreno가 강조한 창조성, 자발성
의 정신과 일치한다고 볼 수 있다. 상상력과 무한한 가능성을 열어 놓아 사회
변화의 흐름에 적응하고 발전해야 한다.

⑤ 사이코드라마의 틀

1) 장소와 도구

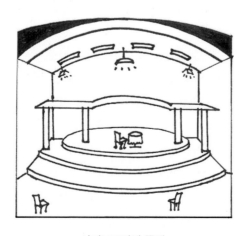

사이코드라마 무대

　Moreno는 사이코드라마를 위한
공간으로 3층으로 된 연단과 발코
니, 조명 시설을 갖춘 무대를 고안
하였다. 뉴욕의 비콘에 위치한
Moreno의 극장은 가로가 약 70피
트, 세로가 약 25피트 정도며 높이
는 약 40피트다. 극장의 반 정도를
무대가 차지하고 있다. 3층으로
이루어진 원형무대가 놓여 있으며
가장 큰 원형무대는 직경이 약 16

피트며 중간은 아래에 비해 직경이 약 2피트가 좁고 맨 위층은 직경이 약 12
피트로 주 무대로 이용되고 있다. 발코니가 무대 위로 약 9피트 위에 위치하
여 극장을 가로지르고 있다.

실용적으로 이 무대는 표현적인 동작이 가능할 만큼 넓은 공간으로 꾸며졌
고 상황 설정이 수월하고 암시적인 유용성이 있게끔 만들어졌다. 이론적으로
무대는 지상과 천상을 상징적으로 표현하고 있다. 예를 들어, 신의 역할을 하
는 연기자는 발코니 위에서 연기를 하며 나머지 연기자들은 무대(땅)에서 연
기를 한다. 그 반대로 지옥 장면을 연출하고 싶다면 무대가 지옥이 될 것이고
나머지 연기자들은 발코니(땅)에서 연기를 할 수 있다. 불완전한 느낌을 표현
할 때에는 무대 꼭대기가 안정감을 상징하도록 꾸미고, 역할 연기자는 무대의
가장 낮은 곳에서 시작하여 점차 높은 곳으로 이동한다.

하지만 실제로 사이코드라마는 참여자들의 상상을 원천으로 진행되므로 장
소의 제약이 적고 특별한 도구가 필요하지 않다. 공연이 목적이 아니라면 반
드시 무대가 설치되어야 하는 것도 아니다. 참여자의 수에 따라 모든 이들이
편안하게 앉을 수 있고 심리적으로 답답함을 느끼지 않을 수 있는 정도의 공
간이 있다면 일반적인 극에서 요구되는 무대 개념은 무시될 수 있다. 그러나
주인공이 몰입해서 연기할 수 있는 분위기가 조성될 수 있는 공간은 확보되
어야 한다. 집단이 소규모인 경우 원형으로 둘러앉는 것이 친밀감을 증진시
킬 수 있다. 대개 사이코드라마를 전문적으로 실시하는 병원은 조명장치와
음향장치를 갖추고 있는 곳이 많지만 사이코드라마를 의뢰받아 외부에서 실
시할 때는 이상적인 장치가 모두 갖추어진 곳은 드물다. 학생을 대상으로 할
때는 교실이 무대가 될 수도 있고 커다란 강당이나 체육관이 무대가 될 수도
있다. 기업체에서 의뢰를 받아 진행할 경우에는 회의실이 무대가 될 수도
있다.

부가적으로 주인공의 몰입을 돕는 조용한 음악이나 빈의자기법 등을 효과
적으로 할 수 있는 조명이 갖추어져 있는 것이 좋다. 조명과 같은 보조기구들
은 사이코드라마의 극적 효과를 올릴 수 있다. 특히 특수 조명은 여러 가지
분위기를 연출한다. 조명을 흐릿하거나 깜깜하게 하는 것은 주인공이 고립과
외로움을 연출할 때 혹은 꿈속의 장면을 생생하게 묘사할 때 효과적이다. 전

체적인 조명 못지않게 부분 조명도 극의 분위기를 살려 준다. 예를 들어, 빈 의자에만 부분적으로 조명을 넣을 경우 주인공의 상상력과 투사(projection)를 자극할 수 있다. 무대 위에는 몇 가지의 소도구가 필요하며, 의자 몇 개 정도는 주인공이 편안히 앉을 수 있는 분위기를 조성함과 동시에 빈의자기법에 유용한 도구가 된다. 의자는 그저 앉기 위한 것만이 아니라 비어 있을 경우 투사된 인물이나 상상의 인물로 여겨질 수 있다. 또한 의자는 장애물이나 높이를 조절하여 사람의 지위를 나타내는 상징적인 재료가 되기도 한다.

2) 시간과 회기

대부분의 정신치료의 효과에 관한 연구에서 시간은 중요한 요소로 간주된다. 치료 시간이 충분하지 못한 것은 종종 부정적인 치료 요인이 되기도 한다. 사이코드라마는 대개 한 회기(single session)로 끝나는 경우가 많다. 한 회기로 끝나는 사이코드라마는 보통 2시간에서 3시간 정도 걸리며 평균적으로 2시간 반 정도 걸리는 경우가 많다. 앞의 30분은 준비작업으로 활용하고 1시간 반 정도는 실연을 하고 회기 나머지 부분은 나눔 단계로 구성된다. 회기 이전 혹은 이후에 집단 토의 시간을 포함한다면 세 시간 정도는 걸리게 된다.

사이코드라마는 일주일에 한 회기씩 여러 번 행해질 수도 있고 주말 워크숍을 통해 집중적으로 진행할 수도 있다. 대부분의 디렉터들은 집중적인 워크숍이 자기노출, 정서적 개입, 집단 응집력을 촉진시켜 치료적 과정을 증대시킨다고 본다. Hall(1977)이 간호 학생을 대상으로 집중적인 주말 사이코드라마 워크숍과 1주일에 한 회기씩 6회기에 걸쳐 진행된 사이코드라마 효과를 비교한 결과, 집중적인 주말 워크숍이 불안, 우울, 심적 불편감을 감소시킨 것으로 나타났다. 저자는 보조자아를 훈련시킬 때 주말을 이용한 워크숍을 주로 사용하고 있다. 저자의 경험상 1주일에 한 회기씩 한 학기에 걸쳐 대학원생들을 대상으로 사이코드라마를 실시할 경우, 주말을 이용한 집중적인 워크숍에 비해 효과적임을 알게 되었다. 한 학기에 걸쳐 실시되다보니 속도는 느리지만 회기 간에 연속성이 증가되고 중요한 문제들을 점진적으로 파헤치면서 반복적인 훈습을 통해 참여자들이 사이코드라마에서 얻어진 결과를 일상생활에 더 효율적으로 통합시킬 수 있었다.

　사이코드라마는 단일 회기로 진행되는 경우가 많아 치료를 통해 환자나 내담자의 증상을 제거하는 것을 목적으로 하는 임상가들은 회의적인 시각을 가지는 경우가 많다. 일반 정상적인 사람들을 대상으로 할 때는 한 회기 동안 제한된 목표를 가지고 기본적이면서 구체적인 문제에 초점을 두고 실행하는 것이 좋다. 그러나 좀 더 내적 갈등이 심한 내담자나 정신과적인 문제를 가지고 있는 환자들의 경우는 회기를 늘려서 신축성 있게 운용하는 것이 필요하다고 본다. 실제로 병원에서 입원 환자나 외래 환자를 대상으로 여러 회기에 걸쳐 사이코드라마를 진행하고 있는데, 이 경우 사이코드라마 상황에서 실연된 문제를 충분히 훈습할 수 있는 기회를 준다는 점에서 더 효과적이라고 볼 수 있다.

3) 사이코드라마 참여자

　사이코드라마에 참여할 수 있는 대상은 다양하다고 볼 수 있다. 대부분의 내담자는 20대에서 40대에 걸쳐 있지만 그보다 나이가 적거나 많은 경우도 흔히 볼 수 있다. 아동이나 청소년 그리고 노인들은 대개 동질적인 집단으로 구성되는 경우가 많다. 성별에 있어서는 대부분의 정신치료와 마찬가지로 남성보다는 여성이 많다. 저자의 경험으로는 외향적인 여성이 사이코드라마를 선호하는 것으로 보인다. 지능 면에서 살펴보면 아주 지적이고 교육 수준이 높은 사람에게도 사용할 수 있지만 언어를 위주로 하는 다른 정신치료에 비해 다양한 스펙트럼의 비언어적 · 행동적 기법을 사용하는 사이코드라마에서는 지능이 지체되어 있고 교육 수준이 낮은 사람들을 대상으로 할 수도 있다. 다시 말하면 사이코드라마에 참여할 수 있는 대상은 다른 여타의 정신치료에 비해 그 범위가 넓다고 할 수 있다.

　어떤 사람들에게 사이코드라마가 효과적인 치료적 대안이 될 수 있는지를 단정 지어 말하기는 어렵다. Goldman과 Morrison(1984)은 상황적 우울감, 행동장애, 물질 의존, 정신분열병, 조울병, 정신병적 장애 및 식이장애 등에 사이코드라마를 적용할 수 있다고 보았다. Moreno는 사이코드라마가 모든 정신장애의 치료적 대안이 될 수 있다고 주장하였다. 하지만 이러한 견해는 지나치게 과장된 감이 있다. 어떤 사람들은 사이코드라마를 통해 효과를 볼 수 있지만, 또 다른 사람들은 사이코드라마 자체가 맞지 않는 경우도 있다. 어떤 사람들은 개인, 집단, 가족 혹은 약물치료와 병행하여 사용하면 효과적일 수 있다. Polansky와 Harkins(1969)가 "사이코드라마는 여느 정신치료와 마찬가지로 만병통치약도 아니고 그렇다고 전혀 효과가 없는 것으로 취급해서도 안 되고 단지 실질적으로 많은 환자들에게 도움을 줄 수 있는 치료 양식이다."라고 했듯이 사이코드라마의 효과를 지나치게 과대 포장하는 듯한 태도는 바람직하지 못하다.

사이코드라마 적응증은 증상이나 증후군 혹은 진단적 범주를 따라 구분하기보다는 개인의 대처 능력과 자아 강도에 따라 구분하는 것이 좋다. 사이코드라마는 지적 능력이 있고 다소 복잡한 정신 내적인 의례(ritual)에 참여하려는 동기가 강한 사람들에게는 특히 효과적이다. 현실 접촉을 잃지 않고 역할 연기라는 상상의 과정에 참여하는 능력은 최소한의 조건이다. 더구나 참여자들은 충동통제력을 잃지 않고 밀려드는 감정을 경험할 수 있어야 하고, 최소한 대인관계를 형성할 수 있는 능력을 갖추고 있어야 하며 불안과 좌절을 인내하고 자신의 문제를 심리학적으로 파악할 수 있고 자아의 기능 하에 적응적인 퇴행을 할 수 있어야 한다.

진단은 부분적으로는 배제 요인이 될 수 있다. 꾸준한 재활 훈련을 요하는 지능이 낮은 만성적인 정신과 환자들은 대체로 사이코드라마에 맞지 않다. 이러한 사람들은 구조화된 기법, 예를 들면 역할 훈련 연습이나 지지적인 집단정신치료가 더 효과적일 수 있다.

4) 디렉터

디렉터의 특징은 치료 과정에 중요한 영향을 미친다. 경험이 많고, 능력이 있고 훈련을 잘 받은 사람들이 유능한 디렉터라고 볼 수 있다.

모든 정신치료자와 마찬가지로 디렉터의 중요한 특징으로는 활동성, 유연성, 자기노출의 정도, 리더십 양식, 환자와 관계를 맺는 양식 등을 꼽을 수 있다. 또한 디렉터의 감정, 흥미, 편견, 기대, 사이코드라마 과정에서 하는 모든 행동이 중요한 치료 요인이 될 수 있다. 모든 문헌들에서는 개인적 특징, 임상 경험, 전문적 활동이 기법이나 태도에 중대한 영향을 주며 치료의 과정과 결과에 영향을 미칠 수 있다고 보았다.

사이코드라마 디렉터의 전문적 역할은 치료 초기 과정에서부터 중요한 요인으로 간주된다. 또한 디렉터의 성격이 치료에서 강력한 변인이 될 수 있다. 디렉터에 대한 부분은 이후에 자세히 다루겠다.

5) 집단의 특성

사이코드라마에 참여하는 모든 사람들은 잠정적으로 치료적인 영향을 미칠 수 있다. 집단은 사회적 소우주(microcosm)며 새로운 대인관계가 일어나는 세팅이 된다. 따라서 치료적 분위기가 발전될 수 있도록 사이코드라마 집단을 형성하는 것이 중요하다. Yalom(1975)이 제안한 집단정신치료를 조직하기 위한 몇 가지 원칙이 사이코드라마에도 적용될 수 있다. 동질적인 집단보다는 연령, 성별이 다양한 집단원으로 구성하게 되면 포괄적이고 현실적인 대인 학습이 이루어질 수 있다. 또한 집단원은 다양한 인생 단계나 성격을 가진 사람들로 구성되어야 바람직한 다양한 역할을 할 수 있고 사이코드라마가 끝난 뒤에도 다차원적인 나눔을 가질 수 있다.

사이코드라마 집단의 규모는 상당히 다양하다. 4~5명에서 100명에 이르는 집단이 있을 수 있지만 대부분의 디렉터들은 10~20명 정도가 적당하다고 여긴다. 저자가 대학로에서 일반인을 대상으로 하는 경우, 많을 때는 100명 정도, 적을 때는 10명 이내로 소규모로 이루어질 때도 있다. 집단 규모가 작을 경우 모든 집단원이 참여하는 것이 가능해지고 집단 응집력이 형성되기 쉽다. 반면 집단원이 100명 이상 넘어가게 되면 집단 응집력 형성에 어려움이 따를 수 있다. 병원에서 환자들을 대상으로 할 경우에도 집단원이 많을 경우 전체 극 흐름이 산만하고 디렉터 역시 집중력이 떨어짐을 느낄 수 있다. 자기 노출을 극도로 꺼리는 환자의 경우 환자와 보조자아, 디렉터만으로 진행하는 것이 환자에게 보다 안정감을 제공할 수 있다.

제2장 사이코드라마와 전통적인 드라마의 관계

드라마는 인류의 역사와 함께 발생되어 인간 본성의 복합적 표현과 사회적 생활 요소의 여러 양태를 지니고 있다. 드라마의 원래 기능은 인간이 집단 경험, 즉 애도의식, 사냥의 성공을 기원하는 것, 주신제 등을 위한 수단이었다. 이런 의식들은 집단과 동일시되는 행위 과정으로 인간은 이런 집단의식에 자발적으로 참여하였다. 드라마나 연극의 기원에 대해 아리스토텔레스는 모방 본능의 산물이라 했다. 허구적 인물, 즉 상상 속의 인물이 되고 싶은 사람들의 욕구는 드라마가 만들어지는 토대가 되었다.

❶ 전통적인 연극과 관련된 요소

초기에 드라마는 자발성과 사회적 집단의식을 바탕으로 형성되었고, 이런 특성은 전통이 되어 지금까지 유지되고 있다. 극본을 쓰거나 극을 무대에 올리는 방식이 발달하게 되었고 작가들이 부딪히게 되는 문제(관객, 무대디자인 등)를 해결하기 위한 기술들이 개발되었다.

1) 관객

연극이나 드라마는 관객을 필요로 하는 행위예술이기 때문에 작가는 항상 관객을 고려하여 극본을 쓴다. 극은 인간의 본성뿐만이 아니라 그 시대에 살고 있는 사람들의 취향과 관심사가 근간이 되고 있다. 극의 성격과 기법 그리고 작가가 관객과 소통할 수 있는 방법 등은 계속 변화해 왔다. 전통극에서는 관객이 극에서 표현하고자 하는 그 시대의 공통적인 주제를 행위화하는 것을 목적으로 한다.

사이코드라마에서도 관객이 중추적인 역할을 하지만, 전통적인 극에서와는 다른 역할을 한다. 관객은 주인공뿐만 아니라 보조자아와 반응자(reactor)가 될 수 있다. 관객은 주인공이 되어 자신의 비밀스러운 부분들을 드러내고 다른 사람들과 공유할 수 있으며, 또한 이중자아(double)가 되어 치료적으로 도와주는 역할을 담당할 수도 있다.

2) 무대

전통극에서는 시대와 공간 등을 설명해 줄 무대장치(커튼, 무대 배경, 조명, 무대 크기 등)가 필요하기 때문에 극을 올릴 때 많은 제약이 따른다. 그러나 사이코드라마는 전통극과는 달리 상황을 나타내는 무대장치가 반드시 필요한 것은 아니다. 다만 디렉터가 상상으로 그 상황에 맞는 시간, 공간으로 주인공을 데려가 준다.

3) 극본과 디렉터

전통극에서는 극본을 쓸 때 줄거리보다 등장인물의 캐릭터가 중요하므로 극작가와 배우 간에는 교감이 이루어져야 한다. 왜냐하면 그 교감을 바탕으로 작가는 배우의 재능을 고려해서 극본을 쓰고, 배우는 작가가 표현하려는 의도를 이해하고 나아가 그 의미를 재해석해서 표현할 수 있기 때문이다. 반면, 사이코드라마에서는 캐릭터, 줄거리가 정해지지 않은 채로 극이 시작되었다가 일단 디렉터와 주인공 간에 라포가 맺어지면 주인공은 자기를 더 많이 개방하고 극에 몰입하게 된다. 디렉터는 관객 중에서 주인공을 뽑고 주인공이 세상에서 어떻게 적응하고 있는지를 무대 위에서 즉흥적으로 표현할 수 있도록 이끌어 준다.

②　전통적 연극에서 유래된 기법

전통극과 사이코드라마 모두 극을 올리는 것에 시간적 제약이 따르기 때문에, 실제와 비슷하게 중요한 삶의 한 단면을 응축해서 보여 줄 필요가 있다. 전통극은 대개 2~3시간 정도 올리고 사이코드라마 역시 2~3시간 동안 공연된다. 따라서 핵심적인 갈등을 주제로 극을 올리되, 짧은 시간 내에 집약적으로 모두가 그것을 보고 이해할 수 있는 방식으로 표현되어야 한다. 그래서 극작가는 주인공의 삶에서 발생한 에피소드들을 명확하게 보여 주기 위해 여러 가지 기법을 사용하고 사이코드라마 역시 연극적인 장치나 기법을 이용한다. 사이코드라마에서 사용하는 기법 중에서 전통극에서 나온 기법으로는 독백, 이중자아, 다중자아, 거울기법, 역할바꾸기 등이 있다. 기법에 관해서는 이후에 자세히 다루고자 한다.

사이코드라마와 별도로 연극치료라는 것이 있다. 혹자는 사이코드라마와 연극치료를 구분하지 않고 쓰고 있어 독자의 이해를 돕기 위해 다음 〈표 2-1〉과 같이 정리해 보았다.

〈표 2-1〉 사이코드라마와 연극치료의 차이점

	사이코드라마	연극치료
정의	집단정신치료 정신(목적), 드라마(수단)	표현예술치료 드라마(목적), 정신(수단)
이론	모레노의 자발성-창의성이론 역할이론, 사회측정학 사회심리학 대상 관계이론 행동 학습	연극이론 문화인류학과 의례 역할 및 놀이 이론 융 심리학
목표	치료적 자기 인식 개입	심미적 표현
치료적 요인	카타르시스 텔레 행위 통찰 마술적	놀이 즉흥성 거리 두기 의례적 행위 집단 작업
관행	구조가 명확함 상상력, 현실 인지적 통합을 강조함 개인에 초점을 둠 다양한 기법	구조가 불명확함 상상력, 신화 인지적 통합을 강조하지 않음 집단에 초점을 둠 특별한 기법이 없음
목표집단	갈등 위기 상황	발달적 결함 신체장애, 정신지체
치료자의 기능	분석자, 치료자, 집단 지도자	샤먼, 예술가, 교사, 드라마티스트

제3장 사이코드라마, 사회측정학, 집단정신치료의 3자 관계

❶ 사회측정학

　1930년대 사회과학자들의 주요한 관심사 중의 하나는 집단을 과학적으로 탐구하는 것이었다. 대인관계의 탐구를 의미하는 사회측정학은 인간이 모두 행위자요 창조자로서 이상 사회, 우주적 인간 사회를 꿈꾼다는 Moreno의 아이디어에서 출발하여 1934년 Moreno의 기념비적 작품 『누가 살아남을 것인가(Who shall survive)』가 출간된 이후 구체적으로 논의되기 시작하였다. 이 저서는 Moreno가 뉴욕의 Hudson 여학교에서 학생과 교사들 간의 여러 가지 행동 패턴을 분석하고 사회적 구조에 소시오그램(sociogram)이라는 사회측정 방법을 적용한 결과를 내용으로 한 것이었다.

　사회측정학의 기본 가설은 Freud의 리비도나 마르크스의 사회적·경제적 요인과는 달리 인간을 성장하게 하는 추진력은 자발성과 창조성이라는 점과 인간은 집단생활 속에서 사랑과 나눔을 할 수 있는 존재라는 개념에 기초한 것이다(Haskell, 1975). 사회측정학은 처음에는 사이코드라마나 소시오드라마에서 역할 연기기법으로 개발되었으나 곧 사회학자나 교육자들의 연구 방법으로 광범위하게 사용되는 측정 도구가 되었다.

사회측정학은 사회과학의 분야로 집단의 형성과 구조를 연구하며 집단 내 인간관계를 기술하고 측정한다. 각 개인의 특정 역할에 따라 타인을 수용하거나 거부하는 정도를 평가·측정하여, 집단이 개인에게 미치는 영향력과 개인이 집단의 구조나 결속력에 미치는 영향을 공개적으로 논의할 수 있게 해 준다.

사회측정학적 방법을 이용하게 되면 치료자는 환자의 문제를 확인할 수 있다. 환자가 일단 집단에 들어가면 집단원에 대한 즉각적 감정뿐만 아니라 집단 밖의 생활에서 영향을 미치는 사람들에 대한 태도가 드러난다. 사람들이 가지는 정서적인 문제들은 대개 이러한 역할 갈등이나 관계에서 비롯되는 경우가 많기 때문에 집단에서 드러난 환자의 관계 양상을 관찰하면 의외로 쉽게 해결 방안이 검토될 수 있다.

사회측정학은 '사회 원자(social atom)'와 '텔레(tele)'라는 두 가지 개념을 기초로 한다. 사회적 상호작용은 처음에는 유아와 어머니 사이에서 시작되어 점차로 밀접하게 혹은 인과적으로 연결된 모든 사람들에게로 퍼져 나가 심리사회적 네트워크인 사회 원자를 형성하게 된다. 개인의 사회적 연결망, 즉 사회 원자의 크기는 다양하다. 어떤 사람은 상당히 폭넓은 관계망을 형성하는 반면, 어떤 사람들은 소수의 국한된 대상 혹은 상징과의 관계망을 형성할 뿐이다.

텔레는 사람과 사람, 사람과 대상 그리고 사람과 상징 간의 감정적인 흐름이다. 어떤 사람이 다른 사람, 대상 그리고 상징에 대해 가지는 민감성은 생물학적인 영향뿐만 아니라 문화적인 영향을 받는다. 적절하게 기능하는 사람들의 경우 이러한 민감성은 긍정적인 방향으로 고르게 발달된다. 하지만 역할 발달에 장애가 생기면 민감성 역시 장애가 생긴다. 텔레 민감성은 역할 연기, 자발성 검사, 즉흥극, 혹은 개인을 자유롭게 하기 위해 만들어진 다른 많은 구조화된 상황을 통해 훈련될 수 있다.

사이코드라마는 개인을 혼자 다루지 않고 사람들 간의 사회적 관계 패턴을 탐색하기 위한 절차를 고안하고 그것을 행위화한다는 점에서 매우 유용하다. 사회측정학적 검사는 집단원 각자가 다른 사람에 대한 선호도를 표현하는 것이다. 예컨대 집단정신치료 과정에서 환자들에게 사회 원자를 그려 보게 한다. 이는 환자들이 대인관계 분야를 탐색하도록 준비시키는 방법으로 정신치료에서 진단하거나 평가하는 초기 단계에 적용함으로써 치료자가 관계에서 문제 영역을 밝혀 내고 그것을 수정하기 위한 단서를 얻을 수 있다.

집단정신치료에서는 동질적인 정신병리를 가진 사람으로 집단원을 구성해야 할지에 대해 많은 논의가 있어 왔다. 반면에 사회측정학에서는 집단의 동질성이 별로 중요하지 않은 요소라고 보고 집단원의 진단적 특징도 중요하게 여기지 않는다. 왜냐하면 정신병리가 다양한 집단원들 간에도 좋은 결과를 얻을 수 있기 때문이다.

Moreno가 사이코드라마와 집단정신치료로 관심을 돌리는 동안 사회측정학 분야는 사회학자나 사회심리학자의 연구 관심으로 넘어갔다. 사회학에서 사회측정학은 최초의 과학적 방법의 하나로, 지속적으로 연구 도구로 활용되고 있다. Moreno는 사회측정학이 학문적 관심에 그치지 않고 응용행동과학으로 널리 활용되기를 바랐다. 사회측정학은 사람들이 자신이 속한 집단적 기능의 상태를 탐지하기 위해 사용하는 도구다. 따라서 집단의 역동이나 현상을 단순히 기술하는 것 이상으로 '집단 병리'를 정확하게 교정하려는 시도와 관련된 기법적인 문제들을 밝혀 내고 해결하는 것이 중요하다.

② 집단정신치료

사이코드라마의 한 측면이기도 한 집단정신치료는 치료를 위해 집단과 구성원들 간의 상호작용을 이용하는 방법이다. 집단정신치료가 정신적인 고통을 치료하기 위한 수단이라는 개념은 아주 오래전부터 있어 왔다. 집단정신치료는 어느 한 사람에 의해 개발되지 않았다. 유럽과 미국에서 동시에 행동장애 환자들을 도와주기 위한 기법을 개발하면서 '수업방식(class method)', '집단분석(collective analysis)', '집단정신분석(group psycho-analysis)'이라고 불리다가 1932년에 Moreno가 처음으로 '집단정신치료(group psychotherapy)'라는 용어를 사용하였다.

Moreno는 집단정신치료를 정신의학의 '제3의 혁명'이라고 보았다. 첫 번째 혁명은 18세기 말 프랑스 의사 Pinel이 정신병 환자를 쇠사슬로부터 풀어 주어 지역사회로 내보내게 함으로써 최초로 인간적 접근이 시도되었던 것에서 찾을 수 있다. 이 사건은 상징적으로는 정신병 환자들에 대한 '개방 정책(open door policy)'의 전조가 되었다. 두 번째 혁명은 20세기에 학문적 뿌리를 내리게 된 정신분석으로, Freud와 그 추종자들은 개인분석과 정신분석을 개발하여 의학적 모델을 정신의학에 도입하였다. 이를 토대로 발전한 정신치료는 정신질환을 치료하는 획기적인 방법으로 자리잡게 되었다. 집단정신치료에서는 개인치료를 덜 강조하는 한편 사이코드라마나 집단정신치료의 나눔 과정은 집단 안에서 집단원들 간의 상호작용을 촉진시키고 환자와 의사의 일대일 관계를 대신하게 되었다.

집단은 변화를 만들어 내고 집단 안의 관계 역시 변한다. 개인치료에서 권위적이었던 치료자의 역할은 집단정신치료에서는 집단원의 영향으로 수정되고 축소되었다. 사이코드라마에서 집단원의 치료적 영향력은 무대 위의 행동으로 옮겨지게 되었다. 집단정신치료에 참석한 환자는 자신의 낡은 행동 패턴을 재점검하고 새로운 행동 패턴을 시도하면서 관찰자인 동시에 참여자 역할을 한다. 집단 안의 상호작용에서 시행착오를 거치게 되면 집단 밖의 복잡미묘한 사회적 환경을 더 잘 다룰 수 있는 준비를 하게 된다.

▐3 사이코드라마, 사회측정학, 집단정신치료의 관련성

지금까지는 사이코드라마, 사회측정학, 집단정신치료를 각각 살펴보았다. 어떤 사이코드라마 연구자들은 이 세 가지 체계를 각기 단일한 체계로 보기도 한다. 하지만 저자의 견해로는 이 세 가지 측면이 사이코드라마에 복잡하게 얽혀 있다고 본다. 예컨대 사회측정학적 요소가 준비 단계, 실연 단계, 나눔의 전 과정에 모두 들어가 있고 참가자들은 집단정신치료와 마찬가지로 집단 경험을 통합시키고 과정을 완성하고 집단에서 나온 자료들을 통합시킬 수 있다.

1) 준비 단계

준비 단계는 사이코드라마 집단 작업의 시작 단계다. 준비 단계에서 집단의 사회측정학적 관계가 형성되면 다음 단계인 실연 단계에서 훨씬 더 깊이 있는 드라마가 이루어질 수 있다. 집단 준비작업을 하는 과정에서 안전망이 설정되고 사이코드라마 작업을 지지해 주는 분위기가 만들어진다. 디렉터가 집단원들에게 사회측정학적 방법을 통해 다양한 역할을 시킬 때 이러한 과정이 촉진된다. 디렉터는 개개인의 구성원과 전체 집단의 사회측정학적 요인들에 대해 매 순간 민감할 필요가 있다. 준비작업이 진행되면서 정보들이 노출되고 디렉터와 집단은 구성원이 누구인지 지금 여기에서 집단 구조를 보았을 때 '어떤' 주제가 있는지 가늠하게 된다.

사회측정학은 집단의 은밀하면서도 공공연한 구조를 드러내기 때문에 무의식을 의식화시켜 준다. 사회측정학적 훈련 과정에서 집단원이 관심이 가는 사람들을 선택할 때, 텔레 관계와 전이 관계를 확인할 수 있다. 즉 사회측정학은 선택을 통해 서로에 대해서 가지고 있는 연상을 측정해 준다. 이것은 개인적 혹은 집단적 선택을 통해 집단원의 가치, 소망, 꿈의 실체를 확인시켜 준다. 이렇게 되면 집단 체계 안에 들어 있는 의식적 · 무의식적 가치들이 명확해진다. 텔레나 전이에 따라 서로를 선택하고 나면 구성원들은 애착을 형성하고 집단 내에서 지지망을 확인하고 역할을 맡게 될 사람을 찾게 된다.

사회측정학은 집단 응집력을 촉진한다. 집단의 사회측정학적 형태는 구성원들이 두세 명씩 혹은 하위 집단을 형성할 때 확실해진다. 이러한 사회측정학적 상태는 긍정적인 측면과 부정적인 측면을 동시에 가지고 있다. 여기서 가장 중요한 점은 하위 집단은 보다 큰 사회측정학적 지도의 일부분이며 비슷한 체계를 갖추고 있다는 것이다.

사회측정학은 순간적이고 자발적이다. 건강한 집단에서는 서로 간의 관계가 항상 유연하고 변화무쌍하지만 역기능적인 집단에서는 집단원들 간에 자주 문제가 생기고 정형화된 행동이 반복된다.

2) 실연 단계

사회측정학은 사이코드라마의 실연 단계에서 여러 가지 방식으로 적용된다. 사이코드라마 실연 단계에서는 디렉터와 주인공이 함께 무대 위를 '걸으며 이야기하는 것(walk and talk)'으로 극을 시작한다. 이때 치료적인 동맹이 형성되고 사회측정학적으로 관계가 형성된다. 이러한 유대 관계는 드라마의 기반이 된다. 주인공이 장면을 선택하고 보조자아 역할을 할 집단원을 고르게 되는데, 이때 주인공의 대인 간 그리고 정신 내적인 사회측정학적 측면이 드러난다. 주인공이 보조자아를 선택하는 것은 집단에서 사람, 장소, 사물, 아이디어를 사회측정학적으로 연결하는 것을 의미하며, 주인공 개인의 삶에 존재하는 텔레나 전이 관계가 작용한다는 것을 나타낸다.

사이코드라마는 주인공의 사회적 원자를 검토하는 것이다. 사람들이 삶에서 상처를 입거나 외상을 입으면 이들의 사회적 원자가 영향을 받는다. 즉 관계가 상실되고, 단절되고, 변형되고, 대인 간의 연결이 재배열된다. 정신 내적 역할이 영향 받게 되면 자신에 대한 사람들의 지각도 변하게 된다. 이렇게 되면 참여자들은 자신의 과거와 현재의 사회적 네트워크를 재검토할 수 있다. 행위를 통해 주인공은 과거 혹은 최근, 현재에 일어난 일뿐만 아니라 미래에 일어날 일에 대해서도 재연을 한다. 참여자들은 사이코드라마의 행위가 일어나는 지금 그리고 여기에서 사회적 상처에 대해 작업을 한다. 이때 새로운 역할의 씨가 뿌려지고 다른 행동을 연습해 볼 수 있다.

집단원은 각자의 사회측정학적 네트워크를 가지고 집단에 들어간다. 집단의 모든 사람은 개별적인 사회적 네트워크에서 작용한다. 이러한 네트워크는 중첩이 되고 서로 뒤엉켜 있다. 주인공이 어떤 집단원을 선택하게 되면 이러한 사회적 네트워크 간에 상호작용이 나타난다. 사이코드라마에서 행위는 사회적 네트워크 안에 있는 주인공의 역할을 변화시킨다. 집단원 역시 주인공의 드라마를 지켜보면서 자신의 사회적 원자와 동일시하고 이에 따라 주인공과 비슷한 변화를 경험한다. 이 과정은 집단원의 역할 레퍼토리에 영향을 미친다. 집단원의 역할 레퍼토리가 수정될 때 집단에서 그 사람의 사회측정학적 위치가 변화한다. 사이코드라마 집단 작업의 다음 단계에서 이러한 사회측정학적 변화와 통찰이 이루어진다.

3) 나눔

주인공은 집단에서 떨어져 나와 사이코드라마 실연 단계를 거친 다음에 다시 사회측정학적 틀 안으로 돌아가게 된다. 이때, 주인공의 사회적 원자가 재정리되고 사회적 네트워크 안에서 사람들과의 관계가 변경된다. 역할 연기를 했던 집단원 역시 실연 과정에서 나타났던 감정이나 통찰을 처리하고 사회측정적 집단에 다시 복귀한다.

나눔 단계에서 집단원들과 주인공 간에 사회측정학적 연결이 재검토된다. 사이코드라마 실연 동안에 주인공에게 더 동일시되었는지 아니면 보조자아와 더 동일시되었는지가 분명해진다. 보조자아 역할을 맡았던 집단원은 그들이 했던 역할의 입장에서 나눔을 한다. 그리고 이 역할이 자신의 개인적 경험과 얼마나 연결되는지를 공유한다. 이때 새로운 학습 경험이 생기고 인지적인 재구성이 일어난다. 역할 레퍼토리에 대한 의식적인 전환을 통해 주인공을 비롯하여 집단원은 각자의 삶을 발전시킬 책임이 자신에게 있다는 것을 인식하게 된다.

사이코드라마를 진행하다보면 사이코드라마와 소시오드라마가 어떤 차이가 있는지 궁금해하는 분들을 자주 접하게 된다. 소시오드라마에 대해 자세히 알고 싶은 사람은 관련 서적을 참조하시길 바라고, 여기서는 사이코드라마와 소시오드라마의 차이를 간략하게 〈표 3-1〉에 요약하였다.

〈표 3-1〉 사이코드라마와 소시오드라마의 차이점

	사이코드라마	소시오드라마
주제	개인의 문제(개인적 역할)	집단 공유의 문제(사회적 역할)
사적인 정보 노출 정도	상당 부분 드러남	자기 표출이 적음
효과	치료적 측면이 강함	교육적 측면이 강함
주의력	집중되는 편	다소 산만할 가능성이 있음
적용	개인의 갈등, 소망, 꿈	대인관계, 제도갈등, 사회적 역할 훈련, 상호 이해의 증진, 집단의 변화
주인공	주인공 1명에 제한적	집단이 다 참여할 수 있음
워밍업	주인공 선정을 위함	주제 선정을 위함

제4장 사이코드라마의 역사

① Moreno의 일대기

 Moreno(1889~1974)는 1889년 5월 19일 아버지 Moreno Levi와 어머니 Paulina 사이에서 태어났다. Moreno의 조상은 스페인계 유태인으로 1492년 5월 30일 가톨릭으로 개종을 강압하는 스페인의 가톨릭 군주의 칙령이 내려짐에 따라 스페인을 떠나 루마니아의 부카레스트로 이주하였다. 그 당시 Moreno의 조상을 포함한 많은 유태인들은 콜럼버스를 따라 항해를 했거나 이탈리아, 북아프리카, 터키 등지로 항해하며 많은 역경을 겪었다. 이후 많은 스페인계 유태인들은 그들 조상의 이주를 크리스토퍼 콜럼버스의 신대륙을 향한 여정에 빗대어 생각해 왔다. Moreno는 역시 자신의 삶을 '새로운 세계를 발견하기 위한 시작'으로 이해하였다.

 Moreno의 가정은 행복하지 못했다. 그의 아버지는 부인과 아이들은 뒷전인 채 항상 집 밖으로 돌았고, 집에서는 거의 말을 하지 않았으며, 매우 권위적이었다. Moreno는 항상 멀리 떨어져 있는 아버지를 그리워하고 그를 신과 동일시하며 이상화하였다. 아버지에 대한 내적 표상은 후에 신의 표상과 혼동되기도 하였다. 대학 졸업 때까지 Moreno는 항상 Jacob Levy라는 이름을 사용하지만 대학 졸업 무렵부터 아버지 이름에서 Moreno를 따 와서 Jacob Levy Moreno라는 이름을 사용한다. 이러한 점은 Moreno의 '부성 콤플렉스'를 뒷받침한다.

생후 12개월 되던 해에 Moreno는 리케차(rickettsia)라는 병을 심하게 앓아 거의 죽을 지경에 이르렀다. 당시 한 집시는 Moreno에 대해 "이 아이는 태양의 힘에 의해 다시 살아날 것이며 앞으로 아주 훌륭한 사람이 되는 날이 올 것이다. 전 세계 사람들이 이 아이를 만나러 올 것이다."라고 예언하였다. 이 예언을 듣고 Moreno의 어머니는 그에 대한 과대망상적 기대를 가지게 되었다. Moreno는 유태 신앙과 기독교 가치관의 영향을 받아 어릴 때부터 하느님 역할을 하는 놀이를 좋아했다.

4세 때 Moreno는 동네 아이들을 모아 놓고 신과 천사의 놀이를 하던 중 오른쪽 팔이 부러지는 경험을 하였다. 이후에 그는 이 사건을 '추락하는 신의 사이코드라마'라 불렀으며, 어린 시절 자신은 "신의 역할을 하고 싶은 것 외에는 아무 흥미가 없었다."고 고백하기도 했다.

Moreno는 어머니와 자신의 관계를 마리아-예수의 관계에 대비시키기도 하였다. 그의 심리적 배경에는 부권, 창조성, 신에 대한 혼동이 존재한다. 어린 시절 그는 친구와 자신의 형제자매들조차 자신의 이름을 부르지 못하게 하였다. '너(you)'라고 불린 후에야 대답했는데, 이것이 그가 중요하게 생각한 '익명성'의 시작이다.

부모의 이혼 후 Moreno는 가족으로부터 심정적으로도 떨어져 나왔으며 어머니를 미워하게 되었다. 또한 아주 반항적이 되어 선생님과 논쟁하고 결석이 잦았고 학교를 그만두었다. 그는 이를 신이 자신을 저버린 신호로 받아들여 신에게 반항하였고 학교와 정치구조 등 모든 권위에 대해 반항하기에 이르렀다. 그는 우울과 절망의 시기를 거치며 학교를 떠나 상당 기간을 명상하고 책을 읽으며 보냈다. 생계를 위해 가정교사를 하며 니체, 도스토예프스키, 키에르케고르, 화이트만에 심취하였고 독서에 열중하였다. 그 후 2년간 강렬하게 영혼을 찾는 기간이 뒤따랐으며 구약과 신약을 반복하여 읽으며 시간을 보냈다. 이 기간 동안 Moreno는 신이 되고자 하는 자신의 욕망과 신이 자신에게 내린 소명을 이해하기 위해 노력하였다.

서서히 그는 다시 세상과 접촉하기 시작하였고, 1909년 비엔나 대학에 입학하여 철학과 의학을 공부하였다. 그는 모자를 쓰지 않은 채 녹색 망토를 두르고 턱수염을 기르던 괴짜였다. 이 당시 이민자와 망명객을 위한 '만남의 집'을 세웠으며 뜻이 맞는 학생들과 모여 창조성, 만남, 익명성에 관한 종교를 창조해 갔다.

1912년 Moreno는 Freud와 만나게 되었다. 꿈에 관한 Freud의 강연을 듣고 나오다가 Moreno는 Freud에게 "Freud 박사님, 나는 당신이 그만둔 곳에서 시작할 것입니다. 박사님은 사무실이라는 인위적 장소에서 사람들을 만나지만, 나는 거리에서, 집에서, 자연스러운 환경에서 사람들을 만날 것입니다. 박사님은 사람들의 꿈을 분석하지만 나는 사람들이 다시 꿈을 꿀 수 있도록 용기를 주려고 합니다."라는 유명한 말을 남겼다.

언제나 최고이자 아버지가 되고 싶어 했던 Moreno의 기질을 생각해 볼 때 Freud와의 대립은 필연적이었던 것으로 보인다. Moreno는 Freud와 달리 무의식 과정보다는 의식적 과정에 관심을 보였고, 과거보다는 현재에 그리고 환자가 치료 상황에서 보이는 저항보다는 인간의 자발성과 창조성에 흥미를 느끼고 관심을 기울였다.

Moreno는 예수가 아이들을 아꼈다는 사실과 개혁은 젊은 사람들로부터 비롯된다는 생각에서 아이들에게 관심을 보였다. 뿐만 아니라 1913년경부터는 창녀들에게 관심을 갖기 시작해서 일주일에 두세 번의 모임을 가졌다. 이것은 집단정신치료의 근원이 되는 모임으로, 스스로의 문제에 대해 서로 이야기하고 돕는 과정을 보며 각 개인이 서로에게 치료 요인이 될 수 있음을 깨닫게 되었다.

대학시절 전쟁이 발발하였지만 Moreno는 국적이 불분명하여 입대 대상에서 면제되었다. 1915년 인종과 종교, 생활 방식이 다양한 사람들이 모여 있는 피난민 수용소에서 일하게 되었으며, 친밀도에 따라 사람들을 재분류할 필요성을 사령관에게 편지로 전했고, 이것이 계기가 되어 사회측정학의 근간이 생기게 되었다.

가정의학에 관심을 두었던 그는 1917년 오스트리아 빈에서 의사 면허를 취득한 후 건강 관리사로 활동하면서 섬유공장의 의료 감독관이 되었으며, 도시 사람들에게 무료 봉사를 하기도 하였다. 이 무렵 과대망상 증세가 심해졌고, Moreno는 이러한 경험을 기록한 『하느님의 말씀(Das Testament des Vaters)』이라는 책을 익명으로 출판하였다. 이 책의 핵심 내용은 인간은 이 세계의 일부분이며 자발적이고 창조적인 방식으로 자신만의 독특한 내면세계를 표현해야 하는 중요한 존재라는 것이다.

1921년 그는 한 환자를 만났는데, 환자는 Moreno에게 죽게 해 달라고 부탁하였고 Moreno는 이 환자에게 실제로 죽음에 대한 계획을 세우고 유언장을 쓰게 한다. 이는 '상호 연극(theater reciproque)'으로 사이코드라마 치료 방법의 근간이 되었다. 그는 계속하여 다른 상황에도 이러한 방법을 치료적 수단으로 이용하였는데, 고통의 순간들을 재연하고 희화화함으로써 고통이 극복되는 것을 깨닫게 되었다.

1921년 4월 1일 그는 '오스트리아의 미래에 대한 논쟁'을 대중화하는 목적으로 극장을 빌리고 신문광고를 낸다. Moreno는 사람들이 모인 자리에서 무대에 올라가 왕관을 쓰고 보라색 망토를 두르고 어릿광대 차림으로 왕을 찾고 있다고 이야기하며 사람들에게 왕의 역할을 하도록 했다. 그날은 '바보들의 날'로 기록되어 처참한 실패로 남았으나 최초의 사회극(sociodrama)이 시도된 날이기도 했다.

1922년 Moreno는 비엔나에 '자발성 극장'을 세우고 Barbara라는 여배우와 함께 'Living Newspaper'라는 즉흥극을 하였다. 1925년 Moreno는 미국으로 이민을 가게 되었다. 이때 Moreno의 아버지는 부카레스트에서 홀로 죽어 가고 있었으며, Moreno는 아버지의 꿈대로 대서양을 가로질러 새 출발을 계획하고 있었다. Moreno는 소시오그램, 사이코드라마 무대에 관한 안내서, 자기 소리 녹음 장치 등 자신이 개발한 것들을 가지고 미국으로 갔으나 인정받지 못하고 비자 문제와 빚으로 인해 한동안 숨어 살기까지 하였다. 그러다가 1927년 미국 의사 시험에 두 번 응시하여 합격하고, 1928년 영구 이민 자격을 얻기 위해 아동심리학자 Beatrice Beecher와 정략 결혼한 후 1934년에 이혼하였다.

1931년에는 사회측정학 연구에 참여하고 길드 극장에서 즉흥극을 공개적으로 개관하였다. 비엔나에서 이미 소시오그램을 제시했던 Moreno는 1931년 토론토에서 열린 미국 정신과 학회에서 이러한 아이디어를 개진하였고 곧 Sing Sing 감옥에서 연구하게 되었다. 그는 이 소시오그램에 관한 연구 결과를 1932년 미국 정신 의학에 발표하였으며 이때에 '집단정치료'라는 용어를 최초로 사용하였다. 이후 Moreno는 허드슨 여학교에서 연구를 하게 되었다. 그는 여기서 교사, 학생들 간의 관계의 여러 가지 형태를 나타내는 사회 도표를 만들었으며 소녀들의 태도와 행동을 변화시키기 위해 역할놀이와 사이코드라마의 방법을 적용하였다. 이 시기에 이르러 Moreno의 명성이 높아지고 학문적인 깊이가 더해 갔다.

1934년 사회측정학의 고전이 된 『누가 살아남을 것인가?』를 출판하는가 하면 1935년에는 사회측정학 원칙을 사용하여 헤비급 챔피언 쟁탈전의 승자를 예견하기도 하였다. 여기서 Moreno는 각 선수들의 자발성 지수를 측정하고 환경을 분석하여 누가 어떻게 승리하는지 정확히 예측하였으며 이후에도 몇 번 이런 실험을 하였다.

Moreno는 또한 수많은 전문잡지와 협회 연구소를 창설하였다. 1931년에 『즉흥(Impromptu)』, 1936년에 『사회측정학 평론(Sociometric review)』, 1937년에는 『사회측정학, 인간 상호관계』라는 저널을 창간하였는데, 이 잡지는 1955년 이후 미국 사회학회로 그 발간처가 넘어갔다. 『사회측정학과 사회역동에 관한 국제적 저널』 역시 Moreno가 창간하였다. 1951년 Moreno는 『사회측정학, 실험적 방법과 사회과학』을 발간했고 1956년 『사회측정학과 인간과학』을 출판하였다.

1936년 Moreno의 생활은 비교적 안정적인 국면에 들어서게 되었다. 허드슨에서 연구하며 대학에서 강의를 하였고 즉흥극을 실험하는 한편, 뉴욕에 두 개의 병원을 개업하였다. 같은 해에 비콘의 낡은 학교를 사서 정신병원을 열었다. 이 병원은 Moreno의 아이디어를 확산시키는 장소가 되었다.

1938년 Moreno는 Florence Bridge라는 25세의 젊고 아름다운 학생을 만나 결혼하여 이듬해 Regina라는 딸을 낳지만 Moreno는 이 결혼생활에 만족하지 못하였다. Florence는 Moreno를 맹목적으로 흠모하며 헌신적으로 아내와 어머니의 역할을 하였지만 Moreno는 1941년 Zerka를 만나게 되었다. Moreno는

항상 자신을 이해하고 자신의 일을 지지해 줄 동반자를 갈구하였으며 늘 외로
워하였다. Zerka는 Moreno의 모든 작업을 함께 하는 공동 창조자가 되었다.
1948년 Moreno는 Florence와 이혼하고 1949년에 Zerka와 결혼하여 1952년
아들 Jhonathan을 낳았다. Moreno와 Zerka는 양육과 가족 문제를 해결하기
위해 사이코드라마기법과 역할놀이기법을 사용하였다.

　1951년 자격을 획득하여 비콘힐에 요양소를 열었다. Moreno는 알코올중독
으로 그곳을 찾아 온 부유한 여인의 도움으로 극장에 대한 계획을 세운 지 12
년 만에 사이코드라마 무대를 세우게 된 것이다. 이후 비콘은 사이코드라마
의 원형이자 수련 장소, 치료공동체 역할을 하는 전문적 센터로 발전하였다.
Moreno는 그곳에서 자발성 극장과 공동체 치료에 대한 과거의 경험을 토대
로 치료방법으로서의 사이코드라마를 발전시켰다. 많은 이들이 사이코드라마
를 배우러 이곳에 몰려들었다. 또한 당시에는 정신적 치료를 요하는 전쟁 희
생자가 많아 사이코드라마는 곧 미국 전역의 대학과 병원으로 확산되어 여러
병원에 사이코드라마 무대가 설치되었다.

　1942년에 Moreno는 'Society of Psychodrama & Group Psychotherapy'라
는 독립된 학회를 창설하였는데, 이 학회는 1950년 'American Association of
Psychodrama and Group Psychotherapy'에 통합되었다. 당시 대부분의 정신
과의사들은 Moreno의 집단정신치료와 사이코드라마를 수행하는 방법에 대해
반대하였다. 사이코드라마의 공식 수련은 후에 'American Association of
Psychodrama and Group Psychotherapy'에서 수행하였고 1957년 Moreno는
다시 대학원 수련과정을 위한 사이코드라마와 집단정신치료 학회를 만들었
다. 또한 1961년에는 국제적인 규모의 학회를 만들어 사이코드라마와 집단정
신치료에 대한 학술적 모임을 주선하였다. 뿐만 아니라 세계 여러 곳에서 사
이코드라마 수련을 위한 이수 과정과 진행 절차를 마련하고 자격 기준을 세
우는 데 많은 노력을 기울였다. 이후 1964년 파리에서 개최된 첫 사이코드라
마 국제 학술대회를 필두로 매년 여러 국가에서 학술적인 회합이 개최되었
다. 1968년 Moreno는 스페인 바르셀로나 대학에서, 이어서 1969년 5월 14일
에는 비엔나 대학에서 명예 박사학위를 받았는데, 이는 일생에서 가장 감동적
인 순간의 하나였다.

인생의 마지막 20여 년 동안 Moreno는 수많은 곳을 여행하였다. 1974년 그는 부분적인 마비 증세를 보였고 다시는 이전과 같은 창조적 힘을 발휘하기 어렵게 되었다. 그는 결국 생을 마감하기로 결심하고 물만 마시고 아무것도 먹지 않다가 1975년 5월 14일 사망하였다.

❷ Moreno에 대한 객관적 시각 및 비판

Moreno의 일생을 살펴본 바와 같이, 그는 사회측정학과 사이코드라마 방법의 창시자이며 집단정신치료의 선구적 역할을 한 사람이었다. 그러나 집단정신치료나 사이코드라마 분야에 관심 있는 사람들을 제외하면 그를 제대로 알고 있는 사람들은 많지 않다.

Moreno의 개인적인 삶을 살펴보면, 끊임없이 행동하는 사람이었고, 기이한 행동을 보였으며, 과대망상적 경향이 강하였다. Moreno는 이론가라기보다는 실천가였기 때문에 자신의 업적을 체계적으로 정리하지 못하였다. Moreno를 비판하는 사람들은 그의 이론이 비과학적이고 모호하여 일반인들이 이해하기가 어렵다고 주장한다. Moreno의 철학은 그가 살아온 시대를 생각해 볼 때, 시기상조였고 기존의 지식에 도전하는 것이었다. 또한 이론의 일관성이 결여되었을 뿐만 아니라, 도전적이어서 그 시대의 학자들에게 폭넓은 지지를 얻지 못하였으며 오히려 많은 정신분석학자들과 대립하는 결과를 초래하였다. 실제로 Moreno 스스로도 '나는 논쟁 그 자체다'라는 말을 남기기도 하였다.

Moreno는 종종 2000년이라는 해를 언급하며 20세기에 미완된 그의 이론들이 다음 세기에는 꽃을 피우게 될 것이라고 주장하였다. Moreno의 새로운 업적들은 그 당시에도 혁신적이었고 앞으로도 더욱 그러할 것이다. 그가 연구했던 사회측정학, 집단정신치료, 사이코드라마는 이미 모두 하나의 독립적인 분야로 발전해 가고 있다.

Moreno의 삶과 행동에는 모순이 많고 이것을 모두 이해하기는 어렵다. 본질적으로 자기중심적이며 사람과 잘 가까워지지 못하고 자신과 다른 입장에 대해 혹독한 비판을 서슴지 않았던 부분에서는 더욱 그렇다. 하지만 Moreno

는 사람들이 자신의 생각을 뛰어넘는다면 새롭게 자신의 삶을 창조할 수 있다는 귀한 믿음을 준 사람이다.

⑬ 한국의 사이코드라마 역사

우리나라에서는 사이코드라마가 주로 정신과의사들에 의해 도입되었으며 처음에는 그 대상도 정신과에 입원한 환자들이 대부분이었다. 문헌상 한국에 최초로 사이코드라마가 소개된 것은 1969년 한동세에 의해서였다. 1972년 유석진이 비공식적으로 비콘을 방문하고 사이코드라마에 대한 관심이 고조된 뒤, 1975년 우리나라에서 최초로 국립정신병원에서 김유광이 사이코드라마를 시연하였고 그 효과가 보고되었다(김유광, 1977, 1980). 이어 1977년 유석진에 의해 순천향대학병원에서, 1980년 이근후에 의해 이화여대부속병원에서 사이코드라마가 실시되었다. 한편 일반 대학생을 위한 사이코드라마 공연이 1970년대 초반 서울대, 이화여대, 고려대 심리학과에서 각본극 형식으로 시작되었다.

1970년대의 사이코드라마는 아직까지 일반인들에게 알려지지 않았고 그 수준 역시 초보적인 단계를 벗어나지 못하였다. 1980년대 들어오면서 서울대학교 심리학과 사이코드라마 연구회가 처음으로 사이코드라마를 교내에서 공연하였는데, 이 공연은 대학교 공연 사상 처음으로 원래의 사이코드라마를 본떠서 즉흥극으로 상연되었고 커다란 성공을 거두었다. 이듬해부터 전국의 거의 모든 심리학과는 사이코드라마 연구회를 만들어 현재에는 대학 문화의 하나로 정착되었다.

1986년 서울대 사이코드라마 연구회는 대학로 바탕골 소극장에서 국내에서는 처음으로 일반인을 대상으로 한 사이코드라마 공연을 시도하였다. 당시 사이코드라마의 신기함에 이끌려 많은 관객들이 이 극장을 찾았다.

1990년대에 들어오면서 사이코드라마는 정신병원 이외에도 여러 기관에서 실시되었다. 그 한 예로 1993년부터 안양소년원에서도 원생들을 대상으로 사이코드라마를 시작하였고 그 효과를 인정받아서 이제는 전국의 소년원에 사이코드라마 프로그램이 실시되고 있다.

1990년 후반에 들어서면서 대학로에서 사이코드라마 공연이 자주 이루어지고 있고 이제는 일반인들도 사이코드라마라는 용어에 익숙해지고 있다.

저자는 1990년부터 용인정신병원에서 환자들을 대상으로 사이코드라마를 연출해 오고 있다. 1995년에는 대학로에서 일반인을 대상으로 사이코드라마를 실시하였고 잠시 중단하였다가 1999년부터 현재까지 매주 월요일 대학로의 '극단 월요일'에서 사이코드라마를 진행해 오고 있다.

현재 국내에는 두 개의 사이코드라마 관련 단체가 결성되어 있다. 하나는 '한국임상예술학회'로 사이코드라마가 하위 분과로 들어가 있다. 이 단체의 회원들은 주로 정신과의사와 전공의, 간호사, 임상심리전문가, 예술치료 전문가들로 구성되어 있다. 또 다른 단체는 '한국 사이코드라마, 소시오드라마 학회'로 주로 대전 지방의 정신과의사, 심리전문가, 일반인들이 주축이 되어 사이코드라마와 소시오드라마의 보급을 위해 적극적으로 활동하고 있다.

현재 한국의 사이코드라마 현황을 정리해 보면 우리나라에 사이코드라마가 도입된 이래 지난 30년간 양적으로 팽창하였다. 사이코드라마를 연출하는 정신과의사, 심리학자, 사회복지사의 수는 매우 많이 늘어났고 사이코드라마가 행해지는 장소도 정신병원을 비롯하여 교도소, 학교, 상담실 등 그 수가 200개가 넘는다. 이런 양적인 팽창에 비례해서 질적인 수준도 많이 향상되었지만 실제로 개인을 건강하게 성장시킬 수 있을 만한 역량을 갖춘 디렉터는 극소수에 불과한 실정이다.

제5장 사이코드라마의 이론적 토대

사이코드라마는 이론보다 그 기법이나 적용이 더 많이 알려져 왔다(Yablonsky & Enneis, 1956). 사이코드라마와 관련된 문헌들을 검토해 보면 이론에 대한 체계적인 설명은 매우 부족하다. 사이코드라마는 참여자들의 자발적인 행위나 정서적 경험, 카타르시스와 같은 감정 방출을 선호하기 때문에 확고한 이론적 개념이나 기초가 없이 기법 위주로 발달이 되어 왔다. 이러한 풍토 때문에 사이코드라마 디렉터들은 이론들을 검증하거나 하나의 체계적인 틀로 통합하지 못한 채 서로 관련이 없는 개념들을 혼용하는 경향이 있다. 대다수의 정신치료자들은 정신분석과 같이 확고한 성격이론을 토대로 한 치료법을 선호한다. 사이코드라마가 그동안 개발된 수많은 정신치료 중에서 임상적으로 좀 더 유익하고 인기 있는 치료법으로 자리잡지 못한 이유도 이와 같이 정교한 이론적 근거가 부족한 데서 기인한다.

일부 사이코드라마 디렉터들은 정신분석, 사회심리, 게슈탈트심리학, 교류분석, 자기/자아 심리학, 행동학습이론, 절충주의, 실존철학, 대인관계 접근 혹은 인본주의 심리학에서 나온 이론적 토대에 도움을 얻고 있다. Blatner(2000)는 여기에 가족치료, 아동발달, 예술치료, 놀이치료, 의사소통이론, 정신합성, 생물에너지학, 현실치료, 행위치료, 공감, 포스트모더니즘, 교차문화적 치료, 연극치료, 신체치료, 역할이론, 구성주의치료, 조직 발달, 창조성 연구, 심상기법, 교류분석과 같은 관련 분야들이 사이코드라마가 작용하는 방식을 이해하는 데 부가적인 정보를 제공해 준다고 보았다(표 5-1).

〈표 5-1〉 사이코드라마 이론적 기초

집단정신치료	의사소통이론	정신합성이론
정신치료이론	통합 심리학적 이론	연극치료
게슈탈트치료	생체 에너지학	신체치료
교류분석	현실치료	상상치료
가족치료	행위치료	놀이치료
예술치료	교육적인 드라마	사회심리학
창조성 연구	공감	역할치료
아동발달	내러티브치료	구성주의치료
조직발달	포스트모더니즘 사고	교차문화적 치료

(Blatner, 2000)

그러나 대부분의 사이코드라마 전문가들은 Moreno의 고전적인 이론적 개념을 선호한다. 사이코드라마의 과학적 뿌리는 자발성, 창조성, 즉흥성, 역할 및 상호작용 이론에 깊게 뿌리를 두고 있다(Yablonsky & Enneis, 1956). 본 장에서는 Moreno의 대표적인 이론인 창조성과 자발성 개념과 역할이론을 검토하고 사이코드라마가 그 밖의 정신치료이론들과 어떻게 접목시켜 사용될 수 있는지를 설명하고자 한다.

⑪ 자발성과 창조성

자발성은 사이코드라마에서 중요한 요소며 그 자체가 사이코드라마의 목표가 된다. 어린 아동들은 성장하면서 자발적으로 놀이 방법을 터득하게 되지만 어른이 되면 자발성이 줄어들고 점점 사회적 관습이나 정형화된 틀에 맞추려는 경향성이 강해진다. 특히 정신과 환자들은 자신의 삶에서 자발성과 주도성을 포기하는 경우가 많다. 이런 점에서 볼 때 사이코드라마는 놀이적인 방식을 통해 자발적으로 상호작용하고 문제를 해결하는 방법을 배우게 해 준다.

자발성과 창조성은 건강한 삶의 과정에서 핵심적인 요소다. 사람들은 새로운 상황에 부딪치면 반응을 전혀 하지 않거나, 이전의 반응을 그대로 답습하거나, 아니면 새로운 반응을 만들어 낸다(Moreno, 1946, 1977). Moreno에 따르면 자발성이란 '지금-여기'라는 현재 상황에서 일어나고, 이전에는 경험해 보지 않았던 새로운 상황에서 적절한 행동을 이끌어 내며, 친숙한 상황에서 새로운 반응을 하게 만드는 에너지다.

Moreno의 아이디어 중에서 자발성은 그의 실존주의 철학을 적극적으로 표현한 것이다. 습관적이고, 고정적이며, 강박적이고, 완고하고, 고정관념에 사로잡혀 있고, 아무런 결과 없이 실행되는 무의미한 행동은 자발성과는 반대되는 것이다. 이러한 비자발적인 행동들은 정신병리 현상에 스며들어 있다. 생활 속에서 고착화되거나 습관화된 지각, 타성에 젖은 행동은 자발성이 결여된 것이다.

사이코드라마에서 자발성은 다음의 3가지 유형으로 분류된다.

① 병적인 자발성 : 새롭지만 부적절한 자발성
② 상투적인 자발성 : 새롭거나 창조적이지는 않지만 적절한 자발성
③ 천재적인 자발성 : 새롭고 창조적이면서 적절한 자발성

자발성은 창조성과 밀접한 관계가 있고 창조적인 과정의 촉매제로 작용한다. 사이코드라마에서 주인공이 새로운 반응을 요구하는 상황에 처했을 때 정서적인 문제들을 해결하기 위해서는 새롭고 창조적이며 적절한 자발성이 필요하다. 자발성과 창조성이 전제가 되어야 사이코드라마를 통한 주인공의 내적 상처가 치유될 수 있다. 자발성은 인간의 내면세계와 외부세계가 사고와 행동 수준에서 자유롭게 그리고 쉽게 넘나들 수 있게 해 준다.

자발성은 창조성의 필수적인 요소로 행위하는 순간에 스스로 유발되는 행동이며 강제적이 아니라 자유롭게 새로운 과제나 상황에 몰입하게 해 준다.

사이코드라마의 역할 행동을 살펴보면 역할 연기자가 만들어 내는 자발성의 종류와 정도를 알 수 있다. 각각의 역할은 어느 정도의 자발성을 필요로 한다. 사이코드라마 상황에서 역할 연기자가 자신이 맡은 역할을 수행하는 데 필요한 여러 가지 복잡한 반응을 하기 위해서는 자발성이 전제가 되어야 한다.

자발성은 극적일 필요는 없지만 때로는 예측 불가능한 방식으로 나타날 수 있다. 예컨대 요리를 하는데 자연스럽게 콧노래를 흥얼거린다거나, 용기 있는 결정을 내리거나, 선생님의 질문에 학생이 대답하는 과정에서도 나타날 수 있다. 자발성은 '있다-없다'와 같이 이분법적으로 나눌 수 있는 현상이기보다는 정도의 차이가 있을 뿐이지 대부분의 행동에서 나타나는 것이다. 상대적으로 습관적이고 자동화된 행동조차도 자발성의 전조나 씨앗이 숨어 있을 수 있다.

자발적 행동에 가장 필수적인 요소는 새로운 경험에 대한 개방성과 어떤 문제에 주도적으로 접근하고자 하는 의지다. 자발성이 높은 사람은 낯설고 새로운 경험에 개방적이며 천성적으로 호기심이 많다. 자발성과 창조성은 통찰력과, 육감 그리고 이미지의 근원지인 무의식에서 출발하는 경우가 많다. 사이코드라마는 이러한 타고난 창조성의 잠재력에 접근할 수 있게 해 준다.

집단 상황은 가장 성숙하고 포괄적인 사회적 기술을 위한 훌륭한 실험실 기능을 한다. 더구나 집단 과정에 참여하는 것은 자발적이고 창조적인 행동이 나타나게 하는 중요한 추진력으로 작용한다. 사회적 영역에서 자발성은 보다 창조적으로 협력하기 위한 수단이 되기도 한다. 이러한 의미에서 Moreno가 개발한 소시오드라마와 사회측정학은 인간관계의 진지한 상호작용을 촉진시키고 함께 일하고 놀기 위한 방법이라고 볼 수 있다.

20세기 초에 Freud가 억압의 본질을 사람들에게 일깨워 주면서 무의식의 지평을 열어 주었다면, Moreno는 인간 정신의 활력이 되는 자발성과 창조성을 두려워하고 회피하는 것에 관심을 가지도록 해 주었다는 데 의의가 있다.

❷ 역할이론

극작가들은 '역할'이라고 불리는 극적인 인격을 만들어 낸다. 극 중 인물은 어떤 행동을 통해 자신을 드러낸다. 극이 전개되면 배우들은 환경적 압력이나 새로운 도전에 부딪치면서 수많은 역할들을 소화한다. 사이코드라마 역시 이러한 역할, 역할 연기, 역할 훈련이라는 개념에 기초하고 있다.

사이코드라마는 모든 사람들이 다양한 인생 단계를 거치는 배우이자 역할 연기자라는 가정에 기초한다. 유아는 태어나서 지극히 주관적이고 개인적인 역할만 하다가 점차적으로 환경이나 집단적인 역할에 맞게 개인적 역할을 하나씩 배우고 수정해 나간다. 적절하고 생산적이고 유용한 역할이 있는 반면, 그렇지 않은 역할도 있다. 또 어떤 역할은 계발되거나 발전하는 것 자체가 어려울 수도 있다. 그렇기 때문에 한 개인의 역할 레퍼토리의 패턴과 발달은 부분적으로는 그의 성격을 반영할 수 있다.

여러 행동과학 분야 중에서 유용하게 사용되고 있는 역할 개념이 하나의 이론으로 정립되기까지는 미국과 유럽에서 출발한 심리학, 사회 철학, 사회학, 인류학 분야의 연구자들의 공헌이 있었다. 오늘날 역할이론에서 쓰이는 '역할 개념'은 Mead(1934)에서 비롯되었다. Mead는 W. James, J. Dewey의 상호 작용 주의를 이론적 관점으로 통합하여 인간의 마음, 사회적 자아 그리고 사회의 구조를 사회적 상호작용 과정으로 설명하였다. Mead는 사회적 행동이 언어와 역할 맡기를 통해서 발달된다고 보았고, Moreno는 텔레와 상호간의 정서적 과정을 강조하였다. Mead의 견해를 부분적으로 받아들인 Moreno는 역할 연기(role play)라는 말을 처음으로 사용하였다. 그는 개인적인 정신역동과 사회적인 정신역동을 이어주는 것이 역할이라고 생각하였고, 개인적 역할들이 연결되어 사회적인 역할 네트워크를 형성한다고 보았다.

역할은 크게 다음의 네 개의 기본 유형으로 나누어진다.

1) 정신 · 신체적 혹은 생리적 역할

신생아는 무력하고 불완전한 상태로 세상에 태어나서 여러 발달 단계를 거치며 점차로 자신의 신체에 대한 숙달감을 얻게 된다. 유아는 오로지 생존을 위해 호흡하고 먹고 자고 움직인다. 신체적 욕구를 충족시키기 위한 이러한 생리적 기능은 어느 정도는 자율적으로 하지만 대개는 보조자아 역할을 하는 어머니의 지속적인 주의를 필요로 한다. 유아는 어머니와의 첫 상호작용을 통해 먹고 자고 배출하고 움직이는 일련의 정신 · 신체적 역할을 개발시켜 나간다. 생후 초기 단계에서 유아와 어머니 사이의 상호작용은 주로 비언어적으로 이루어지며 그들만의 독특한 스타일을 구축해 나간다. 이 시기 유아의 역할은 신체적 역할에만 국한되며 어머니와의 관계에서 유아의 첫 번째 사회적 역할이 나타나기도 한다.

유아는 자신을 둘러싸고 있는 세계가 자신이 원하는 대로 움직이게 만든다. 유아는 욕구가 충족되지 않을 때 울음을 통해 주변의 관심과 위안을 구한다. 유아는 말을 하지는 못하지만 유아의 울음소리는 어머니로부터 도움 행동을 불러일으킨다. 엄마-유아 관계는 처음부터 상호적 역할에 기초한다. 어머니는 주는 사람(giver)의 역할을 하고 유아는 받는 사람(receiver)의 역할을 한다. 인지 · 정서 발달이 이루어짐에 따라 이러한 역할 행동에는 변화가 오게 된다. 유아는 점차로 자신과 어머니를 구분하고 어머니를 보호의 근원으로 인식하게 된다. 일단 유아가 현실과 공상을 성공적으로 융합하게 되면 자신의 외부에 있는 사람, 대상, 목표를 향해 역할 수행을 조직할 준비를 하게 된다.

2) 공상적 혹은 사이코드라마적 역할

공상적 또는 사이코드라마적 역할은 개인이 자기 이외의 대상, 즉 신, 천사, 악마, 동물, 의자와 같은 대상에 부여한 역할을 말한다. 유아는 처음에는 타인을 통한 욕구 충족이라는 측면에만 자기를 경험하지만 점차로 성장하게 되면서 현실의 압력과 요구를 받게 된다. 역할이 견고해지면서 어머니에 대한 의존성은 줄어들고 유아의 독립적인 역할은 증가하게 된다. 이로써 유아의 공상 생활은 현실적인 문제로 전환하게 된다. 유아가 성공적으로 현실의 요구에 부응할 때 발달에 맞게 새로운 역할들이 나타나고 부여된다.

　　유아적 공상이 현실로 변화되어도 공상 활동은 여전히 지속되고, 이러한 공상을 통해 개인은 타인과 감정을 공유할 수 있고 자신만의 심상을 가질 수 있다. 이렇게 되면 공상과 현실 양쪽을 넘나들게 되는데, 특히 사람들은 현실에서 만족을 추구하기 어려우면 내적 공상을 통해 만족을 추구하는 경향이 있다. 사이코드라마에서 사용되는 여러 역할은 우리가 현실에서 충족되지 못한 소망을 이루게 해 주는 효과가 있다. 이러한 이유로 사이코드라마기법, 즉 이중자아, 독백, 거울기법은 성인의 정신적 활동인 공상세계를 탐색하는 데 매우 효과적이다. 공상은 개인의 내적·정신적 세계에 대한 통찰을 얻을 수 있는 관문이다.

3) 사회적 역할

　　인간은 사회적 동물이라는 말이 있다. 사회적 역할은 개인의 삶에서 실제 사람들과의 관계를 말한다. 유아-어머니 관계는 최초의 사회적 역할이다. 탯줄이 잘라져도 유아와 어머니는 심리적으로 연결되어 있고, 이는 타인들과 상호작용할 수 있는 기초가 된다. 어머니와 유아의 상호관계의 질을 평가해 보면, 타인과 신뢰로운 관계를 형성할 수 있는지 혹은 관계를 맺는 것을 두려워하는지 가늠할 수 있다. 다른 사람과 관계를 맺는 것을 좋아하든 좋아하지 않든 간에 사람들은 주변 사람들을 필요로 하고 사회적 역할은 이러한 필요에 의해 발달하게 된다. 초기 모자 관계에서 정상적인 사랑이 결핍되면 연령에 맞는 정상적인 사회적 관계를 발달시킬 수 없다. 어머니와 같은 중요한 타인들로부터 보호를 받고 의미 있는 관계를 형성해야 아이들은 차근차근 대인기술을 습득하고 자신감 있게 세상과 주변 사람들을 탐색할 수 있다.

4) 문화적 역할

　　모든 나라, 인종, 집단은 문화적으로 뚜렷하게 구분되는 역할을 만들어 낸

다. 문화마다 독특한 역할이 있기 마련이다. 모든 문화권에서 의사라는 역할
은 대개 치료자와 선생님 역할을 하도록 기대되지만 행동 양식은 그 사람이
속해 있는 기존의 규범이나 문화를 따르게 되어 있다. 아프리카에서는 마법
사가 주문을 외우거나 춤을 추는 것이 당연하지만 다른 문화권에서는 기이하
게 여겨질 수 있다. 예컨대 우리나라에서 무속인들이 벌이는 굿판은 다른 문
화권의 사람들에게는 낯설고 이질적으로 느껴질 수도 있다. 어머니, 아버지,
아내, 남편, 남성, 여성의 역할에 집단적으로 정형화된 역할을 부여하는 것은
그렇게 간단하지가 않다. 하지만 각 개인은 이러한 역할에 대한 일반화된 이
미지를 만들어 낸다. 그 이미지는 대개 그 사람의 일부가 된다. 개인이 한 집
단에서 경험하게 되는 역할은 갈등을 야기하든 그렇지 않든지 간에 자신이
속한 집단 혹은 문화와 상호작용할 수밖에 없다.

🄱 역할이론의 장점

다음은 Blatner(2000)가 제안한 역할이론의 장점들이다.

① 역할이론은 다양한 학문들을 아우를 수 있는 분야다. 역할이론은 개인
   심리학일 뿐만 아니라 사회심리학으로서 여러 행동과학들을 연결시켜
   주는 가교 역할을 한다.
② 역할이론은 존재론적, 영적, 유희적, 경제적, 지적인 모든 차원을 포함한다.
③ 역할이론은 절충주의적이고 다문화적이며 관점의 폭을 넓혀 준다.
④ 역할이론은 사람들이 영화나 드라마에 나오는 연기를 보고 내용을 금방
   파악하듯이 용어들도 이해하기 쉽다.
⑤ 역할이론은 모든 역동적인 주제들을 심리학적인 전문 용어가 아닌 쉬운
   말로 풀어서 설명해 주기 때문에 깊은 속마음이 자연스럽게 표현될 수
   있게 해 준다.
⑥ 역할이론은 추상적이지 않고 구체적인 심상을 불러일으키는 생생한 은
   유다.

⑦ 역할이론은 창조성을 강조한다. 즉, 창조적인 예술로서의 행위, 그리고 창조적인 도전으로서의 삶을 제안한다.

⑧ 역할이론은 마음과 자기에 대해 다원론적인 모델을 제시하고 있고, 내면의 자기와 맞닿을 수 있는 대화를 가능하게 해 준다.

⑨ 다른 사람들과의 관계에서 역할바꾸기가 가능함을 깨닫게 하여 다른 사람에 대한 낯가림이 줄어들고 타인을 좀 더 알 수 있게 된다.

⑩ 드라마라는 영역은 연기에 대한 타고난 성향을 실험할 수 있는 맥락을 제공해 준다. 상상력과 가장놀이에 대한 타고난 성향이 결국 극에서 나타나게 된다. 심리학적인 문제를 탐색하고 실험할 수 있는 자연스러운 환경이 바로 사이코드라마다.

⑪ 사이코드라마에 역할이론을 적용하게 되면 이론이 아닌 실제적인 삶의 과정이 일어난다.

⑫ 역할 개념을 활용한 작업으로는 역할을 세밀하게 구별하는 것, 다양한 역할들 간에 균형을 이루게 하는 것, 역할들을 하위 역할들로 나누는 것, 역할에 창조성을 가미하는 것 등이 있다.

⑬ 역할은 병리적인 것을 지양하고 항상 중립적인 용어를 사용한다. 중립적인 용어를 사용하게 되면 자신이 맡은 여러 가지 역할 중에서 마음에 들지 않는 역할을 수정한다고 해도 자존감을 유지할 수 있게 된다.

4 역할 연기와 놀이

모든 놀이, 특히 역할 연기는 가상의(as-if) 요소를 포함하고 있고, 일생 동안 중요한 활동이 된다. Moreno는 놀이가 아동기에만 존재하고 성인기에는 사라진다는 Freud의 주장에 반대하였다. 아이가 자라서 어른이 되면 유희적인 요소가 없어지는 것이 아니라 오히려 의례화되고 좀 더 구조화되는 것이다. 사이코드라마는 참여자들에게 놀이와 같은 역할 연기를 장려하므로 어른과 아동을 위한 일종의 놀이치료라고 볼 수 있다.

놀이는 불안을 다스리고, 사회적으로 적응적인 행동을 습득하고 인간을 대리 만족시켜 주는 활동적인 방법이다. Singer(1977)에 따르면, 상상 및 가장놀이(Pretend play)는 아동에게 다양한 언어와 상상적인 기술을 발달시키고 인내력을 키워 주며 동시에 공감 능력과 사회적 역할을 발달시킨다.

역할 연기는 특히 상상과 공상, 자기와 타인을 구분하는 데 효과적이다. '다른 사람의 역할을 맡는 것'은 모방, 반영, 동일시, 내사화 및 동화와 같은 내재화 과정에 필수적이다. Piaget(1951)는 아동의 놀이란 모델이 있는 상태에서 모방하는 것에서부터 모델이 사라진 뒤에 일어나는 지연된 모방, 그리고 그 모델에 대한 내적·정신적 표상을 하는 시점으로 이어지면서 진행되기 때문에 상징적 놀이의 시초가 된다고 보았다. 역할을 맡고 그것을 내재화할 때, 역할과 동일시하고 통합된 자기 개념에 도달할 수 있다. 이러한 과정은 역할 연기에 대한 Moreno(1960)의 이론과 아동발달의 역할 맡기에 잘 나타나 있다. 역할들이 자기로부터 나오는 것이 아니라 역할을 통해 '자기'가 출현하는 것이다.

사회-학습이론의 관점에서 볼 때, 역할 연기의 기능은 이와는 약간 다르다. 아이들은 부모와 의미 있는 성인을 통해 새로운 행동적 레퍼토리를 획득하고 사회적 반응을 수정한다.

정신분석적 관점에서 Jacobson(1964)은 상상놀이와 가장놀이에 참여함으로써 어린 아동들이 외부세계와 관련된 자기 개념을 발달시키고 내부세계와 외부세계를 구분할 수 있다고 주장하였다. 유아가 엄마의 제스처, 행동, 활동을 모방하기 시작할 때, 이것은 그 의미를 인식하지 못한 채 엄마와 밀접한 공감대를 바탕으로 한 형식적인 가장 활동일 뿐이다. Winnicott(1971)는 유아가 일종의 매개 영역, 즉 사이코드라마의 잉여현실과 비슷한 놀이의 중간 영역을 이용하면서 주관적 세계가 외부 현실과 만날 수 있다고 제안하였다. 이 영역에서 유아는 두 세계를 연결하고 연합시키려는 노력을 한다. Winnicott는 아동이 이러한 세계의 분화를 돕기 위해 일종의 '매개 대상', 즉 '최초의 내가 아닌 소유물(first not-me possession)'을 가지고 놀게 된다고 설명하였다. 여기서 매개 대상은 유아가 외부 대상의 내적 표상을 얻도록 도와주는 한 장의 담요나 고무젖꼭지, 또는 껴안고 싶어하는 장난감일 수 있다. Holmes(송종용 역, 1998)는 매개 대상에 대한 Winnicott의 설명을 다음과 같이 사이코드라마에 적용하고 있다.

　　아동이 곰인형이나 담요를 가지고 노는 것처럼 사이코드라마에서 주인공은 보조자아를 '이용'하거나 보조자아와 '함께 놀 수 있다.' 주인공은 보조자아를 토닥거리며 좋아하기도 하고 때로는 공격을 하고 상징적으로 상해를 입히는데, 보조자아는 이를 허용하면서 사랑과 공격 모두를 견뎌 내야 한다. 보조자아는 주인공에게 중요한 타인의 역할을 하고 있다는 것을 항상 염두에 두고 주인공이 지각하고 있는 역할과 일치하도록 자신의 '연기'를 조율해야 한다. 이렇게 하지 않으면 사이코드라마의 '마술적 힘'이 사라지고 '지금–여기'의 현실이 침범된다.

⑤ 역할 긴장과 역할 갈등

　　역할 맡기의 과정에는 몇 가지 고려할 사항들이 있다. 우선 역할들은 학습되고 교정이 가능하다는 것이다. 많은 역할들은 하위 역할들이나 역할 구성요소들을 가지고 있다. 많은 역할들은 다른 역할들과의 관계 속에서 존재한다. 예컨대 자식 역할은 부모의 역할이, 회사 중역의 역할에는 부하 직원의 역할이, 교사 역할에는 학생의 역할이 함께 들어 있다.

　　때때로 이러한 역할들 간에는 갈등이 발생하기도 한다. 역할 갈등의 예로는 한 사람이 둘 이상의 집단에서 각기 다른 역할을 동시에 가지고 있는 경우 일어나는 역할 내 갈등(intrarole conflict)이 있다. 두 가지 이상의 역할을 동시에 가지고 있고 각각의 역할에 대한 기대가 상반될 때는 역할 간 갈등(interrole conflict)이 생길 수 있다. 이 외에도 인성 역할 갈등(personality role conflict)과 같이 특정한 역할 수행자의 인성이 역할 수행을 방해할 때 일어나는 갈등도 있다. 즉 역할이 역할 수행자의 개인적 윤리관이나 가치관에 맞지 않을 때 생기는 것이다.

　　흔히 역할 긴장과 역할 갈등은 혼동해서 사용하거나 구분 없이 사용하는 경우가 많다. 역할 긴장은 역할 의무를 성취하는 데 있어 어려움을 느끼는 것으로 스트레스에 노출되었을 때 역할 수행자가 경험하는 주관적인 고통을 말한다. 역할 긴장의 원인이 되는 것을 '역할 문제' 혹은 '역할 스트레스'라고 하는데, 여기에는 역할 갈등, 역할 모호성, 역할 불일치, 역할 부담이 포함된다.

적응상의 갈등이나 어려움은 흔히 역할 역동이 변화하는 과정, 즉 역할을 새로 학습하고, 재정의하며 주요한 역할들 간에 전환을 시도하는 과정에서 발생한다. 역할 역동, 역할의 정도, 역할이 수행되는 여러 방법들을 탐색해 보면 주인공을 사이코드라마적인 상황에서 도와줄 수 있는 길이 보인다.

Blatner(2000)는 환자의 다양한 역할 레퍼토리를 검토하고 다양한 종류의 욕구와 동기를 고려할 때 다음의 사항을 염두에 두어야 한다고 보았다.

① 욕구가 지나치게 억압되어 다른 행동들을 통해 이러한 욕구를 과도하게 보상하고 있을 가능성
② 특정 역할이 지나치게 왜곡되거나 과도하게 발달되어 인성의 다른 측면이 무시되고 있을 가능성

Moreno는 실제로 역할은 매우 융통성이 있으며 따라서 건강하고 창조적인 변형이 가능하다고 보았다.

⑥ 역할 연기와 진실성

사이코드라마는 성격상 '허구'에 근거하기 때문에, 어떤 임상가들은 사이코드라마의 치료적 가치를 의심하고 뭔가 믿을 수 없다는 입장을 취한다. 예를 들어, Janov(1970)는 사이코드라마를 '허구적인 게임'이라고 하면서, 어떤 인물에게 다른 사람인 양 행동하고 느끼도록 지시하는 것은 잘못된 일이라고 주장하였다. 이러한 비난은 역할 연기 자체는 거짓된 것이고 정신치료에서 상상력을 이용하는 것은 착각을 유발시킬 것이라는 가정에 기초한다.

하지만 '모든 세계가 무대다.'라는 셰익스피어의 주장대로 사람들은 이런저런 면에서 역할 연기자다. 역할 연기는 거짓된 자기(false self)를 조장하는 것이 아니라 새로운 역할을 적극적으로 시도함으로써 자기의 다양한 부분을

확장시키는 방법이다. 역할을 취하는 과정에서 역할 연기자의 왜곡된 지각이 드러날 수는 있으나 모든 역할 연기가 거짓되고 위선적인 것은 아니다. 오히려 역할 연기는 융통성과 정체감을 개발하도록 도와줄 수 있다.

　물론 역할 연기에서 하는 가상의 활동이 실제는 아니다. 모든 참여자들은 이러한 사실을 알고 있다. 사람들은 한편의 영화나 드라마를 볼 때, 극에서 일어나고 있는 모든 것들이 분명히 허구며 배우들은 어떤 역할을 연기할 뿐이라는 사실을 알고 있다. 하지만 극이 진행되면서 극 중 인물이 주어진 역할에 몰입하게 되고 관객 역시 극 중 인물에 공감하고 정서적으로 몰입하게 되면서 역할을 사실적으로 받아들이게 된다. 사이코드라마에서도 주인공이 저항을 벗고 역할 연기에 정서적으로 몰입하게 되면 가장하는 태도는 사라지고, 대신 실제의 삶과 같이 생각하고, 느끼고, 행동하게 된다. 역할 연기에서 정서적인 몰입이 가능하다는 점은 허구적인 요소에도 진실한 측면이 있음을 반영하는 것이다.

　한 집단원은 사이코드라마에 처음 참여하였을 때 연기하는 것이 가짜 같고 싫어서 심한 거부감과 저항감을 느꼈다. 하지만 사이코드라마 회기에 여러 번 참여하면서 역할 연기가 처음에 생각했던 것만큼 인위적이지 않다는 사실을 깨닫게 되었다. 특히 주인공 역할을 맡아 정서적으로 몰입이 되자 가장하는 태도가 사라지고 내적 진실이 드러나는 경험을 하게 되면서 사이코드라마가 연기라고 생각하고 거부감을 보였던 기존의 태도가 변화하였다.

🔘7 역할 연기와 공감 능력

　정신의학적으로 건강한 성인이란 분명한 자기 정체감을 가지고 인생의 목표를 자발적으로 추구해 가고, 아무리 현실이 괴로워도 환경의 변화를 잘 수용하고 적응할 수 있는 능력을 갖춘 사람이다. 또한 사회적인 측면에서는 상대방의 입장을 이해하고 공감할 수 있어서 대인관계를 지속적으로 유지하고 만족스러운 이성 관계를 맺을 수 있어야 하며, 직업적인 측면에서는 자신의 능력의 한계를 잘 알고 현실적으로 받아들이며 가지고 있는 잠재 능력의 실현을 통해 성취감을 경험할 수 있는 사람이다.

특히 사람은 더불어 살아가기 때문에 만족스러운 대인관계를 유지하는 것은 정신건강에 필수적이다. 모든 관계에서 공감 능력은 매우 중요한 요소다. 공감은 곤경에 처한 다른 사람의 입장에서 그것이 어떨지를 정확하게 상상할 수 있는 능력을 말하며, 공감을 받은 사람은 다른 사람으로부터 이해를 받고 있다는 느낌을 갖게 된다.

공감 능력은 학습을 통해서 길러질 수도 있지만 그렇다고 공감에 관련된 책을 무조건 읽는다고 해서 공감 능력이 향상되는 것은 아니다. 공감 능력은 골프나 야구처럼 어떤 요령이나 운동 기술을 요하는 것은 더더욱 아니다. 단순히 좋은 의지, 돌보는 마음, 민감해지려는 의도만 가지고 공감 능력이 생기는 것도 아니다.

공감 능력을 갖추기 위해서는 다른 사람이 처한 곤경에 적극적으로 주의를 기울이고 상상하는 능력이 필요하다. 적극적으로 타인의 고통을 상상하기 위해서는 기억 능력, 합리적 사고, 직관력 그리고 감정의 통합이 선행되어야 한다. 공감 능력은 스스로 터득할 수도 있지만 경험적 학습과 연습이 요구된다. 이 점에서 역할 연기는 공감과 같은 대인 기술을 경험적으로 학습시킬 수 있는 자연스러운 도구다.

역할 연기는 흔히 어린 아동들이 몰두하는 가장놀이가 확대된 것이라고 볼 수 있다. 그러나 아동이 성장하여 학교에 가게 되면서부터 상상력이 가미된 역할놀이는 암기와 논리적 사고, 수리력을 강조하는 전통적인 교육 과정에 의해 밀려나게 된다. 하지만 최근에 들어와서는 유치원을 비롯해서 교육장면에서 시장놀이나 병원놀이 등과 같은 역할 연기를 학습하게 하는 교수법들이 확산되고 있다. 또한 병원 장면에서는 사회기술 훈련이나 집단정신치료에서 역할 연기를 통해 정신과 환자들이 새로운 역할을 학습하고 다른 사람의 입장을 공감하게 하는 기법으로도 널리 실시되고 있다.

상대방에게 공감을 표현할 때에는 "이 말이 너에게 맞을지 모르겠지만 만일 나에게 그런 일이 일어났다면 나도 그렇게 느꼈을 거야."라고 '나 전달법 (I-message)'으로 말하는 것이 중요하다. 치료적 관계에서도 임상가가 '너 전달법(You-message)'보다는 '나 전달법'으로 공감한 것을 표현하면 환자가 권위상에 대해 가지는 미묘한 부정적인 전이가 줄어들고 치료자와 환자 간의 거리도 좁혀지며 궁극적으로는 치료적 동맹을 증진시킬 수 있다.

　역할 연기를 통해 역할 거리 두기가 이루어질 수 있다. 즉 역할 거리 두기를 하면 타인에 대해 객관적으로 바라보고 자신의 숨은 감정을 인식하고 자기와 타인을 구분할 수 있게 된다. 이런 것들을 통해 공감 능력을 키우게 되고 자기중심성이 줄어들게 된다.

⑱ 역할 훈련의 예시

　사이코드라마에서는 역할 연기를 통해 바라는 역할들을 해 보고 그것에 적응할 수 있는 연습을 할 수 있다. 사람들은 경험(연습)을 통해서 항상 배운다. 사이코드라마는 기대하고, 갈망하고, 필요로 하고, 두려워하는 여러 역할들을 탐구하는 '장'이 된다. 이런 연습을 통해 새로운 행동들이 익숙한 행동으로 바뀔 수 있다. 사이코드라마의 가장 중요한 효과 중의 하나는 개발되지 않은 역할을 직접 수행해 봄으로써 새 역할에 대한 불안감이 극복되고 훈습될 수 있다는 것이다. 역할 훈련의 단계는 다음과 같다.

　① 집단원들이 연습하고 싶은 역할, 탐구하고 싶은 역할, 불안하거나 안전
　　하지 않다고 느끼는 역할 등을 해 보게 한다.
　② 주인공이 새로운 역할을 할 수 있도록 구조화된 장면을 만들어 준다.
　③ 주인공은 장면을 만들고, 여러 역할들을 연기할 사람들을 선택한다.
　④ 주인공이 하고 싶은 역할과 장면이 만들어지면, 주인공의 내면에서 무슨
　　일이 일어나고 있는지를 알 수 있다. 디렉터는 주인공에게 뒤로 한 발짝
　　물러나 있도록 지시하기도 하고 주인공이 직접 자신의 내면을 연기할 이
　　중자아가 될 수도 있다고 말해 준다. 집단원들도 원한다면 주인공의 이
　　중자아가 될 수 있다.
　⑤ 역할바꾸기를 사용하여 주인공은 공감과 이해를 얻을 수 있게 되고, 타
　　인의 관점에서 자신의 행동을 바라볼 수 있게 된다.

⑥ 역할이 충분히 연습되어 주인공이 원래 하고 있었던 역할처럼 익숙해지
   게 되면 극은 끝나게 된다.
⑦ 극이 끝나고 집단원들은 나눔 과정을 하게 된다.

변형

주인공이 극에서 빠져 나와 다른 집단원이 자신의 역할을 수행하는 것을 지
켜보게 한 다음 다양한 대안들을 고려할 수 있도록 한다. 이를 통해 주인공은
자신이 어떻게 행동하는지 볼 수 있게 되고, 처한 상황 안에서 자신이 어떻게
역할을 수행하는지에 대한 통찰을 얻을 수 있다.

역할 도해와 분석

이 기법은 집단의 참여자들이 그들이 연기하게 될 다양한 역할들에 익숙해
질 수 있도록 하기 위해 사용된다. 목적은 집단원들이 연기하게 될 다양한 역
할들을 이해하고 한 사람이 하는 여러 역할들을 관찰하기 위함이다. 방법은
다음과 같다.

① 펜과 종이를 준비한다.
② 종이 위에 원을 그리고 원 안에 이름을 적는다. 그리고 원을 나눈다.
③ 나누어진 원 안의 각각의 칸에 삶에서 자신이 연기하는 중요한 역할들을
   써 넣는다. 예를 들어, 어머니, 아내, 딸, 작가 등을 적는다.
④ 이 역할들 중에 자신이 탐색하고 싶거나 갈등이 있다고 느끼는 역할을
   선택한다.
⑤ 종이 위의 다른 면에 원을 하나 더 그리고, 위에서 선택한 역할을 써 넣
   는다. 예를 들어 엄마 역할에 갈등을 느끼고 있다면 원 안에 '엄마'라고
   써 넣는다. 그리고 나서 원을 나눈다.
⑥ 원 안의 각각의 칸에 선택한 역할의 여러 측면들을 적는다. 예를 들어 엄
   마의 역할이라면, 운전사, 의사, 경청자, 양육자, 선생님 등등을 적는다.
⑦ 다음으로 종이의 한쪽 면에 맛, 냄새, 색깔, 움직임, 질감, 소리 등과 같
   은 단어를 써 넣는다. 그리고 나서 자신이 탐구하고자 하는 역할을 가장

잘 묘사할 수 있거나 가장 관련이 있다고 생각하는 적절한 단어를 써 넣는다. 예를 들어 엄마의 역할에서 느껴지는 색깔이 오렌지색이라면 색깔 옆에 오렌지색이라고 적어 둔다.

⑧ 이때 집단원들은 모두 혹은 짝을 지어서 이제까지 한 과정들을 공유한다.

⑨ 만약 공유한 과정들을 실연하고 싶다면, 다음 단계에서 집단원들이 갈등이나 불편함을 경험하게 되는 역할의 특성들을 확인해 본다.

⑩ 빈 의자 2개를 설치하거나 구조화된 상황을 만들어서, 집단원들이 자신의 갈등과 문제를 경험하게 되는 상황과 그 상황에서 자신들이 말하고 싶은 대상을 생각할 수 있게끔 도와준다. 이때, 집단원들은 주인공이 되어 빈 의자에 앉거나 주인공의 마음을 나타내는 보조자아가 될 수 있다.

제6장 타 정신치료이론과의 접목

　지금까지 개발된 정신치료는 그 종류만 해도 수백 가지에 이른다. 언뜻 보기에 다양한 치료적 접근들은 이론과 기법 면에서 천차만별이라서 통합시키는 것이 무리가 있어 보인다. 어떤 치료 이론은 변화를 유발하는 수단으로 인지를 강조하는가 하면, 어떤 치료는 행동을 강조하며, 또 다른 치료적 접근에서는 정서적 경험을 중시한다. 각 치료법들은 인간 경험의 여러 가지 측면을 제각기 다른 용어와 개념을 사용하여 설명하고 있기 때문에 표면적으로는 각기 다른 방법을 강조하고 있는 것처럼 보인다. 그러나 이렇게 각 치료에 대한 개념화가 서로 다른 것은 실제로 일어난 치료 과정을 지나치게 일반화하거나 아니면 일부분에만 역점을 두어 설명하고 있기 때문이다(김미리혜·김진영 역, 1995). 실제로 많은 치료법들은 본질적으로는 유사한 현상을 각기 다른 관점에서 다른 방식으로 설명하고 있다. 예컨대 사이코드라마에서 핵심 기법인 역할 연기는 행동치료의 행동 시연(behavioral rehearsal)과 유사하며, 게슈탈트 치료에서 자기의 한 부분인 '상전(top dog)'은 내사된 가치관이나 도덕적 명령들로서 Freud의 초자아 개념에 해당된다.

　지금까지 수없이 많은 정신치료가 개발되었지만 현대의 추세로는 점차로 모든 치료적 요소들이 통합되고 절충적인 접근으로 가고 있는 실정이다. 이러한 관점에서 볼 때 사이코드라마는 여러 가지 정신치료기법, 특히 절충적이고 통합적인 정신치료적 접근에 가깝다. 사이코드라마를 진행하는 디렉터마다 선호하는 이론과 기법이 다양하지만 그중에서 특히 사이코드라마와 접목해서 사용할 수 있는 기존의 정신치료이론들을 사이코드라마와 비교해서 설명하고자 한다.

① 정신분석과 사이코드라마

1) 기본 이론

현대의 정신치료 방법들은 거의 모두 어느 정도는 Freud의 정신분석에 기초하고 있다고 해도 과언이 아닐 정도로 정신분석은 인간 정신의 본질을 이해하는 데 커다란 기여를 하였다. 근본적으로 정신분석은 갈등의 심리학이다. 정신분석에서는 마음의 기능을 갈등적인 힘이 표현된 것으로 보고 있다. 이 힘은 일부는 의식적이며, 또 상당 부분은 무의식적이다. 심리학의 한 체계이자 치료의 한 방법으로서 정신분석은 정신생활에서 차지하는 무의식적 힘의 중요성을 강조한다.

정신분석이 지니는 기본 원리 중 하나는 쾌락을 추구하고 고통을 피하는 성향이 인간 심리를 결정한다는 것이다. 이것이 쾌락의 원리(pleasure principle)라는 것이다. 이 원리는 전 생애를 통해 작용하지만 생후 초기 몇 년 동안 가장 두드러지게 작용한다. 쾌와 고통 혹은 욕구 만족과 좌절에 관한 최초의 경험들은 개인의 심리 구조를 형성하는 데 결정적인 역할을 한다. 인간 본성에 대한 Freud의 혁신적 관점은 19세기 후반과 20세기 초반의 가장 진보적인 인본주의적 사상과 과학적 사조들이 융합되어 나타난 것이다. 그는 정신분석에서 살아 있는 사회적 실체로서의 개인을 과학적으로 연구하는 방법을 수립하려는 열성적인 노력과 각 개인의 성실성을 존중하는 자유주의적 이상을 결합시켰다.

정신분석은 모든 정신치료 유형 중에서 가장 포괄적이고 종합적인 체계를 갖추고 있다. 정신분석은 인간의 내적 경험과 외적 행동 그리고 생물학적 속성과 사회적 역할을 포괄하고 인간이 어떻게 한 개인으로서 또 집단의 구성원으로 기능하는가를 다루고 있다. 치료적으로는 환자에게 무의식적 갈등의 파생물이 어떻게 자신의 신경증적 증상과 행동으로 나타나는지를 이해시켜 준다. 따라서 성공적으로 치료를 받은 사람은 신경증적 억압이나 고통에서 자유로워지고 자기충족적(self-fulfilling)인 변화를 경험하며 나아가 자신의 잠재 능력을 실현시킬 수 있게 된다.

2) Moreno와 정신분석

Moreno는 개인적으로나 철학적으로나 Freud의 정신분석, 특히 정신결정론을 선호하지 않았다. 그는 치료자와 치료받는 사람이 만나서 이루어지는 상호관계성, 만남 그리고 창조성과 자발성이 풍부한 인간관계를 강조하였기 때문에 수동적인 자세로 카우치에 누워 치료를 받는 정신분석에 대해 '상대도 없이 혼자 연습하는 치료 형태(Moreno, 1967)'라고 비판을 가하였다.

정신분석에 관한 부정적인 시각은 영어 문화권에서 활동하고 있는 일부 사이코드라마 디렉터들에게도 계승되었다. 하지만 프랑스나 멕시코 등지의 일부 사이코드라마 디렉터들은 오래전부터 Freud와 Moreno의 이론을 통합하려는 노력을 하였다. 이들은 사이코드라마와 같은 행동적인 치료 방식이 정신분석이론을 보완한다고 보았다. 과거의 행위가 현재에서 재연되고 통합된다는 행위 완성의 성격을 지니고 있는 사이코드라마의 원리는 정신분석적 관행과도 일치하고, 사이코드라마에서의 실연은 훈습에 역행하는 방어적 퇴행이 아니라 오히려 자아의 기능 하에 일어나는 퇴행이자, 재조직화하는 치료과정이다.

억압적인 환자들이 자신의 행동을 통제하고 머뭇거리는 반면에 충동적인 환자들은 성격상 거리낌 없이 행동한다. 정신분석과 사이코드라마는 이 두 유형의 환자들에게 비난과 보복을 당할 걱정 없이 자신을 언어적·비언어적 행위로 표현하고 의사소통할 수 있는 기회를 준다. 정신분석가들은 환자들의 무의식적 문제를 밝혀 내기 위해 그들 마음속에서 일어나는 것들을 언어적으로 표현하게 한다. 사이코드라마에서는 환자들이 자발적인 행동을 하도록 마음속에 일어나는 모든 것들을 행동으로 표현하도록 유도한다. 정신분석과 사이코드라마가 기법상에 차이가 있기는 하지만 두 분야 모두 치료적 과정에서 언어나 행위를 통해 환자들의 '내적 자기(inner self)'의 많은 부분을 알려 준다는 공통점이 있다.

억압된 경험을 반복적으로 행동으로 표현하고 재연하면 억눌린 기억이 확실해지며, 받아들일 수 없는 무의식적인 환상을 의식적 사고로 전환시킬 수 있다. 사이코드라마와 정신분석 모두 충동적이든, 억압된 것이든 비자발적인 '그때-거기서'의 행위들을 보다 자발적인 '지금-여기서'의 행위들로 전환하는 것이 중요함을 인정하고 있다. 게다가 두 영역 모두 의식적 경험(운동 및 정서적 방출)과 이러한 행위의 무의식적 의미 간에 차이를 줄이려는 목표를 갖고 있다.

정신분석치료와 사이코드라마의 공통적인 원리는 인간의 기본적인 동기들은 표현되고 충족되기를 원하는데, 만일 이러한 욕구들이 좌절된다면 왜곡된 방식으로 표출될 것이라는 점이다. 특히 주인공의 갈등 상황을 사이코드라마적 상황에서 다루고자 할 때 정신분석적 지향을 가진 디렉터는 주인공과 디렉터 혹은 주인공과 보조자아들 간에 일어나는 전이나 역전이 문제에 역점을 둘 수 있다.

3) 전이(Transference)

전이 개념은 흔히 과거의 의미 있는 타인과의 경험을 현재 상황에 대입시키는 과정을 기술하기 위해 정신치료에서 사용되어 왔다. 전이 관계가 형성되면 현재에 대한 지각이 왜곡되고 과거와 혼동이 일어난다. 가장 일반적인 예는 환자가 치료자를 자신의 아버지나 어머니의 모습과 연루시키는 것이다. 정신분석 상황의 전이가 분석가에게만 드러나는 반면, 사이코드라마의 전이는 디렉터뿐만 아니라 집단에 참여한 모든 사람에게도 활발하게 나타난다. 전이 과정의 원인이 무엇이든 전이는 강력하고 복잡하며 알 수 없는 감정을 유발하고 이 감정은 타인에 대한 지각(perception)뿐만 아니라 집단 내에서 관계를 형성하고, 보조자아를 선택할 때에도 영향을 미친다.

전이는 대상관계의 한 유형이라고 볼 수 있다. Kernberg(1984)와 Sandler 등(1962)은 유아가 외부 세계와의 상호작용을 경험하면서 자기와 타인에 대한 주관적인 지각적·공상적 경험의 심적 표상을 구성하는 내재화(internalization) 과정이 일어난다고 보았다. 초기 내재화는 성장 과정 동안 환경 내의 중요한 타인과의 지속적인 상호작용을 통해 수정·변화될 수 있으며 치료 관계에서 이와 같은 변화가 현저하게 나타난다.

Holmes(송종용 역, 1998)는 대상관계이론과 사이코드라마와 관련지어 기술한 저서에서, 내부 대상을 '나-대상(I-objects)'과 '타인-대상(other-objects)'으로 구분하여 설명하였다. Sandler 등(1962)은 이러한 내부 대상을 '개인이 무의식 속에서 지속적인 상호작용을 맺는 내적 존재의 원천이며 지각, 사고, 공상, 현재의 대상관계, 전이에 영향을 미친다.'고 설명하였다. 사이코드라마 집단에서는 자기와 대상 간의 전이가 역할바꾸기와 보조자아의 연기를 통해 현실로 분명히 출현하게 된다.

역할바꾸기는 억압된 자기 및 대상 표상 혹은 내적 대상 세계를 조명할 수 있는 독특한 기법이다. 역할바꾸기를 통해 집단원들은 타인 혹은 자신의 일부가 될 수도 있고 무생물이 될 수도 있다. 드라마가 시작되면, 주인공은 중요한 타인 역할을 맡은 사람과 역할을 바꾸는데, 보조자아의 모습이 마음에 들지 않으면 주인공이 자발적으로 이를 교정할 수도 있고 디렉터가 보조자아에게 정보를 알려 주어 표현시킬 수도 있다. 역할바꾸기는 넓은 의미에서 내재화된 타인의 경험을 점차적으로 의식화시키는 기능을 수행한다.

역할바꾸기는 환자가 무엇을 방어하려는지 확인하기 위한 첫 단계다. 역할은 타인과 상호작용하는 자신의 모습 혹은 타인의 일부 측면을 방어하려는 일시적인 가면이 된다. 역할바꾸기를 통해 자아 방어가 약화되면 주인공의 연기에서는 투사와 전치가 일어나게 된다. 역할바꾸기에서 주인공이 타인의 모습을 설명하는 순간 방어하려 했던 타인의 일면이 드러나게 되는 것이다. 역할 연기를 하도록 선택된 집단 구성원은 주인공이 묘사한 모습을 그대로 반영하여 표현하게 된다. 주인공은 순간적으로 "그건 우리 엄마 모습과 달라요!"라며 보조자아의 연기를 평가하고 이를 통해 치료자와 집단은 주인공이 표현한 역할의 모습에 보다 근접하게 된다. 또한 이러한 과정에서 주인공의 저항을 탐색할 필요가 있다.

주인공의 역할바꾸기는 내재화된 타인의 일부를 드러나게 한다. 이러한 역할을 연기하도록 선택된 집단원은 처음에는 주인공이 지각한 역할의 패턴을 표현한다. 즉, 보조자아의 연기는 주인공의 대상 표상을 외현화시킨 것이다. 드라마에서 주인공과 보조자아가 상호작용하면서 주인공의 자기 및 대상 표상의 본질 그리고 상호작용에서 유발되는 감정적인 색채가 재구성된다. 즉 역할바꾸기와 보조자아의 연기를 통해 전이 반응으로 나타날 수 있는 대상관계 유형을 인식할 수 있다.

정신분석가들과 사이코드라마 디렉터들 모두 전이가 보편적이고 피할 수 없는 현상이지만 대인관계 측면에서 바람직하지 않다는 데에는 동의한다. 하지만 정신치료 틀 안에서 발전되는 전이는 중요한 치료적 수단이 되며 대인관계 패턴을 생생하게 보여 주는 것이므로 환자의 대인관계 갈등에 대해 보다 더 잘 이해하는 데 도움을 준다.

4) 치료자에 대한 전이

분석적 사이코드라마 집단에서 치료자에 대한 전이는 개인 분석과 몇 가지 차이점이 있다. 개인 분석에서는 치료자가 전이의 유일한 대상이기 때문에 회기가 진행될수록 치료자에 대한 전이가 생기고 이러한 전이를 분석해 주고 해석해 주면서 치료적 진전이 있게 된다. 사이코드라마의 경우 전이 관계는 보조자아의 역할을 맡는 집단원에게 표출됨으로써 디렉터에게 느끼는 전이 감정이 완화되거나 피할 수 있다. 특히 보조자아와 집단원들을 향한 전이 반응은 치료자에 대한 전이를 자각하지 못하게 하는 저항을 강화시킨다. 따라서 보조자아/집단원을 향한 주인공의 방어적 반응이 치료자에 대한 전이에서 비롯된 것은 아닌지를 명확히 확인하는 것이 필요하다.

집단 사이코드라마 회기에서 어떤 주인공은 언니와의 경쟁적이고 갈등적인 관계를 다루고 싶어하였다. 성장 과정에서 어머니가 언니를 편애한다고 생각했던 주인공은 사이코드라마에서 엄마의 사랑과 인정을 받기 위해 치열하게 애를 쓰면서 느꼈던 분노와 슬픔을 그려 냈다. 이 장면들은 집단원들의 에너지를 강하게 자극하였고 여러 사람이 자발적으로 주인공의 이중자아가 되었다. 드라마가 끝난 후 디렉터는 역할 연기를 맡았던 집단원들이 보조자아에게 분노를 표출하는 것을 더 편안하게 느낀 것 같다고 해석을 해 주었다. 그러자 몇몇 집단원이 과거 성장 과정에서 어머니에게 화나는 감정을 표현했을 때, 어머니가 심하게 화를 내면서 반응했던 것이 생각났다면서 디렉터에게 직접적으로 화를 표출하면 디렉터도 어머니와 똑같은 반응을 할지 몰라 두려웠다고 토로하였다. 이 경우에는 보조자아에게 전치되었던 감정을 디렉터가 말로 해석해 주자 디렉터 자신에 대한 전이로 되돌아오게 된 것이다.

집단원들이 하는 역할 연기를 분석하고 해석해 줄 때 디렉터에 대한 전이를 탐색할 수 있다. 치료자는 중립적인 태도를 유지해야 하기 때문에 역할 연기에 직접적으로 참여하는 것은 자제할 필요가 있다. 대신 역할바꾸기 과정에서 치료자가 지각한 내용을 잘 소화해서 표현할 수 있는 보조자아를 선택하는 것이 필요하다.

5) 보조자아의 역할 연기와 전이

보조자아의 역할 연기는 주인공이 지각한 모습으로 그려지지만 그 모습은 보조자아가 역할을 의식적·무의식적으로 동일시함으로써 가속화된다. 집단원들 간에 이루어지는 역할바꾸기는 내적인 드라마의 표현을 활성화시키므로 치료적 가치가 있다.

어느 사이코드라마 집단에서 두 여성 간에 미묘한 갈등이 있었다. 그중 한 사람이 주인공이 되어 자신에게 화가 나 있고 경쟁적인 언니와의 갈등을 다루고 싶어했다. 주인공은 집단에서 자신과 갈등 관계에 있는 한 사람을 언니 역할로 선택하였다. 마침 언니 역할을 맡은 그 집단원에게는 여동생이 있었다. 주인공은 보조자아를 선택할 당시 이 사실을 몰랐다. 주인공과 갈등 관계에 있던 집단원은 자신이 맡은 보조자아 역할을 상당히 즐거워하였지만 드라마 종결 후 눈물을 보이는 등 심각한 스트레스를 느꼈다. 집단원들과 자신이 연기한 보조자아 역할에 나타난 의미를 점차 탐색하면서 자신이 동생에 대해 가지고 있던 감정이 주인공에게 전이되었음이 밝혀졌다. 이전까지 그녀는 대인관계에서 사람들에게 극단적으로 관대하고 세심한 모습을 보였다. 하지만 이것이 반동형성이었다는 사실이 주인공의 언니 역할을 하면서 드러났고 시간이 지나면서 현재 주인공과의 경쟁적인 관계와 관련된 중요한 문제들을 확인할 수 있었다. 이 사례는 극 이전에 있었던 두 여성 간의 갈등에 중점을 둔 것으로 전이 반응의 상호작용을 보여 주고 있다.

주인공은 대개 집단원 중 그 역할에 맞는 특징을 갖고 있는 사람을 선택하는 경향이 있기 때문에 집단원들은 대개 비슷한 역할을 연기하는 경우가 많다. 즉, 전이는 역할 선택 과정부터 드러나는 것이다(Lebovici et al., 1952; Lomoine, 1977).

전이 저항은 역할 선택 과정에서 극적으로 표현된다. 예를 들어 역할바꾸기에서 한 주인공은 다른 사람에 대해서는 공격적인 특징을 가지고 있다고 표현하면서 집단원이 역할 연기에서 자신의 공격성을 표현하는 것에는 상당히 방어적이었다. 역할바꾸기를 거부하는 것은 주인공이나 역할 연기로 선택받는 집단원에게도 나타날 수 있는데, 이는 자기 혹은 타인 표상의 측면들을 인식하고 싶지 않은 것을 의미한다. 전이 저항은 오랫동안 신체적 학대나 성적 학대를 당해 온 희생자들이 자기 및 타인 표상을 연기할 때 불안해지면서 발생하는 경우가 많다.

집단원을 향한 전이는 극을 하는 동안 역할 선택 및 역할 연기에만 국한되어 나타나는 것이 아니다. 사이코드라마 전후 그리고 언어적인 회기로만 이루어지는 드라마 외적인 상황에서도 전이는 동맹이나 갈등으로 표현된다. 이것은 고전적인 Moreno의 방법인 '역할 벗어나기(de-roling)'로도 수행되는데, 극이 끝나면 감정적으로 동요했던 역할을 연기했던 집단원은 역할 연기에서 벗어나 자신의 정체성을 다시 찾게 된다. 이때 역할 연기로 표현되었을 때의 '숨어 있던' 개인적 의미를 생각해 보는 역할 피드백 역시 전이 분석의 일부다.

사이코드라마에서 대인관계를 탐색하는 것은 환자가 자신의 왜곡된 지각을 고치게 하기 위한 목적을 가지고 있다. 즉 주인공이 실제적인 사람(real person)인 치료자 및 집단원들과 상호작용하면서 전이 관계에서 벗어나 진정한 성장을 도모하기 위함이다. 이를 위해선 환자와 치료자 간의 실제적 관계를 구별하고 수용하고 더 나아가 격려하는 것이 중요하다.

　텅 빈 스크린 뒤로 자신을 완전히 가린다는 것은 불가능하므로, 사이코드라마 디렉터는 치료자–환자 간의 긍정적인 상호작용을 최대한 활용하고, 마음을 열고 따뜻하게 서로를 존중하며 공감적인 태도로 격려하며, 인간관계에서의 갈등과 양가감정은 정상적이고 해결 가능하다는 점을 자신감 있게 받아들여야 한다.

6) 역전이(Counter-Transference)

　환자들이 자신의 과거 경험을 토대로 치료자를 비현실적인 방식으로 보는 것과 마찬가지로 치료자들 역시 자신의 환자에 대해 시간이 지나면서 다양한 감정을 겪게 된다. 역전이라는 말은 정신치료자들이 환자와 접촉하면서 가지게 되는 느낌을 설명하기 위해 1910년 Freud가 처음으로 사용하였다. 치료자 역시 아동기 경험을 통해 대인관계를 왜곡하고 이러한 초기의 환상을 자신의 환자에게 전이시킨다. 이 경우 환자는 치료자의 과거 대상이 되며 치료자는 과거에 가졌던 감정이나 소망을 환자에게 투사할 수 있다. 예를 들어, 분노 감정을 다루기 어려워하는 치료자는 환자가 분노를 표현하는 것을 가로막는 경향이 있다. 역전이는 대개 치료자들의 무의식적 경향에서 발생하며, 치료자 자신의 삶에 있었던 이전 경험이나 관계가 환자에게 전치되는 것이다. 역전이는 진정한 공감을 방해하며 결과적으로는 치료를 방해하는 요소기 때문에 치료자 역시 이에 대해 지속적인 분석과 지도 감독을 받을 필요가 있다.

　숙련된 사이코드라마 디렉터는 여느 정신치료자들과 마찬가지로 어느 정도 객관성과 중립성을 유지할 수 있어야 하지만 아무리 노력을 해도 자신만의 독특성에서 완전히 벗어날 수 없다. 만일 디렉터가 자신의 내적·정서적 반응을 충분히 자각하지 못한다면 치료 과정을 방해할 것이다. Moreno도 사이코드라마에서 역전이 반응의 위험성을 경고한 바 있다(1946, 1977).

　그러나 치료자와 환자 간의 일대일 관계가 아닌 사이코드라마에서는 역전이라는 왜곡된 효과는 보조자아와 집단의 도움으로 어느 정도 줄일 수 있다. 역전이는 치료자–환자 관계에만 국한된 현상이 아니다. 보조자아들 사이에서도 나타날 수 있다. Moreno에 따르면, 보조자아들은 (1) 해결되지 않은 자신의 문제, (2) 사이코드라마 디렉터에 대한 항의, (3) 할당된 역할에 대한 불만감, (4) 기법이 마음에 들지 않는 것, (5) 보조자아들 간의 갈등 등으로 인해 치료적 상황에도 역효과를 미치기도 한다. 그러므로 전이와 역전이 현상이 보조자아와 주인공의 관계에서 지배적으로 나타나고 있다면 그 치료적 과정은 취약성을 갖고 있는 셈이다. 따라서 저자는 사이코드라마 디렉터 역시 정신분석가들이 '교육 분석' 과정을 거치듯이 자신의 인격의 한 부분이 주인공이나 집단에 미칠 수 있는 부정적인 영향에 대해 자기 검열과 이해를 가지고 접근해야 한다고 본다.

7) 치료자의 중립성

정신분석에서 분석가는 환자의 자유연상의 무의식적인 의미를 이해하기 위해 '고르게 할당된 주의력'이라고 알려진 '수용적인 수동성(receptive passivity)'의 형태를 가정하고 있다. 이 공감적 활동 과정에서 분석가는 환자에 대해 '백지 상태', 즉 자신을 드러내지 않고 중립적이며 환자가 분석가에게 투사했던 감정을 다시 전달하지 않으려고 애쓴다. 이러한 반영적인 태도는 환자의 자유연상을 촉진시키고 왜곡된 비현실적인 반응을 유발할 수 있다(Stone, 1981).

그러나 현실적인 요소, 예컨대 치료자의 나이, 성별, 결혼 여부, 경험과 능력의 정도, 주장성, 성격 특성, 개인적 거리감, 리더십 스타일 등도 환자에게 상당한 영향을 끼칠 수 있다. 그러므로 실제로는 환자를 비춰 주는 단순한 스크린으로서의 분석가는 존재할 수 없다고 결론 내릴 수 있다. 분석가는 자신의 성격과 그 영향력이 치료에 매우 중요한 요인임을 부정할 수 없다. 분석가는 말하는 방식과 전반적인 자발성 등을 통해 자신의 실제 모습을 드러낼 수 있다. 환자의 시야에서 정신분석가를 몰아낸다고 해서 이러한 영향력이 줄어드는 것은 아니다. 결과적으로 치료 과정과 결과에 있어서 분석가의 전체 인격은 매우 중요한 역할을 하기 때문에 이를 고려할 필요가 있다. 따라서 분석가는 어떤 반응이 전이 반응이고, 어떤 반응이 자신의 특성 때문에 나타난 반응인지를 구별하고 세심한 주의를 기울여야 한다.

　정신분석가가 자신을 드러내지 않는 태도와는 반대로, 사이코드라마 디렉터들은 종종 자신의 환자에 대해 상당히 투명하게 자기를 노출하기도 한다. 사이코드라마 디렉터는 보다 '적극적'인 역할을 하고, 많은 '개성'을 드러내며, 명확한 태도를 가지고 있고, 자신들이 생각하고 느끼는 것을 솔직하게 드러낸다. 한 예로, 디렉터는 사이코드라마의 나눔 단계에 참여해서 자신의 삶의 일부분을 노출하기도 한다.

❷ 인지치료와 사이코드라마

　1960년대에 들어오면서 정신치료 분야에서는 중대한 변화가 일어났다. 기존의 정신분석 위주의 치료에서 점차로 인본주의와 행동주의 치료가 발전되기 시작하였고, 1960년대 중반에 접어들면서 인지치료가 중요한 치료기법으로 대두되었다. 초기에는 행동치료와 인지치료가 별도로 발달되다가 1970년대에 들어오면서부터 인지행동치료로 통합되어 발전되어 왔다.

　인지치료는 개인의 정서와 행동이 주로 세계를 구조화하는 방식에 의해 결정된다는 이론적 근거에 기초하고 있다(Beck, 1976). 사람들의 인지체계는 과거 경험으로부터 발전된 태도나 가정, 즉 인지 도식에 기초한다. 인지치료에 입각한 기법들은 왜곡된 개념화와 이러한 인지 밑에 깔려 있는 역기능적 신념을 파악하고 현실을 검증하며 수정하도록 되어 있다. 내담자 혹은 환자는 사고를 재평가하고 수정함으로써 이전에는 극복할 수 없다고 생각한 문제에 대해서 보다 현실적이고 적응적으로 생각하고 행동하게 되어 증상이 줄어든다.

　인지치료가 전통적인 정신치료와 다른 점은 치료의 형식적인 틀과 초점을 두는 문제의 종류에 있다. 인지치료는 전통적인 정신분석이나 내담자 중심 치료와는 달리 치료자가 적극적으로 끊임없이 환자와 상호작용한다. 즉, 치료자와 환자 간의 협력적 경험주의(collaborative empiricism)를 중요한 요소로 보면서 환자에 맞게 치료를 구조화하고 이 과정에서 환자의 참여나 협력을 중시한다. 예컨대, 우울증 환자들이 치료 초기에 혼란스럽고 무언가에 집착해 있거나 주의집중이 어려운 상태라면 환자가 일상생활의 요구에 대처할 수 있도록 사고와 행동을 정리하여 조직화하는 것을 도와준다.

인지치료는 다양한 인지적 책략과 행동적 책략을 사용한다. 인지적 책략은 환자의 잘못된 생각과 부정적응적인 핵심 사고를 파악하고 검증하는 것을 목표로 한다. 행동적 책략에는 역할 연기, 모델링, 행동 시연과 같은 행동 지향적인 접근이 포함된다. 인지치료에서 이용되는 행동기법들의 궁극적인 목표는 부정적인 태도를 변화시켜 환자의 수행을 증가시키는 데 있다. 실제 행동기법은 환자 자신에 대한 가설이나 생각의 타당성을 검증하는 일련의 조그만 실험으로 간주될 수 있다.

인지치료적인 지향을 가지고 있는 사이코드라마 디렉터는 사이코드라마 진행 시 인지치료의 기본 가정과 기법을 활용할 수 있다. 실연을 통해 주인공은 자신의 행동을 좀 더 명확하게 볼 수 있고 바람직하고 새로운 행동을 학습할 수 있다. 인지적 재구성을 위해서는 거울기법을 사용하여 주인공이 자신의 감정, 사고 및 행동을 객관적으로 관찰하여 재구조할 수 있도록 도와준다. 또한 바람직한 대처 방법이나 행동을 제안할 수도 있다. 또 다른 방법은 역기능적 행동과 관련된 부정적인 생각이나 메시지를 확인하는 것이다. 주인공은 이러한 부정적인 생각의 근원이 되는 과거 상황과 관련된 장면을 사이코드라마 상황에서 실연한다. 여기서 주인공은 역기능적 생각이나 행동과는 다른 대안적 행동들을 시연해 볼 수 있다. 이와 같이 새로운 행동을 역할 시연하게 되면 실제 생활에서 그 행동을 하기 전에 집단 내에서 안전하게 연습할 수 있는 기회가 된다.

🅱 게슈탈트치료와 사이코드라마

게슈탈트치료는 1940년대 Perls에 의해 창시된 후 여러 사람들에 의해 발전된 현상학적-실존적 치료 형태다. 이 치료기법은 현상학적이면서 즉각적인 현재 경험을 더 명료화시키고 자각(awareness)을 증진시키는 것을 치료 목표로 하고 있다. 치료자가 설명하고 해석해 주기보다는 환자 자신이 현재 무엇을, 어떻게 하고 있는지를 자각시키고 자신을 수용하고 존중하는 방법을 배우는 데 역점을 둔다(김정규, 1995).

인간은 게슈탈트(gestalt)를 완성시키고 싶어하는 경향이 있다. 만일 게슈탈트를 완성하지 못하고 미해결 과제가 강력해지면 선입관, 강박 행동, 걱정, 억압된 에너지와 여러 가지 자기 패배적인 행동으로 괴로움을 겪는다. 사람들이 미해결 과제에 직면하는 것을 피하고 미해결 상황과 연관된 불안정한 정서를 경험하지 않으려고 할수록 이러지도 저러지도 못하는 미궁에 빠지게 되며 성장 잠재력에 타격을 받는다. 그래서 게슈탈트치료자는 이전에 결코 직접적으로 표현하지 않았던 격렬한 감정을 치료 회기에서 '지금-여기' 원칙에 따라 표현하도록 장려한다. 고통스러운 감정을 직면하는 것을 피하는 데서 벗어나면 미해결 과제를 해결할 수 있게 된다. 자신의 내면에 있는 심리적·구체적 사실을 깨닫고 의식화하는 훈련을 하면 자신에 대한 자각이 촉진되고 인간적 성장을 할 수 있게 된다. 게슈탈트이론에 따르면, 화급한 욕구는 전경으로 등장하고 기타의 욕구는 배경으로 밀려난다. 그러나 일단 화급한 욕구가 충족되면 그것은 배경으로 밀려나고 새로운 급한 욕구가 전경으로 떠오르게 된다. 정상인은 전경과 배경을 자연스럽게 교체하는 반면 신경증인 사람은 이러한 교체가 부자연스럽거나 경직되어 있다.

게슈탈트치료에서는 환자와의 실존적 만남을 중시한다. 지금-여기에서의 감정, 신체적 언어, 회피하고 있는 것을 자각시킬 수 있는 다양한 기법을 사용한다. 행동치료에서 환자의 행동은 치료자가 자극을 조작함으로써 직접적으로 변화될 수 있다. 정신분석에서 행동은 전이 관계로 표출되는 무의식적 동기에 의해 발생하므로 그 전이를 분석함으로써 억압은 사라지고 무의식이 의식화된다. 반면 게슈탈트치료에서 환자는 자신의 내적 감각과 외적 감각을 충분히 활용해서 스스로를 책임질 수 있고 지지할 수 있도록 자극을 받는다.

궁극적으로 게슈탈트치료에서 중요한 목표 중의 하나인 실존적 삶이란, 내적으로는 자신의 유기체적 욕구와 현실을 외면하지 않고 받아들이고, 스스로의 에너지를 통합하여 자립하면서 모든 잠재력을 실현시켜 나가고, 외적으로는 타인을 대할 때 내 모습의 투사가 아니라 그들 본연의 모습을 수용하면서 실존적 상황에 개방적인 자세를 갖게 도와주는 것이다.

게슈탈트치료는 일찍이 사이코드라마의 기본 원리들을 적용하였다. 사이코 드라마와 게슈탈트 정신치료 간에는 이론적인 공통점이 많이 있다. 게슈탈트 치료 역시 창조성을 바탕으로 한다. 게슈탈트의 형성과 해소 과정은 항상 새로운 변화와 창조를 일으킨다. 여기서 치료자는 자신의 생각이나 느낌, 상상을 바탕으로 치료적 상황을 창조적인 실험의 장으로 만들어 낸다. 게슈탈트 치료에서 실존적 체험을 강조하는 것도 실존적 사이코드라마의 이념과 비슷하다.

게슈탈트치료 역시 사이코드라마와 같이 많은 다양한 기법을 고안하였다. 과거 사건과 관련된 내담자의 생각이나 감정, 욕구, 환상, 행동 등을 '지금-여기'에서 일어나는 것처럼 행동을 연출하는 게슈탈트치료의 현재화기법 역시 사이코드라마에서 '그때-거기'에서 일어난 사건을 '지금-여기'에서 일어난 것처럼 재연하는 것과 유사하다. 또한 Perls는 Moreno가 연출하는 사이코 드라마에 여러 차례 참석하면서 Moreno의 역할맡기기법, 특히 빈의자기법을 자신의 실존적이며 정신역동적인 개념들과 통합시켰다. 게슈탈트치료의 꿈분석기법은 꿈의 무의식적 의미를 해석하는 정신분석과는 달리 꿈의 내용을 하나하나 마치 지금 여기에서 일어난 것처럼 상상하며 시연을 하면서 인격의 소외된 부분들을 모두 통합하는데, 이 역시 사이코드라에서 꿈의 이미지를 재연하는 것과 흡사하다.

❹ 가족치료와 사이코드라마

한 개인의 성격 발달에서 가족이 미치는 영향은 아무리 강조해도 지나치지 않을 정도다. 저자는 오랫동안 정신과적인 문제를 가진 환자를 치료해 오면서 상당수의 환자들이 성장하면서 가족 내 불화와 갈등의 희생자가 되는 경우를 자주 접하게 된다. 정상인을 대상으로 한 사이코드라마를 진행하면서도 가족 구성원 특히 부모와 갈등을 가지고 있는 사람들을 자주 보게 된다. 이러한 점을 볼 때 한 개인의 주관적 안녕감에 부모가 미치는 영향력은 매우 중요하다.

각 가족 집단 체계는 매우 독특하고 사회나 문화라는 조직의 한 부분을 구성한다. 가족은 직간접적으로 각 구성원에 심리적 영향을 미치는 자연스러운 사회 집단이다. 유아는 한 가정에서 태어나 점차로 가족에 적응하면서 그 구성원과 상호작용하는 법을 배우게 된다. 이와 같이 처음에는 부모, 형제자매와 관계를 맺다가 점차로 Moreno가 말한 사회적 원자, 즉 사회적 관계를 형성해 나간다. 이 과정에서 유아가 하는 경험은 가족 환경과 유아 자신의 지각에 의해 다듬어지고 조절된다.

가족치료는 인생 주기의 어느 시기든 가치가 있다. 치료 대상은 아동이거나 청소년 초기 성인 혹은 중년기의 부부나 노인이 될 수 있다.

1950년 이전의 정신치료자들은 가족의 중요성을 인식하고 있었지만 어디까지나 개인의 정신 내적 갈등을 해소하는 데만 주력하였다. 그러나 세계 대전을 통해 사회적으로 많은 변화가 일어나게 되면서 그러한 변화에 적응하지 못하여 정신적 어려움을 겪는 사람들이 생겨나고 정신적 도움을 원하는 사람들이 많아지면서 기존의 개인 정신치료만으로는 감당하기가 어려워졌다. 가족치료가 태동하게 된 직접적인 계기는 문제 행동이 있는 경우 그것은 한 개인만의 문제가 아니라 결함을 가진 한 체계를 대표한다는 새로운 견해가 출현하면서부터다. 이때부터 개인이 가진 문제의 원인과 성질을 역기능적 가족 체계라는 관점에서 보려는 가족치료가 등장하게 된 것이다.

가족치료는 지난 수십 년 동안 많은 발전을 하면서 다양한 가족 문제에 이용되는 치료기법이 되었다. 가족치료는 가족의 상호작용에 대한 이론 모델에 따라 정신역동적 가족치료, 의사소통 가족치료, 경험적 가족치료, 행동주의적 가족치료, 보웬 가족치료, 구조적 가족치료, 전략적 가족치료, 해결 중심적 가족치료 등 상당히 다양한 치료법들이 개발되었다(김유숙, 1998). 이들 치료법들의 한 가지 공통점은 환자의 문제를 전체 가족의 의사소통과 행동의 문제로 이해하고 설명한다는 점이다. 즉 모든 가족 구성원이 변화할 책임이 있다는 것이다.

사이코드라마는 인간관계의 발달과 본성에 관한 철학에 기초하고 있고 다양한 정신 사회적 탐색과 개입을 가능하게 하므로 이러한 가족치료적 기법이나 관행을 적용하기가 쉽다. 사이코드라마를 전략적 가족치료(Williams, 1989)나

체계 이론(Farmer, 1995)과 결합하여 사용하는 연구자들도 있고, 최근 Farmer와 Geller(2003)는 Bowen(1978)의 가족치료이론, 특히 자기분화(differentiation of self), 삼각관계(triangles), 핵가족의 정서체계(nuclear family emotional system), 가족투사 과정(family projection process), 다세대전수 과정(multigenerational transmission process), 정서적 단절(emotional cutoff)과 같은 개념을 사이코드라마 상황에서 활용하고 있다. 가족치료와 사이코드라마를 절충하여 사용하는 것에 관심이 있는 독자는 Gershoni(2003)를 참조하길 바란다.

1) 가족 문제의 역할 연기

가족 문제는 몇 가지 단계를 통해 다루어질 수 있다. 우선 디렉터는 실연되어야 할 문제를 토의하고 선택한다. 그 다음에는 가족 간의 다양한 교류(transaction) 양상을 분석하고 가족 역할을 부여한다. 다음 단계에서는 실연을 통해 교류 양상이 갈등 상황에서 분명해지면 갈등이 야기하는 긴장뿐만 아니라 갈등을 해결하기 위해 가족 구성원이 어떻게 하는지를 다루어 준다.

가족치료는 사이코드라마기법을 적용할 수 있는 자연스러운 상황이다. 특히 방백, 등뒤기법, 역할바꾸기, 이중자아, 반영과 같은 기법들이 많이 활용되며, 디렉터는 역할 연기에서 나타난 대로 관계 양상을 가족과 분석하고 토의할 필요가 있다. 가족치료나 부부치료 장면에서 남편과 아내, 부모와 자식 간의 역할바꾸기를 지시할 수도 있지만, 갈등이 심각한 경우 직접적으로 역할바꾸기를 하기보다는 Kellermann(1994)이 제안한 바와 같이 대역을 이용하여 표상적인(representational) 역할바꾸기기법을 사용해도 효과적일 수 있다. 이러한 기법은 행위에 대한 동기를 높일 수 있고 가족들이 처한 문제에 대한 인식을 증진시키고 다양한 관점을 취할 수 있게 해 준다.

가족의 역기능적 관계를 수정하기 위해서는 디렉터가 가지고 있는 심리학적인 태도와 해석에 따라 다양하겠지만, 한 가지 접근은 가족 구성원에게 다른 가족 구성원의 역할을 시켜 보는 것이다. 예컨대 문제가 있는 청소년은 가족 구성원 중 아버지, 어머니 혹은 다른 형제자매 역할을 할 수 있다. 디렉터는 가족들과 자발적으로 상호작용하면서 가정의 분위기와 개인의 태도를 변화시키기 위한 제안을 한다.

가족치료 전문가들이 흔히 사용하는 방법인 가족조각기법에서는 사진과 마찬가지로 가족들이 정지된(frozen) 장면으로 설정된다. 조각 장면을 설정할 때 주인공의 위치에 보조자아를 세워 두는 것이 좋다. 이를 통해 주인공은 조각 밖에서 조각 안의 자신을 바라봄으로써 밖에서 가족을 경험할 수 있다. 조각 안에서 가족을 경험할 때와 밖에서 가족을 경험하는 것은 각기 다른 시각을 갖게 해 준다. 가족조각을 할 때에는 가족의 삶에서 특별한 시기에 초점을 맞춘다. 주인공이 조각 안에서 가족 구성원들에게 의미 있는 말이나 동작을 하면서 변화가 일어난다.

모든 가족은 그들 나름의 독특한 생활 방식을 가지고 있다. 이러한 방식들은 각 구성원이 다른 구성원에게 미치는 영향을 반영한다. 가족 구성원 모두는 자신의 행동을 통해 가족 특유의 분위기를 만드는 데 기여한다. 만일 한 구성원이 변화한다면 그 변화는 가족 전체에 영향을 미칠 것이다.

⑤ 대인관계치료와 사이코드라마

대인관계학파는 1930~1940년대 주로 Sullivan에 의하여 시작되었고 곧 신 Freud학파인 Reichmann, Erick Fromm, Karen Honey 등의 이론들을 포함하게 되었다. Sullivan(1953)은 정신과적 질병과 아동기의 가족관계 내에서의 대인관계 그리고 성인기의 복합적인 대인관계 간의 포괄적이고 일관성 있는 이론을 발전시켰다.

대인관계 접근에서 관찰과 치료적 개입의 단위는 주로 환자와 중요한 한 사람 혹은 몇몇 사람과 이루어지는 즉각적인 관계, 즉 일차적 사회 집단이다. 대인관계 병리의 주된 초점은 핵가족 내의 부모, 형제, 배우자를 포함하며 친구 집단, 직업 상황, 이웃과 공동체 등의 관계로 확대된다.

대인관계 접근에서는 사회 역할과 정신병리는 상호작용하여 일어난다고 보고 있다. 사회적 역할의 손상은 정신병리의 선행요인이 될 수도 있고 한편으로는 정신병리로 인해 개인의 사회적 능력이 손상된 결과이기도 하다.

감정을 표출시킨 다음 인지적 통합을 강조하는 사이코드라마 디렉터들은 정신치료에서 대인관계가 가지는 중요성에 그다지 가치를 두지 않는 경향이 있다. 몇몇 사이코드라마 집단에서는 관계 탐색을 완전히 거부하기도 한다. 그러나 대다수의 사이코드라마 전문가들은 집단원들 사이에 그리고 치료자와 환자 사이에 발전되는 대인관계적인 요소가 사이코드라마에서 잠재적으로 강력한 치료적 효과가 있다고 믿고 있다.

후자의 입장은 Moreno가 사이코드라마를 대인관계치료(interpersonal therapy), 만남으로의 초대, 둘의 만남(meeting of two)으로 기술한 것과 일치하는 부분이다. Moreno는 인간은 삶 전반에 걸쳐 끊임없이 영향을 미치는 사회적 네트워크, 사회 원자 안에서 태어나서 부모나 중요한 타인들과의 관계를 통해 발달한다고 보고, 사회적 환경을 고려하지 않고 환자나 내담자들을 충분히 이해한다는 것은 불가능한 일이라고 보았다.

사이코드라마 상황에서 주인공은 자신과 관련 있는 모든 사람들을 출연시키고 필요하다면 이 사람들이 자신의 삶에서 했던 역할이나 대화를 다시 쓰기도 한다. 사이코드라마 작업을 통해 현재 혹은 과거로부터 주인공이 사랑하고 증오하는 사람들과의 거래가 청산될 수 있다. 삶에서 중요한 역할을 했던 사람들에게 말하고 또 듣는 과정을 겪으면서 주인공은 적극적으로 자신만의 독특한 내면의 음성(inner voice)과 진실을 찾으려고 할 것이다. 중요한 타인과의 관계에서 어떤 결론을 도출하든지 간에 주인공은 자신이 근본적으로 타인과는 다른 고유한 존재라는 것을 깨닫게 되며 자신만의 내적인 우주(세계)에서 독특한 위치를 차지하게 된다.

⑯ 정서 중심적 치료와 사이코드라마

정서라는 것은 매우 다양하고 복잡하고 다차원적인 과정을 통해 일어나는 현상이다. 정서는 인간의 가장 기본적인 경험 중 하나지만, 그 다양성과 복잡성으로 인해 학문적인 접근이 어려운 개념이다. 누구나 배우지 않아도 정서를 경험할 수 있지만 이를 구체적이고 객관적으로 변별하거나 기술하는 것은 쉽지 않다. 개념적인 정의에 있어서도 정신의학, 심리학, 신경과학 등 학문 분야와 연구자마다 차이가 있고, 정서의 구성 요소가 무엇인지, 정서 경험의 과정이 어떤지에 있어서도 전문화된 학문 영역 간의 일치가 이루어지지 않고 있다. 또한 그 측정과 평가에 있어서도 정확하고 객관적인 도구가 매우 부족한 실정이다. 이러한 제한점에도 불구하고 정서에 관련된 연구가 끊임없이 이루어지고 있다는 점은 그만큼 정서가 인간의 삶에서 중요한 위치를 차지하고 있으며, 정서장애는 전반적인 삶에 의미 있는 영향을 끼친다는 것을 반영하는 것이다.

선행사건(antecedents)과 사상(events)의 중요성을 평가하여 복잡한 정서적 경험이나 표현 및 조절이 일어난다는 인지 심리학적인 관점과 달리, 최근에는 정밀하고 섬세한 신경과학적인 발달과 더불어 개별적인 정서마다 독특하고 상이한 신경구조의 패턴이 있다는 입장이 대두되고 있다. 즉, 정서는 수백만 년 전부터 특정한 상황에서 유전된 행동 프로그램의 표현이며, 복잡한 정서는 우성 유전 경향에 따른 일차적 강화물로 인해 학습된 반응이라는 것이다. 신경학적인 관점에서 정서가 일어나는 과정은 (1) 매우 단순하고 무의식적이고 자동적인 과정과 (2) 보다 더 신중하고, 의식적인 통제하에 나타나는 과정이 서로 상호작용한 결과다(Ochsner & Barrett, 2001). 자동적 정서 과정은 환경적인 특징을 자동적으로 평가하고, 잠재적인 위험이나 보상을 신속하게 탐지하고 이와 관련한 정보를 받아들여 적절한 접근 혹은 회피 행동을 개시할 수 있게 해 준다. 반면 통제된 정서 과정은 정서 조절과 생성에 있어서 일정한 방향성이 있는 노력이 요구되는 과정이라고 본다.

대부분의 전통적인 정신치료는 치료뿐만 아니라 성격장애의 발생에서 정서적, 감정적 요인이 중요하다는 점을 인식하고는 있었지만 치료기법에서는 이러한 점이 반영되지 못하였다. 심리학 내에서는 1960년대에 인지 혁명이 일어나면서 인지적 요인에 대한 연구와 적용은 많아진 반면, 정서적 경험은 상대적으로 중요하지 않게 여겨졌다. 더구나 인지치료의 틀 안에서는 정서란 단지 인지의 부산물, 특히 부적응적인 정서는 역기능적이고 부적응적인 인지의 결과로 해석되었다. 1990년대에 들어와서부터는 정서지능(Emotional Quotient: EQ)과 감성과학(affective science)이라는 용어의 등장과 함께 인간의 정서적인 측면에 대한 관심이 그 어느 때보다도 고조되고 있다.

이러한 맥락에서 볼 때, 최근 Greenberg(2002)가 개발한 정서 중심적 치료는 치료적 변화 과정에서 적응적인 정서 경험에 초점을 두는 접근법이다. 이 치료법에서는 인지와 정서의 균형을 특히 강조하고 있다. Greenberg에 따르면, 정서는 일종의 정보 체계로서 때로는 인식 밖에 있거나 언어에 선행하는 것이다. 그리고 정서적 반응이란 경험을 통해 학습이 되고 변화될 수 있다. 따라서 치료적 과정에서는 인지행동치료처럼 잘못된 생각이나 믿음에 도전하는 것이 아니라 정서적 체험의 의미를 찾고 확실하게 다져 나가면서 정서 도식과 개인적 의미를 재조직화시키는 것이다. 행동치료에서는 자극에 대한 반응으로 정서가 유발되고, 정신분석에서는 내적 추동이 정서를 불러일으키며, 인지치료에서는 어떤 상황이나 자극에 대한 인지적 믿음이 정서를 유발하지만, 정서 중심적 치료에는 외부 자극이 오면 정서적 도식이 활성화되고 이어서 정서가 파생된다고 본다. 이를 그림으로 표시하면 [그림 6-1]과 같다.

[그림 6-1] 정서의 발생 과정

일부 사이코드라마 디렉터들은 억눌린 감정을 표출하는 것을 선호하는 경향이 있다. 물론 사이코드라마의 감정적 표출이 카타르시스를 유발하고 주인공은 자신의 느낌을 표현하고 난 뒤 훨씬 좋은 느낌을 가지는 것은 사실이지

만 이러한 경험은 그 자체만으로는 치료에서 어떤 지속적인 효과를 주지는
않는다. 많은 사람들이 치료 회기나 사이코드라마 실연 과정에서 흐느껴 울
고 난 뒤에는 편안해하는 것 같다. 하지만 어떤 사람들은 지나치게 감정을 표
출한 후에 오히려 더 혼란스러워하는 경우도 있다. 또 일부 환자들은 감정 표
현을 부끄러운 것으로 여기고 화가 나는 감정을 외적으로 표현하는 것을 억
제하기도 한다. 이럴 경우에는 환자 스스로 감정 표출을 거부하거나 억제하
는 이유를 탐색해 볼 필요가 있다.

　실제적으로 모든 관계에는 정서적인 측면이 있다. 모든 치료적 관계 역시
정서적 측면을 갖는다. 치료적 관계가 잘 유지되면 환자는 치료자에게서 따
뜻한 느낌을 경험하며 도움을 주는 것에 감사하는 마음을 갖는다. 마찬가지
로 치료자도 환자에 대해 여러 가지 정서적 반응을 하게 된다. 환자 혹은 내
담자에 대해 공감적인 관계를 유지하면서 도와주려는 태도를 취하는 것은 치
료자의 기본적인 자질이다. 하지만 개개인마다 정서를 인식하고 표현하는 능
력에 차이가 있음을 인식하고 개인의 정서적 능력에 맞게 뜸을 들이는 과정
과 기다릴 수 있는 배려가 필요하다.

⑦ 창조적 예술치료와 사이코드라마

　지난 50년 동안, 정신치료에서 창조예술을 치유의 수단으로 인식해 오면서
다양한 종류의 창조예술치료자들은 그들 나름대로의 영역을 구축해 왔다. 그
에 따라 미술, 음악, 춤, 시, 드라마치료 등이 생겨나게 되었다. 현재 많은 병
원의 낮병원과 외래 클리닉에서 하나 혹은 그 이상의 예술치료나 표현치료들
이 행해지고 있다. 표현치료자들은 환자 개인이나 가족, 지역사회에서 필요로
하는 경험적인 치료방법들을 실시하고 있다.

　창조적인 예술치료의 역사는 고대 샤머니즘 전통으로 거슬러 올라갈 수 있
다. 고대 그리스와 로마를 비롯하여 그 이전부터 춤, 의례적 행위, 드라마, 종
교적인 그림을 그리는 것 등은 과학기술이 존재하지 않았던 샤머니즘 풍토에
서 치유적인 힘을 발휘해 왔다.

20세기 초반에, 정신분석이 발달하면서 치료자들은 약물이나 기타 물리적인 방법이 아닌 환자가 생각하고 느끼는 것과 관련된 것을 다루는 치료를 선호하게 되었다. 많은 전문가들은 환자의 숨은 감정에 대한 단서를 제공하는 상징적인 작품들을 분석의 대상으로 삼기도 했다. 특히 Jung(1965)은 꿈과 예술작품에서 상징적인 이미지는 인간 정신을 이해하는 데 중요한 단서가 된다고 보았다. 그는 '적극적 상상'이라 부르는 치료적 기법을 개발하였는데, 이것은 본질적으로 꿈 이미지와 상상으로 대화하는 것을 지칭하는 말이다. 적극적 상상기법은 그림, 조각, 노래, 춤 외에도 꿈 이미지를 시로 표현하는 것과 같은 창조적인 예술치료 방법을 사용한다. Jung은 개인의 정신세계에 초점을 둔 반면 Moreno의 사이코드라마 방식은 집단을 치유하는 힘이 있다. Moreno가 활동하던 시기에는 항정신병 약물이 아직 도입되지 않았을 때라서 만성 정신질환자들을 치료하는 데 다차원적인 프로그램들을 자유롭게 이용하였다. 이런 상황에서 Chace(1953)는 춤과 동작(movement) 치료를 도입하였고, 곧 음악치료 · 독서치료, 다른 표현 미디어 치료들이 생겨나게 되었다.

표현예술치료의 진정한 가치는 창작 활동을 통해 자발성이 촉진되고 무의식 속에 들어 있는 근원적이고 귀중한 마음들을 발견하도록 해 주는 데 있다. 무의식 개념은 변화해 왔다. 초기 정신분석에서는 무의식이 의식에 수용될 수 없는 억압된 사고나 감정들로 이루어진다고 보았다. 이후에 심리학이 발전되면서 무의식은 단지 억압된 것 이상의 의미를 갖게 되었다. 인간의 마음에는 아주 미묘하고 강력한 본능이 있다(이를 Jung은 원형이라고 불렀다). 무의식적 본능은 의식과 소통이 되어야 한다. 예술은 의식이나 사회문화적 규준에 의해 억눌리고 숨겨진 미묘한 직관, 심상, 연상, 느낌들에 접근할 수 있는 통로가 된다.

사람들은 갈등적인 상황이 되면 복잡한 생각과 감정에 휩싸이게 된다. 자기표현을 통해 환자들은 자신에게 유용하고 도움이 되는 생각이 무엇인지, 그리고 비합리적이고 자기 기만적인 생각들이 무엇인지 구분할 수 있게 된다. 그러나 무의식의 깊은 층에 있는 어떤 감정들은 말로 분명하게 표현될 수 있는 성질이 아니라서 방어나 합리화를 통해서 드러나지 않는다. 예술은 상징을 통해서 이런 방어들을 줄여 준다. 예술작품(미술, 음악, 노래, 춤, 시 등)들에서 개인의 무의식은 은유를 통해 표현되고 의식화된다.

예술치료에서도 자발성이 중요하다. 예술치료는 구조화된 활동을 통해 창조적인 표현을 할 수 있게 해 주며, 상징적인 표현을 통해 카타르시스를 경험할 수 있게 해 준다.

사이코드라마도 예술적인 측면을 가지고 있다. 사이코드라마의 모든 단계, 즉 준비 단계뿐만 아니라 실연, 나눔 단계에서 예술적인 요소가 충분히 들어가 있다고 본다. 사이코드라마 디렉터들도 예술적인 기법이 특히 언어적ㆍ지적인 방어가 강한 주인공들에게 자기표현의 통로가 될 수 있다는 것을 염두에 두고 이 분야에 대한 민감성과 기술, 지식을 습득하는 것이 필요하다.

사이코드라마는 기본적으로 언어적인 상호작용을 통한 행동적인 측면뿐만 아니라 비언어적 측면도 다루고 있기 때문에 드라마, 음악, 미술과 춤 등 모든 예술을 통합하는 무한한 가능성을 지니고 있다. 이 장에서는 특히 사이코드라마에 응용이 가능한 음악치료와 무용치료를 소개하고자 한다.

1) 음악치료와 사이코드라마

음악은 사람들의 정신 건강에 기여하는 부분이 크다. 음악을 듣다 보면 흥분했던 마음이 가라앉기도 하고 울적하고 슬픈 마음이 들다가도 마음이 고요하고 편안해지기도 한다. 이런 감정의 움직임을 이용하여 지지적인 음악적 환경에서 자기 마음을 표현하고 상처를 치유할 수 있다. Helen 등(1973)은 음악은 감상하는 사람의 연상 작용을 촉진시키고 내면을 탐색하고 이전에는 알지 못했던 자기의 부분을 인식하게 해 준다고 하였다. 고전 음악 중 콘체르토나 심포니는 많은 악기를 사용하여 음폭이 넓고 복합적이기 때문에 사람의 마음을 강하게 움직여 우리가 알지 못하는 그 어딘가로 끌고 간다.

음악치료와 사이코드라마는 서로 다른 점도 있지만 보완적인 점도 많이 있다. 음악이 음악치료 과정에서 기본이 되는 것처럼 사이코드라마에서는 극적인 실연이 중요한 부분이다. 언어적인 대화로 이루어진 일반적인 정신치료들과 달리 사이코드라마에서 참여자들은 비언어적인 동작과 움직임을 많이 사용한다. 음악치료와 사이코드라마의 공통점은 두 치료기법에 참여한 사람들이 자신의 치료에 활발한 참여자로서 직접적으로 개입한다는 점이다(이정실, 2003). 음악치료에서 참여자들이 악기에 자신의 감정을 실어 즉흥적으로 연주하는 것과 마찬가지로 사이코드라마에서 주인공은 보조자아와 상호작용하면서 적극적으로 여러 가지 역할을 소화해 낸다.

음악은 영화, 연극, 오페라 그리고 많은 다른 연극적 형태의 예술과 밀접하게 연관되어 있다. 예컨대 우리가 흔히 즐겨 보는 텔레비전 드라마에서도 음악은 빼놓을 수 없는 중요한 장치가 되고 있다. 치료적인 형태든지 연극적인 형태든지 간에 음악과 드라마는 밀접하게 연결되어 있다. 음악치료와 사이코드라마는 둘 다 자발성을 증진시키고 제한된 감정의 표현을 북돋아 준다. 음악이 사이코드라마에 통합되었을 때 훨씬 더 놀라운 치료적 효과를 얻을 수 있다.

Moreno는 정식으로 음악 교육을 받지 않았지만 사이코드라마라는 틀 속에 음악이 강력한 영향력을 발휘한다는 사실을 직관적으로 인식하고 있었다. 그는 자신의 접근법을 '사이코음악(psychomusic)'이라 불렀으며 음악적 표현이 단순히 음악 교육을 받은 사람들만의 전유물이 아니며 사이코음악을 통하여 음악의 창조성을 평범한 사람들에게도 되돌려 주고 싶어했다. Moreno는 두 가지 형태의 사이코음악을 제시하였는데, 첫째는 악기 없이 목소리나 신체를 리드미컬하게 표현하면서 음악을 만드는 것이다. 악기를 연주하기 위해서는 일정 수준의 음악적 기술이 필요한데, 이것이 오히려 음악적 자발성에 장애가 되는 것으로 보았다. 둘째는 악기를 사용하여 자유로운 표현을 하게 하는 접근이다. 첫 번째 접근의 예로 Moreno는 디렉터가 리듬에 맞추어 움직이면서 짧은 멜로디를 만들어 집단에서 부르는 것이다. 이 준비작업의 목표는 집단원이 자유롭게 소리 내어 반응할 수 있게 자극하는 것이다. 바로 이때 디렉터는 사이코드라마에서 사실적인 혹은 상상의 행동화를 시작할 수 있는 주인공을 선택할 수 있다. Moreno는 악기를 이용한 사이코음악에 대한 자신의 생각을 행동에 옮기기 위해 즉흥적 오케스트라를 만들려고 시도하기도 하였다. 음악적 경험이 없는 사람들은 오케스트라에 쓰이는 악기들을 가지고 즉흥적으로 연주하기가 어렵다. 이 때문에 음악치료사들은 실로폰, 드럼, 방울, 징, 종과 같은 타악기를 선호한다. 타악기들은 훈련과 상관없이 어떤 사람이라도 즉흥적으로 표현할 수 있기 때문이다.

음악은 듣는 사람들에게 어떤 이미지를 불러일으킨다. 과거에 반복적으로 들었던 음악을 현재 듣고 있노라면 그 당시의 어떤 경험이나 기억, 이미지들이 저절로 떠오르는 경험을 누구나 하게 된다. 사이코드라마 준비작업에서 음악을 사용하면 매우 효과적이다. 그렇기 때문에 음악을 잘 선택하는 것이 매우 중요하다. 대부분의 음악치료자들은 비교적 조용한 클래식 음악을 사용하는 경향이 있는데, 저자는 참여자들을 이완시켜 주고 내적인 감정을 불러일으킬 수 있는 음악이라면 종류를 가리지 않는 편이다. 사이코드라마 디렉터는 평상시에 가능한 다양한 음악을 들으면서 음악에 대한 안목을 키울 필요가 있다고 본다.

사이코드라마에 참여한 사람들은 음악을 들으며 각자의 내면에 있는 이미지들을 나누고 싶어한다. 이러한 이미지와 경험들은 가끔 아주 생생하고 극적이다. 때로는 주인공을 선택할 때 사용했던 그 음악을 다시 들려주면서 주인공의 경험에서 중요한 순간의 내적인 이미지를 자세히 그려 보게 한다. 이 순간 디렉터는 보다 효과적으로 그 이미지에 나타난 사람들, 사물들의 역할을 보조자아에게 할당하고 주인공의 주변에 그들을 적절히 배치한다.

2) 무용 및 동작 치료와 사이코드라마

춤은 인간의 역사와 함께 각종 제례나 종교적 의식 속에 행해졌다. 고대 그리스인들은 춤이 어떤 강렬한 감정을 발산시키므로 특정 형태의 춤을 치료로 간주하였다. 우리나라 무속에서도 무당이 서서히 움직임을 보이다가 격렬한 춤을 통하여 인간의 소망과 염원을 신에게 비는데, 무당굿의 치료 효과는 굿판에서의 관중들의 적극적인 참여와 즉각적인 반응으로 극대화된다.

무용 및 동작 치료는 음악, 미술, 드라마 등과 함께 예술치료의 한 분야로서, 동작을 정신치료적으로 사용하여 개인의 감정과 정신, 신체를 통합시키는 것을 목적으로 하는 것이다(류분순, 2000). 무용 및 동작 치료의 기본 원리는 신체와 정신이 끊임없는 상호작용을 하고 있다는 것이다(Schoop, 1973). Freud 역시 인격발달에서 신체 자아가 가장 먼저 발달한다고 보았고 그의 추종자인

무용치료

Reich(1949)는 신체의 자세·제스처·동작이 적개심이나 성욕·불안감들을 막아 내기 위한 방어적 행위를 나타낸다고 보았다. 무용 및 동작 치료는 즉흥적인 움직임을 통해 하나의 동작을 만들어 냄으로써 허구적 세계에 대한 새로운 경험을 하게 만들어 주기 때문에 본질적으로 치료적 행위다. 모든 창조적 매체는 꿈과 마찬가지로 무의식적 소재를 취하고 그것을 상징적으로 표현하면서 받아들여질 수 없는 무의식적 욕구와 충동들을 대리 환상을 통해 충족시켜 준다. 예를 들어 분노 감정을 갑자기 분출하는 것은 자신과 주변 사람들에게 해가 될 수 있다. 대신 무용이나 움직임을 상징적으로 표현하면 무의식에 내재된 분노 감정과 에너지를 방출할 수 있다.

사람은 누구나 마음속에 신체에 대한 정신적 표상인 신체상(body image)을 가지고 있다. 이러한 신체상은 생애 발달 초기의 어느 시점에서 형성되어 정상적으로 발달하기도 하고 왜곡되기도 한다. 무용 및 동작 치료는 왜곡된 신체를 재통합할 수 있는 기회를 제공해 준다. 직접적인 동작 워밍업과 간접적인 즉흥 동작을 이용하여 환자에게 활력, 통합, 동기를 제공해 준다. 또한 집단 안에서 자기 자신을 표현하는 동작을 통해 개인의 효율성과 독립성을 발달시킬 수 있고 다른 사람들의 동작을 따라 함으로써 다른 사람들과의 공감적 관계를 발전시킬 수 있다. 그리고 동작, 상징, 심상, 은유를 이용하여 감정적 문제들을 표현할 수 있는 안정적인 무대를 제공해 준다.

몸과 마음 사이의 소통은 건강과 평안함을 유지하는 데 필수적이다. 기저에 있는 정서적인 문제에 주의를 기울이면 신체적 증상이 호전될 수 있다. 두려움이 끈질기게 정신을 엄습할 때 여러 가지 이완기법을 사용하게 되면 긴장감과 두려움이 방출될 수 있다. 우선 몸에 귀를 기울이는 방법을 개발하고 몸이 이해할 수 있는 방식으로 말할 필요가 있다.

신체지향적 사이코드라마 작업을 실시하고 있는 Carswell과 Magraw(2003)는 이와 같이 몸과 마음이 자유롭게 대화할 수 있는 많은 기법들을 개발하였다. 먼저 신체 신호(body signal)에 주의를 기울일 수 있는 훈련이 되면 사람들은 합리적이고 경험적으로, 즉 정서적, 은유적, 감각적으로 작업할 준비를 하게 된다.

운동선수가 고된 신체적 훈련을 하기 전에 근육을 풀어 주는 준비작업을 하듯이 몸과 마음 간의 대화를 위해서는 정서적 근육을 준비시킬 필요가 있다. 가장 좋은 준비작업 중의 하나는 몸을 은유적으로 표현하는 것을 연습하는 것이다. 치료 시작 시 치료자는 "오늘 몸은 어떤 느낌이 드세요?"라고 묻는다. 단순히 감각(예: "묵직한 느낌이에요.", "가벼운 느낌이에요.", "딱딱한 느낌이에요.", "휘어져 있어요." 등)에 초점을 맞추고 그것에 맞는 은유를 찾게 하고 ("납처럼 무거워요.", "새털처럼 가벼워요.", "바위처럼 딱딱해요.", "활처럼 휘어 있어요." 등) 감각과 이미지의 흐름을 쫓아 이야기로 이끌어 간다. 그런 다음 치료자가 "오늘 몸은 어떻게 움직이고 싶어하나요?", "어떤 부분이 움직이기가 곤란한가요?", "이 동작은 무슨 의미가 있지요?"라고 질문하고 내담자는 "내 몸이 활처럼 굽어져 있는데 똑바로 펴고 싶어요, 내 몸은 납처럼 무거운데 좀 가벼워지고 싶어요."와 같은 욕구 충족적인 말로 바꾸도록 한다. 이 시점에서 몸은 정서적으로 혹은 신체적으로 편안해지고 싶어한다. 마지막으로 "남편과 요즘 사이가 좋지 않아 몸이 납덩어리처럼 무거웠어요."와 같이 자신의 몸과 마음에 대한 해석과 통찰이 일어나게 된다.

무용과 동작은 사이코드라마에서 주로 준비 단계에서 활용될 수 있다. 이때 집단의 특성을 고려해서 적용할 필요가 있다. 일반적으로 동작을 사용한 워밍업에서는 신체의 한 부분에서 전체 부분들로 발전시켜 나가고 처음에는 단순한 것에서 점점 역동적이고 다양한 움직임을 사용하는 것이 좋다. 정신과 신체는 상호작용하는 경향이 있어서 정신적으로 억눌리고 갈등이 있는 사람들은 신체적인 움직임도 자유롭지 못하고 경직되어 있는 경우가 많다. 따라서 경직되어 있는 신체 부위를 조금씩 움직이도록 도와주다가 팔다리를 이용해서 허공을 휘젓거나 하는 등 동작 범위를 점차로 확대시켜 나가는 것도 좋은 방법이다.

⑧ 통합적인 접근

Moreno는 정신적 현상보다는 역할 연기자의 행동을 중요하게 여겼다는 점에서 행동적 사이코드라마를 지향했지만 행동주의적인 이론만을 채택하지는 않았다. 사실상 Moreno는 은밀한 내적인 정신 과정, 주관적 경험, 충동, 정신 에너지를 보다 실존적 방식으로 탐구하려고 노력하였다.

Moreno와 Moreno(1959)에 따르면 치료적 탐색에는 두 가지 모순적인 원칙이 있는데, 하나는 완전히 주관적인 주체의 실존적 상황이고, 다른 하나는 과학적인 방법과 같은 객관적 요건이라고 보았다. 주관적이고 내적인 경험을 강조하는 사람들과 객관성과 합리주의를 강조하는 사람들 간의 근본적인 균열은 두 가지 관점을 통합함으로써 해결될 수 있다. 통합적인 사이코드라마는 모든 현상을 고려한 역할이론 안에서 가장 잘 이해될 수 있다. Moreno(1937, 1972)에 따르면 역할은 '사적이고, 사회적이고 문화적인 요소가 나타나는 종합적인 경험 단위'다.

인간의 정신 현상은 매우 복잡하다. 따라서 어느 한 가지 접근법만으로는 전 인격을 다루기가 어렵다. 어떤 연구자들은 절충주의를 단순히 잡동사니 기법들이라고 폄하하기도 하지만 환자 또는 내담자의 특성에 맞는 '맞춤식 치료(tailored therapy)'가 적당하다고 보는 것이 저자의 견해다.

요약하면 본 장에서는 사이코드라마와 타 정신치료법과의 적절한 통합을 제시하였다. 지금까지 수백여 가지의 정신치료법이 개발되었고 나름대로 자신의 치료법을 고수하면서 타 치료법에 대해 배타적인 입장을 취하는 경향이 팽배해 있다. 하지만 최근 들어 절충주의적 접근이 우세하고 있는 점을 감안해 볼 때 사이코드라마는 다른 어떤 정신치료기법보다 포괄적이고 유연하며 인간 경험의 다양성을 포함하고 있다고 여겨진다.

제7장 사이코드라마의 치료적 측면

　사이코드라마의 치료적 요인에 대해서는 사이코드라마 디렉터들 간에도 상당히 다양한 견해가 있는 것이 사실이다(Leutz, 1985a). 사이코드라마 개념을 치료적 형식이나 틀에 넣기를 주저하는 디렉터는 사이코드라마에 병리론을 적용하는 것을 부정하고 치료적 측면을 논의하는 것 자체가 본질을 왜곡하는 것이라고 주장하기도 한다. 반면 사이코드라마를 치료의 한 양식으로 보는 입장에서는 개인치료나 집단정신치료에 준하는 치료 효과가 있는 것으로 보고하고 있다. 이러한 견해 차이는 사이코드라마를 정상 혹은 병리라는 양극단선 상에 놓고 협소한 관점에서 개념화한 데서 비롯된 것이다. 사이코드라마는 이 양극단을 모두 포함하고 있다고 보는 것이 타당하다. 즉 사이코드라마는 우리가 흔히 정신과에서 비정상으로 보는 범주에 속하는 환자들에게도 치료의 한 수단으로 적용할 수도 있고, 일반인을 대상으로 하는 사이코드라마와 같이 정상적인 사람들이 일상적인 생활에서 겪게 되는 다양한 갈등, 욕망, 추동, 꿈 등을 다루는 것이 가능하다.

　사이코드라마의 치료적 효과에 대한 문제는 사이코드라마에 참여한 대상이 누구인지, 그 회기의 목표가 무엇인지에 따라 다르다고 본다. 여기서 중요한 것은 사이코드라마는 그냥 한 편의 좋은 영화나 드라마 혹은 마당굿과는 다르다는 것이다. 정서적인 문제가 있는 사람들을 대상으로 사이코드라마를 할 때는 억눌린 감정이나 갈등, 욕구를 다루어 주는 것이 바람직하며 정상적인 사람을 대상으로 한다면 인간이 성장할 수 있는 토대를 다져 주는 것이 필요하다.

사이코드라마의 치료적 논의에 들어가기에 앞서 강조하고 싶은 점은 사이코드라마 효과를 과대평가하거나 아니면 단일 회기로 끝나는 경우가 대부분이기 때문에 치료적 효과가 없다는 식의 지나친 과소평가를 지양해야 한다는 것이다. 단일 회기든 연속적인 회기든지 간에 사이코드라마는 고유의 치료적인 요인이 있다는 것을 강조하고 싶다. 이 부분에 대해서는 아직까지도 체계적인 연구가 부족하기 때문에 사이코드라마 발전을 위해서 사이코드라마에 몰두하고 있는 모든 사람들이 건강한 회의주의와 비판의식을 가지고 관심을 갖길 바란다.

① 사이코드라마의 치료적 요인

사이코드라마가 끝난 뒤 사이코드라마의 효과에 대한 질문을 하면 어떤 참여자들은 지루하다고 표현하거나 치료적 과정으로 보기에는 너무 시간이 짧다며 부정적인 평가를 내리기도 하지만 주인공과 참여자들 대부분은 긍정적인 효과를 보고하는 경우가 많다(Kellerman, 1987b).

어떤 주인공은 사이코드라마를 통해 "새로 태어난 기분이 들었다."고 표현한다. 어떤 참여자는 "극이 진행되면서 점차로 연기라는 생각이 들지 않고 자연스럽게 속에 있던 말들이 때를 기다렸다는 듯이 쏟아져 나오면서 자신을 정리할 수 있었다."고 소감을 밝히기도 한다. 대체로 참여자들은 사이코드라마를 통해 자신이 있는 그대로 받아들여지는 경험을 했다고 강조한다. 또한 자기 내면을 좀 더 인식하게 되었고 살아가면서 어떤 선택을 해야 할지, 무엇을 해야 할지를 깨달았다고 말한다.

사이코드라마에서 아버지와의 갈등을 다루었던 한 주인공은 극이 끝난 후 다음과 같이 표현하였다.

"빈 의자를 통해 아버지를 마주하자 처음에는 섬뜩할 정도로 내 안에 너무나 강렬한 이미지로 자리잡고 있는 아버지 모습이 떠올라 어느새 두려움에 떨며 어찌할지 몰라 하는 어린아이가 되어 버렸다. 어린아이 옆에는 과거와는 다른 자아들이 함께 하고 있었다. 그러나 그 아이는 한참을 말을 못하고 눈물만을 흘렸다. 얼마의 시간이 지나고 아버지와 나는 서로가 진실을 말하기 시작하였다. 태어난 그 순간부터 30년을 살며 지녀 온 한 서린 말 한마디, "아버지의 아들이기 전에 한 인간으로서 아버지에게 존중받고 싶었어요." 라고 말을 한 순간부터 나는 자유로움과 평온을 느끼기 시작했다. 그 순간 무한히 감미로운 생의 온기를 온몸으로 느낄 수 있었다."

치료적 측면이란 치료적 효과를 일으키는 요소며 정신치료에서 긍정적인 결과를 가져오는 '변화의 요인', '치유 요인', '성장의 메커니즘'이다.

다양한 학파의 치료자들은 자신이 특정 형태의 정신치료에서 가장 효과적이라고 믿는 '기본적' 요인들을 강조한다. 예를 들어 정신분석가들은 자기이해와 통찰을 통해 지속적인 성격 변화가 일어난다고 보고 있으며, 사회학습이론에서는 인지 과정이나 도식이라는 매개를 통해 변화가 일어난다고 보고 있다. 인본주의적 입장에서는 치료자의 특성, 특히 무조건적 긍정적인 존중, 정확한 공감 능력, 진솔함을 치료의 중요한 요소로 보고 있다. 행동주의치료자들은 치료적인 변화란 보상이나 처벌을 통한 학습이라는 개념적 틀 안에서만 이해 가능하다고 보고 있다. 또 어떤 사람들은 정신치료 이외에 비전문적 관계 혹은 위약효과처럼 '스스로' 치료가 일어난다고 보고 있다.

위에서 언급한 특정 치료 요인 이외에도 어떤 연구자들은 정신치료의 공통적인 치료 요인, 즉 모든 정신치료의 '공통분모'를 밝혀 내려고 노력하고 있다. Frank(1961)에 따르면, 정신치료는 인지 및 경험적 수준에서 학습할 수 있는 새로운 기회를 제공해 주고, 안도와 희망을 고취시키고, 성공 경험을 가져다주며, 고립감을 극복하도록 도와주고, 감정을 환기시키고, 새로운 정보를 주며 문제의 '원인'에 대한 대안적인 해결책을 제시해 준다. Bandura(1977)는 효과적인 정신치료란 개인의 자기도식, 즉 지각된 자기효능감을 바꿔 주는 것이라고 개념화하고, 변화를 유발하려면 언어적 설득, 정서적 각성, 대리 경험 및 수행 획득이 중요하다고 보았다. Sundberg와 Tyler(1962)는 정신치료란 환자의 치료적 동기를 강화하고 카타르시스를 촉진시켜 정서적 압박감을 감소시키고, 성장 잠재력을 키워 주고, 습관을 바꾸어 주며, 인지적 구조를 수정해 주고, 자기에 대해 인식할 수 있게 해 주고 대인관계 기술을 향상시켜 주는 것으로 보았다. Marmor(1962)는 정신치료란 카타르시스를 통해 긴장을 방출하고, 인지 학습 및 조작적 조건화를 제공해 주고, 치료자와 동일시할 기회를 주며, 반복적으로 현실 검증 경험을 부여해 준다고 정의 내렸다.

사이코드라마의 치료적 요인을 설명하기 위해서는 집단정신치료의 치료적 요인에 대해 먼저 언급할 필요가 있다. Corsini와 Rosenberg(1955)는 집단정신치료에 대한 300편의 논문을 검토하면서, 몇 가지 치료적 요인들을 강조하였다. 첫째는 수용, 이타심, 전이, 감정 표출과 같은 정서적 측면, 둘째는 보편화, 주지화와 같은 인지적 측면, 셋째는 현실 검증, 상호작용과 같은 행위적 측면이 이에 해당된다.

1960년대는 이 분야가 체계적으로 연구가 되면서 집단정신치료적 경험에서 가장 유용한 것으로 드러난 측면들이 무엇인지 집단원들에게 직접 질문하는 방법론적인 접근이 도입되었다. 이 연구에서 Yalom(1975)은 11개의 치료적인 요인을 추출하였는데, 여기에는 자기이해(통찰), 대인학습, 보편성, 희망의 고취, 이타심, 일차적 가족 집단의 실현, 카타르시스, 집단 응집력, 동일시, 정보 전달 및 실존적 문제가 포함된다. 이 중 집단원들이 가장 유용하게 생각한 것은 대인학습, 카타르시스, 응집력, 통찰력이었다. Bellak 등(1973)은 12가지 자아 기능, 즉 현실 검증력, 판단력, 현실감, 정서 및 충동의 조절과 통제, 대상 관계, 사고 과정, 적응적 퇴행, 방어적 기능, 자극 장벽, 자율적 기능, 통합적 기능, 유능감을 치료적 요인으로 제시하였다.

이러한 요인들이 사이코드라마의 참여자들에게도 역시 유용한 치료 요인인지를 살펴보기 위해 사이코드라마 주인공을 대상으로 연구가 이루어졌다(Kellermann, 1985b, 1987a). 이 연구에서는 치료 과정의 다른 측면보다 정서적 카타르시스, 인지적 통찰, 대인관계가 가장 중요한 요인으로 여겨졌다. 비록 자기 보고에서 얻어지는 결과들이 한계점이 있기는 하지만 적어도 집단원의 관점에서 볼 때, 카타르시스, 통찰, 대인관계가 사이코드라마적 집단정신치료에서 핵심적인 치료 요인이라는 것은 분명하다.

Moreno는 그의 성격이론에서 중요한 개념인 사회원자, 텔레, 워밍업, 역할연기, 자발성, 창조성, 문화적 보존을 중요한 치료적 요인으로 꼽았다. Zerka Moreno는 '진실한' 관계 요인(텔레), 자기노출, 치료자의 진실성, 자기개방(실존적 타당화), 카타르시스, 행위통찰을 사이코드라마의 핵심으로 보고 있다. Leutz(1985b)는 사이코드라마에서 효과적인 것이라면 특별한 장면, 자발적 놀이라는 매개물, 보조자아의 기능, 사이코드라마기법(이중자아, 거울기법, 역할바꾸기)이라고 보았다.

Blatner와 Blatner(1988)는 사이코드라마의 치료적 의미를 다음과 같이 요약하였다.

> "놀이에 대한 타고난 경향성을 아동치료 외에도 청소년치료와 성인치료에 활용할 수 있다. 생생한 경험을 증가시키는 활동과 기법을 사용하게 되면 환자에게 활력을 줄 수 있다. 또한 자기표현의 통로를 개발시켜 줌으로써 이전에 다루어진 적이 없는 정서적 욕구를 건강하게 승화시켜 줄 수 있다. 미래를 강조하고 좀 더 활기찬 자아이상을 창조하는 능력을 개발하는 방법을 적용하는 것은 치료의 또 다른 중요한 측면이다. 이 모든 것들을 통해 환자들은 자신의 주관적 경험과 현실에 대한 객관적 평가를 보다 기능적으로 연결하는 데 도움을 받을 수 있다."

여기서 사이코드라마의 치료적 과정은 정서, 인지, 대인관계 및 행동 학습을 포함하여 폭넓은 범위의 인간 경험을 다루고 있다. 또한 Blatner(2000)는 위에서 말한 Bellak의 12가지 자아 기능을 가지고 사이코드라마의 치료적 효과를 설명하기도 하였다. 이외에도 이들은 초자아와 원초아 측면에서 사이코드라마의 치료적 논의를 하였다. 예컨대 초자아 왜곡은 자아이상(ego ideal)과 상반될 때 일어날 수 있는데, 미래투사기법을 통해 목표를 명료하게 하고 가능성 있는 대안을 모색해 볼 때 개인이 가지는 열망과 가치가 가능한 목표로 타진될 수 있다는 것이다. 또한 상징적인 만족을 시켜 주는 사이코드라마기법은 과도하게 억압된 본능, 즉 성욕과 공격성을 사회적으로 수용 가능한 방법으로 적절한 통로를 찾도록 도와줄 수 있다.

위에서 언급한 치료적 측면은 다양한 정신치료적 경험을 다루려는 주요 노력들을 대표하며 사이코드라마가 왜 변화를 가져오는지 설명할 수 있는 개념적 틀을 제공한다. 그러나 이러한 분류는 치료 효과를 지나치게 단순화시킨 면이 있고 사이코드라마에서 때로 강력한 치료적 요인이 될 수 있는 신비하고 마술적인 측면을 배제시켰다. 이러한 모든 요인을 포괄적으로 고려하여 Kellerman(1992)은 사이코드라마의 치료적 요인을 다음의 6가지 항목으로 분류하였다.

① 정서적 재정화(카타르시스, 누적된 감정의 방출)
② 인지적 통찰(자기이해, 인식, 통합, 지각적 재구조화)
③ 대인관계(텔레, 전이-역전이 탐색을 통한 학습)
④ 행동/행위 학습(보상과 처벌, 행동화를 통한 새로운 행동의 학습)
⑤ 상상의 자극(가장 행동, 놀이, 상징적 표현)
⑥ 비특이적 치유수단(마술)

이러한 범주들은 주요 치료적 요인들을 포괄적으로 요약해 주기 때문에 사이코드라마의 복잡한 치료적 과정을 이해하는 모델을 제공해 줄 수 있을 것이다. Kellerman의 분류를 토대로 정서, 인지, 대인관계, 행동, 상상적 측면 및 비특이적 치료적 측면에서 사이코드라마의 치료적 효과를 살펴보겠다.

② 정서적 측면-카타르시스

카타르시스는 거의 수백 년 동안 정신치료에서 중요한 역할을 해 왔다 (Weiner, 1977). 그러나 이 용어가 사용된 것은 정신치료가 생기기 오래전으로 거슬러 올라간다. 아리스토텔레스는 '시학(Poetics)'에서 비극을 보던 관객에게서 감정이 방출되는 것을 기술하기 위해 카타르시스라는 용어를 처음 사용하였다. 그는 비극이 연민(pity)과 공포(terror)를 불러일으켜 카타르시스 혹은 정화(purification)에 이르게 한다고 보았다. 아리스토텔레스 시대 이래로 '카타르시스'라는 말은 여러 가지 의미로 해석되어 왔지만, 현재는 환자의 '정서적 정화'를 의미하는 의학적 용어로 받아들여지고 있다.

카타르시스에 대한 의학적 해석은 19세기 후반 Freud에 의해 더욱 강화되었다. Freud는 Charcot와 함께 정서적 위기를 겪는 히스테리 환자의 억압된 정서를 최면술을 통해 방출하도록 하였다(Breuer & Freud, 1893).

20세기 초, Moreno는 기존의 드라마이론에 아리스토텔레스의 카타르시스적 원리와 극동지역의 종교적 의식을 통합하여 주인공에게 각본과 고정된 역할에서 벗어날 기회를 주는 자율적인 드라마 방식을 고안하였다.

정서가 표현되지 않으면 압력솥의 증기처럼 내부에 누적되어 내적인 압력이나 긴장을 야기하고 심리적 부적응을 초래한다. 건강한 상태를 회복하기 위해서는 정서를 표현하여 정서적 잔여물을 배출시켜야만 한다.

1) 치료수단으로서의 카타르시스

카타르시스의 치료적 가치에 대해서는 연구자들 간에도 의견이 분분하다. 카타르시스는 전통적으로 외상 후 스트레스 장애를 비롯하여 정서가 억제되어 있는 분열형, 회피적, 강박적 또는 수동-공격적 인격장애와 기타 신체형 장애 치료에 효과적이라고 알려져 왔다.

하지만 카타르시스의 치료적 효과에 의문을 품고 있는 사람들은 카타르시스를 전적으로 부인하는 경향이 있다. 이들은 카타르시스를 통한 안도감은 일시적인 것이며, 시간이 흐르면 긴장감이 다시 나타나므로 정서를 표현한다고 해서 반드시 긴장감이 해소되는 것은 아니라고 본다. 예컨대, 우는 것만으로 슬픈 감정이 줄어드는 것은 아니며, 단지 분노를 표현한다고 해서 대인관계의 갈등이 해소되지는 않는다는 것이다.

카타르시스의 효과를 지지하는 사람들은 카타르시스 자체만으로 즉각적인 치료 효과가 있다고 주장한다. 이들은 강력한 정서 방출 후에 편안함을 느끼는 것만으로도 카타르시스가 치료적으로 타당하다는 충분한 증거가 된다고 보았다. 이러한 견해는 감정을 담아 두게 되면 '뭔가 감추고 있는' 느낌을 가져오지만 그것들을 방출하게 되면 안도감을 느낀다는 견해에 기초한다.

카타르시스의 치료적 가치를 지지하는 사람들은 카타르시스가 안에 갇혀 있는 자기(self)가 방출될 수 있도록 해 주는 안전밸브 역할을 한다고 보고 있다. 이러한 관점에 의하면, 건강한 사람은 정서 표현이 자유롭고 자연스러운 사람이며, 항상 역동적인 변화의 과정 속에 있는 사람이다. 치료장면이라는 합법적인 틀 안에서 악한(evil) 역할을 연기하면 잉여 분노감(surplus anger)에 대한 안전밸브 역할을 할 뿐만 아니라 정서적 균형과 자기 통제를 얻을 수 있다.

긴장 감소가 고통을 경감시키듯이 누군가에게 어려움을 털어놓으면 부담감이 가벼워진다는 것은 의심할 여지가 없다. 내면에 쌓여 있던 감정을 방출하게 되면 신경증적인 사람들에게서 특징적으로 나타나는 좌절과 억압의 악순환을 깨는 데 효과적일 것이다. 이처럼 안전한 상황에서 지금까지 밀쳐 두었던 감정을 충분히 표현하게 되면 치료적인 진전이 일어나고 개인적으로 의미 있고 새로운 경험을 할 수 있다.

2) 사이코드라마에서 카타르시스의 기능

주인공의 입장에서 볼 때 카타르시스는 주요한 치료 요인이다. 준비 단계, 실연 단계, 나눔 단계 등 어느 시기에 일어나든지 간에 카타르시스는 사이코드라마 회기의 '절정(peak)'이며, 사이코드라마에서 가장 독특하면서도 중요한 사건이라고 여겨지고 있다. Polansky와 Harkins(1969)는 사이코드라마가 정서를 방출시키는 것을 강조하기 때문에 특별히 정서 억제 치료에 유용한 것으로 생각하였다.

그러나 카타르시스가 성격 변화에 어떤 영향을 주는지 분명하게 개념화하기는 어렵다. 많은 사이코드라마 디렉터들은 단순한 감정 표출을 카타르시스와 동일시하면서 카타르시스를 지나치게 과대평가하는 경향이 있다. 카타르시스는 어떤 맥락에서는 실제적인 가치가 있기는 하지만 그 자체가 목적이 될 수는 없다.

Moreno(1923, 1940)는 카타르시스의 원래 어원적 의미를 확장시켜 정서의 방출과 경감뿐 아니라, 통합과 질서를 추가하였다. 사이코드라마에서 카타르시스의 구체적인 기능은 자기표현을 촉진하고 자발성을 강화시키는 것이다. 자기표현은 단지 정서를 방출하는 것 이상이다. 자기표현은 지각된 내적·외적 현실, 자기 및 대상 표상, 가치, 방어, 신체 이미지 등으로 드러난다.

　일단 방출된 감정이 '연기처럼 날아가는 것'을 방지하기 위해서는 재통합이 필요하다. 내적·정서적 혼란을 줄이고 새로운 대처전략을 학습시키고, 대인관계를 훈습시키고, 불완전한 감정을 완전한 감정으로 변형시키는 것 등이 이러한 재통합 과정에 포함된다. 이 과정에서 주인공은 자신의 감정, 사고, 행동을 전체적으로 인식할 필요가 있다. 디렉터는 적어도 주인공이 정서와 인지를 연결하여 사이코드라마 회기에서 다룬 내용을 통합할 수 있도록 도와주어야 한다.

남편과 사별한 50대 초반의 주인공은 간암으로 유명을 달리한 남편에 대한 그리움과 생전에 잘 해 주지 못했다는 죄책감, 남편 없이 생활을 책임져야 하는 압박감에서 오는 불안, 긴장감, 우울감을 호소하였다. 그녀는 때때로 가슴이 답답하고 내부에서 폭발할 것 같은 무언가가 자신을 억누르고 있다고 이야기하였다. 주인공으로 선택되었을 때, 그녀는 "자신이 현재 겪고 있는 상황에서 해방되었으면 좋겠다."고 이야기하였다. 극이 시작되면서 빈의자기법이 사용되었다. 그녀는 빈 의자에 사별한 남편을 불러 자신이 그동안 얼마나 힘들게 살아 왔는지를 토로하기 시작했다. 곧이어 먼저 세상을 떠난 남편이 얼마나 야속했는지, 그리고 남편이 없는 현실이 얼마나 힘든지를 원망조로 표현하기 시작했다.
　주인공은 남편에게 원망을 퍼붓다가 이내 미안한 감정을 이야기하기도 하고 가슴속에 묻어 두었던 감정의 응어리들을 쏟아 내기 시작했다. 주인공의 두 눈에서는 끊임없이 눈물이 흘러나왔고 그리움, 분노, 죄책감 등의 감정들이 빠져나오고 있었다. 감정이 북받쳐 오른 주인공은 "너무 당신이 보고 싶어!"라고 외치기 시작했고 한동안 격양된 분위기에서 흐느끼고 몸에 경련이 일어나기도 하였다. 디렉터는 그러한 행위를 조용히 지켜보면서 주인공의 정서적 잔류물이 빠져나가는 과정을 지켜보았다. 그녀는 극도의 긴장상태 이후에 정서적 방출을 경험했고 곧이어 안도감과 편안함을 느끼기 시작했다. 이와 같은 정서적인 절정을 카타르시스라 말할 수 있다. 주인공은 극이 끝난 후에 "남편을 다시 만난다면 이런 기분이 들 것 같다."라고 말하면서 머리가 아닌 가슴으로 생생하게 느끼는 정서적 체험의 계기가 되었다고 소감을 밝혔다.

3 인지적 측면-행위통찰

사이코드라마에 참여한 사람들은 자신에 대한 이해를 주요 치료 요인으로 꼽고 있다(Kellermann, 1985b). 자기 이해(self-understanding)는 자기실현, 무의식의 의식화, 자기 계몽 또는 통찰 등으로 표현되어 왔는데, 대부분의 정신치료는 정신분석적 접근이든 인지적 접근이든 혹은 실존적-인본주의적인 접근이든지 간에 자신과 자기 문제에 대한 이해를 중요하게 여기고 있다.

자신을 이해하는 능력이 생겼다고 해서 자동적으로 치료 효과가 생기는 것은 아니다. 지적인 통찰만으로 정서적·행동적 변화를 촉진시킬 수 없다는 사실은 이미 오래전부터 인식되어 왔다. 환자들이 자신의 아동기 시절을 탐색하면서 통찰을 얻었다고 해서 현재 겪고 있는 문제가 완전히 해결되는 것은 아니다. 높은 수준의 지적인 통찰은 얻었지만 치료적 진전을 보이지 않는 경우가 허다하다.

치료가 성공하기 위해서는 지적으로 자신의 문제를 이해하는 것뿐만 아니라 정서적인 수준에서 깊은 자기 이해와 의미 있는 학습 경험이 동반되어야 한다. 환자들은 과거에 있었던 고통의 원인을 넘어서서 현재 그들의 행동과 감정에 대한 의미를 경험해야 한다(Appelbaum, 1988).

사이코드라마는 참여자들이 자기 자신, 감정, 꿈, 생활양식, 내적인 삶, 갈등 그리고 동기에 대하여 더 많이 알 수 있게 해 준다. 사이코드라마를 통한 자기발견 과정에는 단지 자기 이해나 통찰만이 아니라 미래 일어날 일을 미리 예상하고 대처할 수 있는 예기적 인식(anticipatory awareness) 능력이 동반되어야 한다. 이 과정이 언어적인 해석의 결과보다는 행동으로 얻어진다는 것을 강조하기 위해서, Moreno는 사이코드라마에서 자기발견 과정을 특별히 '행위통찰(action-insight)'이라고 지칭하였다.

1) 행위통찰의 의미

행위통찰은 다양한 종류의 행동을 학습한 결과로 생겨나는 것으로써 정서적, 인지적, 상상적, 행동적 그리고 대인관계 경험이 통합된 것으로 정의할 수 있다. 행위통찰은 움직이기, 서 있기, 밀거나 당기기, 소리치기, 제스처와 같은 행위언어(action-language)를 통하여 획득된다. 행위통찰에서 'insight'는 내부(in)를 들여다보는 것을 말한다. 소위 '현실'이라 불리는 감각적인 외부 세계를 파악하는 것과는 대조적으로 자기의 내적인 진실을 탐구하는 것이다. Blatner(1973)에 따르면 사이코드라마는 'acting-in'을 촉진시킨다. 다시 말하면, 행동적 방법을 통해 인간 경험의 심리적인 측면을 탐구하는 것이다.

　행위통찰은 사람마다 다르게 경험된다. 예를 들면 행위통찰의 측면에 대해, 어떤 참여자는 "내가 정말로 원하는 것이 무엇인지 알게 되었고, 내 행동의 결과들을 인식하게 되었어요.", "잊고 있었던 기억들이 선명해졌고 오랫동안 내 안에 깊숙이 감춰져 있었던 무언가를 막 찾은 느낌이 들었어요.", "내 안에서 흩어져 있던 뭔가가 합쳐진 것 같아요.", "이제 나 자신과 내 삶을 이해할 수 있게 된 것 같아요." 등으로 표현하곤 한다.

　행위통찰은 갑작스럽게 번뜩이는 이해로 나타날 수도 있고, 오랜 시간 동안 점차적으로 발견해 나갈 수도 있다. 행위통찰은 카타르시스와 밀접한 관련이 있으며 무의식으로부터 나온 생각이 인지적으로 방출되는 것으로 이해될 수 있다. 카타르시스와 같은 정서적 방출은 인지적 이해 이전이나 뒤에 나타날 수도 있고 아니면 같이 나타날 수도 있다. 즉 무대 조명이 켜지고 어둠 속에 감추어져 있던 환자의 무의식적 주제가 의식의 주목을 끌면서 나타나는 것이다. 예를 들어, 갑작스럽게 슬픈 기분이 들면서 어린 시절 분리 경험에 관한 기억이 되살아날 수도 있다. 완전한 의식 내에서 경험되는 카타르시스는 행위통찰을 유발하는 과거의 기억을 촉진한다. 이 순간 '아하!'라는 인식의 충격이 밀려오게 된다.

2) 행위통찰의 과정

　정신분석에서는 분석자가 개인이나 집단을 분석하고 해석해 주면서 통찰을 유도하지만 사이코드라마에서 행위통찰은 디렉터가 해석을 해 준다고 생기는 것은 아니다. Zerka Moreno(1965)는 "사이코드라마야말로 사실상 가장 해석적인 방법이다. 디렉터는 장면을 구성할 때 자신의 해석에 따라 행동한다. 이때 말로 해석해 줄 수도 있고 디렉터의 재량에 따라 행동으로 지시할 수 있다. 그러나 해석을 한다고 해도 행위가 우선이다. 행위가 선행되지 않고서는 해석을 할 수 없다."라고 하면서 행위의 중요성을 피력한 바 있다.

전통적인 정신치료 접근에서 흔히 쓰이는 언어적 해석과 달리 행위분석은 임상적인 역할 연기와 사이코드라마에서만 독특하게 쓰이는 것이다. 사이코드라마에서 치료는 행위언어를 통해 나타나는 것이다. 따라서 치료자들이 해석을 하려면 역할 연기 형태를 취해야만 한다. 사이코드라마 디렉터는 과거 경험(예를 들어 전이), 저항, 카타르시스, 의사소통 행동 관점에서 현재 행동에 의미를 부여한다.

3) 행위통찰의 특징

자기 인식에 이르는 모든 길은 어느 정도는 학습의 요소를 포함하고 있다. 사이코드라마의 행위통찰을 첫째, 경험적 학습(experiential learning), 둘째 행동을 통한 학습(learning through doing), 셋째, 비인지적 학습(non-cognitive learning)으로 나눌 수 있다.

(1) 경험적 학습

행위통찰의 가장 분명한 특징은 단순히 말로 정보를 제공해 주는 것뿐만 아니라 직접적으로 참여하고 경험하고 학습을 한다는 것이다. 경험을 통한 학습은 열정적이며, 지식을 발견하고 타당화하는 작업에 직접 참여하게 된다. 예를 들어, 과잉보호를 하는 어머니에게 단지 과잉보호를 하지 말도록 말로 권하는 것은 별로 도움이 되지 않는다. 그러나 과잉보호 행동을 하는 어머니에게 사이코드라마 장면에서 짧은 시간 동안 아이 역할을 하게 한 다음 어떤 느낌이 드는지 물어보면 자신의 입장이 아닌 아이의 입장을 좀 더 공감할 수 있을 것이다. 이와 같이 행위를 통한 즉각적인 인식은 주인공들에게 지속적인 영향력을 줄 수 있는 의미 있는 경험을 제공해 줄 것이다.

행위통찰을 가져오는 학습 경험들을 때때로 '교정적·정서적 행동'이라고

부른다. 이러한 경험의 원칙은 아동기의 '좋지 못한 양육'을 치료자나 대리
부모 혹은 보조자나 재교육을 받은 부모를 통해 성인기의 '좋은 양육'으로
대체시킬 수 있다는 것이다. 사이코드라마적인 '잉여현실'이라는 맥락 내에
서 과거 상황들은 때때로 적응적인 방식으로 재연된다. 과거의 실수나 결핍
을 완전히 교정하는 것은 불가능하지만, 그 당시 생긴 몇 가지 부정적인 경험
을 버리는 것은 가능하다. 사이코드라마 상황에서 자아의 기능 하에 적응적
인 퇴행이 일어나게 되면 주인공은 새롭고 적응적인 방식으로 과거를 재경험
할 수 있고 동시에 과거의 습관, 패턴, 몇 가지 바람직하지 못한 태도를 버릴
수 있는 기회를 가질 것이다.

(2) 행동을 통한 학습

　행위통찰의 또 다른 특징은 말보다는 행동을 통해 학습하고, 이론보다는 실
제 행동을 하며, 내적으로 사고하기보다는 외적인 행동을 선호한다는 것이다.
사람들에게 그들이 지금 무슨 행동을 하고 있는지 그리고 그 행동의 결과가
어떨지를 이야기해 봤자 소용없는 경우가 있다. 흔히 사람들은 정서가
(emotional loading)가 강한 자극 하에서는 언어적인 설득이나 논리에 둔감해진
다. 예를 들어, 강한 두려움에 사로잡혀 있거나, 무언가에 극도로 화가 나 있
을 때 그리고 누군가를 열정적으로 사랑하고 있을 때 옆에서 아무리 분별력
있는 이야기를 해 주어도 당사자의 귀에는 들어오지 않는 법이다. 수영하는
법을 배우기 위해서는 백 마디 말보다는 물속으로 직접 뛰어들어 수영을 해
봐야만 한다. 이와 마찬가지로 대인관계나 행동적 기술은 말보다는 오랜 시
간 동안 행동을 통해 연습해야만 습득될 수 있다.

(3) 비인지적 학습

　사이코드라마 디렉터들은 전통적으로 사고력과 같은 인지적 요소보다는 감
정과 같은 정서적 요소를 선호해 왔다. 사이코드라마에서는 '머리에서 일어
나는' 인지적 학습은 중요하지 않다. 주인공들에게 왜 그들이 그런 행동을 하
는지를 머리로 이해시키는 데 머물지 않고 경험적 수준에서 깊이 있는 통찰
이 일어나게 하는 것이 중요하다. 예컨대 인지적 이해는 실질적인 변화를 동

반하지 않지만 신체-지각-운동 수준에서 처리되는 비인지적 학습은 인간 정신의 지적이고 분석적인 양식보다는 정서적이고 직관적인 양식에 더 의존하기 때문에 깊이 있는 변화를 수반한다.

딸의 계속되는 비행과 자퇴로 인해 고민하던 40대 중반의 주부는 '자신의 양육 태도에 어떤 문제가 있었는지 그리고 딸의 정신과적 치료에 자신이 도움이 될 수 있을까' 하는 생각으로 사이코드라마에 참여하였다. 딸과 갈등을 초래했던 몇몇 상황을 재연하면서 주인공은 자신이 얼마나 아이에게 엄격한 어머니였는지를 깨닫게 되었다. 아버지와 역할바꾸기를 통해 어린 시절 자신이 항상 가난한 부모를 부끄러워했으며 성공을 해야 한다는 강박관념에 사로잡혀 주변에서 자신을 인정해 줄 수 있는 완벽한 아이 그리고 총명한 아이가 되기 위해 필사적으로 노력했음을 인식하게 되었다. 주인공은 거울기법을 통해, 외부에서 객관적으로 자신을 바라보고, 이중자아기법을 통해 자신의 생각이나 감정을 명료화시켜 주는 목소리를 들었고, 역할바꾸기를 통해 딸의 입장에서 실연을 해 보았다. 딸과 역할바꾸기를 하면서 주인공은 자신이 딸에게 얼마나 많은 것을 요구했는지 그리고 아이의 개성과 꿈을 묵살하고 자신의 의도대로 키우려고 했는지를 깊이 통감하였다. 또한 완벽하지 않으면 성공할 수 없다는 이분법적 사고를 딸에게 강요하고 있다는 사실을 깨달았다. 드라마가 부여한 잉여현실의 상황에서 예전과는 다른 교정적 정서 체험을 한 것이다. 디렉터가 굳이 말로 해석해 주지 않았어도 그동안 자신의 행동이 딸에게 얼마나 상처가 되었는지를 스스로 알게 되었던 것이다.

4 대인관계 측면-텔레

집단원들 간에 그리고 디렉터와 주인공 간에 일어나는 대인관계적인 요소는 사이코드라마에서도 강력한 치료적 효과를 갖는다.

사이코드라마의 치료 효과에 대해 상호관계에 중점을 두는 사람들은 사회심리학, 상호작용 심리학, 대상관계이론, 교류분석에서 이론적 근거를 찾는다. 이러한 이론들이 각기 다른 용어들을 사용하고 있기는 하지만, 모두 개인과 환경 간의 관계를 중요시하고, 행동과 성격 발달이 사람들 간의 상호작용에 의해 결정되는 것으로 본다는 점에는 의견이 일치되고 있다.

　사이코드라마는 사회측정학을 그 이론적 근거로 보기 때문에 대개 집단 작업으로 이루어진다. 치료 집단은 주인공이 집단구성원과 치료자 앞에서 자신의 한계를 시험해 보고 확장시킬 수 있는 지지적이고 보호적인 분위기를 제공하는 사회적 네트워크다. 사이코드라마에서 주인공은 다른 집단원들에게 치료적 영향을 미친다. 집단에서는 새로운 대인관계가 발전할 수 있는 자연스러운 공간이 되며 텔레 관계가 형성된다. 집단원들은 자연스러운 상호작용과 습관화되고 잘못된 상호작용을 구분하는 것을 배울 수 있다.

1) 텔레

　Moreno(1946)는 전이와 역전이 개념만으로 사이코드라마의 상호관계를 묘사하기에는 부족하다고 보았다. 이러한 입장은 전이라는 용어가 허구적이고 왜곡을 지나치게 강조하여 '지금-여기'서 발생하는 만남의 실제적 측면을 간과하고 무시하고 있다는 개념에 기초한 것이다. 그는 또한 치료자가 환자에게 느낄 수 있는 무의식적 역전이 감정을 인식하고 이를 막기 위해 중립적인 태도보다는 솔직하고 진실한 태도를 보여야 한다고 주장하였다. Moreno는 임상 경험을 통해 치료 초기에는 환자가 무의식적으로 자신의 환상을 치료자에게 전치시키지만 점차적으로 전이 감정이 줄어들면서 치료자를 있는 그대로 수용하는 적극적인 과정이 일어난다고 보았다. 그는 환자와 치료자 간의 이러한 실제적 상호관계를 나타내기 위해 전이, 역전이라는 말보다는 '거리를 두고'라는 의미를 가지고 있는 그리스어 '텔레(tele)'라는 단어를 사용할 것을 제안하였다. '텔레'란, 말 그대로 사람들이 거리를 두고 다른 사람과 접촉하고 의사소통을 하며 정서적인 메시지를 전달한다는 뜻이다.

　텔레와 같은 독특한 용어를 선택한 이유는 개인과 사회적 현상을 묘사하는 데는 풍부한 어휘가 있지만 대인관계 현상을 묘사하기 위해서는 적합한 용어가 부족하다고 보았기 때문이다. Moreno는 사람들 사이의 관계, 개인의 개별성과 전체와의 연관성, 상호성, 상호작용, 의사소통, 충분한 감정이입과 같은 대인관계 현상을 묘사하기 위해 이러한 과정을 포괄하는 용어를 만들 필요성에 따라 새로운 개념을 만들어 낸 것이다. '텔레'는 한 개인이 다른 사람에게 보내는 감정의 가장 단순한 단위를 말한다. 그러나 '텔레'라는 말에 너무 광범위한 대인관계 측면을 포함시키는 바람에 개념이 분명하지 않고 오히려 애매해졌다는 비판을 받기도 하였다.

Kellerman은 텔레란 대인관계의 현실 차원, 즉 '다른 사람의 실제적 성격 구성에 대한 통찰, 이해, 느낌(Moreno & Moreno, 1959)'의 관점에서 가장 잘 정의된다고 보았다. 텔레라는 말에는 사람들 사이의 매력적인 측면만 있는 게 아니라 불쾌한 면도 포함되며, 진실한 만남 속에서 텔레를 통해서 사람들은 서로를 알아 가게 된다는 의미가 있다. 일종의 '사람 간의 화학작용(inter-personal chemistry)'인 것이다. 현재를 왜곡시키면서 과거를 반복하는 전이와 달리 '지금-여기'에 적합한 새로운 반응이라고 볼 수 있다.

지금까지 축적된 연구 자료들을 보면 환자와 치료자 간의 상호작용의 성질이 치료의 진행을 결정하는 버팀목이라는 것을 알 수 있다. 특히 공감을 하거나 환자와 역할을 바꾸는 치료자의 능력은 대부분의 정신치료기법에서 가장 본질적인 치료적 요인이라는 것이 강조되어 왔다. 그러나 Moreno는 공감 능력이 텔레에 필요한 요소기는 하지만 공감 역시 환자의 사적 세계에 대해 가지는 치료자의 일방적인 감정으로 여겼고, 사이코드라마에서 집단구성원들 사이에 서로 느끼는 감정과는 구별된다고 보았다.

⑮ 행동적 측면-행동표출

사이코드라마 참여자들은 치료적인 환경 안에서 자신의 갈등을 이야기하고 분명한 역할 연기를 통해 표출한다. 행동표출(Acting out)이라는 개념은 사이코드라마 치료의 행동적 차원을 나타내고 있다. 행동화를 통해 정서적인 잔류물들이 행동으로 표현된다. 내적 긴장은 '행위 갈망(act hunger)'을 경험적으로 만족시키는 분명한 행동으로 표현됨에 따라 완전한 카타르시스와 비슷한 '행위 완성(act completion)'에 이르게 된다. Breuer와 Freud(1893)에 따르면, 완전한 카타르시스란 감정을 불러일으킨 사건에 대하여 에너지 반응이 있었는지의 여부에 달려 있다. 여기서 '에너지 반응'이란 눈물을 흘리는 것에서부터 복수에 이르기까지 자발적, 비자발적으로 감정이 방출되는 것을 말한다.

1) 정신분석에서의 행동표출(Freud, 1968)의 의미

① 서투른(bungled), 무의식적인, 우발적 행위
② 과거의 기억이나 공상을 신체적으로 표현
③ 과거 기억을 반복하거나 재현하는 것
④ 분석적 장면 내에서 일어나는 모든 움직임
⑤ 정신분석 장면 안에서 벌어지는 일들에 대한 반응으로 정신분석 장면 밖에서 나타나는 행동
⑥ 저항을 보이는 것, 생각을 행동으로 대체시키는 것
⑦ 감정, 긴장, 충동을 외부로 배출하는 것(정화 반응)
⑧ 소망 충족(wish-fulfillment)을 시도하는 것, 유아적 욕구를 만족시키는 것
⑨ 실험적으로 시도하는 행위
⑩ 반사회적·충동적 행동, 비행 혹은 위험한 행동

Yalom(1975)은 행동표출을 치료에 대한 저항으로 보았다. 이것은 집단의 분석적인 눈으로부터 숨으려는 행위며 환자들이 치료에서 검토되어야 할 충동들을 행위를 통해 방출하는 것으로 간주하였다.

하지만 한때 정신분석에서 치료의 방해물로 해석되던 행동표출은 이제는 무의식적 정신 상태에 대한 정보의 원천이자 치료 과정의 한 부분으로 보다 폭넓은 의미로 사용되고 있다. 행동표출의 해롭고 파괴적인 특성을 강조하는 치료자에서부터 의사소통과 적응적 특성을 강조하는 치료자까지 각기 다양한 견해들이 있다(Freud, 1968).

집단 내에서 일어나는 행동표출에 관한 논의에서, Grotjahn(1976)은 매우 숙련되고 경험이 풍부한 집단정신치료자는 행동표출을 분석하여 환자의 통찰과 통합을 유도한다고 역설하였다.

2) 사이코드라마에서 행동표출(Grotjahn, 1976)의 의미

사이코드라마에서 행동표출은 다음의 의미를 갖는다.

① 외적 행위, 동작을 통한 실연
② 감정의 표출
③ 과거 사건의 재연, 또는 미래의 일을 마치 '지금-여기'에서 일어나고 있
   는 것처럼 미리 행동화·행위화하는 것
④ 외부 세계에 내적인 현실을 표현하는 것
⑤ 비언어적 의사소통, 자발적인 '행위-언어'를 사용하는 것
⑥ 사이코드라마 무대 위에서의 모든 행위

넓은 의미에서 볼 때, 사이코드라마의 행동표출은 유기체로부터 나오는 모든 정보와 치료 장면에서 일어나는 모든 행위를 말한다. 인간은 움직이기도 하고 멈추어 서 있기도 하고, 밀고 당기고, 소리를 내거나 제스처를 취하고 말을 한다. 이 모든 것이 행동표출, 즉 모든 행동언어를 통한 의사소통인 것이다.

사이코드라마 참여자들은 역할 연기, 극적인 자기표현을 통해 행동을 지속하고 완성할 수 있도록 격려받는다. 이와 같이 행동표출은 정신 내적 과정이 직접적인 움직임으로 표현되는 것으로 내적 긴장이 상징적인 언어 해석을 거치지 않고 구체적인 행동으로 변환되는 것이다.

여기서 유념할 것은 사이코드라마의 행동표출은 치료 장면에 국한된 행동이라는 것이다. Moreno(1972)는 치료 장면 내에서 일어나는 치료적이고 통제된 행동표출과 환자나 다른 사람들에게 해롭고 분별력이 없고 예측할 수 없는 행동표출을 분명하게 구분하였다. 건설적인 통로를 거치고 자아의 건강한 부분이 지켜보는 가운데 발생하는 행동표출은 긴장을 방출할 뿐만 아니라 내면의 세계를 외부 세계에 표현하는 의사전달 수단이다.

17세 고등학교 2학년의 남자 주인공은 자신감 없는 표정과 말투로 묻는 말에도 기어들어가는 목소리로 대답하고 주변에서 놀려도 그저 웃기만 하는 행동을 보였다. 소신 없는 태도와 주눅 든 모습의 이면에는 긴장감과 분노감이 있었다. 사이코드라마에서 그는 평소의 자신과는 다른 모습을 보여 달라는 디렉터의 지시에 용기를 내기 시작했다. 처음에는 우물쭈물하는 모습이었지만 극이 진행됨에 따라 주인공이 늘 자신의 감정을 자제하고 억눌러 왔다는 것이 분명해졌다. 어머니로부터 인정을 못 받았던 주인공은 맞은 편 빈 의자에 앉아 있는 어머니를 향해 입을 열기 시작했다. 이중자아의 도움을 받아 가슴속에 품고 있던 어머니에 대한 분노감과 적대감이 밖으로 표출되기 시작한 것이다. 그는 점점 화를 내고 끝내 분노에 가득 차 소리를 질렀다. "난 엄마 잔소리가 지긋지긋해! 엄마는 늘 날 무시하고 비웃었어. 날 한 번도 인정해 준 적이 없어!"라고 하며 그의 내부에선 무언가 터져 나오기 시작했다. 마침내 엄마를 밀쳐 내며 울기 시작했다. 그동안 쌓였던 감정을 모두 쏟아 내자 이내 자신의 거친 언행에 대한 죄책감이 밀려왔고 용서를 비는 행동이 이어졌다. 역할바꾸기를 통해 어머니, 형제, 친구들의 역할을 하면서 주인공은 자신의 감정, 사고, 지각, 공상 등을 행동화할 수 있었다.

⑯ 상상적 측면

외적 현실이 너무 힘들거나 끔찍할 때 사람들은 공상이나 상상에 의지하는 경향이 있다. 상상은 잠시나마 희망을 갖게 해 주고 삶을 다시 시작할 수 있는 꿈을 꾸게 해 준다. 사이코드라마에서는 꿈을 단순히 해석을 위한 정신적 재료로 사용하지 않고 사람들에게 다시 꿈을 꿀 수 있는 용기를 북돋아 준다.

사이코드라마에서는 자기실현 및 외부 세계에 적응을 위해 공상을 표현하도록 격려한다. 사이코드라마의 전체적인 방법론은 역할극의 사용, 보조자아, 무대, 준비작업, 소품, 시간과 장소를 정교하게 바꾸는 것 등과 같이 가상적 상황을 구현하기 위한 장치가 마련되어 있다.

먼저 사이코드라마의 역할 연기, 즉 누구나 사실이 아니라고 알고 있기는 하지만 현실인 것처럼 가장하는 역할극에서 참여자들은 상황을 재연하도록 격려받는다. 과거의 사건이 현재에 일어나는 것처럼, 생명이 없는 대상이 살아 있는 것처럼, 그리고 다른 집단구성원들이 마치 오래된 친구나 그들 삶에 중요한 인물인 것처럼 행동을 하게 된다. 사이코드라마는 그 자체로 주인공이나 관객 모두에게는 불가능한 것까지도 포함해서 어느 것이든 일어날 수 있는 상상의 무대다. 그리하여 사이코드라마라는 '가상(as-if)'의 영역에서는 내적 경험이 표출될 수 있고 추상적인 내적·외적 관계가 구체화되며, 이루지 못한 꿈이 현실적으로 될 수 있다.

대부분의 사이코드라마기법 역시 이러한 '가상'의 요소들을 가지고 있다. 가령, 역할바꾸기기법에서 A는 B인 것처럼 행동하며, B는 A인 것처럼 행동한다. 이중자아기법에서는 B는 A의 모든 움직임과 마음가짐을 따라 하며 A인 것처럼 행동한다. 거울기법에서는 A는 마치 거울에 나타난 것처럼 보인다. 독백기법에서는 아무도 듣지 않는 것처럼 혼잣말을 한다. 미래투사기법과 역할 훈련에서는 A는 자신이 될 것이라 믿고 있고 또한 되고 싶은 미래의 자신의 모습을 그려 보고 실제인 양 행동한다. 가족조각기법을 통해서 자신의 감정이 마치 물리적 공간에 살아 있는 것처럼 구체화시켜 표현한다.

이와 같은 상상적인 요소는 다양한 치료적 의식의 일부분으로 사용되어 왔다. 상상의 요소가 들어가 있는 최면술, Jung이 말한 '적극적 상상력', 행동치료에서 주로 사용하는 모델링기법과 마찬가지로 사이코드라마에서 '상상'의 주된 기능은 주인공이 허구적이고 보호받는 세계에서 스트레스 생활 사건들을 처리할 수 있게 하는 것이다. 참가자는 현실 검증에서 벗어나고 외부 세계에서 일시적으로 벗어나 자연스럽게 떠오르는 생각에 따라 가상의 세계를 만들면서 현실의 새로운 차원들을 실험한다. 역설적인 방법으로 이런 과정은 외부현실을 부인하거나 긍정할 수 있도록 도와준다. '상상력'을 활용하게 되면 내부와 외부 세계의 압력을 다룰 수 있는 자아 능력이 강화될 수 있다.

'가상'의 원리는 실제 현실보다는 연극과 같은 반현실적(semi-real) 상황에서 작용한다. 사이코드라마에서는 이를 잉여현실(surplus reality)이라고 부른다. 사이코드라마에서 잉여현실은 개인적 진실을 표현하기 위해 고안된 장치지만 삶에서 '실제로' 일어난 것뿐만 아니라 현재 이루고 싶은 소망, 꿈, 기대 등도 그려질 수 있다.

마술

위에서 언급된 치료적 요인들과 마찬가지로 사이코드라마의 효과에 영향을 미치는 보다 일반적이면서도 강력한 치료적 측면이 있다. 특정 치료에만 국한되지 않는 일반적이고 '비특이적(non-specific)' 치료적 측면은 대부분의 정신치료들에서 찾아볼 수 있다(Frank, 1961). 이와 같은 일반적인 치료적 측면과 관련해 볼 때, 사이코드라마에서는 말로 설명할 수 없는 치료적인 측면이 있다. 마술적인 치료 요소는 객관적으로 측정하거나 개념화하기 어렵기 때문에 다른 사람들에게 전수하기도 어렵다. 사이코드라마에서 신비적인 측면은 '질병이란 개인, 사회 그리고 자연 내에 존재하고 있는 다양한 에너지 간에 불균형이 일어나서 생기는 것이다.'라는 개념에 근거하고 있다. 사이코드라마는 이러한 에너지들 간에 적당한 균형 혹은 통합을 유지해서 건강을 회복할 수 있도록 도와줄 수 있다.

1) 비특이적 치유 수단

자발적으로 병이 회복되는 '신비치료', '마술치료'는 수년 동안 정신치료에서도 관찰되어 왔다. 예를 들어 정신치료에서 특별한 치료적 개입 없이 암시적인 영향에 의해서도 치료 효과가 나타난다는 위약효과(placebo effect)와 같은 신비한 치유는 치료기법에 관계없이 다양한 정신치료 방법에서 공통적인 치료 요인으로 기술된 바 있다(Frank, 1969).

비특이적 치료 수단이 보편적인 현상임에도 불구하고, 다양한 치료적 접근들마다 이에 대해 다르게 정의하고 있다. 예컨대, 정신분석에서는 '해석할 수 없는(Stone, 1981)' 요인이 비특이적인 것으로 여겨지는 반면, 행동치료에서는 치료자-환자 관계가 비특이적 요인으로 여겨진다.

카타르시스, 행위통찰, 텔레, 가상, 행위표출은 오랫동안 사이코드라마에서 환자의 변화에 영향을 미치는 것으로 여겨졌다. 이러한 측면은 사이코드라마가 실제로 효과적이며, 전통적인 변화의 수단으로 여겨질 수 있는 가능성을 증진시켜 준다. 그러나 비특이적 치료 수단을 배제하고 사이코드라마 효과에 대해 완전한 그림을 그리기가 어렵다. 비특이적 치료적 수단은 다음의 네 가지 범주로 나뉘어진다.

첫째, 정서가 부하된 '실제적인' 치료자와 환자의 관계가 있음

둘째, 환자는 치료자가 특별한 치유 능력을 가지고 있다고 지각함

셋째, 암시를 통해 희망과 안전감을 제공해 주는 치유 맥락이 있음

넷째, 주인공이 자신의 삶에서 중요한 변화를 이룰 수 있도록 상징적 의미를 지닌 치료적 의례가 사용됨

사이코드라마에서 비특이적 치료 수단은 위의 네 가지 과정이 활성화되면서 나타난다. 사이코드라마 회기에서 참가자들은 우선 정서적으로 자극을 받고 암시를 통해 준비가 된다. 그 다음으로 치유 의식, 즉 새로운 상황에 적응할 수 있도록 도와주는 일종의 의식으로 초대된다.

2) 의례

사이코드라마의 전체 과정과 절차는 일종의 의례(ritual), 즉 주인공과 상징적인 관련성이 있는 치유 의식으로 볼 수 있다. 의례적 행위는 사이코드라마 과정 안에서 부수적인 기법이나 종결 장면으로 사용되기도 한다. 어떤 맥락에서 행해지든지 상관없이 이러한 의례적 행위는 신비한 치료적 효과를 가지고 있다.

전통적으로 의례는 분명한 틀과 형식을 가지고 사람들이 인생의 한 단계에서 다음 단계로 넘어갈 수 있도록 해 주는 강력한 의식적 행위다. 예를 들어 의례는 탄생, 견진성사, 결혼, 애도, 이별 등과 같은 인생의 변화 단계에서 새로운 환경에 적응하도록 도와줄 수 있다. 사이코드라마의 의례 행위는, 자신의 내적 자기들(inner selves)과 화해할 필요가 있는 청소년을 위한 '입문 의식', 이혼을 고려하고 있는 부부들을 위한 '화해 의식'의 수단으로 사용된다. 또한 사람들이 과거에 해결되지 않은 미완성 과제를 완성하게 도와주고 특히 죽은 사람들에게 작별을 고하게 하는 목적으로 행해질 수 있다. Hart(1983)에

의하면, 애도 의식을 충분히 경험하지 못해서 사랑하는 사람의 죽음에 따른 감정을 정리할 수 없었던 사람에게 장례 의식을 재연시키면 매우 효과적이라고 하였다. 그러한 경우에 죽은 사람과의 관계를 상징하는 실제 대상을 사용하여 분리의식을 행하는 것이 도움이 될 수 있다. 예를 들어 죽은 아이의 옷을 태우고, 땅에 묻거나 버리고, 의사에게 편지를 쓰고, 상징적 의미를 가지는 실제 대상을 없애 버릴 수 있다(결혼반지, 사진, 연애편지 등). 사이코드라마의 '작별 의식'을 통해서 주인공은 그동안 해결되지 않았던 비탄과 슬픔을 상징적인 방식으로 처리하고, 외상적 사건에 새로운 의미를 부여할 수 있게 된다.

30대 중반의 남자 주인공은 어렸을 때 동생이 물에 빠져 죽어 버린 슬픈 기억을 가지고 있었다. 태어날 때부터 선천적으로 결함이 있었던 동생은 항상 주인공의 보살핌을 필요로 했다. 물에 빠져 죽어 가는 동생을 구하지 못했다는 죄책감으로 주인공은 동생이 죽은 후 20년 동안 늘 고통스럽고 우울했다. 세월이 갈수록 동생에 대한 그리움과 죄책감이 커져 갔고 세상을 떠난 동생이 자신을 원망할 것이라는 생각을 떨쳐 버릴 수가 없었다. 주인공은 오랫동안 자신을 짓누르고 있는 죄책감에서 벗어나고자 사이코드라마에 참여하였다. 드라마가 시작되자 주인공은 동생에 대해 자신의 죄책감을 털어놓았다. 드라마가 진행됨에 따라 주인공은 사이코드라마 상황에서 동생을 만나 이야기도 나누고 같이 얼싸안기도 하는 등 점차로 죄책감에서 벗어나 그동안 동생에게 해 주지 못했던 많은 것들을 해 볼 수 있는 기회를 가질 수 있었다. 동생 역할을 맡았던 보조자아가 "그건 형 잘못이 아니야. 난 이제 형이 나를 잊고 행복해졌으면 좋겠어."라는 말을 하자 주인공은 그동안 쌓였던 복합적인 감정들로 인해 울음을 터뜨렸다. 드라마 마지막 부분에서는 동생에게 작별을 고하는 의식을 행함으로써 그동안 해결되지 못했던 슬픔과 그리움과 죄책감 등을 상징적으로 처리할 수 있었다.

제8장 사이코드라마의 연구와 평가

1950년대 이전까지는 정신치료에 대한 연구가 거의 없었다. 그러다가 1952년 영국의 심리학자 Eysenck가 정신치료의 효과에 대한 논문을 발표하면서 이 분야에 매우 큰 영향을 끼치게 되었다. 초창기에는 신경증 환자를 대상으로 한 정신분석치료와 절충적 치료 효과가 대부분을 차지하다가 최근 수십 년간 신경증을 비롯하여 정신병 환자, 성격장애 환자들에 이르기까지 많은 치료 효과 연구가 발표되고 있다. 정신치료의 과정과 효과에 대한 연구를 할 때 고려해야 할 변인은 상당히 많다. 연구되는 변인을 보다 명확하게 조작적으로 정의하고 수량화할 수 있게 되면 보다 의미 있고 신뢰로운 결과를 얻을 가능성이 높아진다. 연구되는 변인이 보다 단순하면 할수록 명쾌한 결론을 내릴 수 있을 것이다. 이러한 모든 점을 고려할 때, 정신치료의 결과로 생긴 호전의 정도를 평가하는 것은 그리 간단한 일이 아니다. 따라서 이 분야에서 보고되는 연구들을 평가할 때에는 이러한 문제의 복잡성을 염두에 둘 필요가 있다.

❶ 정신치료의 평가 요인

정신치료의 효과를 평가할 때 고려해야 할 중요한 요인은 크게 치료자 특성 변인, 내담자 또는 환자의 특성 변인 및 결과 변인이다.

① 치료자 변인—훈련의 정도 및 강도, 이론적 지향, 경험 정도, 성격, 선호하는 내담자/환자 유형 및 치료기법 등이 있다.

② 환자 변인—증상, 장애나 손상의 정도, 치료에 대한 관심과 동기, 실제 생활 양상, 나이와 심리학적 소양, 치료에 대한 기대, 장애의 지속 기간과 같은 특성이 있다.

③ 결과 변인—정신치료 후 변화나 호전의 정도를 측정하는 데 사용되는 기준들이 포함된다. 여기에는 '치료에 참석한 환자 및 내담자들을 동일한 측정 도구를 사용해서 평가해야 하는가? 환자/내담자 특성에 맞는 특별한 도구와 기준이 필요한가? 변화를 양적으로 신뢰롭게 그리고 타당하게 측정할 수 있는가? 어떤 종류의 변화를 치료 결과 변인으로 넣어야 하는가? 어느 정도의 시간 간격을 두고 변화를 평가해야 하는가? 어느 정도의 추후 기간(follow-up)을 두어야 의미 있는 변화를 평가할 수 있는가? 와 같은 많은 질문들이 따를 수 있다.

오늘날 치료적 접근의 과학적인 검증에 대해서는 상당한 부담과 논란이 가중되고 있는 실정이다. 일부에서는 과학적인 용어와 방식을 사용하여 설명하지 않는다면 그 어느 것도 타당한 치료법이 될 수 없다는 인식이 확산되어 있는 데다가 보험 수가 적용 면에서도 치료 효과를 입증하는 것이 대단히 중요하기 때문이다.

② 사이코드라마의 평가 방법

　다른 정신치료와 마찬가지로 사이코드라마 영역에서도 이러한 치료 효과를 보고하기 위한 시도들이 있어 왔다. 많은 디렉터들은 그날의 사이코드라마 회기가 성공적이었는지 혹은 실패했는지에 대해 스스로 질문을 하거나 질문을 받았을 때 막연하게 '만족스럽게 잘 되었다', '실망스럽다' 라는 소감을 말하기도 한다. 특히 초심자들은 극이 진행되는 내내 집단원들이 흐느껴 울면서 주인공에게 공감을 보이거나 주인공이 나눔 단계에서 만족감을 표현했다고 해서 그날의 드라마가 참여자들에게 효과적이라고 생각하면서 스스로 흡족해한다. 그러나 치료자로서, 집단 지도자로서, 사이코드라마가 효과가 '있었다/없었다' 라고 말하기 위해서는 디렉터 스스로도 어떤 것이 잘되고 어떤 것이 잘못되었는지를 평가할 만한 몇 가지 기준을 가지고 있어야 한다. 우선 적어도 디렉터 자신이 '만족스럽게 잘 되었다' 라는 말이 무엇을 의미하는지 알 필요가 있다. 즉 치료적 성공의 의미가 무엇인지 개념화할 필요가 있다. 예컨대, 주장 훈련(assertive training)을 받은 집단원들이 사이코드라마 회기가 끝난 후에 주장성이 향상되었는지 여부는 실제로 사전/사후 검사를 통해 측정이 가능하다. 그러나 이와 같이 치료적 효과를 명확하게 측정하는 것이 항상 가능하지는 않다.

　사이코드라마의 전반적인 목표는 참여자들이 자신과 주변 환경에 대해 정서적으로 그리고 인지적으로 이해의 폭을 좀 더 넓히는 것이라고 볼 수 있다. 사이코드라마가 증명 가능한 치료적 효과가 있다는 것을 피력하기 위해서는 사람들의 행동과 경험 수준에서 일어나는 실제적인 변화를 조작적으로 정의할 수 있어야 한다. 사이코드라마 디렉터로서 치료 효과를 입증하는 것은 참여자뿐만 아니라 디렉터 자신에게도 매우 의미 있는 일이기 때문이다. 사이코드라마 회기를 통해 어떤 목표를 원하는지 분명하게 알지 못하면 치료적 과정을 인식하기가 어려울 것이다.

　서양의 경험적이고 실증적인 철학에 근거하고 있는 전통적인 과학적 방법은 인간의 정신 영역에 대해서는 상당히 제한적인 정보를 줄 뿐이다. 인간의 정신을 수량적으로 정확하게 측정하는 것 자체가 어려운 일이기 때문이다. 어떻게 보면 정신치료가 인간의 행동과 경험을 변화시킨다는 것을 단순히 사전/사후 검사를 통해서 보여 주는 것은 간단한 일이다. 하지만 어떻게 그런 변화가 일어났는지에 대한 과정을 과학적으로 설명하고 결론을 도출하기는 더욱 어려운 문제다.

사이코드라마 연구를 할 때에는 다음의 세 가지 방법으로 진행할 수 있다.

1) 양적인 분석 방법

치료 효과를 검증하기 위해 결과를 측정하여 결론을 추론하는 것이다. 이 방법을 통해 인과적 관계가 밝혀질 수 있는데, 독립변인은 치료적 기법이고 종속변인은 변화의 정도다.

2) 질적인 분석 방법

양적인 분석 방법과 같이 수량적인 측정을 통해 변화의 정도를 확인하는 것이 아니라 드라마 회기 전체 과정을 분석하고, 연구하는 것을 말한다. 여기서 중요한 연구 주제는 어떻게 변화가 일어나는가, 즉 과학적 객관성보다는 '치료 과정'을 면밀히 분석해서 결과를 얻게 된다. 그러나 이 접근법에서도 원인과 결과에 대한 연결 고리를 완전히 무시하지는 않는다.

3) 예술에 기초한 연구 방법

주로 연극치료에서 쓰이는 연구 방법으로 체계적이고 객관적인 자료를 산출하는 기존의 연구 방법이 예술을 매개로 하는 기법에는 적당하지 않다고 보는(McNiff, 1998) 입장이다. 즉 양적 변화에 의존하는 기존의 연구 방법은 예술적 경험에서 오는 변화를 잘 잡아내지 못해서 의미 있는 자료의 손실을 가져온다는 것이다. 따라서 예술에 기초한 연구 기법은 자료를 수량화하지 않고 경험적으로 변화시킨다. 특별히 이 방법은 다차원적인 인간의 삶을 이해하기 위해 매우 타당한 방법으로 예술적 경험을 전체적으로 다룬다는 분명한 장점을 지니고 있다. 예술적 창조성은 문제나 질문보다는 설명의 형태를 취하며 과학적 연구에서 흔히 이루어지는 가설 검증이나 논의보다는 그저 보여 주고 제시함으로써 질문에 답하고 문제를 해결하는 특별한 방법을 사용하고 있다. 드라마는 이러한 것들을 행동으로 보여 줌으로써 삶과 죽음에 대한 질문에 대답해 준다. 드라마는 인간 경험을 생생하게 그려 주는 것이다.

⑬ 사이코드라마의 연구 변인

사이코드라마 연구 수행 시 고려해야 할 연구 변인은 다음과 같은 것이 있다.

① 참여자 변인 : 자발성의 정도, 제시된 문제의 심각도, 카타르시스, 기본 성격, 저항의 정도, 자기노출 및 개방성의 정도 등
② 디렉터 변인 : 디렉터의 자발성, 기법의 다양성, 공감 능력, 디렉터의 스타일(지시적, 지지적 등), 보조 디렉터의 존재 여부, 디렉터의 자기노출의 정도, 디렉터 훈련의 정도 및 강도, 주인공 경험, 보조자아 경험 등
③ 집단 변인 : 보조자아의 특성 및 개입 정도, 텔레가 작용한 정도, 집단원의 동질성 여부, 집단원의 연령, 성별, 집단원의 사이코드라마 노출 정도, 집단의 반응성
④ 결과 변인 : 우울, 불안 등의 증상 감소, 자발성과 창조성 증가, 성격의 변화, 역할 및 태도의 변화, 자기 주장성의 증가, 공격성의 감소 등
⑤ 기타 : 기법 연구, 과정 변인 연구, 단일회기 연구, 장기 집단정신치료 형식의 사이코드라마 효과 연구

이 외에도 실로 많은 변인들이 개입하기 때문에 통제된 연구를 하기가 어렵다. 사이코드라마 효과 연구가 직면하고 있는 문제는 실제적인 치유 과정을 이해할 수 있는 방법을 찾는 것이다. 사이코드라마 효과를 입증하는 일은 단

순히 결과를 측정하는 것 이상의 노력을 요하는 일이다. 특히 사이코드라마에는 디렉터, 보조자아, 집단 그리고 300여 가지나 넘는 다양한 기법들이 존재하며 이들 변인들은 매 회기마다 다른 양상으로 상이한 효과를 미친다. 그러므로 이러한 변인들 중 어떠한 요인들이 상호작용하여 사이코드라마의 치료 효과를 나타내는지 명확하지 않은 경우가 많다.

어떤 임상가들은 사이코드라마를 치료적 수단으로 보는 것을 싫어하는 경우가 많은데, 저자가 보기에는 이런 사람들은 대체로 사이코드라마를 경험해 보지 않고 겉모습만 보고 이야기하는 경향이 있다고 본다. 반면 사이코드라마에 몰두하는 디렉터들은 지나치게 순진하고 피상적으로 그 가치를 과장하는 경우도 있다. 저자는 이 두 가지 입장 모두 사이코드라마의 치료적 잠재성을 과학적으로 연구하려는 최근의 연구 노력들(Kipper, 1986, 1989; Kellermann, 1987b; Schneider-Duker, 1991)을 잘 모르고 하는 이야기다. 이와 같이 통제된 연구들에 따르면, 사이코드라마는 어느 정도 훈련을 받은 전문가들이 그 자체의 한계점을 잘 인식하면서 행동주의든, 정신분석이든, 실존적-인본주의적 치료든 다양한 정신치료 기법을 통합하여 사용한다면 치료적 효과를 거둘 수 있다. 다른 치료법에 비해 사이코드라마는 여러 변인들이 들어가 있어서 과학적 방식으로 그 효과를 연구하는 것이 기술적으로 어렵기 때문에 대개의 사이코드라마 효과에 대한 연구들은 일화적인(episodic) 것에 불과한 경우가 많다.

사이코드라마가 단일회기로 끝나는 경우가 많기 때문에 치료적 효과에 대해 의문시하는 경향이 있다. 이와 같이 부정적인 평가를 받는 데에는 사이코드라마 디렉터들에게도 책임이 있다고 본다. 많은 사이코드라마 디렉터들은 자신이 연출한 회기를 기록하고 녹화해서 그 과정을 면밀하게 분석하는 등의 체계적인 노력을 등한시하는 경향이 있다. 기록을 하더라도 자신이 주관적으로 중요하다고 느끼는 것만을 기록한다. 사이코드라마가 구조화된 형식을 갖춘 정신치료로 발전되려면 그 과정을 체계적으로 평가하는 도구들이 개발되어야 한다. 예를 들어 디렉터의 역할 다이어그램, 단계마다 특별한 요소들에 초점을 두는 평가 기록지, 특정 범주에 관해 관찰된 현상들을 기록하는 과정 체크리스트 등이 매우 유용하다. 이런 방면으로 지금까지 고안된 것 중에서는 Kellerman(1992)이 개발한 '디렉터 프로세싱 체크리스트(Director Processing Checklist)'가 제일 광범위하고 세세한 부분까지 다루고 있다. 이 도구는 100 문항으로 구성되어 있는 질문지로, 디렉터가 주인공 선정부터, 실연, 마무리, 분석 및 토의 과정에 이르기까지 역할을 적절하게 수행하였는지를 묻는 문항들, 집단원들이 사이코드라마를 보면서 관찰하는 근거가 되는 문항들 그리고 토의 및 분석과정에서 다룰 수 있는 주제 목록들로 구성되어 있다.

사이코드라마의 일회성과 즉흥성을 극복하고 정신치료로 각광을 받기 위해서는 집단정신치료처럼 소규모 집단을 대상으로 연속적으로 회기를 이끌어 가면서 통제된 연구를 하는 것이 필요하다. 또한 장기 추적 연구를 통해 주인공이나 참여자들이 사이코드라마에서 얻은 효과의 지속 여부를 알아보는 것도 중요하다고 생각한다.

2

사이코드라마의 구성과 과정

제9장 디렉터

디렉터(Director)는 사이코드라마를 진행하고 극 전체를 총괄하는 사람으로 서 주인공을 선택하고 다양한 기법들을 적용하며 극을 통해 주인공이 통찰력을 갖게끔 하는 역할을 한다. 예컨대, 사이코드라마 디렉터는 극에 나오는 인물들을 이해하고 그 배역들을 소화해야 할 뿐만 아니라 주의의 초점을 장면 연출로, 문제해결로, 그리고 집단을 이끌어 가는 쪽으로 끊임없이 이동할 수 있어야 한다. 따라서 사이코드라마를 이끌어 가는 디렉터는 드라마에 대한 깊은 이해와 개인적 자질이 있어야 한다.

사이코드라마를 진행한다는 것은 치료자, 정신분석가, 집단 지도자, 행동주의 치료자 그리고 무대 예술가와 같은 다양한 역할이 요구된다. Weiner(1967) 역시 사이코드라마 디렉터는 정신의학, 사회학, 심리학, 의학, 생물학, 인류학, 교육 및 집단 과정과 같은 다양한 영역에서 자격과 기술을 갖춘 전문가가 되어야 한다고 역설하였다. 위에서 언급한 모든 영역에 정통하기는 어렵지만 사이코드라마 분야에 열정을 가지고 있는 디렉터라면 이러한 모든 측면을 잘 알고 있어야 하며 유능한 디렉터가 되기 위해서 끊임없이 자신을 연마할 필요가 있다.

① 디렉터의 역할과 기능

　사이코드라마 디렉터는 드라마의 중심에 서서 극을 이끌어 간다는 점에서 매우 중요한 역할을 한다. 극에 참여한 사람들의 자발성을 이끌어 내고 상황에 즉흥적으로 반응하여 극의 방향을 제시하고 구성함으로써 시간과 공간을 초월한 사건들을 현재 여기에서 일어나는 것처럼 살아 움직이도록 하는 것도 디렉터의 몫이다. 주인공을 선택하는 일을 비롯해서 시기적절하게 보조자아를 쓰거나 기법들을 사용하여 장면전환을 하는 등 디렉터는 극 전반에 걸쳐 모든 책임을 지고 있다.

　디렉터는 주인공이 무대에서 행동으로 표출하는 문제점들을 파악하고 해결책을 찾을 수 있게 도와주는 역할을 한다. 디렉터의 이러한 특성은 기존의 정신치료와는 몇 가지 점에서 다르다. 우선 사이코드라마는 보조자아와 집단을 통해서 이루어진다는 점에서 환자와 치료자의 일대일 관계인 정신치료와는 구분된다. 또한 치료자의 중립성이 강조되는 정신치료에 비해 사이코드라마 디렉터는 보다 적극적이고 지시적이다.

　디렉터는 드라마가 진행되는 동안 주인공과 보조자아 혹은 디렉터 자신 사이에 일어나는 전이나 역전이 감정을 잘 다루어야 하며 관객이나 극의 흐름을 재빨리 읽을 수 있는 감수성을 유지하여야 한다.

　디렉터가 하는 가장 중요한 역할 중의 하나는 드라마 장면에 보조자아를 지정해 주는 일이다. 보

디렉터

조자아를 선택하는 것은 특별히 디렉터의 직관력과 집단에 대한 감수성이 요구되는 일이다. 개개인의 기능과 지적 능력이 우수한 집단에서는 주인공이 자신을 도와줄 보조자아를 직접 선택할 수 있지만 청소년 집단이라든지 정신과적인 문제가 있는 집단에서는 디렉터가 직접 전문적인 보조자아를 선택한다. 이때 디렉터는 평상시에 전문 보조자아의 성향을 잘 알고 있어야 한다. 예를 들어 지지와 따뜻함을 원하는 주인공에게는 공감적이고 모성적인 역할을 잘 소화할 수 있는 보조자아를 선택하고, 주인공이 감정을 명확하게 표현하지 못하는 경우에는 내면을 잘 읽어 내고 심층적으로 파고드는 능력이 있는 보조자아를 투입하는 것이 효과적이다.

또한 디렉터는 집단의 에너지를 유지시키는 일을 한다. 경쾌하고 열정적인 집단은 말로 진행하는 준비 과정보다는 몸을 움직이는 적극적인 준비 과정이 도움이 된다. 너무 심각하고 지루한 장면에서는 집단이 에너지를 잃게 되므로 디렉터는 장면을 바꾸든지 다른 기법들을 지시해야 한다.

어떤 장면들은 집단을 숙연하게 만들고 분위기를 가라앉게 만든다. 이러한 장면에서는 집단의 에너지보다는 숙고하고 내성할 수 있는 기회를 제공하는 것이 더욱 필요하다. 그러나 집단원들이 지루해하고 자발적인 참여가 서서히 감소되기 시작할 때에 디렉터는 반드시 집단을 소생시키는 방법을 알고 있어야 한다. 극의 흐름도 중요하지만 디렉터는 집단원이 드라마가 진행되는 동안 보이는 피드백에도 관심을 기울이고 있어야 하며 집단의 감정의 흐름을 예민하게 지각하고 있어야 한다.

무감각하고 부적절한 디렉터가 되지 않기 위해서는 집단원들의 감정뿐 아니라 디렉터 자신의 감정에도 민감해야 한다. 디렉터가 극의 진행 과정에서 뭔가 불만족스럽다면 그것이 무엇인지 깊이 생각해 보고 다른 사람들도 그렇게 느끼는지 함께 이야기해 보는 것이 중요하다. 만일 디렉터가 집단에 대해 불만을 느낀다면 집단과 함께 점검해 나가면서 집단의 반응을 지속적으로 살펴보아야 한다. 이와 같이 자기 자신뿐만 아니라 집단의 반응을 꾸준히 점검해야 극이 한쪽으로 치우치는 것을 막을 수 있다.

Moreno(1972)는 이와 같은 사이코드라마 디렉터의 다양하고 전문적인 역할을 치료자, 연출자 그리고 분석가로 구분하여 설명하였으며, Kellermann(1992)

은 이러한 역할 외에도 집단 지도자의 역할을 추가하여 디렉터에게 요구되는 전문적인 역할과 기능, 기술, 목적에 대한 개요를 〈표 9-1〉과 같이 제시하였다.

〈표 9-1〉 디렉터에게 요구되는 역할과 기능

역할	기능	기술	목적
분석가	공감하는 사람	이해하기	해석적
연출자	연극의 연출자	연기하기	미학적
치료자	변화의 촉진자	영향을 주기	치료적
집단 지도자	집단의 관리	리더십	사회적

디렉터에 대해 기술되어 있는 문헌 중에서 Kellermann(1992)이 제시한 디렉터의 역할이 사이코드라마 디렉터의 역할을 가장 일목요연하게 정리해 주고 있다고 판단되어 이를 중심으로 설명하고자 한다.

1) 분석가

분석가로서의 디렉터는 드라마에서 개인적인 문제나 대인관계 현상들을 이해하고 경청하고 공감하는 역할을 수행한다. 따라서 무대에서 연기하고 있는 참가자들의 감정, 사고, 행동, 태도에 대해 세심하게 이해할 필요가 있다. 공감하고 이해하는 기술은 디렉터 역할을 수행하는 데 필수 조건이다.

사이코드라마에서 분석이란 사회 현상이나 인간의 심리를 분석하기보다는 무대에서 이루어지는 행동을 분석하는 행위분석(action analysis)이라고 할 수 있다. 왜냐하면 이러한 분석은 개인의 내적인 정신 현상이나 외적인 사회적 현상들뿐만 아니라 인간 행동의 전체 영역을 포함하고 있기 때문이다. 행위분석에서 디렉터는 현재 행동의 의미를 과거 경험의 관점에서 혹은 저항, 제반응, 의사소통을 위한 행동이라는 관점에서 찾는다. 이러한 행위분석을 통해 주인공이 행위통찰을 갖도록 도와주는 것이 디렉터가 해야 할 역할이다. 전통적인 정신치료에서 일어나는 언어적 통찰과는 달리 행위통찰은 사이코드라마에서만 독특하게 일어나는 현상이다. 디렉터는 저항을 해결하고 자발성을 조장하면서 주인공에게 자신이 원하는 대로 자유롭게 행동하고 말하고 표현하게 하면서 내면의 문제를 끄집어낼 수 있도록 한다.

　주인공이 인지적 혹은 정서적 개입을 하게 하여 행위통찰을 얻어 낼 수도 있지만 때로는 깊이 생각하게 하고 문제로부터 초연하도록 함으로써 자신을 객관적으로 볼 수 있도록 하기도 한다. 예를 들어, 거울기법을 통해 외부에서 자신을 바로 보게 하거나, 이중자아기법을 통해 자기 자신을 명료화시켜 주는 내면의 목소리를 듣게 하거나, 역할바꾸기 등을 통해 상대방의 입장에서 자신을 바라보게 할 수도 있다.

　공감 기술은 분석가가 지녀야 할 필수적인 조건으로 복잡한 정서적 측면들을 정확하게 지각하는 능력을 말하는데, 특히 삶의 경험과 이론적인 지식이 바탕이 되어야 한다. 또한 전문적인 지도 감독을 통해 분석가로서의 취약점과 공감 능력을 저해할 수 있는 역전이 문제를 해결하는 것이 필요하다.

　사이코드라마에서 주인공의 심리적 상태를 파악하기 위해 디렉터가 수행하는 행위분석은 다음의 5가지 요건으로 이루어진다.

　첫째, 주인공의 언어적·비언어적 표현들에 주의를 기울인다. 즉 디렉터는 주인공의 언어적·비언어적 행동들이 서로 조화를 이루는지 아닌지를 관찰한다. 예를 들어 주인공의 안구 운동을 관찰하거나 호흡, 자세, 얼굴 표정의 변화와 안색의 변화 등을 잘 파악하고 있어야 한다. 자신이 보고 싶은 것만 선택적으로 보려는 태도를 경계하고 주인공을 객관적으로 정확하게 이해할 필요가 있다.

　둘째, 디렉터는 주인공과 정서적으로 일체감을 느끼면서 동시에 별개의 정체성을 유지할 수 있어야 한다. 디렉터의 입장에서 직관적 감정을 유지하는 것과 더불어 주인공으로부터 분리되고 감정적으로 거리를 유지하는 것이 필요하다. 주인공에게 공감을 하기 위해서는 분석가의 반응성(responsiveness)과 감수성(sensitivity)이 필수적인 요소다.

　셋째, 디렉터는 주인공이 말하는 이면의 숨겨진 의미를 파악할 수 있어야 한다. 즉, 분명하게 말로 표현된 내용 이면에 들어 있는 무의식적 의미와 동기를 이해하는 것이 중요하다.

넷째, 디렉터는 극 중에서 자신이 이해한 바를 주인공에게 의미 있게 전달할 수 있어야 한다. 이때 디렉터는 적절한 타이밍을 잡아야 하는데, 주인공에게 때 이른 해석을 강요하지 않기 위해서는 노련한 감수성이 필요하다.

다섯째, 디렉터는 자신이 이해한 것을 주인공에게 전달하되 만일 자신이 잘못 이해하고 있다면 이를 교정할 수 있어야 한다. 주인공을 미리 선정해 두는 경우를 제외하고는 디렉터가 주인공이나 집단원에 대해 미리 사전 정보를 가지고 사이코드라마를 이끄는 경우는 매우 드물다. 주인공이나 집단원의 특성에 대해 어느 정도 알고 있다면 적합한 개념과 모델을 적용할 수 있다는 장점이 있기는 하지만 자칫 주인공이나 집단에 대한 편견을 조장하여 주인공에게 일방적으로 한쪽 측면만을 강요할 수 있다. 디렉터의 의견을 일방적으로 강요하지 않기 위해서는 인지치료와 같이 소크라테스적 질문을 하면서 주인공에게 다가가는 것이 필요하다. 디렉터는 선입견이나 주관적 인상을 접어 두고 낯선 사람을 대하듯 끊임없는 탐색과 핵심적인 질문을 해 나가야 한다.

2) 연출자

디렉터는 무대를 관리하고 조정한다는 점에서 연극이나 드라마의 연출자와 같다. 이것은 사이코드라마를 한 편의 연극으로 보았을 때 미학적 측면을 말하며 극적인 요소가 얼마나 예술적으로 표현되는가를 의미한다.

연출자는 무대에서 배우들의 역할을 배정하고 조명을 극적인 분위기에 맞게 조성하는 능력, 각 장면에 잘 어울리는 음악을 선택하여 적절한 분위기를 살려내는 능력, 극의 흐름에 따라 감정의 방출을 자연스럽게 유도해 내는 능력, 그리고 상징적이고 추상적인 개념을 구체적으로 표현할 수 있는 능력 등을 갖추고 있어야 한다. 뿐만 아니라 관객과 호흡을 같이 하면서 관객과 주인공의 의중을 찌르는 예리함이 있어야 하며, 무엇보다 진지한 상황에서도 여유를 잃지 않는 유머 감각, 지루함을 활력으로 바꿀 수 있는 능력, 상상력, 열정이 있어야 한다. 또한 독창적인 기법을 개발하고 새로운 실험 정신을 가지고 무대에서 극적이고 미학적인 측면을 끌어내는 것도 연출자로서의 디렉터의 역할이라 할 수 있다.

연출자로서의 디렉터는 독특한 예술 세계를 창조해 내는 화가, 조각가, 음악가, 무용가, 배우 혹은 시인들처럼 자신의 독창적인 방식을 창조하고 발전시켜 나간다. 사이코드라마의 특징은 정해진 규칙이나 주어진 대본에 따르기보다는 직관적으로 극의 흐름을 즉흥적으로 이끌어 나가기 때문에 디렉터의 순발력과 노련한 경험을 필요로 한다.

노련한 무대 매니저로서 디렉터는 사이코드라마 무대에서 불가능한 것도 일어나게 할 수도 있고 모든 것이 가능한 상황으로 바꿀 수 있다. TV, 영화 제작자처럼 현실에서 주지 못한 신성하고, 의례적이고, 초월적이고, 우주적 차원의 경험을 제공해 준다. 또한 사실(fact)과 허구(fiction)를 결합하여 시공간이 초월되는 심리적 진실을 창출해 낼 수도 있다. 연출자 역할을 하는 디렉터는 무대에서 죽은 척하는 연기를 시키기도 하고 미래를 예견하는 장치를 사용할 수도 있고 마술가게를 통해 극적인 예술을 만들어 낼 수 있다. 조각이 말을 하지 못하고 하느님을 눈으로 볼 수 없고 과거에 죽은 사람이 나타날 수 없다는 것을 누구나 알고 있다. 그러나 숙련된 연출자는 현실 세계와 공상 세계의 경계를 넘나든다.

사실상 정신과 환자들을 대상으로 하는 사이코드라마는 미학적 측면보다는 치료적 측면을 더욱 중요시하기 때문에 드라마의 극적인 측면은 소홀히 하는 경향이 있다. 그러나 1995년 대학로에 나와 일반인들과 하는 드라마(사이코드라마, 소시오드라마)에서는 참여하는 연극뿐만 아니라 관람하는 연극으로서의 미학적 부분들이 중요한 요소로서 부각이 되었다. 치료적 측면도 드라마의 중요한 요소긴 하지만 창의성, 관객들을 사로잡을 수 있는 직관력, 연출자로서의 독창적인 방식과 개성 역시 드라마에 활력을 불러일으킬 수 있는 중요한 요소들이다. 디렉터는 주인공이 실제 세계와 환상 세계의 벽을 허물고 양쪽의 경계를 넘나들게 하면서 잠시 동안이라도 자신이 처한 한계 상황을 벗어나 무한한 세계를 경험하도록 도와준다. 그리고 이를 통해 전통적인 치료 기법들이 만들어 낼 수 없는 예상치 못한 변화의 순간을 만들고 드라마의 극적인 측면을 더욱 활성화시킬 수 있다.

3) 치료자

Moreno(1972)는 드라마에서의 치료적 효과에 대한 궁극적인 책임은 디렉터에게 있다고 했다.

치료자로서의 디렉터는 주인공에게 변화를 유도하는 역할을 한다. 디렉터는 치료적 개입을 통해서 주인공의 고통을 덜어 주며 주인공의 문제에 대한 올바른 통찰력을 갖게 해 준다. 치료자로서의 디렉터는 정신병적 혹은 신경증적 증상을 경감시키고 위기사항에 개입하고 갈등을 다루며 정서적 안정감을 제공해 주어야 한다. 잘못된 정신역동을 발견하여 시기적절하게 그것을 해석해 주고, 주인공의 인지적 왜곡을 교정시키고, 대인관계의 문제점을 다루어 주고, 그에 대한 피드백을 제공해 주며, 더 나아가서는 인격의 변화를 추구하여 주인공에게 치료적 도움을 주는 역할을 한다. 따라서 치료자로서의 디렉터는 전반적인 심리학적 지식과 정신병리 그리고 정신치료에 대한 광범위한 지식을 가지고 있어야 한다.

또한 과거와 현재 및 미래의 장면을 무대에서 재연하고 그 장면에 부착되어 있는 정서적 측면을 탐구하고 사이코드라마라는 여행에서 끊임없이 나타나는 저항들을 능숙하게 다루어 나가야 한다.

디렉터의 치료적 개입은 비언어적 의사소통과 언어적 의사소통이라는 두 가지 방법으로 이루어진다. 비언어적 개입에는 치료자와 주인공 간의 물리적 거리, 표정을 주고받는 것, 목소리의 억양과 강도, 시선 접촉, 신체적 접촉 그리고 자세 등과 같이 말로 표현되지 않는 부분들을 자세히 관찰하는 것이다. 불안하고 안정감이 없는 주인공의 경우 가만히 뒤에 서 있는 것만으로도 신뢰감과 안정감을 줄 수 있으며, 슬픔에 빠져 있는 주인공에게 공감 어린 표정을 짓는 것만으로 충분히 지지적인 치료 효과를 가져다준다. 디렉터의 비언어적 치료적 개입은 극 중 상황에 대한 디렉터의 예민한 감수성을 요구한다. 특히 신체적 접촉은 매우 강력한 치료적 개입이지만 주인공에 따라 상황에 따라 그 의미가 달라질 수 있으므로 주의가 필요하다. 예컨대 치료자의 신체적 접촉은 어떤 사람에게는 부모로부터 사랑을 받던 어린 시절을 연상시킬 수도 있고 불안정한 정서 상태에 있는 주인공에게는 정서적 균형감을 갖게 해 주는 치료적 에너지가 될 수도 있다. 그러나 어떤 경우는 사생활의 침해나 혹은 성적인 유혹으로 느껴질 수도 있다. 따라서 치료자는 주인공이 불편해하지 않고 극에 잘 적응할 수 있는 적절한 신체적 거리를 유지할 수 있어야 한다.

언어적 개입은 직면(confrontation), 명료화(clarification), 해석(interpretation), 카타르시스(catharsis), 수용(acceptance), 연상(association), 조언(advice), 교육(teaching), 자기노출(self-disclosure)(Bibling, 1954; Greenson, 1967; Goodman & Dooley, 1976) 등으로 나누어 설명할 수 있다.

직면은 치료자가 사이코드라마를 시작하면서 주인공과 함께 다루어 나갈 문제에 대해서 주인공이 자신의 사고나 감정을 직시할 수 있도록 개입하는 것을 말한다. 갈등을 일으키는 상황에 직면하면 주인공이 난처해하며 저항을 보일 가능성이 있다. 주인공에게 문제를 직면시킬 때는 안전하고 지지적인 관계에서 이루어지도록 배려해야 한다. 주인공이 안정감을 느끼면 고통스러운 감정을 재경험하는 능력이 생길 수 있다. 지지와 직면을 이상적으로 결합시킨다면 주인공이 안정적인 상황에서 자신의 문제를 조명하는 것이 가능해진다.

명료화는 주인공에게 자신이 겪고 있는 어려움을 상세하게 설명하도록 함으로써 문제를 명확하게 해 준다. 극이 어느 정도 진행된 후에 다루어진 내용을 치료자가 요약해 주면 주인공이 자신의 문제를 보다 명확하게 볼 수 있고 자신의 생각을 정리할 수 있다.

해석은 경험에 대한 인지적 틀을 제공하기 위해서 그 경험에 대한 원인이나 이유를 말로 설명해 주는 것이다. 사이코드라마는 기본적으로 행위를 우선으로 하기 때문에 말로 설명해 주는 여타의 정신치료와는 차이가 있다. 치료자인 디렉터는 주인공이 행동을 통한 통찰을 할 수 있게 돕는다. 따라서 행위를 통해 자신의 한 부분을 실제적으로 경험하고, 한편으로는 자신의 다른 부분을 관찰하도록 하는 것이 중요하다. 이러한 과정은 지적이고 분석적인 치료 양식이라기보다는 정서적이고 직관적이고 경험론적인 양식에 의한 것이다.

카타르시스는 억압된 감정을 밖으로 표출하도록 함으로써 정서적인 제반응(abreaction)을 촉진시키는 것이다. 카타르시스는 여러 감정들을 표출시키고 이러한 감정들을 통합시켜 준다.

수용이란 드라마가 진행되는 동안 디렉터가 주인공에게 긍정적 태도와 공감을 보이는 것이다. 자신을 관객들 앞에서 노출해야 하는 주인공의 변화된 자아(altered ego)는 주변의 자극이나 행동에 매우 취약하기 마련이다. 사회적 가면을 벗어 던지고 자신의 약한 부분까지도 노출하는 주인공을 적극적으로 수용하고 세심한 배려를 아끼지 않아야 한다.

연상은 드라마의 진행에서 유사한 경험들을 이끌어 내는 데 도움이 된다. 연상을 하게 되면 전혀 관련이 없는 듯한 일련의 사건들에서 공통점들이 발견되기도 한다. 과거의 기억이나 환상 그리고 꿈의 연상을 통해 주인공의 핵심 정신역동을 탐색할 수 있고 극의 방향을 가늠할 수 있다.

조언과 교육은 적절한 시기에 주인공에게 조언하여 바람직한 행동을 강화하고 원치 않는 행동을 감소시키는 것이다. 이는 주인공에게 문제해결에 필요한 정보를 주거나 교훈적인 지침을 주는 역할을 말한다. 여기서 중요한 것은 어떤 사람은 이러한 구체적인 정보나 해결책을 받으면 안심하기도 하지만 자존심이 강하고 통제욕구가 강한 사람은 충고를 잘 받아들이지 못할 수도 있다. 주인공의 성향에 맞게 적절하게 정보를 주되, 직접적이고 비판적인 태도보다는 은근한 지적과 칭찬이나 격려를 하는 것이 바람직하다.

자기노출은 디렉터 자신의 경험이나 느낌, 생각들을 노출함으로써 주인공과 벽을 헐고 공감을 극대화시킬 수 있다. 그러나 적절한 때에 자기노출을 하는 것이 바람직하며 그럴 필요가 있을 때 시도하는 것이 좋다. 자기노출을 꺼리는 주인공에게 디렉터가 자신의 느낌과 생각을 개방하면 주인공은 자신이 처한 문제가 혼자만의 경험이 아니라 모든 인간에게서 보편적으로 일어날 수 있는 현상임을 인식하게 된다.

4) 집단 지도자

사이코드라마에서 디렉터는 집단을 이끌고 집단 분위기를 조성하며 집단의 결속을 장려하는 집단 과정의 책임자다. Kellermann은 집단 지도자로서 디렉터의 역할을 다섯 가지로 정리해 놓았다. 첫째, 집단을 구조화하기(시간, 구성,

장소, 보수 등), 둘째, 집단의 규칙을 정하기(비밀 보장, 의사결정, 신체적 접촉, 집단 밖에서의 사회적 상호작용, 대인관계에서의 책임감 등), 셋째, 집단의 응집력을 높이고 긴장 수준을 조절하고 집단의 목표에 관심을 집중하기, 넷째, 모든 집단원들의 적극적인 참여를 격려하기, 상호작용과 의사소통을 촉진하기, 다섯째, 집단원들 간에 협조적인 분위기를 형성하는 데 방해가 되는 요소를 제거하기 등을 제시하였다.

집단 지도자로서의 디렉터의 유형은 매우 다양한 것 같다. 국내에서 활동하는 사이코드라마 디렉터들은 그 성격도 다양하며 드라마에 대한 방법론적인 취향도 서로 다른 것이 사실이다. 카리스마적인 지도자가 있는가 하면 그 반대로 리더십이 거의 드러나지 않는 지도자도 있다. 어떤 유형이든 간에 모두 장단점이 있기 마련이다. 집단의 목적을 잘 이해하고 분별력 있는 처신으로 집단을 잘 이끌어 갈 수 있는 능력이 있다면 유능한 디렉터라고 볼 수 있다.

집단 지도자로서의 디렉터는 드라마의 성패뿐만 아니라 드라마 외적인 문제들도 잘 다룰 수 있어야 한다. 특히 팀을 구성하여 환자나 일반인들을 대상으로 하는 경우, 혹은 외부의 요청으로 특정 집단의 사이코드라마를 진행하는 경우에는 팀원들의 시간을 적당히 조절하고 이들이 기여한 시간과 역할에 대해 반대급부를 적절히 제공할 수 있어야 한다. 행정적인 지원으로 팀이 존속하고 발전해 나갈 수 있는 바탕을 마련하는 것도 집단 지도자인 디렉터가 신경을 써야만 하는 과제다. 이보다 더욱 중요한 것은 지도자로서 팀원들에 대한 정신적인 지원이다. 이는 팀워크를 위해 매우 중요하다. 팀원들 사이의 애정과 신뢰가 기반이 될 때 드라마에 몰입이 가능해지고 그에 따른 팀원들의 만족감이 증대될 수 있다.

② 사이코드라마 상황과 카리스마적 리더십

사이코드라마에서 리더십 스타일은 각양각색이지만 여기서는 카리스마적 리더십에 대해 설명하고자 한다. 사이코드라마의 전통적인 스타일은 몇 가지 카리스마적인 특징을 가지고 있다.

Polanksy와 Harkins(1969)는 디렉터에게 필요한 능력은 대인관계 에너지, 순간적인 창조성, 통제 능력이라고 보았고, Sacks(1976)는 디렉터들이 부모·마법사·영웅·신 등의 다양한 역할을 하도록 훈련을 받으며, 이러한 디렉터들에게 사이코드라마는 힘(power)과 자기애적 만족감을 준다고 하였다.

사이코드라마에서 카리스마적 지도력을 가진 가장 탁월한 본보기는 Moreno라고 할 수 있다. Kobler(1974)에 따르면 Moreno의 성격에는 쇼의 거장 같은 활기와 현란함이 섞여 있었고, 실제로 한때 그랬던 것처럼 비엔나 미식가들에게서 볼 수 있는 익살맞은 매력을 풍기고 있었고, 보헤미안 예술가 스타일의 멋진 머리카락은 길게 귀까지 곱슬곱슬 내려왔다. 눈꺼풀이 두꺼운 푸른 눈은 졸리는 듯하면서도 사려 깊은 사람으로 보이게 해 주었다. 그의 언어는 경쾌한 오스트리아식 억양으로 경구적이고 시적이며 역설적이었다. Blatner(1966) 역시 Moreno가 놀라울 정도로 '치유하는 재주'를 가졌다고 말했다. Moreno는 이상적인 지도자로서 수 세대에 걸쳐 사이코드라마 지도자들의 역할 모델이 되어 왔고 여전히 사이코드라마적인 공동체의 역동에서 중요한 역할을 하고 있다.

카리스마적인 지도자들은 기법과 절차보다는 주인공을 적극적으로 만들고 자극하며 힘을 불어넣기 위해서 자신의 성격을 이용하는 측면이 강하다(Kellerman, 1985a). 카리스마는 주인공과 집단원들이 자발적인 행동을 하게끔 준비시키는 가장 강력한 도구가 될 수 있다. 카리스마가 넘치는 디렉터들은 주인공의 퇴행 욕구를 인식하고 재빨리 밀접한 동맹 관계를 맺기 위해 최면과 같은 암시 상태를 만들어서 자신감을 고양시킨다. 이러한 상황이 설정되면 디렉터는 이상적인 대리 부모 역할을 하면서 주인공에게 재양육 경험을 줄 수 있다.

카리스마의 요소는 예컨대, 지지치료, 한시적 정신치료 그리고 다양한 종류의 집단정신치료에서 찾을 수 있다. 그러나 이러한 치료법은 너무 많은 변인들(피암시성, 위약효과, 설득, 자발적 회복, 신념 치유, 마술적 기대, 의사-환자 관계, 치료자의 명성과 인기 등)이 섞여 있어서 평가하기가 어렵다.

사이코드라마에서 카리스마적인 지도력은 초기 준비 단계에서 집단 응집력 발달에 도움을 줄 수 있다. 이때 디렉터는 집단원들에게는 일종의 자아이상

(ego-ideal)으로 동일시되기도 한다. 그러나 점차로 극이 진행되면 디렉터는 집단원들이 자율적으로 행동할 수 있는 분위기를 만들어 주어야 한다. 자율성이 없으면 아이든 어른이든 현실을 지각하는 능력에 손상이 생길 수 있다.

　카리스마적인 상황은 지도자 자신에게도 잠정적으로는 해가 된다. 카리스마적인 지도자는 자신을 향한 이상화된 기대가 충족되면 그 역할을 변화시키기가 어렵다. 또한 역전이가 미묘하게 일어날 수도 있다. 지도자가 자신에게 보이는 이상화 반응이 전이에서 비롯된다는 것을 인식하지 못하고 현실로 받아들인다면 매우 위험한 일이다. 이러한 지도자들은 다른 사람을 이용하여 자신의 자존감을 유지하려고 하는 사람들이다. 치료적인 상황에서는 환자에게 복종과 응종, 흠모를 조장해서 치료자에 대한 의존성을 부추길 수 있다.

❸ 이상적인 디렉터의 요건

　사이코드라마 디렉터는 위에서 언급한 분석가, 연출자, 치료자, 집단 지도자의 역할들을 적절히 조합하여 자신의 인격과 조화를 이루는 방향으로 이러한 역할들을 수행해 나가야 한다.

　Buchanan과 Taylor(1986)는 디렉터의 성격에 관한 연구에서 대부분의 사이코드라마 디렉터들이 외향적이며 직관적인 성향이 강하다는 것을 발견하였다. 사이코드라마에서의 리더십 스타일은 개인적인 취향과 개성에 따라서 다양하다. 사이코드라마에서 이상적인 지도자 유형은 앞에서 언급한 네 가지 디렉터의 역할과 자기의 삶의 방식을 적절하게 조화시켜 나가고 상황적 요구에 따라서 리더십 스타일을 변화시킬 수 있는 사람이다.

　그렇다면 사이코드라마에서 이상적인 집단 지도자 유형에는 어떤 것이 있는가?

　Karp(1994)는 이상적인 사이코드라마 디렉터가 되기 위해서 갖추어야 할 필수적인 특징들을 다음과 같이 기술하였다.

① 집단의 잠재력에 대해 낙관과 확신을 가져야 한다.

② 모든 것이 가능한 순간을 만들어 내야 한다. 즉 디렉터는 잠재적으로 마술적인 분위기를 창조할 수 있어야 한다.

③ 놀이, 즐거움, 신선함을 즐길 수 있어야 하고 인생의 유머와 비애를 잘 알고 있어야 한다.

④ 위험을 감수하고, 격려하며, 자극할 수 있는 능력을 갖추고 이를 행동으로 옮길 수 있어야 한다.

⑤ 변화를 촉진시키는 창조적이고 자발적인 정신을 타인에게 불어넣을 수 있어야 한다.

디렉터는 마술사가 아니며 대체로 평균 이상의 성실성을 가진 상당히 자발적이고 창조적인 개인이다. 따라서 인간적인 한계, 역할 레퍼토리, 진실성을 가진 자기 자신을 잃지 않는 것이 기본적인 요건이다.

사이코드라마를 처음 시작하는 디렉터들은 언제 어떤 기법을 써야 하는지, 그리고 극의 흐름을 어떻게 파악하여야 하는지 모르고 당황하는 경우가 많다. 극은 올려지고 수많은 관객들이 자신을 주시하기 때문에 극을 잘 풀어 나가야만 한다는 강박관념을 가지기 쉽다. 극이 시작되면 어떤 방식으로든 극을 이끌어 나가야 한다는 부담감 때문에 긴장하기 마련이다. 초보 디렉터의 경우 노련한 보조자아의 도움을 받기도 하며 극이 풀리지 않고 제자리에서 맴돌 때 어떤 기법을 써야 할지 몰라 당황하기도 한다. 사이코드라마가 대본에 의해 이루어지지 않기 때문에 경험이 없는 디렉터들은 즉흥성과 창조성 그리고 순발력의 부족으로 골탕을 먹기 쉽다. 더욱이 극의 흐름을 직관적으로 파악하는 능력이 떨어져 많은 시행착오를 겪기도 하고 실패를 경험하기도 한다. 극이 실패하는 경우는 주인공과 공감대가 형성되지 않거나 디렉터가 욕심이 앞서서 주인공의 자아 강도를 넘어서는 상황을 일방적으로 강요하여 주인공의 저항에 부딪히기 때문이다. 후에 저항을 다루는 방법에서 상세히 설명하겠지만 디렉터는 주인공이 편안한 느낌을 가질 수 있도록 신뢰감을 형성하는 것이 필요하며 주인공 중심의 드라마가 되도록 세심한 배려를 하여야 한다. 마치 양파 껍질을 벗기듯 주변에서부터 중심으로 차근차근 풀어 나가야 하며 저항에 부딪혔을 때는 기다려 주거나 우회할 수 있는 여유가 필요하다. 주인공 중심의 드라마가 되어 부담 없이 주인공의 생각과 행동을 무대에서 발산할 수 있도록 도와주는 것이 자연스럽고 매끄러운 극을 위한 조건이라 할 수 있겠다. 초보자의 경우는 이런 배려와 능력이 떨어지고 극이 잘못되었을 때 그 책임을 투사하는 경향이 있다. 따라서 초보자의 경우 지도감독이 필수적이다.

❹ 디렉터의 훈련

사이코드라마 디렉터가 되기 위해서는 여타의 정신치료자와 마찬가지로 체계적인 훈련이 요구된다. 역할바꾸기와 같이 사이코드라마를 구성하는 몇 가지 방법은 중요한 치료기법의 하나며 준비 단계, 실제적인 실연 단계, 나눔 단계 등 사이코드라마 전반에 걸친 연출은 단순한 기법이나 지식 이외의 훨씬 많은 것들이 바탕이 되어야 한다.

먼저 사이코드라마 디렉터의 관심 대상은 감정적 상처나 갈등을 가지고 있는 개인의 정신 세계이기 때문에 이 기법을 진행해 나갈 때 상당한 수준의 전문적 감각이 필요하다. 디렉터는 자신을 중요한 도구로 사용하여 감정적인 상처를 입은 사람의 내면 세계에 가까이 다가갈 수 있어야 한다.

또한 사이코드라마를 이용하여 인간의 문제에 접근하려는 정신치료자들은 우선 사이코드라마의 원리와 기법에 대한 포괄적인 지식을 가지고 있어야 한다. 인간의 발달 및 성격에 관한 제반 심리학적 이론뿐만 아니라 사회학, 비교 종교학, 인류학, 정신병리, 집단역동이나 과정에 대한 지식과 경험이 필요하다. 한 개인의 인격 구조를 이해하기 위해서는 정신역동, 발달심리, 실존적 정신치료 이론들이 보충되어야 한다. 또한 심리학에서 '제3세력' 이라고 불리고 있는 인본주의 심리학은 물론이거니와 게슈탈트정신치료 그리고 보다 최근에 효과적인 치료적 모델로 각광받고 있는 인지행동치료의 이론과 기법도 사이코드라마에 응용 가능하므로 이에 대한 지식과 이해가 필요하다. 대부분의 사람들이 대인관계에서 잘못된 의사소통과 상호작용으로 혼란을 겪는 경우가 많기 때문에 의사소통이론도 습득할 필요가 있다. 특히 사이코드라마는 언어적 의사소통 이외에 인간관계에서 중요한 비언어적 의사소통이 강력한 효과를 지니고 있으므로 말과 몸짓, 목소리의 어조나 빠르기 등 비언어적 상호작용에도 매우 민감해야 한다. 분석자, 연출자, 치료자, 집단 지도자로서의 사이코드라마 디렉터는 자발성과 창의성, 자신에 대한 확신감, 직관력, 재능, 열정을 가지고 있어야 한다. 그리고 필요하다면 집단정신치료나 개인치료 혹은 지도 감독을 통해 자신의 갈등이나 성격적인 문제를 해결하는 것이 선행되어야 할 것이다.

제10장 주인공

주인공(protagonist)이란 사건의 중심인물을 말한다. 사이코드라마에서는 흔히 주인공을 '프로타고니스트(protagonist)'라 부르는데, 여기서 'proto'는 '제일'을 뜻하며, 'agonizesthai'는 '경쟁한다'는 뜻으로 그리스 신화에 나오는 신과 인간의 경쟁에 그 어원을 두고 있다.

Moreno는 사이코드라마에서 가장 중요한 연기자인 주인공에 대해 정형화되고 보수적인 역할에서 자유로운 존재라고 하였다. 연극의 주인공은 자기를 버리고 대본이나 각본에 나오는 인물이 되어야 하지만 사이코드라마의 주인공은 먼저 자기 자신이 되어야 한다. 사이코드라마의 주인공은 자신의 내면을 집단에게 개방하면서 자신을 찾아 나가는 작업을 하게 된다. 주인공은 자신에게 주어진 잉여현실을 통해 자발적으로 과거를 재경험해 보기도 하고 미래를 앞서 경험해 보기도 한다.

주인공의 특성

어떤 주인공이 선정되느냐에 따라 사이코드라마의 형식이나 진행이 매우 다양해진다. 물론 디렉터의 역량이나 관객들의 특성에 의해서도 영향을 받지만 주인공의 성격이나 제시하는 문제의 유형에 따라 사이코드라마의 성격이 규정된다. 예를 들어 창조적이고 지적이며 감정이 풍부한 주인공일 경우에는 미묘한 심리적 흐름이나 정서적인 변화가 극 전반에 걸쳐 잘 드러나고 따라서 내면의 심층적인 감정이 다루어져 깊이 있는 드라마가 가능해진다. 그러나 그렇지 못한 경우, 예컨대 정신 병동에 입원한 만성정신분열병 환자들은 기본적인 의사소통 기술이 미숙한 데다가 자신의 내면을 들여다볼 수 있는 능력이 부족하여 사이코드라마 상황에서 다루어지는 내용을 통해 깊이 있는 통찰을 얻기가 어렵다. 또한 이들이 보이는 둔마된 감정, 미숙한 사회적 기술은 가슴속 깊은 정서적인 변화를 가로막는 장애 요인이 된다. 이럴 경우 디렉터가 주인공의 특성을 무시하고 깊이 있는 드라마를 요구한다면 극이 실패로 끝날 확률이 매우 높다.

사이코드라마에 적합한 주인공의 일반적인 특성은 다음과 같다.

① 우선 드라마에 참여하려는 절실한 동기가 중요하다. 동기가 없는 경우에는 주인공의 저항이나 무의식적인 거부를 의심해 보아야 한다. 동기가 절실한 경우에는 자발적이며 자연스러운 연기로 이어질 가능성이 매우 높다.
② 지적 능력이 우수하고 사이코드라마의 형식에 잘 적응하고 창의적 사고를 하는 사람들에게 효과적이다. 또한 현실과 연기의 세계를 분별할 수 있는 능력, 상상에 자신을 내던질 수 있는 용기, 자아의 기능 하에 적응적으로 퇴행할 수 있는 능력, 쉽게 현실로 회귀할 수 있는 능력이 필요하다.
③ 불안이나 좌절에 대한 역치가 높은 사람, 그리고 자아강도가 높아 자기노출에 상처를 적게 받는 사람, 그리고 자신의 문제를 어느 정도 객관적으로 파악하고 대처할 수 있는 능력을 갖춘 사람을 대상으로 하면 원활하게 극이 진행될 수 있다. 자아강도가 강한 주인공은 집단 앞에서 과감하게 자신을 드러내 보이기도 하고 타인의 시각에 대해 비교적 여유로워

자신의 생각을 이야기하거나 감정을 방출하는 것이 자연스럽다. 반면 자아강도가 낮은 경우 표현할 수 있는 부분이 매우 제한될 수밖에 없다. 자신이 감당할 수 없을 정도의 노출은 극이 끝난 후에 후회와 좌절을 불러일으키기도 한다. 따라서 사이코드라마를 통해 치료 효과를 얻기 위해서는 주인공은 평균 정도의 지능을 갖고 있고 자아강도가 강하고 창의성과 자발성이 뛰어난 인물이라고 말할 수 있다. 하지만 자아강도가 낮아도 주인공의 정서적 표현 능력에 맞추어 드라마를 진행한다면 비록 깊이는 없을 수 있으나 주인공에게 도움이 될 수 있다.

② 정신과적 진단과 사이코드라마

　정신과적 진단과 사이코드라마 적응증을 살펴보자. Yalom(1975)은 급성 정신병 환자, 편집증 환자, 자살 환자, 조증 환자, 뇌손상 환자, 사회 병질자에게는 집단정신치료가 효과적이지 않다고 보았다. Holmes와 Karp(1991)는 사이코드라마에서 성공적인 집단으로 청소년, 자폐아, 범죄인, 식욕부진증 환자, 성폭력 피해자, 알코올중독자, 암 환자들이라고 보고하였다. Leutz(1985b)는 사이코드라마가 신경증, 정신병, 자기애 및 경계선 환자들뿐만 아니라 정상인들이 인간관계에서 겪는 어려움에도 효과적이라고 보았다. 즉 사이코드라마는 정상인에게는 실제적인 갈등 해결을 도와주고, 신경증적인 사람에게는 유아적 갈등을 해소시켜 주며 정신병 환자에게는 구체적 행위를 통하여 현실감을 다시 찾도록 해 주고, 자기애적 및 경계선 환자에게는 분리 및 개별화를 도와줄 수 있다고 보았다.

　Kellerman(1991)은 환경적 스트레스로 인해 부적응을 겪고 있지만 비교적 강한 자아를 가지고 있는 사람들에게는 사이코드라마가 매우 유용하게 적용될 수 있다고 하였다. 또한 특별히 적응장애나 반사회적인 장애를 가진 사람들의 행동 변화를 촉진시키는 데에 있어서 사이코드라마가 다른 치료적 접근에 비해 타당한 대안이 될 수 있다고 보았다.

　저자 역시 드라마를 진행하는 데 있어 진단은 그리 중요하지 않다고 생각한다. 정신병리나 증상의 진단적 구분보다는 위에서 언급한 자아강도, 현실 검증 능력, 감정 표출 능력 및 개인의 정신역동이 더욱 중요하다. 예를 들어 만성정신분열병 환자에게서 지적이고 뛰어난 감수성을 가지고 있는 대학생의 사이코드라마와 같은 극적인 장면을 기대하기는 어려울 것이다. 만성정신분열병 환자에게 가장 적합한 드라마는 깊이 있는 드라마보다는 지지적인 드라마나 단순한 역할 훈련이나 사회기술훈련 정도일 것이다. 이들에게 복잡한 인간관계나 미묘한 인간관계를 다루는 것은 디렉터의 욕심일 수 있다. 그러나 같은 정신분열병 환자라도 자아강도가 비교적 강하고 현실 판단 능력이 어느 정도 유지되는 경우나 망상이나 환청이 있더라도 현실적으로 이를 구분해 낼 수 있는 잠재력이 있는 경우에는 전자에 비해서 심도 있는 드라마가 가능하다. 편집증의 경우라고 해도 비교적 다른 사람을 수용할 수 있는 여력이 있고 망상을 제외하고는 어느 정도의 융통성을 갖고 있는 사람에게는 망상 자체를 다루기보다 이면의 불안감, 우울감, 열등감과 같은 정서적 측면을 다루어 주어 망상에 효과적으로 대처할 수 있는 현실적 능력을 북돋을 수 있다. 따라서 디렉터는 진단에 구애받기보다는 주인공의 특성을 읽어 내는 기술과 감각이 필요하다. 사이코드라마 적응증, 부적응증의 지표들에 대한 연구가 대부분 엄격한 경험적 연구에 기초하지 않고 일화적인(episodic) 보고가 많다. 저자의 경우는 사이코드라마가 모든 사람들에게 실시할 수는 없지만 신경증 환자, 섭식장애 환자, 정신병 환자, 알코올중독자, 약물중독자, 성격장애 환자뿐만 아니라 정상적인 사람들의 대인관계 문제, 자존감의 저하, 상실, 꿈 등에도 접근할 수 있다고 본다.

⒀ 주인공 선정 방식

자발적인 사람들은 디렉터나 집단원에 의해서가 아니라 자신의 의지에 의해 주인공을 자청한다. 최근 들어 TV나 인터넷을 통해 저자의 사이코드라마 팀이 많이 알려지면서 미리 전화를 한다거나 홈페이지를 통해 주인공이 되고 싶다는 의사를 표현하는 사람들도 생기고 있다. 특별히 그날 집단에서 주인공을 자발적으로 하겠다는 사람이 나오지 않는다면 미리 주인공을 자원한 사람이 주인공이 될 수 있다. 이와 같이 주인공을 미리 선정하는 방식도 있지만 대개의 경우 주인공은 다음의 두 가지 방법을 통해 선정이 된다.

1) 디렉터가 선정하는 방식

Moreno는 사이코드라마를 시행하기에 앞서 자신의 내담자들 중에 정신적 문제를 가진 사람을 미리 선정하여 계획된 사이코드라마를 시행하였다. 그리고 집단에서 보조자아를 선발하기보다는 숙련된 보조자아들을 투입하면서 사이코드라마를 진행하였다. 사실 이러한 방법은 치료적 목적을 위해서는 바람직하다.

저자의 경우에는 주인공이 정신적 충격을 심하게 경험하여 혼란되어 있거나 사적인 정보를 노출하는 것을 극도로 꺼릴 경우, 미리 주인공과 사전에 협의한 후 집단을 최소화하여 사이코드라마를 진행하기도 한다. 이때 간호사, 전공의 등으로 구성된 훈련된 전문 보조자아들이 주인공의 문제를 다루게 된다. 이는 사생활과 비밀이 보장되지 못한다는 사이코드라마의 단점을 보완하기 위한 것이며 자칫 숙련되지 못한 보조자아가 주인공에게 상처를 주는 것을 방지하기 위함이다.

이 밖에 집단이 주인공을 선정하기에 시간이 부족한 경우, 집단이 방대하거나 주인공을 북돋을 수 있는 집단의 능력이 의심스러운 경우, 집단 간의 상호작용이 불충분하고 미숙하여 구성원들이 서로 눈치를 보는 경우에는 디렉터가 주인공을 직접 선정할 수도 있다.

2) 집단이 선택하는 방식

대부분의 사이코드라마 디렉터들이 보편적으로 채택하는 방식은 집단원 간의 텔레를 이용하여 주인공을 선정하는 것이다. 이 방식은 먼저 주인공이 되고 싶어하는 이들을 무대 위로 불러내어 여러 가지 이야기를 들은 후 집단의 의견을 물어보는 것이다. 준비과정을 통해 집단은 자신이 다루고 싶은 주제를 선택할 수 있다. 자신을 대변할 수 있거나 관심이 가는 주제를 내보인 사람의 뒤편에 서게 하거나 가볍게 어깨에 손을 올려놓게 하여 대다수의 집단이 선택하는 사람을 주인공으로 선정한다.

저자는 종종 집단에게 누구를 선택할 것인지 머리로 생각하지 말고 느낌으로 움직여 가라고 말하곤 한다. 이렇게 하면 집단 전원이 극에 참여하는 것을 촉진시킬 수 있고 비록 주인공은 아닐지라도 주인공을 도와 극을 이끌어 나가는 데에 일종의 공동 책임을 갖게 된다.

창의적이고 자발적인 분위기가 충분히 형성되었다면, 집단원은 그날 자신들에게 흥미로운 주제를 제시할 주인공을 자연스럽게 선택할 수 있으므로 디렉터는 가장 현명한 결정을 내릴 수 있는 집단의 능력을 믿어 주는 것이 좋다.

디렉터는 주인공으로 선택되지 못한 사람들에게 보조자아 역할을 주어 서운함과 소외감을 줄여 주고 다음 회기에 주인공이 되어 문제를 실연할 수 있도록 배려해 주는 것도 필요하다.

❹ 주인공의 역할

주인공은 집단의 도움을 받아 자신의 문제를 실연 단계에서 제시한다. 또한, 주인공은 무대에 중심 역할을 하게 된다. 역할바꾸기를 통해서 다른 집단원이 주인공의 역할을 하기도 하고 주인공은 자신의 역할만이 아닌 다른 역할도 하게 된다. 또한, 주인공은 사이코드라마 장면 밖에서 거울기법을 통해 거리를 두고 관찰하기도 한다. 주인공은 몇 가지 장면을 연기하게 되며 자기 자신의 삶에서 중요한 다른 사람의 역할을 해 볼 수 있다. 또한 주인공은 자기 자신의 이중자아, 동료, 관객이 될 수도 있다.

주인공은 실제 일어난 사건뿐만 아니라 꿈에 나타난 인물이나 이미지를 표현한다. 어떤 역할을 하든지 간에 초점은 주인공의 경험에 있다. 만약, 주인공 역할을 맡은 보조자아가 주인공의 실제 상황과는 맞지 않는 방향으로 극을 끌고 간다면, 디렉터는 주인공에게 이것이 적절한지를 확인해 볼 수 있다 (예: "이것이 맞나요?"). 만약 틀리다면, 디렉터는 주인공 역할을 하는 보조자아에게 자신의 주관적 현실이나 환상을 멀리하고 주인공의 현실적 측면에 초점을 다시 두도록 지시를 내려 주어야 한다. Zerka Moreno(1975)는 주인공의 역할에 대해 다음과 같이 설명하고 있다.

> 우리는 주인공이 '그 자신'으로부터 나올 수 있도록 도우려고 애를 쓴다. 만일 주인공을 '우울한' 역할에 한정시켜 놓고 본다면 우울증으로 인해 어떤 상태를 경험하고 있는지를 확인해 봄으로써 진단을 내리기에 타당한 단서들을 얻을 수 있을 것이다. 그렇다면 그를 어떻게 우울에서 빠져나오도록 할 것인가? 가장 좋은 해결책은 주인공에게 우울하지 않은 중요한 사람의 역할을 부여하는 것이다. 그것은 아이의 역할이 될 수도 있고, 주인공을 사랑하거나 주인공이 사랑하는 사람의 역할이 될 수도 있다. 항상 우울해하던 환자가 비록 짧은 순간이지만 우울에서 벗어나 스스로 기분이 나아지는 것을 경험할 수 있다면 그 자체가 치료적인 의미가 있다. 주인공은 단지 5~10분이라도 우울하지 않다는 것이 어떤 것인가를 느낄 수 있게 된다. 이러한 과정을 통해 감정을 새롭게 경험할 수 있다는 사실을 인식하게 된다.

주인공의 얼어붙은 자발성과 창의성을 촉진하는 강력한 기술은 역할바꾸기다. 역할바꾸기는 반복되고 정형화된 역할에서 벗어날 수 있게 해 준다.

초기에 디렉터와 주인공 사이에는 언어적으로 혹은 암묵적으로 계약이 형성된다. 여기서 디렉터는 주인공이 앞으로 극에서 전개되는 내용에 책임을 갖고 있다는 것을 확실히 하는 것이 필요하다. 만일 주인공이 궁극적으로 하고 싶지 않은 역할이나 내용이라고 여겨진다면 디렉터는 화려하고 멋진 연출로 관객이나 주인공에게 감동을 주고 싶은 욕구를 버리는 것이 좋다.

극에서 전개되는 내용은 주인공이 동의하는 부분부터 초점을 맞추는 일이 필요하다. 그리고 그것은 정해진 시간 내에 달성될 수 있는 목표여야만 한다. 개인이 삶에서 만나게 되는 문제나 의문의 모든 부분이 한 회기에서 다루어지는 것은 불가능하며 이런 점은 주인공에게 미리 밝혀 두는 것이 좋다.

어느 정도 시간이 지남에 따라 주인공은 역할에 대한 기술을 익혀 나가고 처음의 경직된 태도와 역할에서 자유롭게 되고, 진실되고 열린 마음을 갖는다. 이렇게 되면 주인공은 사이코드라마에 제시된 상황에서 새로운 역할을 수행하며 느낌과 생각에 변화를 갖기 시작한다.

생각이 많고 주지화 방어가 심한 주인공은 핵심적인 이야기보다는 주변적이고 불필요한 이야기만을 늘어놓으면서 여러 가지 문제들 사이에서 어떤 것을 재연할지 결정을 내리지 못하기도 한다. 이때 디렉터가 할 일은 주인공이 가급적 즉각적으로 행동하도록 유도하는 것이다. 주인공이 디렉터에게 결정권을 떠넘기고 앞으로 벌어진 일들에 대해 대신 결정해 주기를 요청하는 일이 비일비재하다. 이러한 상황에서 "한번 본인이 원하는 대로 극을 연출해 보시겠어요."라고 말하면서 주인공에게 디렉터의 역할을 주면 주인공은 좀 더 적극적인 모습으로 자신에게 필요한 장면을 선택할 수도 있다. 이러한 과정을 통해 주인공은 더 준비된 상태로 극을 시작할 수 있을 것이다.

디렉터는 주인공에게 역할이나 장면이 너무 과도하게 표현되지는 않았는지, 불충분하지는 않는지 혹은 모순점이나 빠진 점이 없는지 물어볼 수 있다. 주인공은 과거에 그랬더라면 좋았을 사건을 제시하거나 '그때-거기' 서의 상황에 맞는 사람의 역할을 극에 투입하고, 또는 극에 맞지 않는 행동을 한 사람을 역할에서 제외시키는 등 적극적으로 극에서 벌어지고 있는 일들을 수정할 수 있다.

극의 마지막에서 디렉터는 주인공에게 목표가 달성되었는지를 물어보는 것이 좋으며, 목표가 달성되지 못했다면 필요한 조치를 취하는 것이 바람직하다.

1) 지금 그리고 여기에서의 행동

주인공은 과거에 일어났거나 현재 일어나고 있는 사건 혹은 미래에 일어날 수 있는 하나 또는 여러 개의 장면을 재연하게 된다. 사이코드라마에서 과거 상황을 재연한다고 해서 반드시 행동이나 문제의 원인이 되는 과거로 돌아가 똑같은 장면을 연출할 필요는 없다. 때때로 어린 시절에 겪은 충격적인 사건의 경우에는 주인공에게 강한 정서를 불러일으키는데, 사이코드라마 상황에서는 지금-여기서 일어나는 것처럼 현재 시점으로 표현하면 된다.

사이코드라마에 참여하는 주인공, 보조자아, 집단원 모두 지금까지의 각자의 삶의 경험에서 비롯된 자기 및 타인 그리고 세상에 대한 특정한 도식 체계를 가지고 있다. 사람들은 흔히 투사기제를 통해 다른 사람들에게 자기가 기대하는 역할을 투사시키고 자신의 방식을 고집하고 이 투사적 동일시를 통해 자신이 바라던 모습을 보게 된다. 그러나 사이코드라마의 목적은 그동안 고수해 왔던 방식을 버리고 '지금-여기'에서 자신의 성장에 도움이 되는 방식을 창조하는 것이다.

2) 잉여현실 안에서의 주인공

사이코드라마 극에서 제시되는 행동이 반드시 주인공의 실제 삶이나 주인공이 생각하는 현실, 또는 논리와 명백한 관련성을 가질 필요는 없다. 사이코드라마 극 중에서 주인공은 시공간을 초월하여 어떤 삶이라도 그려 낼 수 있다. 예컨대 주인공은 자기가 평소에 가 보고 싶은 곳으로 갈 수도 있고 자신이 살아 보지 않은 다른 인생을 살 수도 있다. 또한 주인공은 현실에는 존재하지 않는 사람과의 관계를 형성할 수도 있다. 이와 같이 사이코드라마에서는 주인공의 잉여현실 영역이나 상상 또는 은유적으로 표현되는 세계에 대한 내용을 다루는 것이 다반사다. 꿈에 대한 내용으로 극을 하게 될 때 자연적으로 잉여현실의 상태가 부여되고 주인공은 자신이 기억하는 대로 꿈의 내용을 제시한다. 이때 꿈의 내용이 치료자에 의해 분석되거나 해석되는 것이 아니라, 꿈 속의 여러 이미지를 따라가게 함으로써 주인공은 꿈의 새로운 의미를 이해하게 되며 실제 삶에서 일어나는 사건들과의 연관성을 찾게 된다.

잉여현실은 사이코드라마 전반에 걸쳐 지속된다. 신화나 동화에 나오는 주제나 모티브를 가지고 극을 전개해 나갈 수도 있고 미래투사기법을 사용하여 미래의 자신의 모습을 그려 볼 수도 있다. 융학파 분석가인 Watkins(1986, 1990)는 잉여현실에 대한 Moreno의 개념과 일치하는 상상의 대화에 관한 관점을 제시한 바 있다.

상상의 대화는 단지 현실을 반영하거나 왜곡시키는 것이 아니라 현실을 새로 창조하는 것이다. '실제'라는 것이 반드시 '상상'과 반대되는 개념은 아니며 상상을 포함하는 더 넓은 개념으로 생각할 수 있다. 그리고 사물을 의인화하는 것은 정신병적 징후라기보다는 드라마적이고 시적인 자연스러움을 표현하는 것이다.

> 회사원인 L씨는 오랫동안 몰두해 왔던 직장 생활에 지쳐 늘 현실을 벗어나 미지의 세계로 여행가는 것을 꿈꾸고 있었다. 그러나 현실의 벽에 부딪혀서 여행은 엄두도 내지 못하고 있었다. 미혼인 그녀는 자신의 정체감과 직업에 대한 회의 등으로 극도의 스트레스를 받고 있었다. 극이 시작되어 디렉터가 어디로 떠나고 싶은지 질문하자 그녀는 현실을 벗어나 인도로 여행을 가고 싶다고 했다. 인도 장면이 설정되자 주인공은 갠지스 강가를 배회하다가 거지를 만나기도 하고 힌두교 수도승과 만나 이야기를 나누어 보기도 하였다. 사이코드라마가 주는 잉여현실 속에서 주인공은 타지마할 유적지를 방문하여 그 웅장함에 놀라기도 하고 태양빛을 받아 빛나는 하얀 대리석 기둥을 만져 보면서 신기해하기도 하였다. 극이 끝난 후 주인공은 어려서부터 자유로운 삶을 꿈꾸었지만 현실적인 한계 때문에 꿈을 접고 있었다고 말하면서 자신이 진정 원하는 것이 무엇인지 그리고 앞으로 무엇을 해야 할지 생각을 정리할 수 있었다고 표현하였다. 그리고 더 이상 원하지 않는 일에 에너지를 소진하지 않고 새로운 꿈을 행동으로 옮겨 볼 용기를 가질 수 있을 것 같다고 소감을 밝혔다.

3) 정리 및 나눔 과정에서의 주인공

극의 결말 단계에서 주인공은 침묵을 지키며 집단원들의 '소감과 느낌'을 듣게 된다. 주인공은 무대 위에서 감정적으로 발가벗겨진 상태에서 다른 집단원들이 자신의 극과 관련된 이야기를 하는 것을 들으면서 집단으로 되돌아가며 감정적으로 다시 옷을 입게 된다. 때로 주인공이 감정적으로 기진맥진하여 사람들이 하는 말들을 받아들일 수 있는 능력이 한계에 이를 경우가 있는데, 이런 경우 디렉터는 주인공에게 받아들일 수 있는 만큼만 받아들이라고 조언해 줄 수 있다.

일반적으로 '나눔'은 극의 직후에 바로 하는 것이 더욱 효과적이다. 사이코드라마를 수술에 비유한다면 '나눔'은 수술 후에 상처를 동여매고 보살펴 주는 것에 비유할 수 있다.

여러 회기로 이루어진 사이코드라마라면 다음 회기가 시작되기 전으로 나눔을 미루는 경우가 있다. 그러나 대부분의 경우 '나눔'의 과정은 주인공만을 위한 것이 아니라 집단원들을 위한 것이기도 하다. 집단원들은 극을 끝까지 지켜보며 주인공에게 여러 가지 생각과 느낌을 갖게 되고 자신의 문제들을 주인공에게 투사하기도 한다. 예를 들어 아버지와 갈등이 있는 집단원은 아버지와의 갈등을 주제로 다룬 사이코드라마를 보며 자신의 문제를 동일시할 수 있다. 이럴 경우 사이코드라마를 보며 떠오른 생각과 느낌을 가지고 혼자 돌아가기보다 집단 안에서 풀어놓을 수 있도록 배려하는 것이 필요하다.

4) 종결 후의 주인공

사이코드라마를 처음 경험한 사람들은 극이 완전히 끝난 후에도 제각기 다른 반응을 보인다. 황급히 극장을 빠져 나가는 사람도 있고 디렉터나 보조자아 혹은 집단원들과 소감을 더 나누고 싶어하는 사람들도 있다. 어떤 주인공은 저자의 홈페이지에 하루 또는 며칠이 지난 후 느낌을 글로 적어 보내기도 한다.

자신의 문제나 갈등을 심리학적으로 이해하려고 하는 사람들은 극이 끝난 후에도 사이코드라마 상황을 생각하면서 숙고하고 내성(introspection)하는 경향이 있다. 이런 사람들은 처음에 극이 끝났을 때는 덤덤하고 아무런 느낌이 없었으나 며칠이 지나서 길을 가다가도 생각이 나고 새로운 느낌이 든다고 이야기한다. 대학로 극장에 참여하였던 한 주인공은 사고형(thinking type)이라 감정 노출을 거의 안 하는 유형인데, 사이코드라마 상황에서 직장 상사와의 갈등을 실연한 후 극이 끝났을 때만 해도 별다른 느낌이 없었으나 만 하루가 지난 후 갑자기 사이코드라마에서 경험했던 강렬한 감정이 올라오는 것을 느꼈다고 보고하였다. 그리고 사이코드라마 상황에서 직접 연기를 해 보면서 "'내가 이런 상황에서는 이렇게 움직이는구나'라는 사실을 명확하게 구체적으로 알 수 있었고 안절부절못하는 상황에 다시 직면해서 그 상황을 어떻게 추슬러야 되는지 시도해 보니 앞으로 안절부절못하는 상황에 대한 예기 불안이 없어지는 느낌이 들었다."고 하였다.

어떤 주인공은 나눔 단계에서 집단원의 지지와 격려를 받으면서 시원하게 극을 끝냈다고 생각하고 가볍게 극장을 떠났으나 한밤중에 갑자기 감정을 파헤쳐 놓고 뚜껑을 닫지 않은 느낌이 들어 당혹스러웠다고 보고하기도 한다. 이 경우는 단일 회기에서 다루기에는 문제의 정도가 너무 심각해서 사이코드라마 장면에서 풀어놓았던 감정이 미처 수습되지 못했을 수 있다. 따라서 디렉터는 극의 전반적인 과정을 통해서 드러난 주인공의 문제가 너무 심각하다고 판단될 경우 주인공과 상의하여 사이코드라마 회기를 더 늘리거나 개인치료를 병행하는 것이 좋다.

다음은 헤어진 여자 친구와의 관계를 사이코드라마 상황에서 실연한 후 주인공이 저자의 홈페이지에 보내온 글 중의 일부다. 주인공을 하면서 사이코드라마 각 단계마다 자신의 느낌이나 내면을 섬세하고 감각적으로 잘 기술하고 있다고 생각되어 여기에 실었다.

> 예상했던 대로 내가 주인공으로 무대에 남게 되었고, 내 맞은편에는 빈 의자가 놓였다. 누구를 먼저 앉힐까? 생각나는 사람이 두 사람 있었다. 먼저 여자 친구를 앉히고 싶었다. 무슨 말을 할까? 미리 생각해 본 적도 없다. 말로, 생각으로는 벌써 수차례 정리했고, 감정도 닳고 닳은 것처럼 느껴졌다. 난 작년 말을 생각하면서 그 당시 그녀에게 했었던 것 같은 이야기를 중심으로 빈 의자를 향해서 뱉어 냈다. 어쩌면 작년 겨울 당시에 했던 말이, 극을 하던 그날에도 그녀에게 가장 하고 싶은 말이었던 것 같다. 처음에 이야기를 시작하면서 울컥하고 뭔가가 올라왔고 내 자신의 목소리가 흔들리는 듯한 느낌에 내 스스로가 짐짓 놀랐다.
>
> 하고 싶은 이야기가 끝나고 가장 가고 싶은 과거의 때를 물었을 때, 난 내가 가장 돌이키고 싶은 순간에 대해 곰곰이 생각해 봤던 적이 없었다는 사실을 깨달았다. "내 마음이 혼돈스럽다."고 불필요하게 솔직한 태도로 말했던 순간도 후회스러웠고, 여자 친구 앞에서 이성을 잃고 소리를 질렀던 때도 기억이 났다. 그러고 나서 상견례 날짜를 잡으려고 했던 날이 생각났다. 그날 내가 다르게 이야기를 했더라면 상황이 바뀔 수 있었을 텐데 하는 후회감도 밀려왔다.
>
> 무대 위에서 나는 그때로 돌아갔다. 무대에 어머니와 아버지, 여자 친구의 보조자아가 올라왔다. 처음에는 그때와 다른 분위기로 극을 끌어가면서 후회스러웠던 과거를 바꾸고 싶은 욕구가 있었다. 하지만 이미 여자 친구와는 헤어진 상황이고 그때와 다른 상황은 이미 존재할 수조차 없는 상황임을 어렴풋이 알고 있었나 보다. 아니면 내가 알지 못하는 상

황을 표현하기보다는 알고 있었던 상황을 표현하는 것이 쉬웠던 까닭일까? 나는 철없고 무책임했던 당시의 나를 그대로 보여 주고 있었다. 그 모습이 당시의 나이자 지금의 나인 모양이다. 여자 친구가 나에게 하는 말, 여자 친구의 분신이 나한테 하는 날카로운 비난의 말. 마음이 여리고 상대를 잘 배려했던 여자 친구는 한 번도 내게 뱉어 내지 못했던 말들이 었지만, 어쩌면 여자 친구의 마음 깊숙한 곳에는 그런 마음과 그런 말을 하고 싶은 욕구가 있었을지도 모른다는 생각이 들었다. 역할바꾸기, 나는 여자 친구의 자리에 앉아 건너편 의 나를 향해 여자 친구의 목소리를 내 봤다. 언젠가 여자 친구로부터 직접 들어서 내 머릿 속에 각인되어 있던 말들을. 그래서 그 말을 들었을 때는 내가 이해했었다고 생각했던 말 들을 건너편의 나를 향해 이야기해 봤다. 여자 친구가 되어서, 여자 친구의 생각을 이야기 하는것이 훨씬 당당하고 편하다는 느낌도 들고 가슴이 뭉클해지는 느낌도 들었다. 내가 직접 여자 친구가 되어서, 여자 친구가 나에게 했었던 말들을 내 입으로 뱉어내 보니 정말 묘한 기분이 들었다. 난 그동안 잘 깨닫지 못하고 있었던 것이었다. 여자 친구가 그 말을 할 당시 무슨 생각과 기분이었는지.

　극이 막바지로 가면서 관객 전원이 무대로 쏟아져 나와서 이중자아를 해 주었다. 내가 하는 이야기와 내가 보여 줬던 모습에 흥분하고 질책하고 나무라고 위로하는 사람들. 하 지만 무엇보다도 내 맞은편에 우르르 몰려 나와서 나에게 격앙된 어조로 이야기했던 사람 들이 기억에 남는다. 눈을 크게 뜨고 턱이 가늘게 떨릴 정도로 이야기하는 이중자아들의 모습이 처음에는 당황스럽고 창피스러운 감정이 들었고, 잠시 뒤에는 그동안 내가 자꾸만 보기 싫은 현실의 면들을 보지 않으려고 회피하고 있었던 것은 아니었나라는 생각이 들 었다.

　극이 끝나면서 나눔으로 이어졌다. 후련하면서도 뭔가 무겁게 짓누르는 듯한 감정이 뒤 섞여서 느껴졌다. 얼떨떨한 기분이 들었다. "잊어버리세요. 그리고 지금 하시는 일에 열심 히 몰두하세요." 등등의 힘이 되는 말들을 들은 뒤 무대에서 내려왔다. 무대의 의자를 정 리하고 인사를 나누는 우왕좌왕하는 분위기 속에서 몇 분이 다가오셔서 하지 못했던 이야 기들을 마저 해 주셨다. 따뜻하고 고맙게 느껴졌다.

　극장을 빠져나와 택시를 타고 다시 원점으로 돌아온다. 여태껏 '잘 할 수 있을까?' 라고 되뇌기만 했던 나는 '잘 할 수 있어.' 라고 스스로에게 이야기하고 있었다.

제11장 보조자아

보조자아(auxiliary ego)란 사이코드라마에서 통용되는 독특한 용어로 주인공이 자신의 문제를 탐구하도록 돕는 사람을 지칭한다. 보조자아는 극 중에서 주인공이 원하는 상대방의 역할을 맡아 주인공의 내면 세계를 표현하면서 극적인 분위기를 이끌어 간다. 보조자아는 주인공에게 중요한 타인의 역할을 맡아 주인공이 자신의 문제를 스스로 깨닫게 도움을 준다. 보조자아는 주로 주변 인물과 같은 구체적인 역할을 극 중에서 수행하지만 때로는 망상, 환청, 상징, 동물, 이상 및 물건 등의 무생물이나 인간의 여러 가지 마음 등 모두를 표현할 수 있다.

1 보조자아의 기능

보조자아는 주인공이 제시하는 극의 세계를 더욱 실제적이고 구체적으로 표현한다. 따라서 보조자아는 극 중에서 주인공의 자아강도, 성격 특징, 핵심 문제, 극에 몰입하는 속도, 깊이 등을 잘 파악하고 있어야 한다. 또한 디렉터의 요구사항을 염두에 두고 있어야 하며, 극이 진행되는 동안 디렉터의 여러 가지 지시를 따를 수 있도록 디렉터와 보조를 맞추어야 한다. 유능한 보조자아는 여러 가지 정보와 단서를 제공하여 디렉터가 극의 방향을 결정하고 연출하는 것을 돕는다. 디렉터의 입장에서 볼 때, 보조자아는 주인공 가까이서 보다 정확하게 파악하기 위한 눈과 귀의 역할을 수행하며 주인공에게 통찰력과 치료적 효과를 전달하는 손과 발의 역할을 하는 사람이다.

보조자아는 극 중에서 주인공 주변의 실제 인물들과 반드시 똑같이 연기할 필요는 없다. 단지 느낌이나 행동이 유사해서 실제로 보조자아가 극 중의 인물에 대해 감정적 이입을 자유롭게 할 수 있으면 충분하다. 이때 보조자아는 주변 인물의 특징적 사고나 행동을 표현함으로써 주인공의 자발성을 높이고 극에 더욱 몰입할 수 있도록 도와야 한다. 보조자아는 실제 인물을 객관적으로 극화하기보다는 주인공의 내면 세계에 존재하는 인물을 연기하면 되는 것이다. 사이코드라마가 잉여현실을 제공하기 때문에 보조자아는 과거의 사건을 그대로 재연할 필요도 없다.

보조자아와 주인공 사이에 일어나는 상호작용을 설명하는 말로 '대칭적 반응(symmetric response)'이라는 개념이 있다. 대칭적 반응이란 보조자아의 행동이 주인공에게 영향을 주어서 비슷한 반응을 불러일으키는 것을 말한다. 예를 들어, 보조자아가 주인공에게 흥분해서 소리치면 주인공도 같이 흥분하여 자신의 감정을 표현한다. 반대로 속삭이듯 주인공에게 이야기하면, 주인공도 속삭이는 듯한 반응을 보인다. 감정적으로 억눌려 있으나 지나친 수줍음으로 자신의 공격성을 표출하지 못하는 경우에 디렉터는 보조자아에게 대칭적 반응을 끌어내도록 지시하여 주인공이 좀 더 솔직하게 자신의 감정을 표현하도록 도와준다.

'지금-여기'는 사이코드라마에서 매우 중요한 개념 중의 하나다. 과거, 현재 그리고 미래를 초월해서 지금-여기에서 일어나는 것처럼 연기하는 것은 드라마의 자발성과 창조성이라는 측면과 맥을 같이 한다. 보조자아는 마치 '지금-여기'서 일어나는 듯한 상황을 제공하여 주인공의 자발성을 높이고 사이코드라마에 보다 깊이 참여할 수 있게 하는 매우 중요한 역할을 담당한다.

때로는 사람이 아닌 물건을 보조자아로 이용할 수 있다. 주로 빈 의자를 사용하는데 한 개 혹은 두세 개의 빈 의자를 이용하여 위치를 변경하면서 진행시킬 수 있다. 즉 빈 의자에 주인공이 투사하는 인물이 앉았다고 상상을 시키고 대화를 유도한다. 주인공의 입장에서 보면 모노드라마의 성격이지만 오히려 어설픈 보조자아를 쓰는 것보다 효과적일 수 있다. 주인공이 극 중에서 양쪽 역할을 수월하게 할 수 있을 만큼 감수성이 뛰어난 사람일 경우나 주변의 의견을 듣기보다는 주인공 자신의 문제에 대한 해결책을 내면에서 찾고 싶어 할 경우에 적절한 방법이다. 혹은 주인공이 프라이버시를 중요시하여 의사와 개별치료를 원하는 사람일 경우에 이용하기도 한다.

⑫ 보조자아의 유형

보조자아의 역할은 주인공의 현실을 무대 위에서 구체적으로 표현하여 주인공이 직접 체험하고 느낄 수 있도록 하는 것이다. 따라서 보조자아는 주인공 주변에 있는 모든 대상의 역할을 맡게 되며 주인공의 분신이 되어 주인공이 생각하고 경험하고 느끼는 모든 것을 표현한다. 또한 보조자아는 주인공의 이상이나 환상을 표현하는 도구로 이용되기도 한다. 보조자아가 맡는 역할의 종류는 다음과 같다.

주인공의 주변 인물 역할을 하는 보조자아들

① 주변 인물

가장 흔한 유형으로 주인공과 가까운 인물들을 연기함으로써 주인공이 겪고 있는 문제를 발견하고 끄집어낼 수 있다. 부모, 형제, 연인, 직장동료, 친구, 친척 등 주인공의 주변 인물이 이러한 역할의 예에 해당된다.

② 공상적 인물

실제로 존재하는 인물이 아닌 하느님, 이상형의 인물, 재판관, 이상적인 자기 모습을 보조자아가 표현하는 것이다. 정신분열병 환자의 경우 망상 세계에 존재하는 가공의 인물, 즉 천사, 악마 역할을 보조자아가 연기할 수 있다. 자신이 외계인이라고 주장하는 정신분열병 환자의 경우에는 보조자아가 환자의 망상 속에 존재하는 외계인 역할을 맡아서 환자와 대화를 시도할 수 있다.

③ 주변의 사물

주인공에게 친숙한 방안의 물건들, 즉 책상, 옷장, 창문, 슬플 때 듣는 라디오, 자신의 생각을 적는 일기장, 술이나 약물 등과 같이 자신을 유혹하는 물질 등 주인공과 밀접한 관계에 있는 사물들의 역할을 하게 된다. 이때 디렉터는 사물에 투사된 주인공의 마음을 읽을 수 있다.

④ 추상적 개념

인간의 마음속에는 한 가지 마음이 존재하는 것이 아니라 여러 가지 마음이 존재한다. 이때 보조자아는 이중자아의 형식으로 주인공의 내부세계의 다양한 측면을 묘사할 수 있다. 혹은 상대방 인물의 다양한 측면, 예를 들어 아버지의 좋은 면과 나쁜 면을 연기하게 하여 상대방의 속성을 외적으로 표현할 수 있다. 이중자아의 형식이 아니더라도 용기, 사랑, 행복, 아름다움, 솔직함, 정직함, 그리움, 책임감, 열등감 등 주인공의 마음속에 있는 추상적인 생각을 보조자아가 역할로 표현해서 주인공과 대화 형식으로 진행시킬 수 있다.

보조자아(꿈) : 나는 꿈이야. 사람들이 되고 싶거나 굉장히 바라는 거야. 난 참 좋은 꿈이야. 사람들은 나를 꾸면서 행복해하곤 해.
주인공 : 내가 너한테 다가가면 난 항상 행복해질 수 있는 거지? 하지만 난 가까이 가지 않을 거야. 내가 가까이 가려고 하면 넌 항상 없어져 버려. 난 그게 슬퍼.
보조자아(용기) : 난 용기야. 나는 사람들이 힘들 때 옆에 있어 주는 역할을 하지. 내가 가면 사람들이 열심히 살려고 하고 나를 참 좋아해. 하지만 바빠서 자

주는 못 가.

주인공 : 나한테도 와 주었으면 좋겠는데. 언제쯤 나한테 올 수 있어?

보조자아(지혜) : 난 지혜야. 사람들은 나와 함께 있으면 이 세상의 모든 문제도 슬
　　　　　　기롭게 해결할 수 있어. 내가 이렇게 되기 위해서 얼마나 노력했는지 아
　　　　　　니? 사람들은 언제나 날 찾고 싶어 하는데 난 꼭꼭 숨어 있어.

주인공 : 너랑 있으니까 난 너무 바보 같아. 난 실수를 많이 하고 똑같은 잘못을 많
　　　　이 해. 늘 내가 부족하고 현명하지 못하다는 생각을 하고 있는데 너한테
　　　　가까이 가려면 어떻게 해야 하지?

⑤ 이중자아

주인공의 또 다른 자아 역할을 통해서 내부 감정 혹은 속마음을 명료하
게 표현할 수 있도록 도와준다. 이중자아는 사이코드라마 기법의 심장이
라고 할 수 있을 정도로 주인공의 핵심을 잘 파악하고 공감이 필요한 기
법이라고 할 수 있다. 이중자아는 매우 중요한 부분이므로 별도로 더 자
세히 다루도록 하겠다.

⑥ 기타

주인공의 신체의 일부를 연기할 수 있다. 예를 들어 불편한 신체의 일부
분이 되어 더듬거리는 목소리, 불편한 다리, 맹인의 눈, 못생긴 얼굴, 못
생긴 다리 등 주인공에게 문제가 되는 신체의 일부분을 연기할 수 있다.
정신과 외래를 방문한 어떤 사람은 자신이 하기 싫은 일을 해야 할 때마
다 두통을 호소하였다. 사이코드라마 상황에서 보조자아는 환자의 '아픈
머리'를 역할 연기로 표현하고 주인공이 피하고 있는 것이 무엇인지 인
식시켜 주었다.

⑬ 보조자아의 선택 및 훈련

Moreno가 처음 사이코드라마를 시행했던 1930년대와 1940년대에는 훈련된
간호사나 사회사업가 혹은 배우들이 보조자아의 역할을 수행하였다. 전문적

으로 훈련된 보조자아가 3단의 무대와 발코니로 이루어진 Moreno의 사이코드라마 전용극장에서 극을 진행하였다. 그러나 점차로 이러한 요건을 갖출 만한 시간적 · 경제적 여유가 없어지고 드라마 전용극장을 마련한다는 점도 여의치 않아 쉽게 드라마를 시행할 수 없게 되었다. 따라서 현대 사이코드라마에서는 빈 공간이면 무대가 될 수 있고 집단의 구성원 누구나 보조자아가 될 수 있다는 것이 보편화되었다.

저자의 경우 1991년부터 전문 연극배우들과 병원 간호사들이 팀을 이루어 현재까지 이르게 되었다. 사이코드라마 전용극장도 1991년에 병원에 설치되어 정신병 환자, 정신보건을 담당하는 간호사, 공무원들, 학생, 사회사업가, 심리학자, 일반인 등 다양한 계층이 참여하기에 이르렀다. 그동안 많은 간호사와 전문배우들이 저자의 사이코드라마 팀을 거쳐 갔다.

또한 1년에 두 차례 정도의 워크숍과 정기 교육을 거쳐 전문 보조자아를 양성하고 있다. 일부에서는 전문적인 보조자아들이 주인공의 자발성을 저하시키기 때문에 자발성과 창의성을 생명으로 하는 사이코드라마 철학에 위배된다고 주장하기도 한다. 하지만 갈등 해결과 치료를 목적으로 진행하는 사이코드라마에서는 정신병리나 인간의 심리에 대해 어느 정도 전문적 이해를 가지고 있는 전문 보조자아를 기용하는 것이 더 효과적이다. 훈련된 보조자아의 장점은 어떤 상황이든 자신의 역할을 연기할 수 있을 만큼 숙련되어 있고 스스로 준비작업을 잘 한다는 점이다. 전문 보조자아가 '지금—여기'에 충실한 극에 몰입하며 집단이 사이코드라마적 상황에 쉽게 익숙해지고 처음 극에 참여한 사람들도 큰 불안감 없이 집단에 동화될 수 있다.

일반인을 위한 사이코드라마에서도 숙련된 보조자아의 역할이 매우 중요하다. 사이코드라마의 예술적 측면을 고려하여 음향과 조명을 무대상황에 맞게 연출하는 일, 한 편의 드라마를 구성하고 진행하는 것, 카타르시스를 향해 적절한 속도로 나아가는 기술적 요소 그리고 주인공의 내면 세계를 극적으로 그려 나가는 능력은 연극배우나 숙련된 보조자아들의 몫이라 할 수 있다. 특히 훈련이 되어 있는 전문적인 보조자아들은 처음으로 사이코드라마에 참여하는 주인공의 자발성과 창조성을 끌어내는 데 매우 효과적이다. 처음 사이코드라마에 참여한 관객들이나 집단원들은 드라마의 형식에 익숙해지는 데 시간이 걸린다. 드라마의 기법이나 상황이 자발성과 창조성을 요구하기 때문에 준비과정도 필요하고 드라마 상황에 익숙해지려면 아무래도 시간이 걸리기 마련이다. 따라서 이런 경우에는 능숙한 보조자아가 극의 분위기를 이끌면서 처음 참여한 집단구성원들을 극에 적극적으로 참여하도록 촉매 역할을 하여 경험이 있는 보조자아와 그렇지 않은 보조자아가 어울릴 수 있도록 한다.

그러나 전문 보조자아들이 필요하지 않는 경우도 있다. 디렉터는 상황에 따라서 얼마든지 집단원 중에서 보조자아를 선택하여 극을 진행할 수 있다. 예를 들면 집단이 계속 진행되는(on-going) 경우에는 숙련된 보조자아보다는 그 집단에서 선택하는 것이 좋다. 집단원들은 지속적인 유대감을 맺을 수 있고 공통의 목적을 가지고 모였기 때문에 상호간의 신뢰가 뒷받침된다. 이때 디렉터는 집단원들 중에서 특히 주인공에게 공감적인 지원자가 될 수 있는 사람을 선택한다. 만약 지원자가 없다면 주인공으로 하여금 "여기 계신 분들 중에서 어머니 역할을 하면 좋을 것 같은 분을 한 분 골라 보십시오."라고 말한다.

저자는 매년 심리치료 대학원에서 한 학기 동안 수업 형식으로 사이코드라마를 진행해 오고 있는데, 수업에 참여한 대학원생들이 한 번씩 돌아가면서 주인공이 되어 사이코드라마를 집중적으로 훈련을 받고 있다. 집단원들 간에 나이 편차가 약간 있기는 하지만 대개 비슷한 학력과 문화적 배경 그리고 드라마에 대한 열성이 공통분모가 되어 시간이 흐르면서 자발성이 고조되고 상대방에 대한 감정이입이 쉽게 일어나는 것을 볼 수 있다. 이러한 집단의 경우 전문 보조자아가 없더라도 집단원들이 서로 보조자아를 구성하는 데 있어서 별다른 저항감을 보이지 않고 오히려 회기를 거듭할수록 상호 신뢰감이 돈독해지고 더욱 심도 있는 드라마가 될 수 있었다.

결론적으로 디렉터는 집단의 성격과 준비과정의 성숙도 그리고 집단원들 사이의 라포 형성 등을 고려하여 보조자아를 선택하는 것이 바람직하다. 전문 보조자아가 없을 때에는 보조자아를 집단에서 선택할 수 있는 순발력과 그리고 누구를 선택하는 것이 유리한지를 순간적으로 결정할 수 있는 결단력과 감수성이 필요하다.

4 보조자아를 위한 지침

다음은 보조자아의 역할을 해내기 위해서 필요한 사항들이다.

① 드라마를 하기에 앞서 자신을 준비시킨다. 다시 말해서 준비작업을 하는
   것이 필요하다. 충분한 준비가 되지 않았거나 개인적인 사정으로 인해
   드라마에 몰입할 수 없는 상황에서는 디렉터에게 이야기해서 다른 사람
   을 선택하도록 한다.
② 극 중에서 보조자아는 직관과 감수성을 유지하면서 디렉터를 도와 극을
   진행한다. 여러 가지 가능성을 제시하고 위험을 무릅쓰기도 하면서 주인
   공의 문제점을 찾고 교정해 나가도록 노력한다. 주인공의 실제 상황과
   비슷한지를 점검하고 주인공이 잘못을 지적하면 재빨리 바꿀 수 있는 순
   발력이 필요하다.
③ 보조자아는 역할바꾸기를 할 때 주인공의 마지막 대사를 반복한다. 이는
   주인공에게 역할이 바뀌었다는 신호를 보내는 동시에 주인공이 극의 흐
   름을 놓치지 않게 하기 위함이다. 반드시 마지막 대사를 반복시키지 않
   는 경우도 있다. 주인공이 어떤 역할을 맡아서 하고 싶은 말과 행동을
   다 하도록 지시한 후에 더 이상 할 말이 없는 경우에 "이제 상대방의 역
   을 해 주십시오."라고 요청하는 경우다.
④ 보조자아는 주인공의 행동과 말을 가로막지 말아야 한다. 즉 주인공의
   자발성을 저해하는 행동과 말은 자제해야 한다. 극 중 상황에 몰입하다
   보면 주인공의 의중을 헤아리지 못하고 자신의 역할에 고착되어 버리기
   가 쉽다. 이와는 반대로 보조자아가 위험을 무릅쓰지 않고 지나치게 주
   인공의 눈치만 본다면 주인공이 실제 상황인 것처럼 극에 몰입할 수가
   없다. 주인공 내부의 문제점을 찾아내기 위해서는 핵심을 찌르는 위험을
   감수할 수 있어야 한다. 따라서 보조자아는 도를 넘어서도 안 되며 그렇
   다고 주인공의 눈치만 살펴서도 안 된다.
⑤ 극 내내 디렉터와 사인을 주고받으며 디렉터의 지시를 언제든지 받을 수

있어야 한다. 보조자아가 자신의 연기에만 지나치게 몰입하게 되면 디렉 터의 사인을 제때에 읽어 내지 못하거나 제대로 파악하지 못하는 경우가 생긴다. 이것은 중립적이고 투명한 드라마 진행을 저해하는 것으로 바람 직하지 못하다.

⑥ 극의 전반적인 흐름을 잘 따라가야 하며 집단의 의욕이 떨어지거나 지루 한 장면이 계속될 때 유머러스한 행동이나 말로 극을 반전시키고 활력을 불어넣을 수 있어야 한다. 이때 따뜻한 태도와 주인공에 대한 애정이 필 수적이다. 또한 디렉터로 하여금 돌파구를 찾을 수 있도록 조언자의 역 할을 할 필요가 있다. 극이 답보 상태에 있을 때 디렉터는 적절한 상황 설정이나 기법으로 분위기 전환을 꾀하려고 한다. 이럴 때 보조자아가 극을 재치 있고 깔끔하게 진행하면서 디렉터에게 국면 전환의 기회를 제 공하는 것이 좋다.

⑦ 가능한 필요한 이야기를 간결하게 표현하는 것이 바람직하다. 보조자아 의 기본 역할은 주인공이 자신의 내면을 보조자아라는 맑은 거울에 비춰 보면서 탐색할 수 있도록 하는 것이다. 따라서 보조자아가 극의 흐름을 주도적으로 이끌어 가서는 안 된다. 흔히 사이코드라마 초기에는 주인공 이 준비가 안 되었기 때문에 극에 몰입하도록 보조자아가 돕는 경우가 많다. 하지만 극이 진행되고 주인공이 감정적으로 몰입이 되면 보조자아 는 좋은 경청자의 입장을 취하는 것이 바람직하다. 주인공보다 오히려 말을 많이 하여 주인공의 자연스러운 감정의 흐름이나 행동을 방해하지 말아야 한다. 주인공의 자발성과 창의성을 최대한 존중하여 주인공이 움 직이는 대로 흐름을 맞추어 가는 것이 바람직하다. 보조자아가 조급해하 고 욕심을 부리면 주인공이 저항을 갖게 되어 결국 드라마의 전반적 흐 름을 방해할 수 있다.

⑧ 디렉터의 별도의 지시가 없는 한 자신의 연기를 자연스럽게 계속해 나가 야 한다. 디렉터뿐만 아니라 보조자아의 불안감은 집단 내에 쉽게 영향 을 미친다. 보조자아가 어색해하고 어찌할 줄 모르는 태도를 취하면 주 인공뿐만 아니라 집단의 응집력과 자발성을 저해할 수 있다.

⑨ 치료적 측면을 늘 고려하고 있어야 한다. 특히 정신병 환자들을 대상으

로 하는 사이코드라마의 경우 자신의 말 한마디가 주인공에게 중요한 영향을 미칠 수 있다는 사실을 유념하여야 한다. 주인공이 현실과 이상 혹은 환상을 구분할 수 있을 만큼 성숙한 경우에는 큰 문제가 되지 않지만 현실 검증 능력이 떨어지고 자아 붕괴가 진행되기 시작한 정신분열병 환자의 경우에는 비현실적인 상황 전개로 망상이나 환청을 오히려 강화시켜서는 안 된다.

⑩ 보조자아가 자신의 문제를 주인공에게 투사시켜서는 안 된다. 극 중에서 전개되는 상황이 보조자아의 현실 상황과 비슷한 경우 자신의 문제점들이 주인공에게 투사되기 쉽다. 예를 들어 주인공이 이혼 직전의 심리적 갈등을 겪고 있는 상태고 보조자아도 비슷한 상황에 처해 있다면 보조자아의 주관적인 측면이 마치 주인공의 문제인 양 투사되어 주인공이 자신의 문제를 제대로 볼 수 없게 방해할 수 있다. 따라서 보조자아는 자신에게 역할이 주어졌을 때 지금 이 상황이 내가 연기하기가 부담스러운지 혹은 준비가 안 되어서 선뜻 역을 맡기가 힘든 상황인지를 판단해야 한다. 부담이 되는 경우에는 디렉터에게 이야기해서 다른 사람으로 교체하도록 하는 것이 좋다.

⑪ 또한 보조자아는 늘 주인공의 입장에서 애정을 가지고 극에 임해야 한다. 주인공에 대한 공감 능력이 결여된 상태에서 연기력이나 기법에 치중하는 드라마는 바람직하지 않다. 늘 주인공의 편에 서서 주인공을 바라보는 것이 좋다. 따라서 보조자아 역할을 하는 사람은 평상시에도 공감 능력을 기르기 위한 연습을 할 필요가 있다. 천성적으로 공감 능력을 타고난 사람도 있겠지만 공감 능력은 훈련에 의해서 길러질 수도 있다. 평상시 연극이나 드라마를 자주 관람한다거나 인간의 본성과 성격 묘사를 세밀하게 하고 있는 소설책을 자주 읽어 보는 것도 공감 연습에 도움이 될 것이다. 저자의 팀에서 보조자아를 오랫동안 해 오고 있는 한 간호사는 의식적으로 공감 연습을 한 결과, 이제는 누구를 만나도 습관적으로 그 사람 입장이 되어 있는 자신을 발견하게 된다고 말하기도 한다. 그러나 주인공 편에 선다고 해서 주인공의 병적인 성향이나 욕구를 무조건 수용해서는 안 된다. 예를 들어 주인공의 자기애적인 성향이나 잘못

된 행동양상 들을 무비판적으로 받아들여 오히려 이러한 측면을 강화시켜서는 안 된다.

⑫ 보조자아는 주인공의 의식과 무의식의 흐름, 감정 몰입의 속도나 깊이에 가능한 한 보조를 맞추어야 하며 극 중에서 의식적 혹은 무의식적 의사소통을 통해서 자신의 연기가 주인공의 내적 대상과 비슷해지도록 노력해야 한다. 따라서 극이 진행되는 동안 고도의 집중력과 정성을 요한다. 특히 이중자아를 맡고 있는 보조자아는 라디오의 주파수를 맞추듯 주인공이 내보이는 내적인 신호와 메시지에 충실해야 한다. 그러나 이러한 상호간의 의사소통이 제대로 이루어지지 못한다면 오히려 주인공의 자발성을 방해하고 저항을 불러일으킬 수 있다.

⑬ 때로 주인공이 보조자아가 필요 없을 정도로 디렉터의 의도에 맞게 여러 가지 역할을 잘 수행하고 있다면, 굳이 보조자아를 투입할 필요가 없다. 이런 경우 흔히 게슈탈트치료에서 하듯이 빈의자기법을 사용하여 위치를 변경하면서 주인공 스스로 자신의 다른 부분들이나 혹은 주변의 다른 사람의 역할들을 번갈아 하도록 하는 것이 효과적일 수 있다.

자의식이 강하고 상황을 통제하고자 하는 욕구가 강한 한 여자 주인공은 부모와 해결되지 않은 뿌리 깊은 갈등이 있었고 이러한 갈등은 현실에서 권위적인 인물들과의 관계에서 재연되곤 하였다. 극에서 주인공은 아버지, 어머니 역할을 맡은 보조자아들에게 심한 저항감을 보이며 역할 연기에 반응하지 않으려고 했다. 극이 끝난 후 주인공은 보조자나 이중자아들이 끊임없이 자신에게 어떤 말이나 행동을 강요하는 것 같아 역할 연기를 하고 싶지 않았다고 표현하였다. 이와 같이 통제 욕구가 강한 주인공의 극에서는 보조자아를 투입하지 않고 모노드라마 형식으로 극을 진행하는 것도 효과적일 수 있다.

제12장 이중자아

사이코드라마의 기법 중에서 이중자아(Double)는 가장 강력한 도구라고 할
수 있다. 이중자아는 주인공의 내면의 세계를 표현하는 기법이므로 세심한
주의가 필요하다. 마치 라디오의 주파수를 맞추듯 주인공의 섬세한 내면을
거울처럼 잘 비추어 줄 수 있어야 한다. 이중자아가 감정적 공조가 이루어지
지 않은 상태에서 엉뚱한 행동이나 대사를 하게 되면 주인공의 집중력을 오
히려 떨어뜨리고 에너지 수준을 낮추어 주인공이 극에 몰입하는 것을 방해할
수 있다. 따라서 이중자아는 숙련된 기술이 요구되는 고도의 기법이라고 하
겠다. 특히 치료적인 사이코드라마에서는 개인의 정신 병리와 심리적 현상에
대한 이해가 필수적이라고 할 수 있다.

1 이중자아의 기능

이중자아는 주인공 뒤에 서서 그의 일부인 것처럼 행동한다. 이중자아는 극
에 방해되지 않도록 주인공의 뒤쪽에서 약 30도 정도 비스듬히 서서 주인공
을 응시한다. 이 위치가 주인공의 주위를 산만하게 하지 않으면서 주인공을

이중자아

관찰하고 모방하기에 좋은 지점이다. 이중자아가 불안, 죄책감, 공격성, 비겁함 등 말로 표현할 수 없는 주인공의 감정을 읽어 내면 주인공과 상징적 동일시가 이루어진다. 이중자아가 주인공과 동일시될 때 두 개의 자아 상태가 존재하게 되므로 다른 자아 사이의 대화가 가능하게 된다.

이중자아의 역할을 맡은 보조자아는 가볍게 손을 주인공의 어깨에 얹어 이중자아가 주인공의 일부임을 확인시켜 주는 게 필요하다. 그러나 경우에 따라서는 신체적 접촉에 거부감을 갖는 사람도 있기 때문에 세심한 배려가 필요하다. 친밀감에 대한 양가감정을 가지고 있는 한 우울증 환자는 이중자아를 맡은 보조자아가 자신의 어깨에 손을 얹자 화들짝 놀라며 거부감을 표현하였다. 이 경우에는 주인공이 방어적인 태도를 버리고 관계를 맺을 준비가 될 때까지 신체적 접촉을 피하고 그림자처럼 주인공 가까이서 감정을 읽어 나가는 것이 필요하다. 어떤 경우든지 이중자아는 주인공으로 하여금 자신의 마음을 잘 대변해 줄 수 있는 주인공의 한 부분임을 인식할 수 있도록 주의를 기울여야 한다.

이중자아는 주인공이 사이코드라마 상황에서 직접적으로 표현하지 못하지만 은연중에 암시된 내용들을 행동화한다. 특히 주인공이 가지고 있는 다양한 감정들을 표현할 수 있어야 한다. 흔히 겉으로 드러나는 마음 외에 사람들의 내면에는 여러 가지 마음들이 숨겨져 있다. 예를 들어 어머니에 대한 사랑과 증오라는 양가감정을 가지고 있는 주인공은 죄책감 때문에 관객들 앞에서 그런 속마음을 표현하지 못할 수 있다. 이중자아는 이러한 주인공의 복잡한 마음을 잘 파악하여 효과적으로 시기적절하게 표현해야 한다. 즉 자기주장성이 부족하고 적대감을 표현하지 못하는 주인공을 대신하여 감정을 환기(ventilation)시켜 줄 수 있어야 한다. 이렇게 하면 주인공은 이중자아를 통해 대리 만족을 얻을 수 있다. 디렉터는 주인공에게 만일 이중자아가 하는 이야기에 동감이 되면 그대로 말과 행동을 따라 하여도 좋다고 지시한다.

이중자아는 '나는' 이라는 일인칭 대명사를 사용해서 자신의 생각이나 감정을 표현한다. 이는 주인공에게 이중자아가 자신의 일부라는 것을 인식시켜 주는 역할을 한다. 일인칭을 써서 이중자아와 주인공의 일치감을 도모할 수도 있지만 때로는 이중자아 자신들끼리의 대화에서는 이인칭을 쓰기도 한다. 어떤 경우이든 이중자아는 상황에 맞게 유연한 화법을 구사하여 주인공의 또 다른 내면을 표현하는 것이 중요하다.

몇몇 사이코드라마 디렉터들은 이중자아의 역할을 주인공과의 대화에만 한정시키는 경우가 있다. 하지만 저자의 생각은 융통성 있게 접근하는 것이 중요하다고 생각한다. 예컨대 주인공의 입장에 공감을 하고 있고 호흡이 맞는 경우 이중자아가 상대방 보조자아와 대화를 나누어도 무방하다. 그러나 그렇지 못한 경우에는 이중자아는 주인공과의 대화에만 초점을 맞추는 것이 좋다. 한편 주인공이 자신의 감정을 인식하고 자기표현을 할 수 있는 능력을 어느 정도 갖추고 있다면 굳이 이중자아를 통해 간접적으로 표현하기보다는 상대방과 직접 대화를 나누게 하는 것이 좋다. 그러나 자기표현 능력이 제한적인 환자들이나 상대방과 감정적으로 갈등적인 관계에 있거나 권위적인 대상에 압도되어 있는 경우에는 이중자아를 통해 상대방과 대화를 시도할 수 있다.

많은 사람들은 다른 사람들에게 자신의 약점이나 나약함을 내보이는 것을 극도로 꺼리고 숨기는 경향이 있다. 사회적 상황에서 사람들은 전체적 측면을 다 드러내기보다는 한 쪽 측면만을 드러내게 된다. 용감함과 비겁함, 도덕적이거나 비도덕적인 것, 좋고 나쁜 것, 친절함과 퉁명스러움 등의 상반된 감정들을 모두 가지고 있지만 한쪽 마음만 내보이고 나머지는 마음속에 숨겨 두는 경우가 다반사다. 또한 주변 사람들이 자신에게 기대하는 모습에 맞추기 위해 자신의 진정한 감정이나 욕구를 억누르기도 한다. 좋은 엄마는 아이에게 좌절감과 분노감을 직접적으로 표현해서는 안 된다고 생각한다거나, 남자는 사람들 앞에서 우는 모습을 보이지 말아야 된다고 알고 있는 경우가 이러한 예에 해당된다. 인지적 관점에서 보면 이 역시 역기능적 사고라 할 수 있겠다. 숨겨진 감정이나 정서는 누르면 누를수록, 의식하지 않으려고 노력하면 할수록 더욱더 심각한 증상을 만들어 낸다. 이와 같은 맥락에서 볼 때 이중자아는 내면의 목소리(inner voice), 즉 갈등, 연민, 아이러니의 목소리다. 이중자아는 강인한 얼굴 안에 들어 있는 겁쟁이일 수 있고 천사 같은 모습 안에 들어 있는 악마일 수도 있고 외로운 은둔자 안에 들어 있는 결핍된 어린아이일 수 있다.

이중자아는 무한한 가능성을 제시하기 때문에 조심스럽게 사용되어야 한다. 따라서 이중자아를 맡고 있는 사람은 주인공이 내놓은 단서에 예민하게 귀를 기울여야 한다. 이중자아는 주인공이 갈등을 인식하게 도와주고 감정을 표현할 수 있는 대안적인 방식을 제시할 수 있어야 한다. 만일 자신이 한 말이 주인공의 내밀한 감정을 정확하게 건드리지 못하고 있다고 판단되면 즉시 태도를 바꾸어야 한다. 즉 자신이 주인공의 감정을 제대로 읽어 내지 못하고 있다는 단서를 얻게 되면 주관적 인상이나 육감(hunch)을 버리고 주인공의 마음에 더 가까이 다가갈 수 있도록 세심한 주의를 기울여야 한다.

전술했듯이 이중자아는 매우 강력한 기법이다. 훌륭한 이중자아는 주인공으로 하여금 이중자아를 타인이 아닌 자신의 내면의 목소리 또는 촉매자(catalyst)로 경험하게 한다. 이중자아가 주인공의 내면의 목소리를 잘 대변해 준다면 주인공은 통상적으로 사용하는 방어를 내던지게 된다. 만일 주인공에게 누군가가 "가끔씩 아버지를 죽이고 싶니?"라고 질문을 한다면 주인공은 말도 안 되는 소리라고 말할 것이다. 하지만 주인공이 아버지 역할을 맡은 보조자아와 대화를 하던 도중 문득 이중자아가 평소에 가지고 있던 아버지에 대한 증오감을 자극하면서 "아버지가 너무 미워서 죽여 버리고 싶어. 예전부터 그런 생각이 들었어. 정말로 죽일 수도 있을 것 같아."라고 하는 말에 자기도 모르게 수긍하다가 자신의 감정의 강도에 놀라게 될 것이다. 이중자아는 주인공에게 두렵고 불쾌한 감정을 표현하게 해 주고 그러한 감정이 갖는 의미를 해석해 주기도 한다. 예를 들어 주인공이 "아버지를 죽이고 싶어."라고 자극적인 말을 한 후에 이중자아는 "아버지를 죽이고 싶다고 말하다니 내가 너무 심하게 말한 건 아닐까. 아버지가 그 정도로 나쁜 사람은 아닌데. 내가 이런 심한 말을 하다니. 너무 두려워. 내가 이렇게 끔찍한 사람인 줄 몰랐어."라고 말할 수 있다. 디렉터나 이중자아는 주인공의 취약성을 인식하고 신중하게 접근해야 한다.

　이중자아는 자신이 한 말에 대해 주인공의 반응을 주의 깊게 관찰하면서 판단해야 하며 지나친 감정 표현이 주인공을 더 힘들게 할 수 있다는 것을 염두에 두어야 한다. 디렉터 역시 이중자아와 주인공 간의 감정적 조율을 민감하게 관찰하다가 필요한 경우 주인공의 감정을 물어보고 반대 의견을 가지고 있는 다른 이중자아를 투입하거나 주인공에게 이중자아들과 논쟁을 하게 함으로써 주인공이 자신의 문제에 더 통제감을 가질 수 있도록 준비시켜야 한다. 이와 같이 세밀하게 신경 쓰지 않는다면 주인공은 자신이 말할 준비가 되어 있지 않는 어떤 것을 말하도록 압력을 받고 있다는 느낌을 받을 수 있고 더욱 위축되고 방어적으로 될 수 있다.

② 이중자아의 선택

　이중자아는 주인공 자신이 집단원 중에서 고를 수도 있고 디렉터가 추천하기도 하는 데, 극의 성격에 따라 어느 편이 주인공에게 도움이 될 수 있는지를 판단하여 선택하는 것이 중요하다. 주인공이 직접 이중자아를 선택하도록 할 때에는 "본인의 이중자아를 해 주었으면 하는 사람이 있으면 선택하십시오.", "관객들과 눈을 마주치면서 속마음을 가장 잘 이해할 수 있을 것 같은 한 분을 선택해 보세요.", "무언가 당신과 잘 통할 수 있을 것 같은 사람을 고르십시오.", "지금 관객들 중에 친구 분이 있다면 그분을 이중자아로 선택하셔도 좋습니다." 등의 말을 해 준다.

　디렉터는 흔히 다음과 같이 주인공에게 이중자아를 소개한다.

　　"이 사람은 당신의 이중자아입니다. 즉 당신의 보이지 않는 자아, 겉으로는 표현되지 않는 숨겨진 부분입니다. 이중자아는 당신이 마음속으로 느끼고 있지만 잘 표현하지 못하고 있는 부분도 이야기해 줄 것입니다. 만약 이중자아가 하고 있는 이야기가 맞다고 생각하시면 이중자아가 한 말을 그대로 따라 하셔도 됩니다. 만일 이중자아가 말하고 있는 것이 자신의 생각이나 느낌과 다르다면 그냥 '그렇지 않아요.'

라고 말해도 됩니다. 그러면 이중자아는 당신이 느끼는 감정에 더 가까이 다가가려고 노력할 것입니다. 만약 주인공인 당신이 느끼기에 이중자아가 자신의 생각과 느낌을 계속 공감하지 못한다고 판단되면 다른 이중자아로 바꾸어 드릴 수도 있습니다.”

⑬ 이중자아의 유형

이중자아에 대해서는 Eva가 쓴 책 『임상현장에서의 사이코드라마』(2002, 최윤미 역)에 자세히 나와 있는데, 여기서는 저자가 그중에서 즐겨 사용하는 기법만을 언급하고자 한다.

1) 감정을 증폭시키는 이중자아

주인공이 느끼는 감정을 최대화시키는 기법으로 이러한 이중자아는 주인공의 느낌을 명료하게 하는 데 도움이 된다. 이면에 숨겨진 감정을 끄집어내어 주인공에게 직면시켜 줌으로써 자신의 감정이 어떤 것인지 인식시켜 주는 것이다. 이때 이중자아는 특히 주인공의 자아강도를 고려해서 감정의 수위를 잘 조절하여 표현할 수 있어야 한다. 만일 이중자아가 주인공의 감정을 심하게 자극하여 주인공이 너무 고통스러워하거나 부담을 느끼고 있다면 디렉터가 즉시 개입하여 건설적이고 생산적인 방식으로 감정이 표출될 수 있도록 도와주어야 한다.

흔히 사람들은 실제적인 대화에서는 나타나지 않는 감정이 무심결에 비언어적 방법으로 나타나곤 한다. 경직된 자세, 목소리나 자세에서의 가벼운 떨림, 무심코 스쳐 지나가는 눈빛 등에서 내면의 감정이 묻어나기도 한다. 이중자아의 목적은 주인공을 곤경에 빠뜨리지 않고 감정의 강도를 조절하면서 자유롭게 표현할 수 있도록 허용함으로써 다른 대안적인 해결책에 도달하게 하는 것이다. 전술했듯이 이중자아는 늘 주인공을 잘 관찰하여 자발적으로 감정을 표현할 수 있도록 도와야 한다.

사랑, 분노, 아픔, 자기 연민, 방어, 죽음에 대한 두려움, 공포, 슬픔과 같은 감정들은 피상적인 진부한 대화에서는 잘 드러나지 않는다. 이런 감정들은 오히려 어떤 몸짓이라든가 한숨을 쉬거나 갑자기 울음을 터뜨리는 것 등에서 드러나기 마련이다. 이중자아의 역할은 이 숨은 감정을 표면으로 드러나게 하는 것이다.

감정을 증폭시키는 이중자아를 표현하는 데 가장 큰 어려움은 '감정적' 이 되는 것을 꺼리는 문화적 영향도 있다. 문화에 따라 다르겠지만 특히 우리 문화에서는 자신의 감정을 있는 그대로 솔직하게 표현하는 것보다 절제되고 통제된 방식으로 표현하는 것을 성숙의 지표로 여기는 경향이 있다. 사람들은 정서가가 강한 감정을 강렬하게 표현하는 것에 자유롭지 못하다. 감정을 충동적으로 거칠게 표현하는 사람들은 대체로 심리적으로 세련되지 못하고 감상적이라고 생각하는 사람들이 많다. 하지만 우리 마음속의 부정적인 감정은 한없이 받아 주고 얼러 주기를 바라는 어린아이와 같다. 특히 적개심이나 분노감과 같은 감정은 쌓아 두고 방치하게 되면 더 큰 힘이 되어 심적 에너지를 소진시킨다. 따라서 감정을 증폭시키는 이중자아는 환자의 마음속에서 소화되지 않은 채 남아 있는 부정적인 에너지를 밖으로 표출시키는 통로 역할을 할 수 있다.

2) 중립적인 이중자아

이 유형의 이중자아는 개인치료 과정과 아주 유사하다. 주인공이 하고 싶은 말을 강조하여 확실하게 전달하되 주로 질문을 던짐으로써 어떤 상황에서는 주인공이 다른 선택을 할 수도 있음을 조망할 수 있게 해 준다. 이 기법은 자신의 마음이 들키는 것을 부담스러워하는 주인공에게 사용하는 것이 좋다. 이중자아와 주인공 간의 라포 관계가 충분히 형성되지 못한 경우에 이중자아가 주인공의 마음을 직접적이고 적극적으로 표현하게 되면 주인공은 거부감을 가질 수 있다. 이런 경우에 객관적이고 중립적인 입장에서 주인공을 있는 그대로 반영하는 것만으로도 주인공의 저항을 줄일 수 있다.

3) 풍자적인 이중자아

이 유형의 이중자아는 극이 밋밋하고 단조로운 경우라든가 주인공이 객관성을 잃고 자신의 이야기를 지루하게 고집할 때 국면 전환을 위해 사용된다. 예를 들어, 주인공이 느리고 단조롭게 이야기하는 방식을 과장하여 표현한다든지 지나치게 자기중심적인 반응을 보이는 주인공을 슬쩍 풍자하는 이야기를 하여 객관적 시각을 유도하기도 하고 자칫 지루해지는 사이코드라마에 활력을 불어넣을 수 있다.

풍자적인 이중자아는 주인공에게 상처를 입힐 수 있으므로 가급적 부드럽게 주인공의 자기 인식을 증진시키는 쪽으로 접근해야 한다. 만일 이중자아가 너무 신랄하게 표현하면 이 과정에서 주인공은 화가 날 수도 있다.

풍자적인 이중자아를 이용할 때 주의할 점은 주인공의 특성과 상황에 맞게 융통성 있게 접근해야 한다는 것이다. 사람들은 누군가로부터 공격을 받거나 비난을 받는 것을 본능적으로 방어하는 경향이 있다. 따라서 어떤 주인공은 이런 유형의 이중자아에게 상처를 받기 쉽다. 따라서 이중자아는 주인공의 자아강도를 가늠해 보고 말을 해야 할 때와 멈추어야 할 때를 잘 조절하는 것이 필요하다. 주인공이 견디어 낼 수 있는 정도의 풍자에서 그쳐야 하며 주인공에게 상처를 입히려는 의도가 없다는 것을 전달할 수 있어야 한다. 디렉터는 주인공으로 하여금 이중자아가 하는 이야기가 마음에 들지 않으면 이중자아와 과감히 싸울 수 있도록 격려한다.

4) 유머러스한 이중자아

흔히 유머는 대인관계에서 활력소 역할을 한다. 조미료가 빠지면 음식의 맛을 제대로 낼 수 없듯이 유머는 지루하고 반복적인 일상에서 여유와 멋을 찾게 해 준다. 또한 긴장감이 감도는 상황에서 던져지는 한마디 유머는 분위기를 반전시키고 문제를 다른 각도에서 볼 수 있게 해 준다. 주로 대인관계의 갈등이나 내적 갈등을 다루는 사이코드라마에서도 유머는 매우 중요한 요소다. 유머러스한 이중자아는 인생에 대한 낙관적인 시각과 융통성을 필요로 하는 역할이며, 극단적인 상황에서도 유머러스한 대응으로 상황을 풀어 나가는 재치가 돋보인다. 유머러스한 이중자아를 통해 상황을 여유롭게 풀어 가는 넉넉한 마음과 인생을 바라보는 따뜻한 시각, 연륜을 느낄 수 있다. 사이코드라마를 진행하다 보면 주인공이 양극단에서 이러지도 저러지도 못하는 상황에 빠져 심한 고민을 하는 경우를 많이 본다. 어떤 주인공은 극단적인 분노감으로 자제력을 잃기도 한다. 이와 같이 주인공이나 관객 그리고 디렉터 모두가 어찌할 수 없는 상황에 몰렸을 때 이중자아의 멋진 한마디 대사나 행동으로 국면을 돌파하는 경우가 있다. 유머러스한 이중자아는 우리가 살면서 경험하는 심각한 고민이란 것도 어떻게 보면 하찮은 욕심이나 이기심에서 비롯된다는 것을 은유적으로 표현할 수 있는 방법이며 고통을 가볍게 낙관적으로 볼 수 있는 시각을 주기도 한다. 이 유형의 이중자아는 타고난 성격이나 연륜, 성숙의 정도에 따라 개인차가 많이 나는 역할이다.

저자의 사이코드라마 팀에는 연륜이 있는 연극배우와 간호사들이 많은데, 특히 극이 단조롭고 지리멸렬해지거나 팽팽한 긴장감으로 인해 국면 전환이 요구되는 경우 이들이 던지는 재치있는 말 한마디가 극의 분위기를 반전시키기도 한다.

5) 자기 관찰자로서의 이중자아

이중자아는 주인공의 모든 언어적·비언어적 행동에 주의를 집중하면서 주인공의 내면을 신중하게 관찰하게 된다. 이것은 정신분석의 관찰적인 자아(observing ego)와 비슷한 개념이다. 예컨대 자기 관찰자로서의 이중자아는 "나는 지금 나 자신을 속이는 것이 아닐까? 지금 내가 말하고 있는 것이 내 진심일까?"라고 표현할 수 있다. 주인공의 행동에 대해 "나는 자꾸만 긴장하는 것 같아. 나는 지금 또 변명하고 있구나."라고 반영해 줌으로써 주인공의 내면에 있는 객관적인 관찰자 역할을 한다.

6) 보조자아의 이중자아

보조자아의 이중자아

주인공의 이중자아뿐만 아니라 공연에 참가하고 있는 보조자아의 이중자아도 있다. 무대에는 주인공 외에 주인공의 이중자아, 보조자아, 보조자아의 이중자아 및 그 밖의 다른 역할들과 이들의 이중자아들이 역할 연기를 하게 된다. 보조자아의 이중자아는 보조자아가 미숙한 경우 극의 원활한 진행을 위해서 투입되는 경우가 많으며 이 밖에 보조자아들의 교육과 훈련을 위해서 이용되기도 한다. 보조자아의 이중자아는 주인공이 자신과 갈등 관계에 있는 중요한 타인의 마음을 이해하고 다양한 시각에서 볼 수 있도록 도와주는 역할을 한다.

7) 대립적인 이중자아

주인공이 지나치게 강한 감정을 실어 강력하게 주장할 때 이중자아는 상반된 관점을 제기할 수 있다. 대립적인 이중자아는 주인공의 편협한 시각을 바로잡기 위해 다른 각도로 사물을 볼 수도 있다는 점을 강하게 주장할 수 있다.

여기에서 중요한 것은 주인공이 미처 생각하지 못했던 점들을 지적해 주기도 하고 주인공이 강하게 억압하고 있거나 부정하였던 감정에 직면하게 하고 주인공이 생각해 보지 않았던 점들에 대해 논쟁을 하도록 부추기는 것이다. 이때 디렉터는 일방적으로 이중자아만 이야기하게 함으로써 주인공이 상대적으로 공격당하는 입장에 서게 해서는 안 된다. 양쪽 모두 동등한 기회를 제공하여 주인공이 양가감정과 내재된 갈등에 직면하여 적극적으로 논쟁을 하게 만드는 것이 필요하다. 주인공의 갈등적인 마음 상태를 대립적인 구도로 표현할 때 이 이중자아기법이 효과적이다.

8) 신체적 언어와 몸짓을 표현하는 이중자아

주인공이 표현하는 신체 언어를 통해 주인공의 감정을 알 수 있는 것처럼 이중자아의 신체 언어도 주인공에게 자신의 다른 면모를 볼 수 있게 해 준다. 대부분 이중자아는 주인공으로부터 단서를 얻는다. 만일 주인공이 말하는 것과 보여 주는 몸짓이 일치하지 않는 경우에 이중자아는 주인공의 신체 언어를 극화시킨다. 또한 이중자아는 주인공이 느끼지 못하는 행동과 습관을 직접 신체적으로 표현하여 주인공이 특정한 감정 상태에 있을 때 자신이 보이는 행동 양상을 깨닫게 해 준다. 이중자아는 보조자아와 상호작용하면서 보조자아를 껴안기도 하고 매달리기도 하고 베개를 집어 던질 수도 있다. 극히 억압적인 주인공을 대신하여 행동 표출을 함으로써 주인공에게 대리 만족을 줄 수도 있다. 일례로 주인공이 갈등을 해결하고 화해가 이루어지는 순간 서로 포옹하는 것은 다른 어떤 대화보다도 더 감동적이다.

9) 상담자로서의 이중자아

사이코드라마에서 제공하는 잉여현실은 주인공에게 과거의 사건을 재경험할 수 있는 기회를 제공한다. 과거의 갈등적 상황으로 되돌아가 엉켰던 실타래를 풀 수 있는 기회를 주인공에게 다시 한 번 제공하는 것이다. 주인공은 "만일 내가 지금 생각하는 것을 그때 생각할 수 있었더라면!", "만일 내가 그때 그 사람에게 이렇게 이야기했더라면! 만일 그때 그런 점을 생각할 수 있었더라면!" 하는 미련을 갖기 마련이다. 이때 디렉터는 진행 상황을 잠시 멈추고 주인공에게 이중자아와 걸으면서 상의할 수 있는 기회를 준다. 자신이 한 결정에 대해 후회와 걱정이 많아서 다른 사람들로부터 지지와 격려가 필요한 주인공의 경우에는 충분한 시간을 주어 이중자아와 상담하고 조언을 얻을 수 있게 해 준다. 상담자로서 이중자아는 주인공에게 현명한 조언을 해 주어 주인공이 진실한 감정을 되찾고 갈등과 고통을 줄일 수 있도록 대안을 제시할 수 있다는 점에서 효과적이다.

10) 다중 이중자아

다중 이중자아

다중 이중자아란 주인공에게 여러 명의 이중자아를 붙여 주어 주인공의 마음이나 감정을 표현하게 하는 경우를 말한다. 다중 이중자아는 주인공의 '전인격(total personality)'을 표현하게 되는 것이다. 이 기법은 주인공의 다양한 마음들을 표현할 수 있다는 장점이 있어서 저자가 즐겨 사용하는 편이다. 디렉터는 극이 진행되면서 주인공의 어떤 속성들이 갈등을 불러일으키고 있는지를 잘 파악하여 이중자아를 각각의 속성에 할당한다. 이때 역할을 맡은 이중자아는 디렉터의 의도에 맞게 주인공의 내면에 있는 마음을 분명하게 표현해야 한다. 각각의 마음에 이중자아를 하나씩 붙여 주는 방식도 있을 수 있지만 그냥 여러 명의 이중자아를 주인공의 분신으로 기용하여 이중자아들끼리 의견을 피력하도록 하는 방식도 가능하다. 이렇게 하면 다양한 관점에서 의견이 교환되어 주인공이 혼란스러운 마음을 정리하는 데 도움을 얻을 수 있다. 디렉터 역시 주인공의 핵심 갈등을 보다 잘 파악하여 다음 상황으로 극을 전개하는 데 효과적인 단서를 얻게 된다.

11) 집단 전원에 의한 이중자아

사이코드라마에서 집단 전체가 갈등이 전개되는 장면에 참여하게 되는 경우가 많다. 이는 다중 이중자아를 확대한 형태라고 볼 수 있다. 주인공이 해결 곤란한 부적응적인 문제를 지니고 있는 경우 디렉터는 집단을 향해 의견을 물어볼 수 있다. 핵심 갈등이 파악되면 디렉터는 객석에 불을 밝히고 집단의 의견을 묻는다. 집단의 의견이 양분되는 경우가 많은데, 이런 경우는 각각의 집단을 무대에 등장시켜 집단토론의 형태로 진행하기도 한다. 주인공에게는 집단의 다양한 의견을 들을 수 있는 좋은 기회가 되며 집단 개개인에게는 사이코드라마에 직접적으로 참여할 수 있는 기회가 된다.

주인공이 자신의 생각에 너무 집착하여 객관성을 잃었을 경우 관객들로 하여금 주인공의 생각을 환기시킬 수 있다. 관객 전체가 주인공을 격려하여 객관적이고 생산적인 사고를 할 수 있게 해 준다. 집단 전체의 힘을 모아 주인공에게 강한 메시지를 전달할 수 있는 것이다. 우울증으로 인해 부정적인 사고에 빠져 헤어나지 못하는 경우 디렉터는 관객들에게 해결책을 물을 수 있다. 이러한 집단 이중자아는 분위기를 쇄신시키는 역할을 하며 집단의 응집력을 높이게 된다. 각 집단원들이 대화하는 동안 주인공은 많은 격려를 받게 된다. 집단이 제공하는 힘은 개인이 제공하는 힘에 비해 훨씬 강력하며 열정적이다. 디렉터는 주인공의 마음뿐만 아니라 집단의 분위기를 잘 파악하여 과연 어떤 시점에서 집단 전원을 참여시켜 효과를 극대화할 것인지를 판단해야 한다.

집단 이중자아

12) 집단원을 위한 이중자아

집단원의 감정표현을 위한 이중자아가 있을 수 있는데, 무대에서 벌어지고

있는 실연이나 디렉터를 포함하여 배역을 맡고 있는 보조자아에 대해 집단원
들이 가질 수 있는 긍정적인 감정이나 부정적인 감정을 나타낼 수 있도록 돕
는 방법이다. 예를 들어 주지화 방어기제를 많이 사용하는 주인공이 지나치
게 지적인 말을 계속 늘어놓을 때 집단원의 이중자아가 집단원들 뒤에 서서
"정말 너무 지루하군. 도대체 무슨 말을 하고 싶은 거지. 그냥 한마디로 미안
하다고 표현하면 될 것 같은데……."라고 말하는 것이 그 예에 해당된다. 혹
은 말을 못하고 주춤거리는 주인공에게 "힘을 내세요. 할 수 있어요!"라고 말
해 준다. 이 방법은 행동적 연기를 촉진시키는 촉매 작용이 될 수 있다.

❹ 이중자아를 위한 지침

이중자아의 핵심적인 역할은 주인공의 감정을 이해하고 표현하도록 돕는
것이다. 하지만 주인공의 감정을 읽어 내는 것이 쉬운 일이 아니다. 더욱이
주인공으로 선정된 사람에 대한 사전정보가 없는 경우—아마도 대부분의 경
우가 이에 해당될 것이다—경험이 없는 이중자아는 곤혹스러울 것이다. 주인
공의 감정을 감지해 내기 위해서 그 사람에 대한 광범위한 생활사를 꼭 다 알
고 있을 필요는 없다. 주인공에 대한 사적인 정보를 다 알 필요도 없거니와
제한된 시간에 주인공을 다 파악한다는 것은 불가능하다. 따라서 이중자아는
무대 위에서 주인공이 행한 말과 행동들을 준비 단계부터 차곡차곡 기억하고
있는 것이 중요하다. 준비 단계부터 거슬러 올라가 주인공의 일거수일투족을
잘 관찰하는 것이 필요하다고 하겠다. 준비작업이나 극 초반에 주인공이 제
시하는 것을 단서로 해서 이중자아는 처음에는 상식 수준에서 연기할 수 있
으면 된다. 예를 들어 실연의 슬픔을 가지고 있는 주인공의 이중자아라면 그
사람이 느꼈을 만한 상실감을 일반적인 상식 수준에서 토로하면 된다. 점차
로 주인공과 정서적 교류를 통해 주인공의 내면을 이해하기 시작하면서 심층
적 수준으로 이행할 수 있다. 만일 이중자아가 넘겨짚은 이야기가 사실과 다
르다면 주인공의 피드백에 의해서 교정을 받을 수 있다. 그와는 반대로 이중
자아의 이야기가 주인공의 정곡을 찌른다면 주인공의 반응은 더욱더 즉각적

이고 사실적으로 다가올 것이다. 이러한 과정을 통해 주인공과 이중자아는 서로 간의 신뢰를 쌓고 일체감을 공고히 할 수 있게 되는 것이다. 이중자아는 주인공이 느꼈을 만한 정서적 갈등을 슬쩍 던지고는 그 반응을 살필 수 있다. 이중자아가 던진 말이나 행동에 대한 주인공의 반응을 보고 이중자아는 어떤 방향으로 극을 전개해야 할지 감을 잡게 된다. 유능한 이중자아는 주인공의 감정적 흐름에 민감해야 한다. 반응의 강도를 살피면서 갈등의 본질을 파악하게 되면 극의 방향을 잡아 나갈 수 있다. 디렉터도 흥미롭게 주인공과 이중자아들 간의 상호작용을 관찰하면서 극을 이끌어 간다. 이러한 과정을 통해 이중자아는 주인공의 내면으로 한 걸음 한 걸음 다가갈 수 있으며 결국에는 주인공 자신이 되어 주인공이 생각하고 느끼는 방식대로 연기를 할 수 있게 되는 것이다.

　다음은 주인공의 감정을 공감하는 이중자아의 역할을 해내기 위해서 필요한 사항들이다.

① 주인공을 따뜻한 시각으로 바라볼 수 있는 마음이 필수적이다. 주인공을 돕고자 하는 마음과 올바른 판단을 할 수 있도록 그 사람의 눈과 귀가 되어 주어야 한다. 이중자아가 주인공의 입장에 공감하기 위해서는 주인공이 하고 있는 역할과 그 역할의 특성을 판단해 보는 것이 필요하다. 정년퇴직을 앞두고 있는 가장, 몹쓸 병에 걸렸다는 것을 안 주부, 승진 시험에서 탈락한 사람 등 역할 변화에는 가족 관계, 직업, 사회적·경제적 생활 영역에서 그 역할에 수반되는 감정들이 있게 마련이다. 이중자아는 주인공이 처한 상황이나 역할 변화에서 나타나는 이러한 감정들에 민감할 필요가 있다. 이중자아의 경험과 연륜 그리고 얼마만큼 성숙한 사람인가 하는 점은 이중자아로서의 가치를 높이고 주인공에게 지대한 영향을 끼친다는 점에서 중요하다. 훌륭한 이중자아는 깊이 있는 사이코드라마를 가능하게 하며 주인공에게 더욱 많은 감동과 격려를 줄 수 있다.

② 주인공의 말과 행동의 표현방식에 세심한 주의를 기울여야 한다. 이중자

아는 말 그대로 주인공의 분신이 되어야 하므로 주인공의 의사소통 방식 및 정서적 반응 양식을 잘 파악하여야 한다. 주인공이 자주 쓰는 단어, 억양, 말의 의미, 추상적 표현의 정도 등을 가늠하여 주인공이 의식적·무의식적으로 표현하고자 하는 것을 쉽게 설명하려고 애를 써야 한다. 앞서 언급한 대로 여러 종류의 기법을 처음부터 사용하는 것은 옳지 않다. 초기 단계에서는 주인공의 말을 경청하면서 주인공을 이해하고 수용하는 자세가 필요하다. 모든 관계가 그러하듯이 여기서도 신뢰 관계가 중요하다. 주인공과 신뢰 관계가 형성된 후에야 감정을 극화시켜 표현할 수도 있고 여러 가지 기법들을 적용해 보는 것이 좋다.

③ 주인공의 비언어적인 단서에 주목하여야 한다. 주인공의 자세나 몸짓, 얼굴표정 등 비언어적인 신체적 표현을 주의 깊게 살펴보면 주인공의 내면의 감정적 단서를 얻을 수 있다. 주인공의 신체 언어를 읽게 되면 이를 언어화시켜 주인공의 마음을 잘 표현해 주고 후련하게 만든다. 이중자아는 주인공의 자세, 표현방식, 몸짓과 음성을 흉내 냄으로써 주인공의 신체적 감각을 똑같이 경험하고 있음을 느낄 수 있다. 예를 들어 이중자아가 기진맥진하여 의자에 푹 주저앉은 주인공을 그대로 흉내내면 그 자세에서 힘의 분배로 느껴지는 감각이 주인공의 감정적 특성을 감지하게 해 준다. 다른 사람을 진지하게 흉내 내다 보면 정말로 그 사람들이 된 것처럼 느낄 수 있음을 발견하게 된다.

실패한 이중자아

- 주인공과 무관한 이중자아
  주인공과 이중자아가 서로 따로따로인 경우로서 주인공이 이중자아의 말과 행동에 이의를 제기하기도 한다. "제 생각은 그게 아닌데요.", "전 우리 어머니께 그런 식으로 행동하지는 않는데요.", "그렇게 말하니까 좀 거북하네요." 등의 반응을 보인다. 주인공 입장보다는 자신의 입장을 투사하는 경우가 가장 바람직하지 못한 이중자아다.
- 주인공의 자발성을 무시하는 이중자아
  이중자아가 자신의 주장을 펴느라 주인공이 자발적으로 말할 수 있는 기회를 박탈하는 경우다. 설혹 주인공의 내면 세계를 잘 표현하고 있다고 치더라도 너무 말을 많이 해서 주인공이 개입할 시기를 가로막는다면 역효과가 난다. 주인공의 자발성을 최대한 살려 주어 주인공 중심의 사이코드라마를 진행할 수 있어야 한다.

• 주인공의 한쪽 측면만을 강조하는 이중자아

이중자아가 갖추어야 할 중요한 자질 중의 하나는 유연성이다. 주인공의 마음을 다양한 각도에서 조명하고 정리해 줄 수 있어야 한다. 가령 애정과 증오의 양가적 감정을 갖는 주인공의 마음을 일방적으로 한 곳으로만 몰아가서는 곤란하다. 주인공이 양쪽 마음을 저울질해서 각각의 생각이 어떤 결과를 초래할 수 있는지 잘 검토할 수 있도록 도와주어야 한다. 간혹 예외는 있는데, 디렉터가 주인공의 마음 하나하나를 대표하는 이중자아를 배정하는 경우다. 이 경우에는 이중자아는 디렉터의 지시에 따라 각자의 마음에 충실한 연기를 할 수도 있다.

• 퉁명스러운 이중자아

주인공에 대한 감정이입이 결여된 채 주인공의 마음에 대해 시큰둥하게 반응하는 경우다. 이러한 이중자아는 주인공의 마음을 적극적으로 헤아려 보려는 의지도 없고 적극성도 떨어져 주변에 퉁명스럽게 비춰지는 경우다.

성격적으로 외골수거나 삶의 방식에 유연성이 없어 주인공의 심적 상태에 공감이 안 되고 자신과 너무 다른 주인공에게 공감하려는 의지조차 없는 경우 퉁명스러운 이중자아가 되기 쉽다.

제13장 준비작업

    사이코드라마에서 준비작업(Warm-up)은 극에 익숙하지 않은 사람들이 새로운 상황에 적응할 수 있게 하는 과정이다. 처음 참여한 사람에게는 사이코드라마가 이전에는 해 보지 못한 새로운 경험일 수 있다. 준비작업을 거치게 되면 개인과 집단의 긴장을 완화시켜 모든 사람이 자발적으로 극에 참여할 수 있게 된다.

    마음의 준비가 되지 않은 사람들을 무대 위로 끌어내고 즉흥적으로 극을 이끌어 가는 것은 어려운 일이기 때문에 집단원들의 감정적 교류가 충분히 이루어지게 하는 준비 단계는 매우 중요하다. 또한 준비 단계는 자발성을 향상시켜 준다. 따라서 디렉터나 보조자아나 훌륭한 사이코드라마를 위해서는 준비작업이 매우 중요하다는 인식을 가지고 있어야 하며 잘된 준비작업을 하기 위해서는 집단의 속성을 잘 이해하고 이에 걸맞는 준비작업기법들을 적용할 수 있어야 한다.

준비작업의 정의와 목적

대부분의 사람들은 무대에서 즉흥적으로 역할을 연기하는 것에 대해 강한 저항감을 느끼며, 무대에 나서기를 부담스러워한다. 이러한 상황에서 디렉터는 집단원 간의 대화의 길을 열어 줌으로써 친밀감을 형성하도록 돕는 중심적인 역할을 한다. 서로 간에 진실한 관계 형성이 가능할 때에 비로소 사람들은 마음을 열고 자신의 이야기를 털어놓을 수 있는 감정적 준비를 하게 된다. 준비작업은 집단원들이 서로에 대해 알고 친밀감을 높여 집단 응집력을 키우기 위한 과정이다. 점진적으로 몸을 움직여 나가면서 자발성과 창조성, 참여도를 증가시키고 집단원들 각자가 사이코드라마에서 다룰 주제에 집중하도록 한다. 뿐만 아니라 첫 대면에서 경직되어 주인공이 되고 싶어도 나서지 못하는 것에 대비하여 주인공이 마음의 준비를 하도록 도와준다. 또한 더 나아가 주인공이 연기에 충분히 몰입하게 만드는 준비작업의 목적은 크게 네 가지로 나누어 볼 수 있다.

① 신체의 준비: 움직임을 통해 신체의 긴장을 완화시키고 몸의 활동성을 증가시켜 쉽게 연기할 수 있도록 돕는다.
② 마음의 준비: 재미있는 활동을 통해 집단 작업과 자기표현에 대한 불안감을 감소시킨다. 또한 가볍게 내면 세계를 탐색하여 극에 더욱 밀도 있게 집중하게 한다.
③ 집단 응집력 형성: 집단원 간 또한 디렉터와 집단원 간의 친근감과 신뢰감을 도모하여 응집력을 형성시킨다.
④ 주인공 선정: 각자의 갈등과 소망을 자극하여 주인공으로 자원할 수 있도록 돕는다.

⓵2 디렉터의 준비작업

　디렉터의 준비작업은 사이코드라마를 진행하는 사람으로서의 역할과 사이코드라마를 함께해 나갈 집단, 주인공에 대한 부분으로 나눌 수 있다. 디렉터는 자신을 비롯한 집단 모두에게 있어 사이코드라마에 대한 부담과 저항이 있을 수 있다는 사실을 알고 극복할 수 있는 여러 가지 방안들을 생각해야 한다.

1) 디렉터 역할에 대한 준비작업

　디렉터 역시 극을 위한 준비가 잘 되어야지만 사이코드라마기법들을 잘 사용할 수 있다. 디렉터가 자신의 역할에 대한 준비를 하지 못하여 충분한 자발성과 창조성을 보이지 못하면 극을 연출할 때 어려움을 겪을 수 있다. 디렉터는 극 전체를 이끌어 가며 드라마에서 일어나는 상황에 대한 책임이 있는 사람이다. 집단에 대해 저항을 가지고 있거나 역전이 감정이 있지는 않은지 혹은 집단이 디렉터에게 바라는 점들이 무엇인지 잘 알아내고 자신의 준비과정을 통해서 이러한 문제들을 잘 다루어 나갈 수 있도록 노력해야 한다. 마치 마라톤을 할 때 충분한 준비 운동을 하면서 근육과 관절을 풀어 주어야 장거리를 달릴 수 있듯이, 디렉터 스스로도 이러한 준비작업이 필요하다. 극을 시작하기에 앞서 마음의 안정을 위한 습관적인 행동을 하나쯤 만들어 두는 것이 필요하다. 예를 들어 극이 시작되기 전 의자를 옮기고 무대를 정리하는 등의 행동은 불안한 마음을 해소시켜 주는 동시에 마음을 정돈시켜 준다. 그 밖에도 집단과 미리 가볍게 이야기를 나누며 그들과 함께 진행해 나갈 극에 대한 마음의 준비를 하는 것도 좋다.

2) 집단에 대한 준비작업

　사이코드라마를 잘 이끌기 위해서는 집단의 과정이 중요하다. 사이코드라마는 일종의 집단정신치료로서 집단의 응집력을 높이고 저항을 줄이며 집단 내 개인의 신뢰감을 높이기 위해서는 준비과정을 필요로 한다. 집단의 응집력과 자발성은 드라마의 성패를 좌우하는 중요한 요소다. 집단이 모여서 사이코드라마를 시작할 때 누구나 무대에 대한 공포심과 불안감을 갖기 마련이다. 무대에서 평소의 자신을 보호해 주고 있는 사회적 가면(social persona)을 벗고 변화해야 하기 때문에 이런 변화에 대한 불안감을 갖는 것은 당연하다. 즉 평소의 자아(ego)가 아닌 변형된 자아(altered ego)가 되어야 하는 것에 대한 두려움을 갖게 되는 것이다. 또한 안정을 추구하려는 인간의 보편적 사고에 반하여 무대에서 자신을 드러내려는 용기를 지니기 위해서는 디렉터가 자신의 편이 되어 줄 수 있고 위험 상황에서 자신을 지지하고 극 내내 자신을 안전하게 이끌어 줄 수 있을 것이라는 신뢰감과 안정감은 기본 요소다.

디렉터는 집단을 관찰하고 이야기를 나누면서 어떻게 사이코드라마를 이끌어 나갈 것인지 생각해 본다. 구성원이 몇 명인지, 남녀 비율은 어떤지, 사이코드라마를 해 본 경험이 있는 사람들은 얼마나 되는지, 서로 간에 알고 함께 온 사람들이 있는지, 디렉터 자신이 개인적으로 아는 사람이 있는지 등을 생각하여 그 집단이 원하는 바를 파악하려고 노력해야 한다. 또한 함께 연속적으로 사이코드라마에 참여해 왔던 집단이라면 지난 시간에 무슨 일이 있었으며 누가 주인공과 보조자아의 역할을 맡았는지, 나눔 시간에는 어떠한 이야기들이 오고 갔었고 이러한 이야기들이 개인적인 문제들을 반영하는 것이었는지를 되돌아보는 것이 도움이 될 수 있다. 또한 최근에 누가 극에서 역할을 하지 않았는지, 누가 적극적으로 나섰으나 주인공으로 선정되지 못하였는지, 어떤 문제들이 극에서 다루어지지 않았었는지, 집단구성원들 간의 관계는 어떠한지, 누가 집단원들의 관심을 받고 누가 소외되어 있는지, 그리고 디렉터를 비롯한 드라마 팀과 집단의 관계는 어떠한지에 대해서도 사이코드라마를 이끌어 가기 위한 준비작업에서 한 번쯤 생각해 보아야 할 문제들이다. 이 모든 것들이 집단원들의 공통된 심적 갈등을 하나의 주제로 풀어 나가기 위한 마음의 준비라고 할 수 있다.

디렉터는 사이코드라마를 시작하기 전에 같이 하는 집단의 분위기를 파악하기 위하여 집단원들과 만나 얘기를 나누면서 그날 어떤 준비작업을 선택할

지를 결정한다. 디렉터는 집단이 우울한지, 침체되어 있지는 않은지, 반항적
인지 등의 분위기를 재빨리 감지할 수 있어야 한다.

　디렉터가 무대 위에 앉아서 이야기할 수도 있지만 일어나서 무대 위를 돌아
다니며 이야기를 나누는 것이 더욱 효과적이다. 디렉터가 순수함과 따뜻함을
가지고 집단과 교류할 수 있게 되면 집단은 그를 이해하고 신뢰하게 된다. 준
비작업 내내 디렉터는 집단과 상호작용을 하며 서로 간의 텔레 수준을 발전
시켜 나간다.

　저자의 경우는 관객들과 가벼운 이야기를 나누다 보면 집단의 속성을 파악
하기가 수월해진다. 즉 집단의 에너지 수준이 어느 정도인지, 활기가 넘치는
지 아닌지 그리고 나에게 집단의 역동이나 역할을 알려 줄 사람이 누구인지
를 구분해 내려고 노력한다. 집단 내의 어떤 사람이 리더인지, 소외된 사람인
지 그리고 어떤 사람이 사이코드라마에 흥미를 가지고 열심히 참여하고 싶은
지 혹은 누가 수동적으로 관망하고 싶어 하는지는 가벼운 대화만으로도 충분
히 알아낼 수 있다. 또한 언어적인 측면 외에 집단원들이 보이는 비언어적인
측면, 예컨대 자세나 눈빛 그리고 표정 따위를 잘 살피면서 집단의 속성을 파
악하고 집단 내 개개인의 활력을 가늠해 본다. 집단원들 중에는 앞자리에 앉
아서 초반부터 몰두하는 사람이 있는가 하면 디렉터와 눈을 마주치는 것을
두려워하기도 하고 뒤편에 팔짱을 끼거나 다리를 꼬고 관망하는 자세를 취하
는 사람들도 있다. 이와 같은 모든 움직임이 디렉터의 눈에는 유용한 정보원
이 된다. 이러한 과정을 통해 디렉터는 집단구성원들과 감정적인 교류를 나
눌 수 있게 되며 디렉터뿐만 아니라 집단이 서서히 준비되어 가는 것을 느낄
수 있게 된다.

　나이나 직업, 성별 등의 요소들도 고려하여야 한다. 젊은 사람들이 주로 하
는 게임이나 동작들은 나이가 든 사람들에게 요구하는 것은 무리일 수도 있
으며 이러한 지시가 오히려 당혹감을 주어 사이코드라마 자체에 대한 불신으
로 이어지는 경우가 있다.

　준비작업을 선택할 때에는 집단의 활력 수준을 고려할 필요가 있다. 침체된
집단의 경우는 그렇지 않은 집단에 비해 신체적 움직임과 같은 좀 더 적극적
인 방법들이 요구되며 더 많은 시간이 소요될 수 있다. 활력이 높은 경우는

오히려 집단이 어수선해지지 않도록 에너지 수준을 조절할 필요가 있다.

3) 주인공에 대한 준비작업

주인공이 선정된 후에는 준비작업을 위한 충분한 시간이 없는 경우가 많다. 그러므로 이전의 준비작업을 잘 거치는 것이 중요하다. 주인공과 디렉터 사이의 의사소통에서 가장 핵심적인 사항은 사이코드라마를 해 나감에 있어 어떤 부분에 초점을 둘 것인지 그리고 어떻게 시작하는 것이 좋을지에 대해 충분한 대화를 나누는 것이다. 여기서 디렉터는 주인공이 사이코드라마를 통해 무엇을 얻고자 하는지를 들어 보고 사이코드라마 회기에서 어느 정도까지 자신이 원하는 것을 얻을 수 있는지 한계를 정해 주는 것이 좋다. 주인공이 극을 통해 얻고자 하는 목표는 자발적으로 참여할 때 극대화된다는 점을 밝혀 둘 필요도 있다. 디렉터는 극으로 이어질 만한 적당한 단서를 찾아야 한다.

주인공에게 중요한 사람이나 인생의 어느 한 시기가 언급되면 디렉터는 주인공이 이러한 연상을 쉽게 제시해 나갈 수 있도록 도와야 한다. 준비작업 중에 주인공은 점차 활동성이 증가하게 된다.

⓭ 준비작업의 지침

준비작업은 대상 집단의 집단 역동을 고려하여 이루어져야 한다. 집단의 크기, 집단구성원들의 특성에 따라 적절한 준비기법을 선택하는 것이 디렉터가 숙고해야 할 부분이다. 짧은 시간에 자발적이며 지지적인 분위기를 조성하는 것이 관건이다. 그러기 위해서는 서로에 대해 알고 신체적으로 활력을 얻고 기운을 북돋울 수 있는 방법을 선택해야 한다. 디렉터는 준비작업을 통해 집단의 불안을 감소시켜야 한다. 불안 수준이 지나치게 높으면 집단원들이 주인공이 되는 위험을 감수하려고 하지 않기 때문이다. 또한 안정감을 제공할 수 있는 구조와 절차 또한 집단원 개개인의 미해결된 갈등, 충족되지 않은 소망을 자극하여 주인공으로 자원할 수 있도록 한다.

준비작업의 요령은 신체 활동을 먼저하고 정서적 워밍업은 나중에 하는 것이 효과적일 수 있다. 두 가지 모두 중요하지만 일단 신체적으로 경직되어 있던 것이 풀려야 서서히 정서적으로 깊어질 수 있기 때문이다. 또한 점진적인 단계를 밟는 것이 더욱 좋다.

시간 분배를 잘하여 준비 단계에 충분한 시간을 할애하되 주인공이 충분히 자신의 내면을 탐색할 수 있는 시간적 여유를 남겨 두어야 한다. 이때 조용한 음악이 도움을 줄 수 있다.

모든 사람들이 준비되는 시간과 단계가 다를 수 있음을 유의한다. 집단이 클 경우 소집단으로 나누어 준비작업을 하는 것이 사람들에게 안정감을 주어 친밀감을 형성하는 데 효과적일 수 있다. 어떤 경우이든 각 구성원 모두가 극에 참여할 수 있도록 하는 것이 중요하다.

자발성이 낮은 집단에서는 사이코드라마에 익숙한 사람들부터 시작하는 것이 좋다. 어떤 참여나 공헌에도 디렉터는 박수와 찬사를 보내고 끄덕임이나 미소, 긍정적 칭찬으로 반응할 필요가 있다. 만일 집단원 중에 준비작업을 이해하지 못하고 전혀 엉뚱한 행동을 하는 사람이 있다 해도 바로 지적하거나 무안을 주지 말고 조심스레 적절한 방향으로 이끌어 주어야 한다. 이러한 준비작업이 익숙해지면서 집단원이 가지고 있었던 방어벽이 낮아지게 된다.

준비 단계에서 자발성을 촉진시키기 위해서는 집단원 개개인에게 비이성적이고 일상적이지 않은 행동도 허용될 수 있다는 서로 간의 믿음과 안정감을 줄 수 있어야 한다. 또한 위험을 감수하고 새로운 것을 시도하려는 용기를 북돋아 줄 필요가 있다. 장난스러운 분위기도 어느 정도 허용되는 것이 친밀감 형성과 긴장 완화에 도움이 된다. 그러나 너무 들뜨거나 가라앉지 않도록 수위를 조절하는 것이 디렉터의 역할이다.

준비작업에서는 친밀감 형성의 일환으로 가벼운 신체적 접촉이 이루어지는 경우가 많은데, 신체적·성적으로 폭력을 당한 적이 있는 사람들은 이러한 신체적 접촉에 거부감이 생길 수 있다. 또한 신체적 장애가 있는 사람이 있는지도 살펴서 준비 과정에 집단구성원 모두가 쉽고 즐겁게 참여할 수 있게 한다.

사이코드라마를 접해 보지 못한 일반인들은 사이코드라마에 대한 편견을 가지고 있는 경우가 많다. 그러한 편견을 없애 주기 위해 사이코드라마의 형성 배경과 목적을 잘 설명해 주고 비밀 보장을 강조하는 것이 필요하다.

디렉터가 준비작업의 기법을 잘못 선택한 경우가 있을 수도 있다. 집단원이 너무 쑥스러워 하거나 흥미로워하지 않는 경우 자발적인 참여를 이끌어 내기 어렵다. 이러한 경우에는 다른 기법을 시도하는 것이 바람직하다.

준비작업을 시행하는 주체는 디렉터가 직접 할 수도 있으며 집단 내의 보조 자아들이 주도할 수도 있다. 누가 하든지 간에 집단의 속성을 파악하여 어떤 준비작업을 사용할 것인지를 판단하는 것이 중요하다. 예를 들어 자아강도가 낮고 자발성과 창의성이 떨어지는 정신분열병 환자의 경우 머리를 써야 하는 지적인 준비작업보다는 무용이나 노래 등을 곁들여 가벼운 신체적 움직임과 비교적 적은 노력으로도 충분히 따라 할 수 있는 방법들을 적용하는 것이 필요하다. 그러나 일반인들의 경우는 단순한 동작이나 춤보다는 보다 창조적이며 지적인 준비작업이 적합하다.

실연 단계가 극의 내용 전개가 시작된다고 해서 준비작업이 끝나는 것이 아니다. 극 전체를 통해 주인공과 집단을 준비시키는 것이 중요하다. 준비작업은 과정이지 기술이 아니다.

❹ 대상에 따른 준비작업

사이코드라마의 주인공이 되기 위해 자발적으로 모인 집단의 경우 주인공 선정을 위한 준비작업 없이도 극을 진행할 수 있지만 사이코드라마에 대한 편견을 가지고 있고 비자발적으로 모인 경우 준비작업이 필수적이다. 디렉터는 집단의 성격에 따라 준비작업의 기법을 고려해야 한다.

- 청소년 집단
  청소년들의 경우 자발성이 낮고 대부분 저항이 많으며 디렉터에 대한 신뢰가 부족하다. 따라서 디렉터는 집단원들에게 자발성의 역할 모델이 되어야 한다.
- 대집단에서 개방적으로 실시하는 경우

집단원들 간의 신뢰감은 부족하지만 주인공이 간절히 되고 싶은 집단원
이 등장할 수 있게 도와주어야 한다. 대집단에서는 집단원들을 무대에
몰입할 수 있게 하는 디렉터의 카리스마가 요구된다.

• 소집단으로 폐쇄적으로 실시하는 경우

소집단에서 실시하는 경우 집단원들 간의 신뢰감과 친밀감을 충분히 형
성한 후에 사이코드라마를 실시하는 것이 안전하다. 때문에 집단원들 간
에 상호작용을 할 수 있는 준비작업을 충분히 실시해야 한다. 집단원들
이 신뢰감을 갖고 주인공이 되고 싶은 집단원이 나오는 경우 사이코드라
마를 실시한다.

⑤ 준비작업의 기법

준비작업의 기법에는 여러 가지가 있다. 또한 기본적인 원리를 이용하여 얼
마든지 응용할 수 있는 부분이 많으므로 기법들을 모두 나열하는 것은 불가
능하다. 준비작업의 과정은 크게 3단계로 나누어 볼 수 있다.

일상에서 억눌려 있던 본래의 자발성을 회복하기 위한 첫 번째 단계로 신체
적 준비작업을 한다. 신체적 준비작업은 간단한 동작에서 복잡하고 큰 동작
으로, 작은 목소리에서 큰 목소리로, 개인적인 활동에서 집단 전체 활동으로
진행한다. 몸을 활용한 준비작업은 집단원들의 긴장된 마음을 이완시키고 자
발성과 친밀감을 향상시켜 준다. 혼자서 하는 활동보다 짝을 지어 하는 활동
이 친밀감 형성에 도움이 된다.

두 번째 단계는 정서적 준비작업이다. 우리가 일상생활에서 느끼고 있는 여
러 가지 감정과 현재 자신의 느낌, 가장 중요한 감정적 문제 등을 느끼고 표
현하는 방식으로 진행한다. 정서적 준비작업에는 언어활동을 통한 것이 많으
며 자기노출을 통해 집단원들 간의 신뢰감과 친밀감을 형성시키는 것이 목적
이다. 디렉터는 집단원들이 점진적으로 몰입할 수 있도록 분위기를 조성한다.

세 번째 단계는 사이코드라마의 주인공을 선정하기 위한 준비작업이다. 집
단원들이 자신과 관련된 사건 또는 특별한 대상과의 관계를 떠올리고, 그중

한 사람이 자발적으로 주인공이 되는 단계다. 그러나 실제로 준비작업을 할 때 신체적 작업과 정서적 작업을 엄밀하게 구분하기가 쉽지 않다. 정서와 신체는 유기적으로 연결되어 있어서 몸을 움직이는 활동을 하면 가뿐해지고 기분이 좋아지는 느낌이 들 수 있다.

길 인도하기

두 사람씩 짝을 지어 한 사람은 눈을 감고 한 사람이 인도하며 무대 위를 걸어 다닌다. 이때 무대 위에 몇 가지 물건을 사용하여 장애물을 설치한 다음 장애물을 피하면서 걷게 한다. 어느 정도 시간이 지나면 역할을 바꾸어 본다. 이러한 과정은 개인이 지니고 있는 '믿음'과 관련이 있으며 서로 간에 친밀한 관계로 발전하는 데 도움을 준다.

손바닥 싸움

두 사람씩 짝을 지어 마주 보고 손바닥을 펴게 한 후 서로 상대방의 손바닥을 밀어서 상대방의 발이 땅에서 떨어지게 하면 된다. 발이 땅에서 떨어진 사람이 지는 것이다. 시합을 할 때 팔의 힘에 비례해서 기합 소리가 나오도록 한다. 힘을 많이 주면 목소리가 커야 하고 힘을 작게 주면 목소리가 작아지는 것이다. 시합에서 진 사람에게는 이긴 사람을 업어 주거나 안마해 주는 벌칙을 준다. 몸과 목소리의 긴장을 풀고 집단원들의 신체적 자발성을 향상시키는 데 유용한 기법이다.

비언어적 의사소통

집단을 반으로 나누어 맞은 편 사람과 말을 하지 않고 비언어적으로 의사소통을 하도록 한다. 가까이서 혹은 멀리서 하는 방법이 있는데, 집단원들이 너무 이성적으로 설명하는 경우 효과적인 준비작업이다. 표정이나 손짓 등의 비언어적인 메시지에 초점을 두어야 하는 것으로 준비작업을 마무리할 수 있다. 그러나 소극적이거나 서로가 너무 낯선 집단의 경우 거부감을 느낄 수도 있다는 점을 주의해야 한다.

제자리 뛰기

땅에 편안히 발을 대고 원으로 서서 무릎을 편안히 한 채 제자리 뛰기를 한다. 활동적이지 않고 지쳐 있는 집단에게 활력을 불어넣어 줄 수 있는 방법이다. 분노감을 표현하고 발산하는 것을 촉진하는 말을 크게 외쳐 보게 할 수도 있다. 소음이 문제가 되는 경우나 집단의 활동성이 높은 경우에는 피해야 한다.

공 던지기

공이 손에 있는 동안만 말할 수 있고 누구라도 공을 잡으면 말해야 한다. 디렉터나 보조 진행자가 하나의 공통된 질문을 던진 후 시작한다. 간단한 소개를 하게 하는 것으로부터 "당신은 어떤 사람인가요?", "직업은 무엇인가요?", "지금 기분이 어떠세요?", "지금 가장 생각나는 사람은 누구세요?", "세 가지 소원을 말해 보세요.", "당신을 가장 슬프게 하는 것은 무엇인가요?" 등 의미 있는 질문을 할 수도 있다. 공을 던질 때 여러 가지 방법을 사용하며 각기 다른 구기 종목, 예를 들어 축구, 배구, 테니스를 하는 흉내를 낸다든지 하는 응용이 가능하다. 이 기법은 신체적인 부분과 정서적인 부분을 모두 포함하는 준비작업의 일종이다. 집단원들이 너무 생각이 많고 조용한 경우에는 신체적인 부분에 치중하여 가벼운 질문을 던진다.

돌아다니기

모든 집단원이 무대 위를 돌아다니면서 만나는 사람마다 눈으로 인사하거나 어깨를 가볍게 만지거나 악수를 한다. 그리고 자신과 가장 통하는 점이 많을 것이라고 생각하는 사람과 마주 서서 인사를 나누고 서로에 대해 질문

집단 준비작업(돌아다니기)

을 한다. 이름, 직업, 나이 등 간단한 질문에서부터 사이코드라마에 참여하게 된 동기 등에 대해서 이야기를 나눈다. 이 방법은 집단 간에 텔레가 크게 작용할 수 있게 해 준다. 대개 외적인 분위기가 비슷한 사람들끼리 짝을 짓는 경우가 많다.

호흡 고르기와 신문 찢기

이 방법은 신체적 이완을 하기 위한 것으로 몸을 이완시키는 음악과 신문지를 준비한다. 디렉터는 다음과 같이 말한다.

"자! 편안히 앉아서 눈을 감으세요. 눈을 감고 아무 생각도 하지 말고 호흡에만 집중하세요. 코를 이용해서 숨이 들어왔다 나가는 것을 느껴 보세요. 머릿속에 있는 모든 생각을 비우고 오로지 자신의 호흡에만 집중하세요. 호흡에만 집중하는 것이 어려운 사람은 속으로 하나에서 다섯까지 숫자를 세어 보세요. 우리의 몸은 너무나도 무거워 바닥으로 가라앉습니다. 이제는 아주 돌처럼 딱딱해졌습니다. 천천히 손끝에서 움직임이 느껴집니다. 이제 손끝의 움직임이 손가락을 타고 팔로 전해집니다. 손이 자유롭게 되고 이제는 팔이 자유롭게 되었습니다. 우리는 자유로운 팔과 몸을 가지고 날개짓을 하면서 멀리 날아갑니다. 아주 자유롭고 편안하게 날아가고 있습니다. 이제는 몸이 피곤하여 조용히 땅 위에 내려앉습니다. 편안히 날개를 접고 휴식을 취합니다. 자 눈을 뜨십시오. 그리고 여기 있는 신문지에다 우리 자신이 버리고 싶은 것을 적어 보세요. 자신에 대한 생각도 좋고 아무것이나 좋습니다. 신문지를 반으로 접고 또 반으로 접고 또 접어서 보이지 않는 곳에 두세요. 자, 이제는 이것을 다시 펴 보세요. 천천히 신문지를 반으로 찢어 보세요. 또 반으로 찢어 보세요. 이제는 마음대로 찢으세요, 아주 세게 열심히 찢어 보세요(강한 비트의 음악에 맞추어 신문지를 모두 찢게 한다.). 찢어진 신문지들을 날려 보세요. 던져 보세요. 밟아 보세요. 신문지 위에서 굴러 보세요. 이제 이 찢어진 신문지를 모아서 상자에 넣습니다." 이 작업이 끝난 후 집단원들 간에 느낌을 나누어 본다.

지휘자 되어 보기

목적은 음악을 통해 감정을 느껴 보게 하는 것이다. 흥겨울 때, 화날 때, 평안할 때를 상상하게 하고 빠른 템포, 느린 템포, 경쾌한 음악 등을 반복해서 감상하게 한다. 음악에 취하게 되면 한 사람씩 나와서 지휘봉을 들고 음악에 맞춰 지휘를 한다. 디렉터는 이때 집단원들이 자연스럽게 악기 연주하는 포즈를 취하도록 유도한다. 감정 조절용 음악을 들려주고 각자가 머릿속에 떠오르는 느낌과 생각을 이야기하게 한다.

감정 표현하기

집단원 모두가 참여해야 하기 때문에 소그룹인 경우에 적당한 방법이다. 집단원 모두가 원을 만들어 선다. 그러고 나서 디렉터는 준비작업을 위해 목소리를 키우는 훈련을 하겠다고 얘기하고, 숫자가 올라가면서 목소리가 점점 커져야 한다고 설명한다. 한 사람씩 돌아가며 "하나!", "둘!" 숫자를 세면서 점점 목소리를 키워 나가면 된다. 중간에 목소리가 작아졌으면 다시 시켜야 한다. 이렇게 훈련이 되면, 목소리의 크기 대신에 감정을 넣어 슬픈 감정, 기쁜 감정, 화난 감정을 표현하게 한다. 즉, 숫자가 늘어날수록 점점 더 슬퍼지고, 기뻐지고, 화가 나게 되는 것이다. 감정이나 목소리가 최대한 올라갔을 때 거꾸로 점점 작아지게 하는 방법도 있다. 자발성 향상에 좋은 기법이다.

사물 명상

사물을 있는 그대로 긍정적으로 보기 위한 것이다. 주위에서 항상 애용하거나 용도가 다양한 물건을 집단원들 가운데 두고 잠시 그 물건에 대한 명상을 하고 돌아가면서 긍정적인 느낌을 말한다(예: 시계 명상–시간을 알려 주어서 좋구나. 모양이 예뻐서 좋구나. 약속 시간에 늦지 않게 해 주어서 좋구나 등).

돌아가면서 이야기를 나누고 느낌을 교환한다. 너무 익숙해서 당연하게 생각하고 고맙게 여기지 못했던 사물에 대해 고마움을 표현해 봄으로써 사물이나 대상에 대해 긍정하고 인정하는 태도가 삶을 더욱 밝고 풍부하게 해 줌을 느끼게 해 준다.

나 명상

자신을 재인식하는 계기를 마련한다. 약 1분 동안 자신의 머리끝에서 발끝까지 명상하고 몸의 기능을 명상하고, 또 자신의 정신적인 역할 및 자신과 맺고 있는 인간관계 등을 명상한다. 가능하면 자신에 대한 기대 수준을 낮추어 점수를 많이 주도록 한다. 종이에 자신의 긍정적인 점(자랑거리)을 5가지 찾아보게 한다. 10분 정도 시간을 주면서 명상에 좋은 노래를 들려주어도 좋다. 집단원 앞에서 돌아가면서 발표한 후 느낀 점을 나눈다. 자존감이 낮은 사람들은 자신에 대한 긍정적인 점을 찾아보라고 하면 "하나도 없는 것 같아요"라고 말하면서 끝내 하나도 생각해 내지 못하는 것을 볼 수 있다. 이때 디렉터는 집단원들을 향하여 "이 분에게 주의를 기울이면서 긍정적인 점을 찾아보세요"라고 지시한 후에 집단원 몇 명에게 그 사람에 대한 긍정적인 점을 말하게 한다.

너 명상

타인의 긍정적인 측면을 바라볼 수 있는 기회를 제공한다. 자신이 가장 사랑하는 사람이나 잘 아는 사람 중에서 한 사람을 택하여 나 명상과 같은 방법으로 머리에서 발끝까지 명상하면서 칭찬거리를 적어 본다. 집단원 한 사람 한 사람에게 덕담과 칭찬을 해 준다. 이 경우는 자신에게 중요한 타인에 대해 생각해 볼 수 있는 기회를 제공해 준다.

집단 준비작업(텔레게임)

텔레 게임

몇 분 동안 조용히 방을 돌아보다가 잘 모르는 사람과 대화를 나누도록 한다. 집단원들 간의 텔레가 작용하는 것을 통해 느낌이 통하는 사람과 만나 친

밀감을 형성하도록 하는 것이다. 그 사람의 좋은 점에 초점을 맞추어 관찰하
도록 한 뒤 칭찬하도록 하는 것도 좋다. 이러한 방법은 서로의 장점을 발견함
으로써 긍정적인 관계를 형성하게 하며 개개인의 자신감을 회복시키는 데 효
과적이다. 소극적인 집단에 좋은 편안한 준비작업이며 일상생활에서 크게 벗
어나지 않아 거부감은 적지만 창의성을 촉진시키는 효과는 약한 편이다.

한 가지 의미 있는 주제에 대해 이야기하기

이 준비작업은 가장 보편적인 방법으로 특별한 기법을 필요로 하지는 않지
만 주제에 따라 그 효과가 달라질 수 있다. 일상에서도 잘 모르는 타인들이
서로에 대한 이야기를 통해 친해지듯이 서로가 편하게 이야기할 수 있으면서
도 개개인의 감정적 문제를 깊이 있게 탐구할 수 있는 주제를 제시하는 것이
중요하다. 다음과 같은 주제들을 예로 들 수 있다.

자발적 집단에게는 전혀 다른 자신의 모습을 상상하여 이야기해 보도록 한
다. 평소와는 다른 성격의 자신이라든지 미래에 되고 싶은 모습 등에 대한 이
야기가 오고 갈 수 있다.

수집하거나 쌓아 둔 것을 버렸던 경험이나 버려야 할 것들에 대해 무엇을
왜 버리려고 하는지 이야기를 나누게 할 수도 있다. 또는 자신의 삶에서 가장
기억에 남은 일, 사람을 색깔로 비유하고 어떤 의미인지 설명하도록 한다. 불
완전한 문장을 완성하는 방법으로 응용이 가능하다. 예를 들어, "내 인생의
다음 단계는……", "내가 지금 가장 바라는 것은……", "나를 가장 슬프게
하는 것은……" 등과 같은 문장을 제시하고 집단원들에게 문장을 끝맺도록
하는 방법이다.

듣고 싶은 말/ 듣기 싫은 말 하기

자기가 의미 있는 타인으로부터 듣고 싶은 말을 생각한 다음 그 사람이 되
어 자신에게 그 말을 하도록 한다. 예를 들어 돌아가신 아버지가 되어 "아빠
없이도 잘 컸구나. 대견스럽구나!"와 같은 말을 자신에게 하는 것이다. 감정
적으로 긍정적이며 지지적인 준비작업이다. 비관적이고 우울한 집단에게 밀

도 있는 감정 경험을 하게 해 준다. 다른 준비작업이 어려운 사람들도 쉽게 동의하는 방법이다. 같은 방법으로 듣기 싫은 문장을 이야기하는 방식도 있다. 이 경우 쌓여 있던 감정을 희화화하여 해소시킬 수 있다. 예를 들어 부인이 되어 "당신 또 늦었네요."라고 말한다든지, 어머니가 되어 "제발 정신차리고 공부 좀 해라."라고 말하는 경우가 있을 수 있다.

역할 게임

가족이나 친구 등 자신에게 중요한 사람이 되어 자신에 대해 한두 문장으로 설명하게 한다. 역할바꾸기에 대한 즉흥적 경험이 되며 더 깊은 극으로 가는 중간 단계가 될 수 있다. 환자에게 의사가 되어 자신의 발전된 모습을 말해 보라고 하는 것도 자신을 돌아보게 하는 데 효과적일 수 있다.

역할 바꾸어 자기소개하기

먼저 두 사람씩 짝을 짓게 한다. 짝이 정해졌으면 두 사람이 서로 자기소개를 하고 나서 나중에 역할을 바꾸어 자기소개를 할 것이라고 설명한 다음 두 사람이 충분히 대화할 수 있도록 10분 이상의 시간을 주고 나중에 모이도록 한다. 모이고 나면 먼저 두 사람이 서로 의자나 위치를 상대방과 바꿔 앉아 상대방 역할을 하게 한다. 그러고 나서 상대방이 된 상태에서 자기소개를 하는 데, 상대방의 몸짓, 말투, 표정, 내용 등을 상대방과 같게 하면 된다. 모든 집단원이 자기소개가 끝나면 다시 자리를 바꿔 앉아 자기 자신으로 돌아오게 한다. 역할을 바꾼 상태에서 상대방에 대해 설명을 할 때에는 마치 그 사람이 자신인 것처럼 "저는……"이라고 말해야 한다. 상대방에 대해 전혀 알지 못하는 상태에서 상대에 대한 느낌만으로 상상의 소개를 지어내고 나중에 그것이 얼마나 맞는지 이야기해 보는 방법도 있다.

역할을 바꾸어 상대방이 되어 소개를 해 보는 것은 집단원들 간의 신뢰감 형성 및 역할바꾸기 훈련에 좋은 방법이 될 수 있다.

이야기 만들기

이 기법은 집단원들이 하나의 이야기를 함께 만들어 가는 방법인데, 둥그렇

게 앉은 집단에서 A라는 사람이 처음 이야기를 시작하면 그 이야기를 사람이
계속 이어받아서 만들어 나가는 것이다. 그렇게 몇 바퀴 돌다 보면 지어내는
이야기 속에 집단원 개개인의 감정 상태가 묻어 나오게 된다. 여기서 서로의
느낌에 대해 토론을 할 수도 있고 그러한 과정에서 주인공이 나올 수도 있다.
보통 시작 전에 간단한 설명과 함께 첫 이야기를 디렉터가 만들어 가면 쉽게
접근할 수 있다. 또한 이 기법에 익숙해지면 집단원 누구라도 시작할 수 있으
며 이야기의 주제, 첫 시작은 어떤 것이라도 좋다.

가장 감명 깊었던 일 이야기하기

　집단원들에게 눈을 감게 하고 이완시킨 다음 이번 주 동안에 있었던 일들
중에서 가장 인상 깊었다고 생각되는 일을 한 가지씩 떠올리게 한다. 그 일은
자신이 겪은 것일 수도 있고 다른 사람이 겪은 일일 수도 있다. 모두 생각을
했으면 눈을 뜨게 한 후 그 일이 마치 지금 여기에서 일어나고 있는 것처럼
표현하게 한다. 집단원의 수가 적은 경우 전체 집단 앞에서 이야기할 수 있고
집단원이 많은 대집단의 경우 둘씩 짝지어 할 수 있다. 특히 집단원들의 자기
노출 및 자발성 향상에 도움을 주는 방법이다.

어린아이였을 때 가장 좋아하던 놀이

　집단원들에게 눈을 감고 짧은 기간 동안 이완을 하고 숨을 깊게 내쉬게 한
다. 어렸을 때 좋아하던 놀이를 생각해 보게 한 다음 그때의 자신이 되어 몇
살인지, 별명은 무엇인지, 누구랑 어떤 놀이를 하고 있는지 등 구체적으로 질
문해 나간다. 직접 놀이를 흉내 내도록 지시해도 좋다. 그런 다음 과거 경험
을 현재로 가져오게 해서 그 역할에 잠시 머물게 한 다음 자신을 더 마음껏
표현하게 한다. 그리고 나서 경험에 대한 느낌을 나눈다. 이 기법은 어린 시
절의 기억을 떠올리는 출발점이 되는 준비작업이다.

술래 찾기

　동일한 사람이 다양하게 평가될 수 있다는 것을 경험하고 자신이 바라보는
나와 타인이 바라보는 내가 어떻게 다른지 인식할 수 있다. 절차는 다음과 같

다. 간단한 게임을 통해 자연스럽게 집단원들 중 한 명 혹은 몇 명을 집단 밖으로 나가 있게 한다. 집단 안에 남아 있는 사람들은 집단 밖에 있는 사람들이 모르게 집단 내에서 술래를 1명 선정한다. 집단 밖에 나가 있던 사람들이 다시 집단에 합류해서, 몇 개의 질문을 통해 술래를 찾아간다. 이때 직접적인 질문(나이/이름/성별)이 아니라 추론을 통해 술래를 찾아갈 수 있는 질문을 한다. 술래까지 포함해서 집단 안쪽에 있었던 사람들은 가급적 누가 술래인지 들키지 않게 하면서 술래를 표현할 수 있는 것을 이야기하고 그 이유에 대해 설명한다. 집단 밖에 있었던 사람들은 추론과정을 통해서 술래를 찾아간다.

술래를 추론해 나갈 때, 다양한 질문들을 할 수 있다. 예를 들어, "그 사람을 가장 잘 표현할 수 있는 동물은 무엇입니까?", "이 사람이 꽃이라면 어떤 종류의 꽃이라고 생각합니까?"와 같이 특정 대상에 빗대어서 물어볼 수도 있고, "그 사람을 가장 잘 표현할 수 있는 형용사는 무엇입니까?", "그 사람은 어떤 사람입니까?" 등 집단의 친밀감의 정도에 따라 질문의 깊이를 달리할 수 있다.

내면의 상처받은 아이

먼저 집단원들에게 눈을 감게 한 후 자신의 내면에 있는 그동안 잊고 살았던 어린 시절 상처받았던 아이의 모습을 떠올리게 한다. 눈을 뜨고 집단원 중에서 자신의 어린 시절 모습에 대한 역할을 할 사람을 선정하여 그 아이를 껴안게 한 후 그 아이가 어떻게 상처받았는지, 그 아이에게 무엇이 필요한지, 어떻게 돌봐 줄 것인지를 이야기한다. 집단원들이 자신의 내면에 있는 상처에 대해서 자기노출을 할 수 있도록 도와주는 기법이며 주인공을 선정하는 데 효과적이다. 만약 누군가가 너무 어린 시절에 빠져 있는 경우, 디렉터는 지금 현재로 돌아오도록 다리 역할을 해 주어야 한다. '그때'와 '지금'에 관한 명제가 도움이 될 수 있다. 예를 들어 "그때는 잘 웃었는데 지금은 잘 웃지 않아요."와 같은 차이점을 밝히며 현재의 자신에 대해서도 생각해 보게 하는 것이다.

가족조각기법

　집단구성원들에게 자신의 가족상을 그려 보도록 한다. 직접 무대에서 만들어 보고 싶은 자원자에게 보조자나 집단구성원을 자신의 가족 구성원이라고 생각하고 직접 자신의 가족을 배치하게 한다. 자신을 중심으로 각 가족 구성원들과 그들이 하고 있는 일, 익숙한 장면 등을 조각품처럼 배치해 보는 것이다. 이러한 경우 자원자의 가족에 대한 심리적 거리가 은연중에 나타나는 경우가 많다. 예를 들면 자신에게 어머니나 동생은 가까이 두는 반면 아버지는 뒤쪽에 멀리 있게 표시할 경우 가족 역동을 알 수 있다. 또한 조각상을 빚듯이 표정까지도 만들어 낼 수도 있다. 그런 다음 주인공에게 그 그림 안으로 들어가도록 한다. 각각의 가족이 되어 자신에게 이야기를 하거나 가족의 역할을 했던 이들에게 느낀 점과 주인공을 위한 한마디씩을 이야기하도록 하는 것도 좋다. 또는 이의 변형으로 둘씩 짝을 지어 서로의 가족 중의 한 명 혹은 자신에게 중요한 인물을 만들어 보는데 표정, 자세, 시선 등을 자세하게 만들고 서로 대화를 하게끔 한다.

　가족과 관련된 갈등이 있는 사람의 경우에 효과적인 준비작업이다. 지원자였던 사람들 중에 집단 문제를 가장 효과적으로 대변하는 사람이나 느낌을 말하는 데 있어 자신의 가족에 대한 이야기가 깊게 묻어 나온 집단원이 주인공이 되어 극을 진행해 갈 수 있다.

　이 밖에도 꼭 가족이 아니라도 직장이나 친구 등 자신에게 특히 의미 있다고 생각되는 집단의 조각을 만들어 보는 것도 좋다. 주인공에게 실제로는 어찌할 수 없는 그 상황이나 장면에 대해 어느 정도의 통제권을 가진다는 생각을 갖게 할 수 있는 효과적인 방법이다.

가족조각

카드놀이

엽서 반만 한 크기의 카드를 준비하여 중앙에 놓아둔다. 일반적인 카드놀이를 할 때와 마찬가지로 집단원들은 한 사람씩 돌아가면서 카드를 1장씩 취하여 카드에 적힌 내용을 다른 집단원들이 들을 수 있도록 크게 읽는다. 그리고 빠른 시간 내에(가능하면 5초) 자기가 읽은 카드 내용대로 행동해야 한다. 이때 특정 집단원의 반응에 대해 제대로 하는지 여부를 다른 집단원들이 보고 평가해서 결정하도록 해야 한다. 디렉터는 다른 집단원들이 특정 집단원의 반응에 대해 그가 읽은 카드의 내용대로 잘했다고 판단되면 손을 들도록 하고 잘하지 못했다고 판단되면 손을 들지 말도록 한다. 이때 집단원들이 어느 정도 손을 드는가를 세어 보고 과반수가 손을 들면 합격으로 인정하도록 한다. 일단 합격으로 판정이 나면 그 다음 집단원이 카드놀이를 계속하는 데 같은 요령으로 새로운 카드를 취하여 내용대로 반응하게 한다. 그러나 불합격 처리가 되면 다시 한 번 새로운 카드를 취하고 앞과 같은 절차를 밟게 한다. 전체 집단원들은 최소한 한 번씩 카드놀이를 하게 한다. 만약 두 번째에도 불합격을 하면 그 집단원에게는 집단 전체가 사전에 약속한 일정한 벌칙을 주도록 한다. 혹시 카드의 내용이 자기가 반응하기 힘든 내용을 담고 있어 부담이 아주 크게 느껴진다면 1회에 한하여 통과할 수 있는 권한을 주고 다른 카드를 고르게 한다. 이 경우에는 반드시 카드의 내용대로 반응해야 한다. 전체 집단원이 한 번씩의 카드놀이를 마쳤으면 이번 카드놀이가 외적 자극에 대해 즉각적으로 반응하는 경험을 해 보는 활동이라는 사실을 확인시키고 이러한 경험의 의미에 대해서 생각해 보게 한다. 이와 함께 오늘의 활동 중에서 가장 잘했다고 생각되는 집단원을 한 명 택하여 그의 느낌을 말하게 한다. 이때 집단원들은 그에게 박수를 쳐 주고 '천국여행'을 시켜 준다.

카드에 들어가는 문구에는 다음과 같은 것들이 있다.

- 사람들이 당신을 처음 만났을 때 당신에 관해 어떻게 느낀다고 생각하는지 말해 보라.
- 약 1분 동안 눈을 감은 채로 실내를 한 바퀴 조심해서 돌아보라.

- 집단원 한 사람을 택하여 웃겨 보라.
- 당신의 생활 철학을 담고 있는 노래가 있다면 불러 보라.
- 외롭다는 느낌이 들 때 당신의 느낌을 상징적인 춤을 통해 표현해 보라.
- 당신이 가장 닮고 싶은 사람의 이름과 그 이유를 말해 보라.
- 집단원 중에서 가장 편하게 생각되는 한 사람을 택하여 부드러운 눈길로 그를 바라보고 느낌을 말해 보라.
- 지금까지 살아오면서 당신이 가장 외로웠던 경험에 대해 이야기해 보라.
- 지금까지 살아오면서 당신이 가장 슬펐던 경험에 대해 이야기해 보라.
- 지금까지 살아오면서 자신이 가장 뿌듯했던 경험에 대해 이야기해 보라.
- 마음에 드는 집단원 앞에 서 보라. 그리고 그에 대해서 당신이 느끼는 바를 비언어적으로 표현해 보라.
- 결혼 배우자를 구하고 있는 중이다. 자신을 어떻게 소개할 것인가.
- 얼굴 표정과 신체 동작을 사용하여 가장 연약한 모습을 연출해 보라.

빈의자기법

　의자는 모든 행동치료에서 사용되는 기법 중의 하나인데, 사이코드라마에서는 흔히 개인의 감정이나 심상을 불러일으키기 위한 준비기법으로 사용된다. 보조자아를 이용할 수 없거나 환자가 보조자아가 없는 것을 더 편안해 할 경우에 빈 의자가 이를 대체하게 된다. 의자는 극이 행해지는 무대에 놓이게 되고, 관객은 주인공이 말하고 싶은 사람이 의자에 앉아 있다고 상상한다. 디렉터는 관객과 주인공이 빈 의자에 사람이 앉아 있다고 상상하게끔 시간을 준다. 이때 디렉터는 사람이 있다는 것을 시각화할 수 있도록 그들을 격려한다. 예를 들어 주인공이 "남자 친구와 이야기하고 싶어요."라고 이야기하면, 디렉터는 남자 친구에 대해서 기술해 보라고 한다. 빈 의자를 보면서 마음속에 있는 것들이 생각나게 되면, 주인공은 남자 친구에 대해 불만스러워했던 것들을 이야기한다. 이 과정에서 주인공은 흥분하기도 하고 화를 내기도 하는 감정 경험을 한다. 이후 주인공은 빈 의자로 옮겨가서 남자 친구의 입장이 되어서 말을 하게 된다.

　주인공이 의자를 감싸 안거나 치거나 미는 행위를 통해서 화나는 감정뿐만 아니라 따뜻하고 부드러운 감정을 표현할 수 있는데, 이런 점에서 의자는 감정의 배출구가 된다. 이 기법이 아동이나 현실로부터 철수된 환자들에게 사용될 경우, 디렉터는 의자 뒤에 서 있거나 상대방이 되어서 대답해 줄 수 있다. 빈의자기법은 전체 회기에서 사용될 수 있지만, 대개 환자가 흥분하거나 보조자아가 자발적으로 극에 임하지 않아서 표현되지 않은 환자의 생각이나 감정들을 끌어내기 위한 회기에서 사용된다.

다중의자기법

다중의자기법에서는 몇 개의 의자들이 무대에 동그랗게 놓이게 된다. 두 개의 의자가 등을 맞대고 놓일 수도 있고 세 개가 각자 다른 방향 혹은 같은 방향을 향하게 놓일 수도 있다. 의자에 어떤 대상이나 특성을 투사하는 것이 가능한 집단원들이 모두 무대로 나와 의자 뒤에 선다. 빈 의자 하나는 집단 가운데 놓인다. 집단원들이 돌아가며 빈 의자를 사람으로 동일시하고, 빈 의자에 앉히기를 원하는 사람의 이름을 부른다. 혹은 집단원들은 자신이 가진 성격 특성 중의 하나를 빈 의자에 앉혀 놓고 자기의 일부분과 역할바꾸기를 하다 보면 다른 사람들은 이 사람이 어떤 사람인지 구체적으로 알 수 있게 된다.

자살 충동을 느끼는 입원 환자의 경우 빈 의자에 자신의 어머니, 아버지, 형제 등을 앉혀 놓고 이야기할 수 있다. 이때 환자는 직접 가족이 되어 자신의 죽음으로 인해 느끼는 비탄과 실망을 표현할 수 있고 환자와 그의 죽음을 애도하는 사람이 역할바꾸기를 해서 환자가 다시 삶을 살아가야 할 이유를 찾게 할 수 있다. 이렇게 되면 행복하지 않은 상황에 대한 보다 현실적인 해결책이 탐색될 수 있다.

세 개의 빈 의자

무대 혹은 모두가 볼 수 있는 트인 공간에 빈 의자 세 개를 놓는데 하나는 바로 놓고 하나는 엎어 놓고 다른 하나는 뒤집어 놓는다. 그러고 나서 여기 세 개의 각기 다른 빈 의자가 있는데 이 빈 의자 각각에 자신이 있다고 생각하라고 말한다. 잠시 시간을 주고 나서 자신의 어떤 모습이 빈 의자에 투사되었는지를 물어보거나 그것을 보여 주고 싶은 사람의 이야기를 듣고 직접 의자에 어떤 자신의 모습이 있는지 탐색한다.

숲 속 거닐기

디렉터는 환자들에게 숲 속을 걷는다고 상상을 시킨 다음 한 환자가 어떤 이야기를 하면 나머지 사람들은 그 말에 따라 즉각적으로 행동하게 한다. 만일 어떤 사람이 "추워."라고 말하면 나머지 사람들은 따뜻하게 해 주기 위해서 서로 깍지를 끼고 그 사람을 에워싼다. 만일 "너무 피곤해."라고 말한다면 나머지 사람은 그 사람이 쉴 수 있도록 앉게 하거나 눕게 한다. 이 기법은 움직임을 통해서 집단 전체가 협동할 수 있게 한다는 점에서 유용하다.

이 기법을 변형하여 집단원들이 원을 만들어 서고, 디렉터가 박수를 치기 시작하면 집단원 모두가 연출자를 따라 박수를 친다. 처음에는 디렉터의 움직임에 따라 행동하다가 점차 집단원들이 자발적으로 행동을 하게 한다. 한 사람이 발을 구르면 집단원들은 따라서 발을 구른다. 원 안에 있는 집단원들이 처음에 동작을 하면 다음엔 나머지 집단원들이 그 동작을 따라 한다. 그 다음에는 집단원들을 둘씩 짝을 짓거나 네 명으로 짝을 지어 동작을 하게 한다.

현실 검증력이 있는 환자들은 이 기법이 유치하다면서 거부하기도 한다. 그들은 돌아다니면서 파트너를 선택하는 것을 좋아한다. 그러나 이 기법은 구조화된 활동을 하는 데 도움이 된다. 집단원들은 자신이 관심을 갖는 것에 대해 이야기할 수 있다. 이때 집단원들에게 자신이 몰두하고 있는 주제를 끄집어내게 할 수 있다. 예를 들면 "다른 직업을 찾고 있어요.", "난 오늘 여기에 오고 싶지 않았어." 등과 같은 이야기가 나올 수 있다. 집단에서 의미 있는 주제가 나올 때까지 아니면 심각한 문제에 빠져 있는 사람이 도움을 요청할 때까지 돌아다니면서 이야기를 나누게 한다.

어떤 경우 디렉터는 집단원들에게 침묵한 채로 돌아다니고, '엄마, 성, 직업, 사랑, 데이트' 등과 같은 단어를 말해 주면서 연상해 보라고 한다. 만일 어떤 집단원이 이 단어에 반응을 하게 된다면, 예를 들어 어떤 사람이 "난 데이트에 실패했어요.", "난 엄마에게서 벗어나고 싶어요."라는 말을 하게 되면 돌아다니는 것은 중단되고, 뽑힌 주인공은 문제를 다루기 위해 무대로 나오게 된다.

청소년들은 이 기법을 좋아하는 데, 특히 눈을 감은 채 돌아다니는 것을 좋아한다. 눈을 감은 채로 눈 뜬 사람의 안내를 받아서 돌아다니는 것은 '신뢰감을 가지고 걷는 것(trust walk)'이라고 한다. 두 명의 환자가 얼굴을 마주대고 서 있는 것으로 끝난다. 그들은 각자를 응시하고 서로 손을 맞잡고 처음에는 친구와 말하는 상황에 있는 것처럼 이야기를 하고 나중에는 갈등 상황에 있는 것처럼 이야기를 한다. 집단으로 혹은 짝을 지어서 이야기를 할 수 있다. 다양한 응용을 할 수 있는데, 눈을 맞추고 얼굴을 마주 보며 짝을 지어 앉거나 등을 맞대고 앉거나 혹은 사이코드라마에서 다루고 싶은 문제에 대해 이야기해 볼 수 있다.

음악기법

퇴행되고 혼란된 상태에 있는 환자의 경우, 말로 하는 것이 너무 위협적일 때 음악으로 동기화시킬 수 있다. 예를 들어 퇴행이 너무 심해 일반적인 의사소통이 곤란한 정신분열병 환자의 경우 음악을 통해 의사소통이 이루어질 수 있다.

음악은 방어 없이 의사소통할 수 있게 해 주며, 리듬이나 균형감, 조화, 멜로디 등의 여러 요소들을 통해 유쾌한 질서감을 부여해 준다. 음악을 들음으로써 갖게 되는 이런 느낌은 집단원들의 의사소통을 증가시키고, 특히 정신병 환자들에게는 미묘한 규칙이나 질서를 수용하게 해 준다. 이를 통해 환자는 공상의 세계를 버리라는 강요를 받지 않은 채, 자신의 실제 삶에서 해야 하는 역할을 연습해 볼 수 있다.

도구가 없을 경우, 몸으로 음악의 리듬과 소리를 만들어 낼 수 있다. 즉, 상상의 밴드나 오케스트라가 만들어지는 것이다. 집단원들은 무대로 나와서 상상의 악기를 연주하거나 밴드 옆에서 허밍을 하거나 휘파람을 분다.

음악 연주는 언어장애를 가진 환자 집단을 대상으로 하는 준비작업에서 특히 도움이 된다. 언어장애를 가진 사람들의 경우, 멜로디를 만들어 내는 데 주의를 기울이다보면 말하는 것과 관련된 장애가 줄어들게 된다.

나를 인정해 주세요

전체 집단원들은 비언어적으로 서로가 친밀해지기 위한 준비를 하게 된다.

이는 경직된 신체 움직임을 풀어 준다. 환자들은 두 집단으로 나뉘어, 무대의 양쪽 끝에 서서 서로를 바라본다. 한 집단은 가만히 서서 기다리고 나머지 한 집단은 친밀한 감정을 가지고 그들에게 다가간다. 집단원들은 만나서 서로 상호작용을 한다. 집단원들은 마치 오랜만에 만난 친구들처럼 강렬한 감정을 가지고 다시 상호작용을 한다.

　예를 들면, 집단원들 중의 한쪽은 엄마 역할을, 다른 한쪽은 아이 역할을 맡는다. 아이는 2주 동안 캠프를 다녀온 후 엄마를 만나는 것처럼 엄마를 향해 뛰어간다. 반대로 엄마는 아이를 향해 뛰어가서 아이를 안아 준다.

　각 집단은 실제 혹은 상상의 만남을 보여 주고 나서 말을 하지 않고 만남 이후에 무슨 일이 일어났는지 행동으로 보여 주어야 한다. 이 연습에서 중요한 부분은 칭찬과 모방이다. 집단원들은 주위를 둘러보고, 집단원들 중 그들이 좋아하는 한 사람을 선택한다. 그들은 선택한 사람의 머리 모양, 눈, 걸음걸이, 어깨 등 전체 모습에 주의를 기울인다. 일단 선택과 관찰이 끝나면, 각자 그가 선택했던 사람인 것처럼 행동하고, 한 사람씩 돌아가면서 실행해 본다. 다른 방법으로는 두 집단의 구성원들이 눈을 맞춘 채 각각 느리게 움직이는 것이다. 이것은 그들이 만났을 때, 서로 어떻게 상대방을 보는지 행위화시켜 보여 주는 것이다.

　이를 변형시킬 수 있는데, 한 사람은 공원 벤치에 앉아 있고, 다른 사람은 다가가서 걷거나 사랑을 표현하거나 춤을 추는 등의 행동을 한다. 첫 번째 사람은 그것에 응답해야 되고, 그리고 나서 둘은 서로에 대해서 이야기한다. 예를 들면 남자는 벤치에 앉아 있는 여자에게 점심을 함께 먹자고 하고 여자는 그것을 거절한다. 여자가 고개를 흔들면 그것은 거절의 의미다. 연습을 한 후에 각 집단원들은 편안했던 점이나 불편했던 점에 대해서 이야기를 나눈다. 이렇게 하면 디렉터는 다음에 어떤 정신역동 기법들을 사용해야 할지 단서를 얻게 된다. 이런 연습은 집단원들이 잠시 멈춰 서서 단순하고 일상적인 삶의 상황에서 반응할 수 있게 해 준다.

매개 대상

　이 기법은 일상적인 의사소통에 반응하지 않는 환자들에게 사용하면 효과적인 기법으로 작은 인형을 매개로 하여 준비작업을 촉진시킨다. 인형 역할을 맡은 보조자아가 환자를 바라보면서 독백을 하다가 독백이 끝날 때쯤 인형, 즉 보조자아는 환자의 이름을 부른다. 만약 환자가 대답을 하면 보조자아와 대화를 할 수 있게 된다. 인형을 이용하게 되면 환자의 개인적인 프라이버시를 보호할 수 있다. 인형은 환자가 철수한 세상 밖에 존재하는 것이다. 환자가 세상에 존재하지 않는 다른 상징물과 이야기하는 것을 통해 세상으로부터 완전히 철수한 것은 아니라는 것을 인식할 수 있다. 일단 환자의 자발성이 생기게 되면 치료적인 상호작용이 시작된다.

자존감 연습

자존감을 확립하는 것은 모든 집단 작업에서 사용될 수 있다. 각 환자는 자기 자신에 대해 희망을 가지고 바라볼 수 있도록 격려를 받는다. 디렉터는 다음과 같이 말한다. "지금 이 시간은 자신에 대해서 무언가를 배울 수 있는 시간입니다. 여러분들은 살아오면서 자신에 대해 만족도 경험하고 불만족도 경험하셨을 것입니다. 누구나 약점과 강점을 가지고 있습니다. 이 시간에는 자신이 가지고 있는 약점과 강점에 대해 균형감각을 가질 수 있는 작업을 봅시다." 각 집단원들은 자기가 가지고 있는 긍정적인 자산이나 가치에 대해 생각해 본다. 디렉터는 집단원들에게 자신에 대한 긍정적/부정적인 태도가 어떤 결과를 낳을 것인지를 생각해 보게 한다. 만일 자신이 가지고 있는 태도 중에서 부정적인 결과를 낳는 생각이 있다면 이를 식별하고 해결책들을 시행해 보게 한다.

건설적인 피드백

집단원들이 몇 번의 만남을 가진 후에, 경험들이 쌓이고 나면 서로 피드백을 나누는 회기를 시작하게 된다. 한 집단원이 집단의 뜨거운 의자(hot seat)에 앉아서 언어적인 공격이 아니라 긍정적인 말들을 다른 사람들로부터 듣는다. 만약 집단원들이 뜨거운 의자에 앉아 있는 사람의 특징들이 자신의 것이라는 것을 발견한다면 투사가 일어날 수 있다.

두 개의 원

　주로 병원 장면에서 사용할 수 있는 기법으로 환자와 치료진, 환자들 사이에 생기는 문제를 해결하고자 할 때 사용할 수 있다. 디렉터가 "우리는 여기서 지금 일어날 수 있는 문제들에 직면하고 있습니다. 무대에 나와서 원 안에 앉기를 원하는 분이 있습니까?"라고 말한다. 스태프들이 동의해서 무대로 나오면 환자들은 그들 주변에 앉거나 그 뒤에 앉는다. 안쪽 원 안에 있는 스태프들은 마치 아무도 방에 없는 것처럼 솔직하게 이야기를 한다. 바깥 원 안에

두개의 원

환자들은 더욱 많은 정보를 얻어 내거나 끼어들 권리를 갖는다. 모든 사실들이 나온 후에 안쪽의 원은 결론을 내린다. 그리고 나서 바깥 원은 안쪽 원이 되고 만남은 끝나게 된다. 이것은 스태프들과 환자들 간의 장벽을 낮출 수 있는 방법이다. 또한 학생과 선생, 부모와 아이 간에 갈등이 있을 때 사용할 수 있다. 이 기법은 다양한 변형이 가능한데, 안쪽 원이 환자가 되고 바깥쪽 원은 스태프 역할을 연기하는 환자가 될 수 있다.

　다음은 특별히 주인공을 선정하기 위한 준비작업들이다. 주인공 선정을 위한 준비작업은 집단원들로 하여금 주인공이 될 수 있도록 동기를 부여해 준다. 주인공 선정을 위한 준비작업과 정서적 준비작업을 명확히 구분하는 일은 쉽지 않으며 또한 불필요하다. 정서적 준비가 제대로 이루어졌을 때에야 비로소 집단구성원들 중 누군가는 주인공이 되기를 원할 것이다. 여기서는 단지 이러한 정서적인 부분이 개인에 초점 맞추어져 깊게 이루어지는 경우를 따로 분류해 보았다.

분광기법

분광기법은 토론 주제가 되는 어떤 문제나 특성에 대해서, 집단이 자기 스스로 평가하는 바를 보여 주는데, 무대나 방에 보이지 않는 선을 긋고 그 선 위에 어디쯤에 올라서도록 한다. 문제를 객관화하고 명료화시켜 주어 토론의 여지가 많아진다. 예를 들어 '인생은 살아 볼 만한 가치가 있다, 가치가 없다.'라고 선을 구분하고 가운데 선을 따라 한쪽 끝에서 또 다른 끝까지 걷다가 자신에게 알맞은 지점을 찾아 느낌을 이야기할 수 있다. 또한 다른 집단원들이 관찰자의 입장에서 그가 어떤 과정을 거쳐 그곳에 갔는지 이야기해 주는 것도 도움이 된다. 이 방법은 준비작업의 중간 단계 이후에 참가자들 사이에 자기의 속마음을 표현할 수 있는 정도의 자발성이 고취된 상태에서 실시하는 것이 효과적이다.

또한 자기의 최근 기분에 따라 알맞은 위치를 찾아가게 하는 방법도 있다. 가장 우울하고 절망스러운 기분상태를 표시하게 하고 그 바로 위 단계부터 약간 우울하고 침체된 기분 상태, 그저 그런 기분 상태, 만족스럽고 즐겁게 여겨지는 기분 상태, 약간 행복한 상태, 가장 행복하고 만족스러운 기분 상태 등의 지점을 정하여 사람들에게 자신에게 알맞은 지점을 찾게 하는 것이다. 그리고 모인 사람들끼리 최근의 자기 기분과 그런 기분을 갖게 된 상황 등에 대해 대화하도록 한다. 같은 지점에 서 있는 사람들끼리 자신들의 기분 상태를 몸동작으로 표현해 보도록 하는 것도 좋다. 가장 행복한 단계의 사람들이 먼저 동작을 표현하고 가장 우울한 사람들이 제일 나중에 표현하도록 한다. 디렉터는 동작을 보여 주는 사람들과 간단한 인터뷰를 통해 그들의 심리 상태를 구체적으로 노출시키고 그러한 상태에서 마음에서 우러나오는 대로 하고 싶은 행동을 하게 한다. 예를 들면 우울함에서 벗어나고 싶다고 할 경우 행복한 사람들의 도움을 받아 그곳으로 이동하게 한다든지 하는 것이다. 우울한 상태에 있는 사람들과의 대화를 통해 그들 중의 한 사람에게 주인공이 되어 보기를 자연스럽게 권할 수도 있다.

마술가게

　마술가게(Magic shop)는 특별히 유용하게 사용되는 기법으로 디렉터는 참석자에게 무대 위에 있는 진열대 위에 모든 것들이 있다고 상상을 시킨 후 누구든지 원한다면 가게에 들어와서 물건을 살 수 있다고 설명한다. 이때 점원 역할을 하는 사람은 훈련된 보조자나 디렉터 자신일 수도 있다. 고객, 즉 주인공이 무대 위로 올라온다면 정말로 그가 바라는 물건이 무엇인지 들어 보고 토의를 해 가며 그가 원하는 것을 구체적으로 명료화시킨다. 그 후 가격 협상이 이루어지는데 이때의 물건이나 상품은 주인공이 기꺼이 희생할 수 있는, 즉 그의 생애나 성격의 일면을 물물 교환으로 살 수 있다는 것을 강조해준다. 이런 흥정은 주인공에게 어떤 생각을 불러일으킬 수 있다. 즉 여태껏 주인공이 불필요하게 느끼던 어떤 것, 포기하려던 어떤 것이 매우 소중한 것이고 반대로 그가 원하는 것이 기대와는 다르게 아무런 가치가 없다는 것을 발견하기도 한다. 한마디로 말해 이런 마술가게기법은 준비작업뿐만 아니라 목표를 명료화하고 선택의 결과를 시험할 수 있는 방법이 될 수 있다.

　상기한 마술가게가 교과서적인 방법이라 한다면 저자가 사용하는 마술가게는 다소 변형되어 있다고 말할 수 있다. 간단히 소개하면 다음과 같다.

　저자의 마술가게에서는 주로 눈에 보이지 않는 마음을 파는데 참석자들은 자신이 버리고 싶은 마음을 가져와서 마술가게에 있는 자신이 원하는 마음과 바꾸어 가도록 한다. 예를 들어 누구를 미워하는 마음을 사랑하는 마음으로 교환해 가는 방식이다. 주로 참석자들은 자신을 괴롭히고 있는 마음을 점원에게 맡기고 편안한 마음이나 사랑하는 마음으로 바꾸어 간다. 그리고 점원들은 마술가게

마술가게

에서는 여러 가지 일들이 가능하다고 설명을 한다. 과거, 현재, 미래 등 시간을 초월해 어느 시기든 갈 수 있고 공간을 초월해서 어디든 갈 수 있다고 이야기한다. 죽은 사람도 만날 수 있고 상상의 세계로도 갈 수 있는 가게에서 참석자가 유일하게 필요한 것은 돈도 아니고 오로지 절실한 마음뿐이라고 이야기한다. 따라서 마술가게에서는 절실한 사람들이 와서 필요한 마음을 구하려는 의향만 있으면 도움을 줄 수 있는 가게이므로 누구든 도움을 얻을 수 있다고 희망을 제시한다.

마술가게에서는 어떤 일이든지 가능하고 상상의 나래를 펼쳐 이루고 싶은 꿈을 성취할 수 있고 참석자들의 자발성을 높이고 적극적이고 긍정적 태도를 유도해 낼 수 있는 훌륭한 기법이다. 주인공을 선택하는 기법으로도 사용할 수 있다.

저자의 사이코드라마팀에서는 주로 훈련된 보조자아들이 무대 위로 올라와 다음과 같이 이야기를 주고받으며 마술가게를 진행한다.

점원1 : 저희 가게가 어떤 가게인지 설명해 주세요.
점원2 : 저희 가게 이름은 마술가게랍니다. 마음과 마음을 바꿀 수 있는 가게죠. 가 보고 싶은 곳, 만나고 싶은 사람, 내가 원하는 것을 가질 수 있는 곳이죠. 상처받은 마음을 사랑하고 싶은 마음으로 바꿀 수도 있어요.
점원1 : 이쪽 뒤에 있는 마음은 악한 마음이에요. 그리고 저 천장에 위에 있는 마음은 어떤 마음이죠?
점원2 : 사랑할 수 있는 마음이에요.
점원1 : 이 마음을 가져가셔도 되고 저 마음을 가져가셔도 돼요.
점원2 : 우리 가게는 돈도 필요 없고 용기, 마음만 갖고 있으면 돼요. 그러면 마음과 마음을 교환할 수 있어요.
점원1 : 이 자리에 나오시면 뭔가 풀어질 수 있을 것 같은데요.
점원2 : 우리 가게 문은 아래서 위로 열립니다. 문을 열면 큰 박수와 환호성이 있을 거예요. 소리를 질러 주고 발도 굴러 주실 거예요.
점원1 : 하나, 둘, 셋 하면 여는 거예요.
점원들 : 하나, 둘, 셋!
점원2 : 현재 바꾸고 싶은 마음이 있는 분들은 나오세요.

요술쓰레기통

쓰레기통을 상징화할 수 있는 물건을 무대에 올려놓고 요술쓰레기통이라고 설명한 후 다음과 같이 이야기한다. "이 쓰레기통은 요술쓰레기통입니다. 보통 쓰레기통은 못 쓰는 쓰레기만을 버릴 수 있지만, 이 쓰레기통은 뭐든지 다 버릴 수 있습니다. 우리들 마음속에 있는 타인에 대한 미움, 화, 분노, 좋지 않은 생각들, 이기심 등 버리려고 해도 잘 버려지지 않는 것들을 버릴 수 있답니다. 자, 이제 눈을 감으시고 여러분 마음속에 있는 것들 중에서 가장 버리고 싶은 것 한 가지만 생각하세요." 이렇게 생각을 하게 한 후 2~3분 정도 시간이 지나면 생각을 한 사람들은 눈을 뜨게 해서 어느 정도 진전이 되었는지를 확인한다. 대부분 눈을 떴으면 모두 눈을 뜨게 한 후 관객 중에서 자신이 생각한 것을 버리고 싶은 주인공이 나올 수 있게 한다. 마술가게기법과 더불어 주인공 선정에 효과적인 준비작업이다.

만일 세상에서 내가 없어진다면

무대 가운데에 의자를 놓고 의자를 볼 수 있게 집단을 둥그렇게 또는 반원으로 배열한다. 그리고 눈을 감고 만일 세상에서 내가 없어진다면 가장 슬퍼할 사람을 떠올리게 한다. 그리고 그 사람이 저기 의자에 앉아 있다고 생각하고 그 사람을 지금 만나서 이야기를 해 보도록 한다. 우울한 상태에 있는 사람들의 경우 아무도 없다고 생각할 수 있으므로 자신을 소중히 여기는 누군가가 있음을 상기하도록 유도하는 것도 중요하다.

사이코드라마에서는 사회에서 보편적으로 허용되는 수준보다 훨씬 자유로운 분위기를 요구하는 경우가 많은데, 많은 경우에 이러한 점이 '어른스럽다'고 인정되는 행동에 익숙한 사람들에게 아이 같고 유치하게 느껴질 수도 있다. 그러나 준비작업에서는 충분히 어린아이가 될 수 있는 자발성을 허용하는 것이 필요하다. 그러한 행동들을 통해 그동안 억눌려 왔던 자발성과 창의성을 깨어나게 할 수 있는 것이다.

준비작업에 쓰이는 기법의 종류는 무궁무진하며 따라서 디렉터는 이를 상황에 맞게 적절히 활용하고 새로운 기법에 개방적일 필요가 있다.

제14장 실연 단계

　준비 과정을 통해 주인공을 선정하고 나면 주인공은 무대에서 자신의 문제를 연기하게 된다. 실연 단계에서는 주인공의 심리적 측면을 다루게 되며 디렉터는 보조자아들과 함께 주인공의 내면의 세계를 무대에 펼쳐 놓을 수 있도록 돕는다.

　디렉터는 집단원들의 불안감뿐만 아니라 주인공의 속성을 가능한 빨리 파악해야 한다. 특히 주인공의 자발성, 활력, 자아 강도, 대인관계에서의 유연성, 적극성, 삶에 대한 태도 등을 고려할 필요가 있다. 한 번에 이 모든 특성을 잘 알 수는 없지만 준비 과정에서 보여 주었던 주인공의 언행과 집단에서 주인공에게 보이는 피드백을 통해 가능하면 많을 것을 알려고 하는 노력이 중요하다.

　사이코드라마에서 무대는 치료 수단이다. 사이코드라마 전용 무대는 청중 또는 집단원들이 지켜볼 수 있게끔 되어 있는 경우가 많다. 그러나 현실적으로 볼 때, 소극장처럼 집단원들이 무대를 잘 지켜볼 수 있도록 설계되어 있는 공간은 그리 많지는 않다. 조명과 음향 효과 등의 무대 장치가 있는 공간이 바람직하지만 반드시 이러한 무대가 갖추어져야 하는 것은 아니다. 무대가 없어도 가운데 실연을 할 수 있는 공간을 남겨 두고 의자로 원을 만들고 U자형으로 배치하는 식으로 전체 집단원들이 자연스럽게 극을 진행할 수 있으면 된다. 이렇게 배치하면 집단원들 간의 상호작용이 촉진되고 모든 사람들이 서로를 바라볼 수 있다는 장점이 있다. 집단원들은 객석에 있을 때는 주로 듣거나 관찰하는 역할에 있다가 보조자아로 투입되면 무대 위에서 직접 역할 연기를 하는 사람으로 탈바꿈할 수 있다.

실연 단계는 1) 문제 제시, 2) 역할 연기자의 선택, 3) 첫 장면 설정 4) 행위의 전개, 5) 장면의 중단 및 촉진, 6) 핵심 갈등 탐색, 7) 마지막 장면 설정으로 구성된다.

❶ 문제 제시

실연의 첫 단계는 주인공의 어떤 문제를 다룰 것인가 하는 것이다. 제한된 시간 동안에 주인공이 가지고 있는 여러 가지 갈등을 모두 다룰 수는 없다. 주인공에게 가장 절실하면서도 드라마 상황에서 효과적으로 다루어질 수 있는 문제를 선정하는 것이 중요하다. 이때 주인공이 자발적으로 다루고 싶은 문제를 선택할 수 있다.

집단원들과 마주하게 되면 디렉터는 집단의 즉각적인 행동을 평가하고 집단 역시 디렉터를 평가한다. 이때 디렉터는 무대 위를 왔다 갔다 하면서 그날 회기의 의미에 대해 짤막하게 이야기할 수도 있다. 만일 집단원들이 사이코드라마에 처음 참여한 사람들이라면 사이코드라마가 무엇인지 간단하게 설명을 해 준다.

이때 집단원은 사이코드라마 회기 중에 무엇인가 일어날 것이라는 점과 집단에서 누군가가 나와 반응을 할 것이라는 것을 예견하고 기대를 하게 된다. 누가 연출자에게 반응할지를 지켜볼 때 집단 안에는 긴장감이 감돌기도 한다. 디렉터는 집단에서 다루고 싶은 문제를 찾다가 다음과 같은 질문을 한다. "여기 모이신 분들 중에 오늘 사이코드라마를 통해 특별히 다루고 싶은 문제를 가진 분 있습니까?" 누군가 자발적으로 손을 든다면 무대 위에 놓인 의자에 그 사람을 앉히는데, 만일 지원자가 여러 명일 경우 이야기를 들어 보고 집단원이 선택하게 할 수도 있다. 이때 디렉터는 서두르지 않고 친근한 어조로 "어떤 문제인지 말씀해 주시겠습니까?"라고 질문을 한다.

　주인공과 디렉터 간에 이루어지는 면담은 실연을 위한 직접적인 준비작업이 될 수 있다. 이제 목표는 분명해지고 무대 위의 행위만 남아 있게 된다. 주인공에게 가장 시급하고 중요하다고 판단되는 문제가 드러날 경우 디렉터는 첫 번째 장면을 시작할 만한 단서를 끌어낸다. 주인공과 디렉터 간에 주고받는 초기 면담 상황은 주인공에 따라 빨리 끝날 수도 있고 아니면 시간이 오래 걸릴 수도 있다. 주인공이 빨리 문제를 제시한다면 짧게 몇 마디 주고받는 정도로 끝날 수도 있지만, 어떤 경우에는 주인공이 제시한 여러 가지 상황들을 무대 위에서 실험적으로 재연하면서 주의 깊게 살펴봐야만 핵심 문제가 드러날 수도 있다. 특히 자신의 문제를 지나치게 자세하게 설명하거나 주지화 방어를 사용하는 주인공의 경우 핵심적인 문제를 가려내기란 여간 어려운 일이 아니다.

　주인공이 여러 가지 문제를 장황하게 설명하고 있다면 가장 문제가 되는 상황이 어떤 것인지 질문을 한다. 주인공은 여러 가지 상황 중에서 자신에게 특별히 문제가 되는 한 장면을 선택하게 되는데, 이러한 문제 상황은 주인공의 행동 패턴을 알 수 있는 지표가 된다. 때로는 디렉터가 직관력을 가지고 선택할 수도 있다. 흔히 문제가 촉발되는 상황인 실직, 상사와의 갈등, 사랑하는 사람의 죽음, 이별, 가족 갈등, 성적인 문제 등이 행동 상황으로 옮겨질 수 있다. 문제가 되는 상황을 실연할 때 집단원들은 주인공이 자신의 주변에서 발생하는 어려운 사건들에 어떻게 반응하는지를 살펴볼 수 있다. 사람들은 저마다 상황에 따라 다양하게 반응한다. 어떤 사람들은 외부 자극이나 사건에 대해 일관성 있는 반응 패턴을 보이지만 상황에 따라 매우 가변적인 태도를 보이는 사람도 있다. 성급하고 충동적인 행동 양식을 보이는 사람이 있는가 하면 외부 상황이 아무리 화급을 다투는 일이라고 해도 느긋하고 여유 있는 태도를 보이는 사람도 있다. 주인공이 사이코드라마 상황에서 제시한 문제에 반응하는 패턴을 살펴보면 단순히 문제의 원인이 되는 사건 자체뿐만 아니라 주인공의 일반적인 문제해결 방식을 알 수 있다.

2 역할 연기자의 선택

문제가 분명해지면 그 상황을 연출할 역할 연기자를 선택한다. 치료적 목적이 우선시되는 경우(병원에서 환자들과 사이코드라마를 하는 경우)에는 정신병리에 이해가 있는 전문 보조자아를 선택하지만 일반인들과 같이 하는 경우에는 집단원을 골고루 참여시킨다. 주인공이 직접 보조자아를 선택할 때에는 상대 역할과 비슷한 이미지의 집단원을 선택하거나, 눈을 마주치면서 마음이 이끌리는 상대를 선택할 수도 있다. 디렉터는 보조자아를 처음 하는 사람에게는 보조자아의 역할과 자세에 대해 간단히 설명해 주어야 한다. 디렉터는 필요에 따라 장면을 깊이 있게 다룰 수도 있고, 중단하고 다른 장면으로 넘어갈 수도 있다. 이와 같이 적절한 개입을 통해 주인공과 보조자아들이 핵심 문제를 잘 탐구할 수 있도록 유도한다.

3 첫 장면 설정

첫 장면을 선택할 때에는 주인공이 내면의 문제를 자연스럽게 끄집어낼 수 있는 기법을 사용하는 것이 중요하다. 극 초반에는 아직 주인공이 충분히 준비되어 있지 않기 때문에 가벼운 기법으로 시작하는 것이 바람직하다. 처음부터 주인공의 내면으로 들어가기보다는 주인공이 자발적으로 할 수 있는 범위에서 시작하는 것이 좋다. 저자의 경우는 빈 의자를 자주 이용하는 편이다. 빈 의자를 향해 그동안 하고 싶었지만 하지 못했던 말을 쏟아 내게 하면 주인공은 점차적으로 자발적이 되어 극에 몰입하게 된다.

4 행위의 전개

첫 장면을 통해 혹은 극 초반에 드러난 주인공의 문제를 구체적으로 알아보기 위해서는 행위를 전개시키는 것이 중요하다. 디렉터는 주인공에게 제시된 문제를 상기시키며 "지금 머릿속에 떠오르는 과거의 사건이 있으면 말해 주세요. 과거의 어떤 사건이 연상이 되지요?"라고 묻는다.

정신분석에서 초기 기억이 매우 중요하듯이 사이코드라마에서도 주인공의 머릿속에 떠오른 첫 기억에는 상당히 강한 정서적 측면들이 부착되어 있다. 무의식적으로 머릿속에 떠오르는 사건은 주인공의 정신역동과도 밀접한 관계가 있고 사이코드라마 상황에서 집중적으로 다루어야 할 주제에 대한 단서가 된다. 디렉터는 보조자아를 그 장면에 맞게 배치하고 주인공에게 상황을 묘사하고 행위를 전개시켜 나간다. 디렉터는 사건의 원활한 전개를 위해 주인공에게 여러 가지 보충 질문도 하고 구체적으로 묻기도 한다. "당시에 아버지와 어떤 대화가 있었지요? 지금도 매우 화가 나신다고 했는데 아버지의 어떤 점들이 문제였습니까?"라는 식으로 디렉터는 사이코드라마의 명확한 방향을 제시하고 안내하는 역할을 한다.

⑮ 장면의 중단 및 촉진

주어진 상황에서 극이 방향을 잃고 반복되거나 더 이상 깊이 있게 진행이 되지 않을 때는 디렉터는 그 장면을 중단시킬 수 있다. 이런 상황이 되면 집단원들이 집중력이 떨어지고 지루해하는 데, 디렉터는 이를 빨리 감지하여 다른 기법을 적용하든지 아니면 다른 장면으로 전환시켜야 한다. 가끔은 단조로운 이야기가 반복되어도 극의 흐름을 중단시키지 않고 계속 진행하는 경우도 있다. 주인공이 자신의 문제를 통찰하는 능력이 부족하고 준비가 덜

장면의 중단 및 촉진

되었다고 판단되지만 좀 더 기다리면 깊이 들어가는 것이 가능해 보이는 경우가 여기에 해당한다.

어떤 장면에서 주인공의 핵심적인 문제들이 확연히 드러나게 하기 위해서는 적당하게 촉진시켜 주어야 한다. 보조자아에게 핵심문제에 대한 다양한 대안과 심도 있는 해결책들을 제시하게 하여 주인공이 사고의 폭을 넓히고 대안적 행동 양상을 취하게 할 수 있다. 이와 같이 디렉터는 장면을 중단하기도 하고 촉진하기도 하면서 극의 완급을 조절하고 집단원들의 극에 대한 몰입을 일정 수준으로 유지시킨다.

⑯ 핵심 갈등 탐색

주인공에 따라 차이가 있겠지만 사이코드라마 초기 장면에서는 주인공의 핵심 갈등이 좀처럼 드러나지 않는다. 주변적인 일만 잔뜩 늘어놓으며 다루려고 하는 문제의 초점을 흐리는 주인공들도 있다. 특히 주인공이 감정의 절정에 다가갈수록 저항이 커진다. 이럴 때 디렉터는 핵심 문제로 바로 들어가지 않으려고 하는 주인공의 저항과 방어적인 태도를 존중해 주고 처음에는 지엽적인 사건들로부터 점차로 핵심적인 문제로 접근하는 것이 좋다. 사이코드라마에서는 주인공이 실제로 자신의 생활에서 일어났던 일 외에도 자신의 환상 속에만 있는 내용을 드러내기도 하는 데, 이것을 살펴보면 주인공의 희망, 절망, 두려움, 억압된 분노감, 적대감 등 표현되지 않은 이면의 감정 상태를 알 수 있다. 이와 같이 핵심적인 문제와 정서 상태가 표현될 때 주인공이 다른 사람과의 관계에서 감정을 어떻게 왜곡하고 있는지가 디렉터와 집단원들에게 분명하게 드러난다. 정서적인 카타르시스를 중요하게 여기는 디렉터들은 갈등이 탐색되면 주인공을 심하게 몰아 세워 감정적인 방출을 자극할 수 있는데, 이런 태도는 경계할 필요가 있다.

⑦ 마지막 장면 설정

핵심적 문제들이 제시되고 극을 통해 카타르시스를 경험하고, 대안적 사고
나 행동에 대한 통찰력을 얻게 되면 이를 통합하여 마무리를 지을 수 있는 장
면의 설정이 중요하다. 여태까지 전개되었던 극이 깔끔하게 끝맺기 위해서는
디렉터의 노련한 장면 선택이 필요하다.

사이코드라마에서 다루는 내용이 다양한 만큼 마지막 장면 역시 주인공마
다 다르다. 어떤 주인공에게는 바닷가를 거닐면 마음속의 양가적인 감정을
정리하도록 유도하는 장면이 적합할 수도 있고, 어떤 주인공은 상징적으로 술
병을 깨뜨리는 장면이 효과적일 수도 있다. 아버지와 심각한 갈등 상태에 있
는 주인공에게는 이상적인 아버지 역할을 한 보조자아와 포옹하는 장면으로
끝이 날 수도 있다. 자신의 욕구를 억압하고 착한 딸 역할을 하며 어머니의
뜻대로만 살아온 여자 주인공에게는 자신이 하고 싶은 일을 선택할 권리가
있다는 것을 어머니에게 주장하는 장면이 설정될 수도 있다. 또한 자존감이
극도로 낮은 주인공의 경우에는 집단원들 앞에서 "난 할 수 있어."라는 말을
외치며 자기주장을 하면서 극이 끝날 수도 있다. 극이 끝나 갈 때 디렉터는
주인공이 앞으로 살아가면서 다시 겪을 수 있는 문제에 대한 대처방식을 시
연하고, 바람직한 대안을 제시해 주고, 자기 직면 혹은 정신역동적인 측면에
서 자아를 회복시켜 주는 것이 필요하다. 이렇게 함으로써 주인공은 보복을
두려워하거나 당황하지 않고 스스로 자신의 삶을 새롭게 창조할 수 있도록
격려받게 된다.

흔히 마지막 장면에서는 해피엔딩(행복한 결말)을 통해 주인공의 소망을 충
족시켜 준다. Hollander(1969)는 사이코드라마의 마지막 무대에서는 주인공에
게 잉여현실을 제공하고 의도적으로 긍정적인 결말을 제시하는 것이 필요하
다고 보았다. 자살 충동이나 복수 또는 가해 충동과 같은 파괴적인 생각을 가
지고 있는 주인공에게 마지막 장면을 해피엔딩으로 설정하여 파괴적인 생각
을 긍정적이고 희망적인 방식으로 전환시킬 수 있다.

해피엔딩을 지지하는 사람들은 상상적인 측면을 다룸으로써 주인공이 꿈을

가지고 일상에서 문제를 대처해 나가는 데 도움을 줄 수 있다고 주장한다. 해피엔딩은 심미적인 매력도 있고 치료적으로도 가치가 있다. 특히 해피엔딩은 주인공에게 긍정적인 감정을 불러일으키고, 기분 좋게 극을 마치게 해 주며 희망과 용기를 고취시켜 줄 수 있다.

하지만 극에서 낙관적인 측면만을 강조하게 되면 현실을 왜곡시키고 그릇된 공상을 심어 주는 역효과가 날 수도 있다. 주인공이 극에서 근본적으로 성장할 수 있는 과정을 경험하지 않으면, 그 과정은 단지 피상적인 것에 불과한 것이다. 왜냐하면 현실에서는 어린아이들이 읽는 동화책에서처럼 '그 이후로도 행복하게 살았다.'라는 이야기가 언제나 뒤따르는 것은 아니기 때문이다. 이러한 점에서 볼 때, 갈등이 충분히 훈습되지 않고 대안적 행동이나 생각이 따라 주지 않는다면 해피엔딩은 공허한 환상일 수밖에 없다.

주인공이 겪고 있는 갈등이나 문제가 너무 심각하여 사이코드라마 상황에서 모든 문제가 충분히 다루어지지 않은 경우라면 주인공이 사이코드라마를 통해 해결되지 않은 갈등을 충분히 인식하는 것만으로도 효과적일 수 있다. 이 경우에는 어려운 상황을 직면하고, 불확실한 미래를 예상하고 준비할 수 있게 하는 장면을 연출하는 것이 더욱 진실한 극이라고 볼 수 있다. 이러한 장면은 삶 자체가 개방적이고 예측할 수 없는 일들로 가득 차 있기 때문에 앞으로 행복한 일만 보장해 주지는 않는다는 메시지를 주인공에게 알리는 효과가 있는 것이다.

저자도 물론 초심자 시절에는 주인공에게는 행복한 미래관을 심어 주고 관객들에게는 멋진 결론을 보여 주기 위해 해피엔딩을 선호했었다. 하지만 마지막 장면을 반드시 해피엔딩으로 마감할 필요는 없다고 생각한다. 예를 들어 '죽음 장면'이나 '심판 장면'에서 주인공이 갈등 관계에 있는 상대방을 환생시키지 않고 죽음이라는 극형을 내리는 경우가 종종 있다. 특히 신체적 폭력이나 성폭력 등과 같은 정신적 외상을 경험한 사람들에게 피상적으로 가해자와 화해시키거나 용서를 하도록 강요하게 되면 주인공에게 오히려 역효과를 유발할 수 있다. 이 경우 상대방에게 죽음과 지옥이라는 비극적인 결론을 내리는 장면이 설정될 수도 있다. 가족 갈등이 심한 경우 가족 간의 유대가 단절되는 쪽으로 마지막 장면이 설정되기도 한다. 예를 들어 부부갈등이 있는 사람에게 화합이 아니라 이혼이라는 파국으로 치닫는 장면이 연출될 수도 있다. 사이코드라마를 통해 화해의 장을 마련해 주고, 행동적·인지적 대안을 제시하려고 노력했음에도 불구하고 갈등의 골이 깊어 관계가 청산되는 결정을 했다면 이 역시 주인공의 내적 진실이다. 이럴 경우 서로의 차이를 인정하고 독립적인 삶을 살게 하는 데 의미를 두는 것도 한 방법이다. 유감스럽게도 현실은 언제나 동화 속의 결론처럼 권선징악이나 행복한 삶만 이어지는 것이 아니기 때문이다.

  효과적인 마무리 장면을 하기 위해서는 주인공이 사이코드라마를 통해 어떤 치유 경험을 원하는지 깊이 이해할 필요가 있다. 사이코드라마를 통해 상징적인 욕구 충족을 바라는 사람도 있고, 문제에 대한 구체적인 제안과 정보를 원하는 사람도 있다. 또한 경우에 따라 죄책감에서 자유로워지고 싶은 사람도 있고 신뢰와 희망의 씨를 뿌리는 새로운 경험을 원하는 사람도 있다. 이와 같이 개개인의 욕구에 맞는 마지막 장면을 설정하는 것이 중요하다.

<마무리 장면의 예>

• 행위 완성
주인공은 자신의 환상(자신이 바라는 소망)을 달성하도록 격려받는다. 남겨진 것을 마무리 하고 잘못한 것을 소거하는 것이 여기에 해당된다. 현실에서 이루지 못한 것, 머릿속으로만 맴돌던 결심을 무대에서 행위 완성을 통해 체험해 본다. 이러한 행위완성은 주인공에게 대안적 행동양식이나 사고를 실제로 경험시키는 효과가 있다.

• 관객 분석
집단원들이 사이코드라마에 대한 반응을 종합한다. 몇 년 전에 헤어진 남자 친구로부터 연락을 받은 한 주인공은 남자 친구를 다시 만나야 할지 만나지 말아야 할지를 심각하게 고민하였다. 주인공의 극을 지켜본 집단원들은 다시 남자 친구를 만나야 한다는 쪽과 만나지 말아야 한다는 쪽으로 편을 나누어 의견을 개진한 후 주인공이 자연스럽게 한 쪽을 선택하게 하여 극이 마무리될 수 있었다.

• 상(칭찬받는 것) 경험
극에 몰입했던 주인공에게 집단원들이 칭찬을 해 주고 이에 대해 주인공은 집단원들에게 고마움을 표현한다. 간단하면서도 집단 응집력을 높이는 마무리기법이다.

• 구체화

마지막 장면에서 모든 실타래가 풀려 상황을 구체화시키고 명료화시킨다.

• 갈등 해결

극에서는 타인과 갈등을 유발하는 개인의 내적 특성을 발견할 수 있게 해 준다. 예를 들어 모든 문제를 남의 탓으로 돌리는 투사(projection) 경향이 강한 사람은 역할바꾸기를 통해 자신의 내면을 들여다보면서 갈등적인 관계를 초래한 것에 대해 자신이 기여한 부분은 없는지 살펴볼 수 있다. 사실상 사이코드라마를 통해 바뀔 수 있는 대상은 주인공 자신이다. 여기서 중요한 것은 주인공이 갈등을 겪고 있는 상대방은 요지부동일 수도 있다는 점이다. 즉 상대방은 드라마를 관람도 하지 않았을 뿐만 아니라 자신이 고통을 받고 있더라도 굳이 자신의 태도를 바꾸려고 하지 않을 수도 있다는 것이다. 따라서 그러한 상대방의 성격적 결함이나 잘못된 행동방식에도 불구하고 주인공이 상처를 덜 받고 고통을 줄일 수 있는 대안과 성숙한 자아를 찾는 과정이 사이코드라마다.

• 에필로그

과거의 일들이 실제로 어떻게 발생했는지 조명해 보기 위해 회고적인 분석을 한다.

• 마지막 대화

주인공은 자신의 삶에서 의미 있는 타인과 마지막으로 대화를 한다. 어머니와 갈등상태에 있는 한 주인공은 마지막 장면에서 빈 의자에 어머니를 불러내어 마지막으로 하고 싶은 말을 할 수 있다.

• 목표 설정

주인공은 미래에 대해서 몇 가지 계획을 세우고, 극에서 배운 것들을 일상생활로 일반화시키게 된다. 예를 들면 사이코드라마에서 배운 몇 가지 기술을 사용하겠다는 약속을 하면서 몇 가지 목표를 정한다.

• 대단원

마침내 주인공은 무대 위에서 중요한 타인이 되어 주었던 집단원들에게 용서와 화해의 말과 그동안 하고 싶었던 말을 하게 된다.

• 작별 의식

주인공은 의례적 행위를 통해 중요한 사람과 분리되는 경험을 한다. 예를 들어 이별 편지를 쓰고 나서 그것을 태워 버리고 감정을 정리하도록 격려할 수 있다. 사별한 사람과 못 나눈 이야기를 하고 생전에 해 주지 못했던 소원을 들어주면서 떠나보내는 의식을 통해 죄책감을 해소시키는 효과가 있다.

- 오픈–엔딩(비워 두는)

주인공이 극이 끝난 후에도 훈습하고 행동할 수 있도록 미완성인 채로 극을 끝낸다. 아직 채워야 할 빈 장이 들어 있는 노트처럼 개방형 사이코드라마는 삶의 문제나 고통은 끝없이 계속된다는 점을 강조하는 것이다.

- 회복실

깊은 감정수술을 받은 주인공을 다시 균형 감각을 찾고 회복하기 전까지 부드럽고 사랑이 담긴 보살핌을 받을 수 있는 회복실에 머물게 한다.

- 재실연

사이코드라마 실연 중에서 첫 장면이나 다른 중요한 장면을 새로운 방식으로 다시 실연한다. 주인공은 잉여현실을 통해 과거의 사건을 재경험하며 잘못된 행동양식과 역기능적 사고를 수정하고 훈습하는 기회를 가진다. 과거에 상처를 받았던 때로 되돌아가 현재의 좀 더 성숙한 자아가 의연하게 대처함으로써 과거의 고통을 덜어 낼 수 있게 된다.

- 이완

주인공과 집단 구성원들은 극의 마지막에 음악을 들으면서 신체적인 이완을 할 수 있는 시간을 갖게 된다.

- 재양육

주인공은 집단에서 자신을 돌봐 주는 좋은 부모의 역할을 할 수 있는 집단원을 만나서 교정적인 정서 경험을 하게 된다. 이상적인 부모 역할을 맡았던 보조자아로부터 지지적인 이야기를 듣고 원가족에게서 받지 못했던 정서적 자양분을 공급받는다.

- 분리

주인공의 개별화와 자율성을 촉진하기 위해 전체 집단으로부터 주인공을 분리시킨다.

- 요약

디렉터가 주인공에게 극의 과정과 장면에 대해 요약해서 설명해 준다. 특히 정신과 레지던트나 간호사를 대상으로 하는 교육적인 사이코드라마에서는 디렉터가 주인공이나 보조자아를 맡았던 사람들에게 질문을 받고 대답하면서 요약을 해 준다.

- 지지

각 집단원들이 주인공을 둘러싸고 지지적인 이야기를 해 준다. 사이코드라마가 가지고 있는 지지적 측면은 다른 치료에 비해 월등하다. 준비 과정에서 나눔 단계까지 2시간 이상의 과정을 통해 주인공은 집단원들의 따뜻한 관심 속에서 자신의 문제를 디렉터와 함께 다루어 나간다. 또한 집단원들도 주인공을 통해 심리적인 위안을 얻는다. 주인공의 문제가 자신의 문제일 수도 있기 때문이다. 어떤 주인공은 사이코드라마 상황에서 전혀 모르는 사람들이 자신에게 보여 주었던 지지가 오랫동안 힘이 되어 준다고 이야기하면서 힘들어질 때 마다 몇 개월에 한 번씩 사이코드라마를 찾기도 한다.

• 사진 찍기
실제로 사진을 찍거나 상상으로 사진을 찍게 한다. 요즘은 디지털카메라가 보편화되어 사진을 찍기가 용이하다. 가족갈등을 마무리 하는 장면으로 사진을 찍는 장면이 많이 연출된다. 주인공에게 가족들을 적절한 위치에 배치하도록 한 다음 원하는 포즈로 사진을 찍는다. 이 외에 애도 과정에 있는 주인공에게는 상실한 대상과 함께 가족 사진을 찍는 장면을 설정하기도 한다.

　이러한 기법들은 마지막 장면으로 흔히 쓰이는 기법이지만 이것이 전부는 아니다. 사이코드라마가 성공적으로 진행되려면 연출자의 심미적인 유연성이 필요하다. 누구나 예측할 수 있는 판에 박힌 진부한 장면보다는 주인공 개개인에게 맞는 장면을 설정해서 치료적 효과를 배가할 수 있도록 노력할 필요가 있다.

제15장 사이코드라마기법

　드라마를 처음 시작하는 디렉터의 경우 가장 갑갑하게 느끼는 점이 어떤 기법을 어느 시점에서 사용하여 드라마를 이끌어 갈 것인가 하는 고민이다. 저자의 경우에도 초심자 시절에는 중간에 흐름이 끊기거나 잘 풀리지 않을 때 과연 이 난관을 어떻게 헤쳐 나갈 수 있을까 막막하기까지 했다. 집단원들 혹은 관객들이 지켜보는 가운데 극을 매끄럽게 진행하려는 강박관념 때문에 주인공의 침묵에 불안하기도 했던 기억들이 떠오른다. 그때만 해도 국내에 사이코드라마를 체계적으로 소개한 책이 많지 않아 주로 외국 서적을 찾아보고 드라마팀원들과 효율적인 기법을 개발하려고 노력을 기울이곤 했다. Moreno의 책을 참고로 여러 가지 기법을 시도해 보기도 하고 나름대로 독창적인 기법들을 개발하여 유용하게 사용하기도 하였다.

　사이코드라마에서 실연되는 상황이 다양한 만큼 다양한 기법들이 필요하다. 그리고 각각의 상황에 알맞은 기법을 선택하려면 각 기법이 갖는 특징을 잘 파악하고 있어야 한다. 여러 가지 기법들을 적절하게 사용하고 극의 방향을 이끌어 가는 것은 디렉터의 책임이기 때문에 특히 이 부분에서는 디렉터의 창의성과 감수성이 필요하다.

　사이코드라마기법은 매우 다양하지만 중심이 되는 원리는 크게 다르지 않으며 한 가지 기법에서 여러 가지를 응용하기도 하며 변형시켜서 사용할 수도 있다. 예를 들어 이중자아기법에서 주인공의 뒤편에 보조자아를 비스듬히 세우는 경우도 있지만 다른 보조자아에게 방백을 시킬 수도 있고 빈 의자를 이용하여 주인공 자신이 이중자아의 역할을 하기도 한다. 주인공의 몰입의 정도에 맞추어서 가벼운 기법으로 시작하여 심도 있는 기법으로 전환하는 것이 좋다.

❶ 사이코드라마기법의 기본 원칙

Blatner(2000)는 사이코드라마기법을 사용할 때 다음과 같은 기본 원칙을 강조하였다.

① 어떤 상황에 대해 말로 서술하는 것보다는 신체적인 행위를 통해 표현한다. 즉 상황을 말로 설명하는 대신 직접 몸을 움직이면서 구체적으로 재현한다.
② 직접화법을 사용한다. 상대방 인물을 묘사하기보다는 그 인물의 역할을 맡은 보조자아와 직접 대화를 함으로써 극에 몰입할 수 있도록 한다. 흔히 실연 단계 초반에 주인공은 상대방 인물을 연기하는 것보다 관객이나 디렉터에게 상대방이 어떤 사람인지 말로 설명하려는 경향이 있다. 때로는 디렉터가 준비작업을 위해 이를 허용할 수도 있지만 궁극적으로는 대화를 직접 하도록 유도하여 극의 현실성을 높이는 것이 필요하다.
③ 실연 장면에서 역할을 맡은 보조자아들이 적극적으로 행동하게 되면 주인공 역시 자발적이고 직접적인 행위를 할 수 있다. 말보다는 행동이 감정개입을 더욱 용이하게 한다.
④ 추상적인 상황을 명확한 장면으로 구체화한다.
⑤ 가능하면 참 만남을 증진시킨다.
⑥ 과거나 미래 상황도 마치 지금-여기 일어나고 있는 일처럼 현재 상황으로 다루어 실제감을 높인다. 현재의 입장에서 본인에게 주어진 잉여현실

을 통해 교정적 행동을 경험할 수 있도록 도와준다.

⑦ 주인공의 언어적 표현에서 비언어적인 단서들(음색, 어형변화, 속도, 강도)과 몸동작에서 비언어적인 단서들(자세, 제스처, 표정, 리듬)을 주의 깊게 관찰하여 파악한다. 언어의 내용에는 감정적인 부분들이 나타나 있지 않지만 대화 중에 손을 떤다던가 얼굴에 경련이 일어나는 등의 비언어적 의사표현은 주인공의 감정 상태를 알 수 있는 중요한 단서가 된다.

⑧ 역할바꾸기를 통해 집단원들이 공감 기술을 직접 연습하도록 한다. 역할바꾸기는 사이코드라마의 가장 기본적인 기법이다.

⑨ 자기노출과 솔직함을 증진시키도록 격려한다. 특히, 자신의 느낌에 관한 부분을 꾸밈 없이 말할 수 있는 분위기가 되어야 한다. 그러나 노출시키고 싶지 않은 개인적인 부분을 덮어 둘 수 있다는 점을 명확히 하여 참여자들이 편안하게 극에 임하도록 한다.

⑩ 사이코드라마 실연을 할 때에는 놀이적인 측면을 고려한다. 이러한 측면은 참여자들의 흥미를 유발시켜 자발성, 창조성을 증진시킬 수 있다.

⑪ 참여자들의 역할(예: 상징적인 역할을 하는 사람)과 상황을 다양하게 하여 한 가지 역할과 상황에 지나치게 몰두하는 것을 줄인다.

⑫ 상징과 은유를 효과적으로 활용하여 의인화시켜 더욱 생동감 있는 극을 연출할 수 있다.

⑬ 인접 예술 분야를 사이코드라마에 활용한다. 춤이나 노래들을 준비작업에 활용할 수도 있고 무대장치나 분장, 시, 미술, 음악, 음향, 조명도 사이코드라마의 부분이 될 수 있다.

⑭ 행동을 과장하거나 극대화하여 보다 폭넓은 반응을 탐구한다.

⑮ 연극적 기법과 수단을 사용하여 실제 상황뿐만 아니라 상상의 경험을 탐구하고 표현하도록 한다. 사이코드라마가 다룰 수 있는 영역은 매우 넓다. 단순히 갈등을 다루는 범위를 넘어 상상이나 꿈 등을 다루어 무의식적인 세계를 다룰 수 있다.

⑯ 흥분감, 열정, 생동감을 증진시킨다.

⑰ 승화기제를 적극적으로 활용하고 개발하여 창의적인 에너지를 방출할 수 있도록 도와주고 성격 역동에 대한 대안을 제시한다.

⑱ 집단정신치료적 요소를 활용한다.

사이코드라마기법에 관련된 문헌을 살펴보면 사이코드라마에서 응용할 수 있는 기법은 굉장히 많지만 저자가 특히 유용하게 사용하고 있는 기법을 위주로 다음과 같이 정리해 보았다.

❷ 기법의 종류

역할바꾸기

역할바꾸기는 사이코드라마에서 가장 기본적이며 흔히 쓰이는 기법이다. 역할바꾸기를 통해 상대방의 입장에서 타인을 이해할 수도 있고 자신의 입장을 객관적으로 바라볼 수 있다. 디렉터 입장에서는 극 중에서 행해지는 역할바꾸기를 통해 주인공에 대한 많은 자료들을 수집할 뿐만 아니라 대인관계 양상이나 갈등 그리고 핵심적인 역동 등을 파악할 수 있다.

역할바꾸기의 의미는 타인의 관점을 통해 자신을 바라보는 것이다. 그동안 고수해 오던 자신의 방식이 아닌 타인의 눈을 통해 보려면 충분한 준비작업이 필요하다. 역할바꾸기기법을 사용하기 이전에 주인공이 '자신'으로부터 나와 진정으로 타인이 '될 수 있는' 마음의 준비과정을 거쳐야 하는 것이다. 여기에서 중요한 것은 '관점'이다. 사이코드라마에서 디렉터가 역할바꾸기를 요구할 때 자신의 관점을 유지한 채로 타인의 역할을 하게 된다면 역할바꾸기를 통한 효과를 기대하기는 어렵다. 한 사람이 상대방으로 역할바꾸기를 하게 되면 관점의 전환이 일어나게 된다. 역할바꾸기의 목적은 마음속 깊은 곳에서부터 '이 사람의 입장에서 보니 내가 그동안 생각했던 것과는 다른 면이 있구나.' 하는 생각을 갖고 상대방의 입장을 더 잘 이해할 수 있도록 하는 데 있다. 자신에 대해 진정으로 알기 위해서는 자신으로부터 빠져 나와야 한다. 역할바꾸기 상황에서 감정을 얼마나 잘 표현했는지 확인하고 무엇을 배웠는지 깨닫는 계기를 주면서 관계에 대한 새로운 관점을 확립하는 것이 역할바꾸기의 궁극적인 목적이다.

역할바꾸기를 해야 할 사항

사람 사이의 관계 맺음에 있어 우리는 누구나 자기방어를 하게 된다. 대화 도중 내용이 위협적이거나 상처를 입었을 때, 무엇인가를 잃게 될지도 모르는 상황이나 자신의 약점이 드러나게 되는 순간에 방어적 자세로 대응하는 것은 본능에 가깝다. 주의를 다른 곳으로 돌리면서 상처 입지 않은 척하거나, 신체적인 통로를 통해 정서적 고통을 표현하거나, 훈계조로 원칙론을 늘어놓는 것 역시 방어 태세에 해당된다. 이러한 반응은 대화를 단절시켜 실질적인 교류의 통로를 막는 부정적인 역할을 한다. 방어적 자세는 상처 입은 마음을 드러내지 못하게 차단함으로써 내면의 상처는 그대로 둔 채 표면적으로만 화해를 하는 것이다. 이 경우 겉으로는 관계가 회복된 듯하지만 직접적인 문제가 해결되지 않아서 앞으로 문제가 반복될 여지가 남아 있게 된다. 이러한 방어 태세가 강하여 서로 간에 소통이 원활하지 않을 때야말로 역할바꾸기가 절대적으로 필요한 시기다.

주인공이 극 중에서 자신의 상상이나 행위 갈망을 충족시킨 후에는 자신의 근원적인 감정에 대해 통찰하게 된다. 이전과는 다른 정서적 차원을 탐구하면서 미흡했거나 상처가 남아 있던 과거에 대해 교정적 정서 체험을 하게 된다. 후회스럽거나 어려웠던 상황에서 과거를 창조적으로 재경험하고 싶은 욕망을 느끼게 된다. 이때 주인공은 '잉여현실'이라고 하는 주어진 환경에서 좀 더 현실적인 접근을 하게 되고, 또 자신의 일에서 성공할 수 있는 장면을 묘사할 수 있게 된다.

역할바꾸기는 이처럼 여러 가지 상황에서 사용될 수 있는 효과적인 기법이다. 인간관계에서 역지사지라는 중요한 원칙을 사이코드라마의 역할바꾸기 기법을 통해 실질적으로 적용할 수 있는 것이다. 그러나 주인공이 항상 상대방의 역할을 쉽게 받아들이는 것은 아니다. 역할을 바꾸어 상대방의 역할이 되어도 주인공이 자신의 입장을 고수하는 경우가 허다하다. 하지만 역할바꾸기를 반복적으로 시행하다 보면 어느 순간에 자연스럽게 상대방의 입장에 몰입하게 되는 순간이 온다.

역할바꾸기의 지침

 디렉터는 극이 진행되면서 결정적이라고 판단하는 부분에서 역할바꾸기를 지시할 수 있다. 이때 될 수 있으면 극의 흐름이 끊이지 않도록 주의하여야 하며 주인공이 충분히 극에 몰입하여 이제는 역할을 바꾸어도 무리가 없을 것 같다는 디렉터의 판단이 중요하다. 극이 진행되는 동안 디렉터는 주인공의 감정과 행동, 사고 등의 변화에 사이클을 잘 맞추어 역할바꾸기를 지시한다. 충분한 준비가 되지 않은 상태에서 역할바꾸기를 지시하면 실패할 확률이 크다. 혹은 그 반대로 결정적인 시기를 놓친 후에 역할바꾸기를 지시하면 극의 흐름이 끊기기 십상이다. 즉 디렉터의 역할바꾸기는 적절한 타이밍과 템포가 필요하다. 역할바꾸기를 보면 디렉터의 숙련도를 알 수 있다.

 역할바꾸기의 기법상에서 중요한 점은 직접적으로 위치를 바꾸면서 상대방의 역할을 해야 좀 더 실제적으로 그 사람이 되는 느낌을 가질 수 있다는 것이다. 또한 역할바꾸기를 자주 하다 보면 '어, 지금은 누구의 역할이지?' 하고 혼동이 일어날 수 있기 때문에 물리적인 공간을 실제로 이동시켜야 이러한 혼란을 막을 수 있다.

 역할을 바꾸는 장면에서 상대방이 마지막으로 했던 말을 반복한다. 대부분 주인공이 중요한 말을 하고 그 말의 의미를 탐색해서 상황을 풀어 가고 싶을 때 역할을 바꾸는 경우가 많으므로 주인공의 마지막 말을 보조자아가 되풀이한다. 이렇게 마지막 말을 되풀이하게 되면 상대방이 전환된 장면을 금방 인지해서 바뀐 역할로 극을 개시할 수 있다.

 역할을 바꾼 전후 상황에서 잠시 극의 템포를 늦추고 장면을 멈추는 것도 주인공으로 하여금 타인의 입장에서 충분히 생각할 수 있는 기회를 갖게 하는 좋은 방법이다. 역할이 바뀌면 그 사람의 입장이 되어야 하기 때문에 그러기 위해서는 어느 정도의 시간이 필요하다.

 역할바꾸기를 할 때 디렉터가 너무 자주 개입하면 주인공의 감정의 흐름이 끊길 수 있으므로 필요한 상황에만 적절히 개입하여 주인공이 극을 계속해 나갈 수 있도록 도와주어야 한다. 디렉터의 역할은 주인공이 상대방의 입장에서 충분히 생각하고 타인의 관점에서 객관적으로 자신을 돌아볼 수 있는 계기를 마련해 주는 것이다.

　역할바꾸기를 통해 사이코드라마를 진행하면서 디렉터는 주인공의 습관적 방어기제나 행동 패턴을 예민하게 파악해야 한다. 예를 들어 쉽게 표현하지 못하는 사람의 경우 직접적으로 이야기할 수 있는 방법을 탐색하기 위해 극을 진행할 수 있다. 또한 어떤 말을 습관적으로 사용하는 경우 그러한 말이 어떤 감정에서 오는 것이며, 관계에 있어 어떠한 영향을 줄 수 있는지 생각해 보도록 한다.

빈의자기법

　빈의자기법(empty chair)은 Moreno가 창안하였으며 게슈탈트 심리학의 대표자이자 Moreno의 워크숍에 정규 출연자였던 게슈탈트치료자 Perls가 발전시켰다.

　이 방법은 무생물이나 꿈의 상징, 주인공의 주관적 세계에 있는 중요한 비언어적 단서 등 실제 인물이 연기하기 어려운 것들을 표현하는 데 매우 효과적인 방법이다. 주인공에게 정서적으로 중요한 인물을 빈 의자에 불러내어 마치 그 사람이 빈 의자에 존재하는 것처럼 극을 전개해 나간다.

　빈의자기법은 사이코드라마를 시작하는 데 매우 효과적인 기법이다. 자칫 시작이 어색하고 어려울 수 있는데 이럴 때 빈의자기법을 사용하는 것은 주인공이 극에 몰입할 수 있게 해 준다. 주인공으로 하여금 내면을 탐구하고 정리할 수 있는 시간을 갖게 한 후 "자, 지금 떠오르는 사람이 있습니까? 그렇다면 그 사람이 저 의자에 있다고 생각하고 한번 이야기해 보세요."라고 말하면 대부분의 경우 주인공은 자신의 내면 세계에 중요한 영향을 주었거나 현재 관계에서 문제가 되고 있는 핵심 인물을 빈 의자 위에 떠올리게

빈 의자

된다.

처음에 주인공은 마음속 깊은 곳의 이야기를 끌어내는 데 어려움을 겪는 경우가 많다. 이럴 때에는 실제로 빈 의자에 더 가까이 다가가서 이야기하도록 한다. "이제는 그 사람에게로 조금 더 가까이 다가가 감정적인 이야기를 해 보세요." 등과 같은 말을 하며 주인공이 편안하게 내면 세계를 표현할 수 있도록 도와주는 것이 디렉터의 몫이다.

빈의자기법을 통해 극을 시작하는 것은 주인공이 다루고자 하는 문제를 좀 더 구체적으로 파악하기 위한 방법으로도 효과적이다. 관객이나 보조자아는 물론이고 디렉터 역시도 주인공이 실제로 겪고 있는 상황이나 인간관계를 잘 알지 못한다. 사이코드라마에서는 일반적으로 어떠한 상황에 대해 단순히 나열하여 설명하는 것은 바람직하지 못한 것으로 여겨지기 때문에 빈의자기법을 통해 실제 상황을 유도하는 것이 주인공에 대한 정보를 파악하는 하나의 방법이 될 수 있다. 이 부분은 앞으로 극의 방향을 제시하고 이끌어 나갈 디렉터뿐만 아니라 주인공의 연기를 도와 실제로 극에서 연기를 해 나갈 보조자아들에게 있어서도 매우 중요하다. 디렉터와 보조자아는 주인공이 빈 의자에서 상대 인물들에게 하는 말이나 행동을 통해 상황을 섬세하게 파악하여 앞으로 극에서 다룰 문제의 부분에 대해 생각하게 된다.

주인공이 빈 의자를 향하여 이야기할 때 디렉터는 주인공 옆에서 주인공이 하는 말을 진지하게 듣고 있고 도와주려는 의도를 가지고 있다는 것을 전달하는 것이 중요하다.

주인공이 빈 의자에 앉아 있는 실존하지 않는 인물과의 대화에 어색함과 어려움을 느낄 경우에는 그 사람의 신체적인 부분에 대해 구체적으로 묘사해 보게 하면 주인공의 상상력이 자극되고 실제적인 느낌을 갖게 하는 데 도움을 줄 수 있다. 예를 들어, 주인공에게 "지금 앞에 아버지가 앉아 계시는데 어떤 모습을 하고 있습니까? 웃고 있나요? 아니면 화난 표정을 짓고 있나요?" 등과 같은 질문을 하면 빈 의자에 앉아 있는 중요한 인물들에 구체적인 생각이나 느낌이 생기게 된다.

빈의자기법은 사이코드라마에서 매우 강력한 기법 중의 하나지만 너무 오랜 시간 계속하면 관객들이 지루함을 느낄 수 있으므로 적절하게 시간 배분을 해서 사용하는 것이 좋다.

빈의자기법의 적용

주인공의 마음을 투사하여 볼 수 있는 강력한 기법이 빈의자기법이다. 저자의 경우도 극의 시작을 빈 의자를 통해 풀어 갈 때가 많다. 극의 도입부에서 내면의 갈등이나 상상 등이 빈 의자에 투사되어 인물 혹은 상징으로 나타나기도 한다. 오랫동안 극을 통해 경험한 사실은 빈 의자가 주인공 내면의 깊은 감정적 부분을 표출함에 있어 유용한 기법이라는 것이다.

빈 의자를 통해 상대방에게 이야기를 하면서 혹은 자기 자신에게 독백을 하면서 눈물을 흘리거나 정서적으로 강하게 부착되어 있는 여러 가지 사건이 회상되기도 한다. 자신을 조절하기 힘들 정도의 감정적인 부분들이 드러나 주인공 자신도 놀라고 다른 집단원들도 당혹스러워 하기도 한다.

빈의자기법은 다음의 상황에서 사용할 수 있다.

① 주인공이 문제의 '해답'을 외부에서 찾기보다는 자신의 내면에서 찾기를 원할 때 빈 의자에 자신을 투사시켜 내면의 소리를 듣도록 한다.

② 디렉터가 판단하기에 굳이 상대방 역을 지정하여 역할 연기를 할 필요가 없을 때다. 즉 상대방 역할을 맡은 보조자아가 직접 나와서 하는 역할 연기보다는 빈 의자로 대처하는 것이 극의 효율성이 높다고 판단되는 경우다.

③ 주인공 스스로 상대방의 입장을 잘 피력할 수 있을 때다. 즉 자신의 입장뿐만 아니라 상대방의 입장도 잘 이해하여 어떤 보조자아보다도 양쪽의 역할을 잘 수행할 수 있을 경우다.

그러나 주인공이 새로운 행동 양식을 배울 필요가 있을 때에는 빈의자기법보다는 역할 연기를 실제로 하도록 하는 것이 바람직하다. 예를 들어 주인공이 빈 의자 위의 인물과 대화를 함에 있어 점점 힘을 잃어 가거나 어린아이 같은 행동으로 무턱대고 이해를 바라는 등의 행동을 나타내는 경우다. 일방적이고 객관성이 결여된 행동 패턴이 계속될 때에는 보조자아를 이용한 역할연기가 빈의자기법보다 더욱 생생하게 느껴지고 행동에 대한 직접적인 관찰을 할 수 있다는 장점이 있다.

거울기법

우리는 자주 자신의 습관적 행동들을 간과하게 된다. 너무 익숙하게 지속해 온 방식이기에 그러한 행동들이 주는 문제점들을 발견해 내기 어려운 것이다. 자기 모습이 남들에게 어떻게 보이며 어떤 느낌을 갖게 하는지 스스로는 모르고 행동하지만 타인들은 그 사람의 행동방식을 객관적인 입장에서 관찰할 수 있다. 거울기법(mirror technique)이란 보조자아가 주인공의 행동방식, 표현방식, 생활방식 등을 그대로 무대 위에 재연함에 따라 주인공은 관찰자의 입장이 되어 자신을 객관적으로 판단하게 하는 사이코드라마기법의 하나다.

청소년 센터에서 진행한 사이코드라마에서 고등학생이었던 한 주인공은, 자신이 원하는 진로와 성적, 부모의 기대와 같은 현실적 문제 사이에서 갈등을 겪고 있었다. 그런데 극을 이끌어 가는 디렉터로서 주인공을 보니 자신감이 매우 부족해 보였다. 대화를 할 때 상대방을 쳐다보지 않고 바닥을 본다든지 이야기를 할 때 말꼬리를 흐린다든지 하는 습관적인 행동들은 자신은 전혀 인식하지 못하고 있었다. 그래서 보조자아를 통해 이러한 모습을 반영해 주었다. 주인공은 무대 밖 관객의 위치에서 자신을 관찰하고 보조자아가 주인공의 습관적인 행동 패턴들을 거울처럼 그대로 보여 주도록 한 것이다. 처음에 주인공은 보조자아의 연기를 보며 '내가 진짜 저럴까?' 하는 표정으로 관객과 함께 웃기만 하였으나 관객들로부터 '똑같아요' 라는 반응을 듣자 주인공 역시 자신의 행동 패턴에 대해 다시 생각하는 듯하였다. 극의 마지막

거울기법

단계에서 주인공은 자신의 행동이 문제가 될 수도 있다는 사실을 몰랐으며 앞으로는 고쳐 나가도록 노력하겠다고 이야기하였다.

　거울기법은 주인공이 다른 사람들과 적절하게 반응하지 못하는 상황에 적용하면 효과적이다. 평상시 아무 뜻 없이 이야기하는 어조가 매우 공격적이라든지 타인과 이야기할 때 딴청을 피우면서 시선을 두지 않는다든지 하는 일상생활의 행동습관은 물론이고 우울증 환자가 자신의 모습이 타인에게 어떻게 보이는지 모를 때와 같은 경우에도 효과적이다.

　그러나 때로 주인공은 보조자아가 역할 연기로 재연하는 인물이 자신이라는 것을 인식하지 못할 수도 있다. 자신의 모습을 인정하지 못하거나 보조자아의 역할 연기가 서툴러 핵심적 부분을 간과했기 때문이기도 하다. 주인공은 보조자아를 통해 그려지는 자신의 모습을 받아들이기 힘들 때 크게 상처를 입고 남들에게 놀림감이 되어 버린 느낌을 가질 수도 있다. 이러한 경우에는 주인공이 스스로 장면 속으로 들어가 보조자아의 연기를 수정할 수 있다. 디렉터는 주인공이 자신의 모습을 수용할 수 있도록 조심스럽게 주인공의 반응을 다루어 나가야 한다.

　주인공이 충분한 몰입이 안 되어 있거나 실제 자신의 모습을 받아들일 자세가 안 되어 있을 때에는 자신의 모습을 흉내내는 보조자아에 대해 반감을 가질 수도 있으며 관객들이 웃음을 터뜨리거나 하면 굴욕감을 느낄 수 있으므로 조심해야 한다. 디렉터나 보조자아를 포함한 집단원들이 모두 자신을 비웃고 있다고 생각되는 상황으로 이어져서는 안 된다.

독백기법

　사람들은 대개 머릿속으로 많은 생각들을 하지만 이러한 생각이나 느낌의 많은 부분들은 아무 의미 없이 스쳐 지나가기도 한다. 이러한 경우에 주인공에게 순간적으로 떠오르는 생각이나 느낌을 소리 내어 말해 보도록 하는 것이 도움이 될 수 있다. 생각을 말로 표현하게 되면 어떤 상황이나 느낌들이 구체화되기 때문이다. 예를 들어 남자 친구 혹은 여자 친구와 다툰 후에 상대방의 전화를 기다리는 장면이 연출되었다고 하자. 이 상황에서 주인공의 머릿속에는 수많은 생각들이 지나갈 것이다. '어떤 말을 해야 하지? 내가 먼저 잘못했다고 말하기는 자존심이 상하는데…… 다시 만나고 싶다고 말할까?' 등을 혼잣말로 하면 주인공의 생각이 정리될 수 있고, 관객의 입장에서는 자세나 표정을 통해 추측하는 것보다 주인공의 생각이나 감정을 좀 더 수월하게 이해할 수 있다.

독백기법(soliloquy)은 특정 행동 후 일어나는 감정을 표현하는 데 효과적인 방법이다. 주인공이 극 중 역할을 하면서 보인 행동 가운데 생각과는 달랐던 행동이나 느낌을 직접 말로 표현할 수 있다. 이 기법은 특히 대인관계에서 실제적 사건과 그것을 바라보는 주인공의 견해에 차이가 있을 때 객관적 사실과 주관적 관점의 차이를 현저하게 보여 준다.

독백기법은 극에 대한 저항감, 두려움, 불안 등을 표현할 수 있도록 하여 극에 부정적인 역할을 할 수 있는 감정들을 해소시킬 수 있다. 또한 극을 마무리할 때 현재의 심정을 떠오르는 대로 말해 보라고 하면 주인공은 극에 대한 경험을 정리할 시간도 갖게 된다. 여기서 중요한 점은 디렉터에게 자신의 심정을 설명해서는 안 되고 혼잣말을 하도록 해야 한다는 점이다. 혼잣말을 하는 것이 익숙하지 않아 주인공이 쉽게 몰입하지 못하는 경우도 많다. 그러나 이러한 독백기법은 대화체 형식에서는 표현되지 않았던 혼자만의 생각을 말로 표현해 봄으로써 스스로 마음의 소리를 듣게 하는 독특한 효과도 있다.

미래투사

사이코드라마의 흥미로운 요소 중의 하나는 시간을 초월하여 과거, 현재, 미래를 넘나들며 모든 시간을 '지금'처럼 살아 볼 수 있다는 것이다. 환상이나 실제로 일어나지 않았던 일들도 사이코드라마의 세계에선 자발성과 창조성이라는 촉매제와 더불어 삶으로 되살아난다. 미래투사기법(future projection)은 자신의 미래 상황을 상상의 세계 속에서 현실로 경험하는 것이다. 마치 타임머신을 타고 미래의 시간으로 와 있는 듯한 느낌으로 미래를 살아 볼 수 있다. 여기서의 미래는 꼭 머나먼 미래가 아니어도 좋다. 내일이나 일주일 후에 일어날 법한 일, 또는 예정되어 있는 일을 미리 연습해 볼 수도 있다.

예를 들어 병원에 장시간 입원해 있던 환자가 퇴원을 앞둔 상황에서 퇴원 후에 예상되는 일들을 미리 연습하여 볼 수 있다. 행동 연습의 기회를 주어

미래를 대비할 수 있는 것이다. 또한 특정한 상황에서 어떤 행동 양식이 자신에게 도움을 줄 것인지 미래투사기법을 통해 확인해 볼 수도 있다.

　이렇듯 미래투사기법은 주인공이 미래에 직면하게 될 여러 과업을 준비하고, 미래 상황에서의 자신을 객관적으로 구성할 수 있도록 하는 데 매우 효과적이다. 또한 불안하고 두려운 미래를 미리 경험해 봄으로써 불안, 두려움이 현실 속에서 무엇과 관련되어 있는가 탐색해 볼 수도 있다. 그러한 과정을 통해 이전에는 파악하지 못했던 상황의 여러 차원들이 드러나게 되며 주인공은 자신의 동기를 더욱 잘 이해할 수 있게 된다.

　미래투사기법을 사용할 때에는 다른 어떤 기법보다도 준비작업이 충분히 이루어져야 한다. 현재를 살고 있는 주인공과 관객들에게 갑자기 주어진 미래 시점의 사건은 생소하게 느껴질 수도 있기 때문이다. 따라서 시간을 점진적으로 진행시켜 가는 것이 좋은데, 예를 들어 1년 후에 닥칠 일이라면 현재부터 계절을 하나씩 열거하며 앞으로 1년 후에 도달할 수 있도록 시점을 제시할 수 있다. 또한 먼 시점으로의 여행을 떠날 때에는 과거부터 현재를 거쳐 5년 후, 10년 후의 미래를 순차적으로 상상해 볼 수 있는 분위기를 마련해 주어 자연스럽게 감정이 흘러갈 수 있도록 한다.

　대부분 미래투사기법을 극의 마지막 부분으로 활용하는 경우가 많다. 극 후반부에 이르러서는 주인공이 충분히 몰입되어 이 기법을 사용하더라도 자연스럽게 미래세계로 나아가는 데 무리가 없을 뿐더러 극을 통해 얻게 된 행동 통찰력이나 수정된 행동 양식을 확인하고 시험해 볼 수 있는 좋은 기회가 되기 때문이다.

등뒤기법

　사이코드라마에서는 서로 간의 직접적인 대화로 극을 이끌어가는 경우가 대부분이다. 상대방은 실제의 인물이 아닌 보조자아나 빈 의자 때로는 주인공 자신이 될 수도 있지만 상호간의 대화 형식으로 서로 간의 의사소통이 이루어진다. 그러나 등뒤기법(behind the back)은 주인공이 다른 사람들의 얘기를 등 뒤에서 듣는 것이다. 주인공은 무대 위에서 등을 돌리고 관객들은 주인공이나 극에 대해 자유롭게 이야기한다. 주인공은 관객들의 일방적인 이야기에 반응을 보여서는 안 된다. 이 기법은 주인공에 대해 타인들은 어떠한 반응을 보일지 주인공에게 인식시키기 위한 것이다. 주인공의 상황 전개가 거의 끝날 무렵 타인의 객관적인 반응을 들을 필요가 있을 때 이 기법을 사용한다.

이 기법은 관객들에게 표현의 기회를 준다. 하지만 자유로이 주인공이 없는 듯 이야기를 하더라도 기본적으로 주인공을 배려하는 마음이 선행되어야 한다. 자신의 삶과 감정적 문제들을 관객들 앞에서 무대 위에 펼쳐 놓은 주인공은 관객들이 자신을 정서적으로 지지해 주고 공감해 주기를 바란다. 만일 혹독한 질책의 말들만 오가면 주인공은 의기소침해지면서 극을 계속해 나가기 어려울 수 있다. 주인공이 정서적인 지원을 원하거나 지지를 잃을지 모른다는 두려움에 차 있을 때 혹은 직접 대면하고 말하기에 어색한 경우 등뒤기법은 매우 효과적이다. 반대로 관객들이 등을 돌리고 주인공이 관객과 극에 대해 이야기하는 방법도 있다.

방백

방백(asides)은 독백과 유사하지만 더 짤막하고 주인공이 실연을 할 때 실제로는 느끼고 있으나 말로 할 수 없는 것을 표현하게 한다. 주인공이 관객을 향해 자기 의견을 말할 수 있으며, 얼굴 방향이나 손을 들어서, 상대방이 이러한 의견을 말하는 것을 모르는 것으로 표시할 수가 있다. 따라서 감추어진 생각이나 느낌이 밖으로 표현된 생각들과 병행해서 표현되기도 한다.

높은의자

높은의자

높은의자기법(high chair)은 역할바꾸기에서 파생된 기법으로 수직적인 인간관계에서 직위가 높은 입장을 연기할 때에는 의자에 올라가 연기하다가 내려와서 상대방의 역할로 바꾸어 연기하게 되면 그 느낌을 좀 더 실감나게 느낄 수 있다. 또한 어떠한 경우에는 높은 곳에서 실제적으로는 자신보다 높은 위치에 있는 권위적 인물을 향해 이야기해 보면서 감정의 해소를 경험할 수도 있다. 주인공이 높은 의자에 올라가게 되면 보다 자신 있는 태도로 자기를 표현하고 주장할 용기가 생기게 된다. 디렉터는 높은 의자에 앉아 있는 사람에게 말하고 싶은 것이 무엇인지 물어 본다. 주로 권위적인 인물에 대해 갈등을 가지고 있는 주인공에게 사용하면 효과적이다. 직장 상사와 갈등을 겪고 있는 사람, 아버지와 갈등을 겪고 있는 아들, 병원의 스태프에게 화가 나 있는 환자들에게도 사용하면 효과적일 수 있다.

유아 침대

유아 침대(crib)는 주인공이 자신의 의존 욕구를 경험하는 데 사용되며 주인공 외에 관객에게도 적용할 수 있다. 즉 참여자가 아기 침대 속의 어린애가 되었다고 가정하고 마루에 눕게 한 후에 디렉터가 유모가 되어 돌아다니며 쓰다듬거나 가상의 이불을 덮어 주기도 한다. 마치 유아가 배부르고 기분 좋게 얼러지면 편안하게 잠이 드는 경험을 하는 것과 같다. 부드러운 융단 바닥이나 매트 위에 이불을 덥고 편안한 자세로 눕는다. 디렉터는 무대 위를 돌아다니며 부드럽게 '잠자고' 있는 사람들에게 다음과 같이 말한다. "자, 엄마는 아기를 사랑합니다. 아기에게 젖을 주고 아기를 무릎에 올려놓고 얼르기도 합니다. 이제 아기를 누이고 자장가를 불러 줍니다. 우리 아기 착한 아기……." 이런 식으로 최소 10분간 계속하다가 집단원은 그 역할에서 아주 천천히 깨어난다. "자, 이제 아기는 잠에서 깨어나 있습니다. 몸을 조금씩 뒤척이며 움직이고 있어요……." 마침내 참가자들은 역할에서 벗어나서 원래 상태로 돌아온다. 이것은 일종의 최면과 유사하다. 참여자들에게 다시 깨었다가 자는 것을 반복하게 한 다음 성인으로 돌아와서 어린애가 되었을 때의 상황과 느낌을 설명하게 한다. 즉 "아기가 되었을 때 가장 먼저 생각나는 사람이 누구였습니까? 아기인 자신에게 젖을 준 사람은 누구입니까? 아기가 깨어났을 때 옆에 있는 사람은 누구입니까?" 등과 같은 질문을 한다.

죽음 장면

죽음 장면(death scene)은 말 그대로 주인공 혹은 주인공의 문제에 큰 영향을 미친 어떤 인물이 가상으로 죽는 장면을 연출하는 것이다. 죽고 싶은 생각이 많거나 자살 시도를 한 경험이 있는 주인공이라면 무대에서 경험하는 죽음은 매우 강렬한 체험이 될 수 있다. 또한 과거에 누군가의 죽음을 슬퍼하고 잊지 못하고 있거나 누군가에 대한 분노감이 극에 달하여 죽이고 싶다는 생각이 들 때도 효과적인 기법이 될 수 있다. 상대방을 많이 미워했더라도 충분히 감정적 몰입이 된 상태에서 그 사람의 죽음을 겪는 경우 주인공은 슬퍼하며 눈물을 흘리기도 한다. 자신에게 상처를 준 사람을 용서할 수 있을 것 같다는 긍정적인 반응을 보이는 경우가 대부분이다. 이와 같이 극단적인 상황 설정으로 주인공은 그 사람과 관계를 유지할 필요성을 느끼고 미움과 증오를 다루게 된다.

뿐만 아니라 주인공 자신의 죽음 장면을 연출할 수 있다. 디렉터는 주인공에게 어떻게 죽었는지, 어떤 느낌인지, 유언은 누구에게 어떻게 할 것인지 구체적으로 물어 본다. 자신의 죽음에 대해 주위 사람들이 이야기하는 것을 듣게 한다든지 역할바꾸기를 통해서 죽어 있는 자신에 대한 감정을 이야기할 수 있도록 하여 정서적 문제점들을 명료화시킨다. 이 장면은 특히 죽고 싶은 생각을 많이 할 정도로 우울한 주인공에게 동시에 많은 문제를 심도 있게 생각할 수 있는 기회와 통찰을 준다. 자살을 생각하는 사람들은 보통 대인관계에 문제가 있는 경우가 많은데, 자신의 죽음을 연기하고 바라보면서 주위 사람들에 대한 관점이 전환되는 계기를 마련할 수 있다. 디렉터는 주인공의 감정 변화를 섬세하게 파악하여 주인공에게 의미 있는 사람들과의 만남을

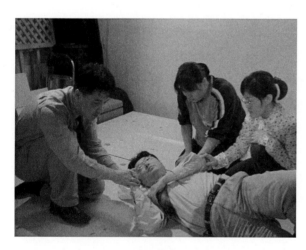

죽음 장면

극 중에서 제시해 나가야 한다. 누가 자신의 죽음에 대해 관심을 보이는지, 그리고 자신의 인생에서 가장 소중한 사람이 누구인지 발견해 나감에 따라 자살 충동이 줄어들고 대신 현실적 해결책을 모색하게 된다.

주인공이 감정적으로 충분히 정리가 되면 회생의 장면이 이어진다. 사이코 드라마에서 죽음 장면과 회생 장면을 번갈아 경험하게 되면 실제로 다시 태어난 기분이 든다고 표현하는 주인공들도 있다. 하지만 사이코드라마에서 죽음 장면은 지나치게 몰입하는 경우 자칫하면 수습하기 힘들 만큼 감정적이 될 수 있다. 이 기법은 사람의 마음 깊은 곳을 자극하는 강력한 효과를 지닌 방법이기에 매우 조심스럽게 사용해야 한다.

재판 장면

재판 장면(judgement scene)도 사이코드라마에서 많이 연출되는 장면이다. 이 기법은 대부분 극의 마지막이나 절정기 때 사용된다. 주인공의 문제에서 부정적인 역할을 한 인물을 재판하는 형식으로 이루어지는 것이 보통이다. 죽음 장면과 연결되어 하늘나라에서의 심판과 같은 더욱 극적인 장면을 연출할 수도 있다. 또한 재판관과 주인공의 역할바꾸기를 통해 주인공의 반응을 살필 수도 있다. 극의 마지막 단계에 이르면 주인공의 감정은 어느 정도 정리가 되고 대부분의 경우 자신에게 상처를 준 인물들까지도 용서하는 마음을 가지게 된다. 그러나 마지막까지 용서하지 못한다면 반드시 긍정적인 방향으로 주인공을 유도할 필요는 없다. 정서적으로 대립하고 있는 상대방을 단죄하는 것만으로도 카타르시스를 느낄 수 있다.

이 기법의 경우 특히 시기가 중요하며 충분한 준비작업이 선행되어야 한다. 너무 위협적일 경우 주인공이 저항할 수 있으며 죄책감과 불안이 가중

재판 장면

될 우려가 있으므로 디렉터는 주인공의 그 순간의 감정적 상태를 섬세하게 이해하고 조심스럽게 이끌어 가야 한다.

대리역할기법

대리역할기법(substitute role technique)은 주인공이 자신의 역할을 하지 않고 다른 사람의 역할을 대신하면서 자신의 갈등이나 문제에 접근해 나가는 기법이다. 특히 자의식이 강하여 무대 위에서 자신을 묘사하기를 꺼리는 주인공에게 주로 사용된다. 자신의 문제를 다른 사람의 문제인 양 접근하고 해결을 모색해 가다 보면 자신의 문제에 대해 객관적인 시각을 가질 수 있고 처음 생각한 것보다 문제가 그렇게 심각한 것이 아니라는 것을 서서히 깨닫게 된다.

사진기법

사진기법(photograph)은 다양한 방법을 통해서 정보를 나누거나 장면을 설정할 수 있는 좋은 준비작업이 될 수 있다. 디렉터는 "이 사진 속의 사람은 누구입니까? 이 사람은 당신에게 무슨 말을 하고 싶어 할까요?"라고 질문하고 역할을 바꾸어 주인공이 사진 안에 있는 사람의 입장이 되어 이야기하게 한다. 또는 디렉터는 "이 사진 속의 사람에게 하고 싶은 말은 무엇입니까?"라고 물을 수 있다. 사진 속의 사람을 대체하기 위해 빈 의자를 사용하거나 보조자아가 그 역할을 대신할 수도 있다. 가족사진은 행위 소시오그램(인간관계·집단 구조의 도표)으로서 위와 동일한 방식으로 이용될 수 있다. 가족사진을 통해 실연 후에 주인공이 자신의 모든 느낌들을 표현하게 하는 데, 이는 주인공이 재구조화 작업을 할 수 있게 하는 좋은 기회가 된다. 디렉터는 주인공에게 원하는 대로 사진을 고칠 수 있다고 말해 주고, 이 사진 속의 사람들에게 말하고 싶은 것이 무엇인지 혹은 원하는 대로 된다면 어떨 것 같은지 물어 볼 수도 있다.

꿈 작업

사이코드라마에서 꿈의 표상은 주인공이 사용하는 내적인 은유나 상징을 구체화시켜 주기 때문에 자기 검토의 수단이 된다. 주인공의 꿈 속에 나오는 바위, 시냇물, 물고기, 악마 혹은 천사들의 역할이 주어지고 실연을 하면서 주인공과 상호작용을 시킨다. 역할바꾸기를 통해 주인공은 꿈에 나온 모든 사람, 대상에게 말을 건네고 또 그 사람이나 대상이 되어 주인공인 자신에게 말을 걸게 한다. 예를 들면 바위나 천사의 역할을 통해 그것들이 상징이나 은유로써 무엇을 표현하고 싶어하는지 보게 되며, 역할바꾸기에서 꿈의 상징들이 자신에게 무엇을 말하려고 하는지를 경험한다. 꿈 작업(dream work)은 창조적인 자기가 예술적인 은유로 승화될 수 있는 기회를 제공해 준다.

꿈 작업을 구조화하는 것은 사이코드라마를 구조화하는 것과 유사하다. 주인공은 보조자아들을 선택하고 장면을 설정한다. 꿈은 주인공의 내적 세계를 확대한 것이기 때문에 꿈 실연에서 모든 이미지들 역시 주인공을 표상한 것들이다. 그렇기 때문에 주인공이 꿈 속에 나오는 모든 요소와 역할을 바꾸는 것이 필요하다. 구체적인 기법은 다음과 같다.

디렉터는 주인공에게 잠을 자는 자세를 취하게 하고 눈을 감고 편안하게 이완을 시킨다. 실연을 하기 전에 주인공에게 꿈의 이미지, 줄거리, 배경 등을 명확하게 잡아 보라고 지시한다. 주인공이 준비가 되면 디렉터는 "꿈 속에서 당신은 지금 어디에 있습니까? 꿈 속에 자신이 보입니까? 보인다면 당신은 지금 앉아 있습니까, 아니면 뛰어다니고 있습니까? 혼자 있습니까, 아니면 사람들과 같이 있습니까? 등과 같은 질문을 한다. 여기에 한 여자 주인공이 자주 꾸는 꿈을 예로 들어 보겠다.

디렉터 : 지금 어디에 있습니까?

주인공 : 전 지금 물가에 있어요.

디렉터 : 잠에서 깨어나 지금 자신이 물가에 있다고 상상해 보세요.

주인공 : 전 혼자서 물가를 걸어가고 있어요. 물가에는 버드나무도 있고 큰 바위도 있어요. 옆에는 한적한 시골길 풍경도 펼쳐져 있어요. 전 물 가까이에 다가가고 있어요. 맑은 물에 고기들이 헤엄치고 있어요. 전 고기들을 더 자세히 보려고 물속을 가만히 내려다보고 있어요. 그때 갑자기 사람들 한 무리가 제가 있는 쪽으로 다가오고 있는 게 보여요.

디렉터 : (집단원들에게 신호를 보내 버드나무, 바위, 시골길, 고기, 무리 지어 오는

사람들 등 꿈에 나타난 역할을 시킨다.) 사람들은 말을 하고 있나요?

주인공 : 예. 하지만 저한테는 아무도 말을 시키지 않아요. 전 갑자기 두려워져서 막 뛰어갑니다.

주인공 : 한참을 달려가다 보니 저만치 집이 보였어요. 전 집 안으로 뛰어 들어갑니다. 사람들이 저를 쫓아오고 있어요.

디렉터 : 어떤 사람들이죠? 꿈 속에 나타난 대로 사람들을 세워 보세요.

주인공 : 대부분 모르는 사람들인데 한 사람의 얼굴이 갑자기 커져 보여요. (보조자아 중에서 한 사람이 주인공의 지시를 따라 주인공 앞으로 얼굴을 가까이 내민다.) 오, 맙소사! 헤어진 남편 얼굴이에요. 전 몸서리를 치면서 꿈에서 깨어납니다.

디렉터 : 남편과는 언제 이혼했죠?

주인공 : 몇 년 전에 헤어졌어요.

꿈에서 드러난 감정은 주인공이 현재 느끼는 감정을 추적하기에 좋은 단서다.

디렉터 : 몸서리를 치면서 깨어나셨다고 했는데 왜죠?

주인공 : 다시는 마주치고 싶지 않은 사람이에요.

이 시점에서 디렉터는 주인공에게 꿈 속에 나타난 이미지 혹은 사람들과 역할바꾸기를 지시하였다. 이 장면을 실연하자 갑작스럽게 문제가 명료해졌다.

디렉터 : 전 남편을 언제 처음 보았죠? 사이코드라마에서는 꿈에서 일어났던 일을 그대로 하지 마시고 원하시는 대로 수정을 하거나 확장을 시키셔도 됩니다. 자 다시 꿈 자세로 돌아가서 남편을 찾아보세요.

주인공 : 남편을 찾고 싶지 않아요.

디렉터 : 좋습니다. 꿈 속에서 자신을 훈련시키는 것도 도움이 됩니다. 꿈 속에서 역할을 바꾸어 하고 싶은 대로 해 보세요.
(꿈 내용을 바꾸게 하면 꿈을 꾸게 만들었던 주인공의 태도를 변화시킬 수 있다.)

시간 회귀기법

시간 회귀기법(time regression)은 특히 주인공이 과거에 외상적인 경험을 한 경우에 주로 사용된다. 안전한 장면에서 과거를 다시 재연해 보는 것은 치료적인 효과가 있다. 주인공이 과거에 겪은 의미 있는 사건이나 상황을 마치 현재에서 일어난 것처럼 실연하는 것이다. 주인공을 비롯하여 모든 보조자아들은 현재 시제를 사용해야 한다. 왜냐하면 과거 시제를 사용하게 되면 역할 연기자가 관찰자 입장을 취하게 되지만 현재 시제를 사용하면 역할 연기자가 참여자 입장이 될 수 있기 때문이다.

소품

이 기법은 일종의 소품(vignette) 형식으로 되어 있는 사이코드라마기법으로 한 사람이 빈 의자나 다른 사람들에게 이야기하는 것이다. 이 기법은 전체적인 장면을 연출하지 않고도 주인공을 편안하게 해 주고 감정적으로 막혀 있는 것을 완화시켜 준다. 특히 집단에서 사회측정학적 방법을 사용하거나 집단원들 간의 전이를 다루어 줄 수 있다. 한 회기에서 여러 사람들이 작업할 수 있고 형식이 단순하고 움직임이 편하여 주인공이 준비만 된다면 굳이 장면이나 연기를 구성할 필요가 없다. 이 기법은 일대일의 작업에서 빈 의자로 연출될 수 있다. 디렉터는 잠시 이중자아가 될 수도 있는데, 이때 가능한 전이 관계에 머물지 않도록 주의해야 한다. 디렉터는 장면의 깊이를 더하기 위해 (빈 의자를 통해) 역할바꾸기와 인터뷰기법을 사용하기도 한다. 여러 개의 의자를 이용하여 자기 내면의 측면들―예를 들어, 술 취한 자기, 싫어하는 자기, 과장된 자기, 신체 일부분 등―을 빈 의자로 상징하여 표현하기도 한다.

역설적 의도

역설적 의도(paradoxical intention)는 두려워하는 것을 실제로 시행하게 해 보는 기법으로 반암시(antisuggestion)기법이다. 기본 원리는 신경증적인 증상들을 없애려고 하면 증상은 더욱 악화된다는 것이다. 즉 신경증적 증상들을 없애기 위한 노력은 내적 긴장감을 유발하지만 증상을 받아들이면 증상은 이내 사라질 수 있다는 것을 이해시키는 것이다. 일례로 불면증이 있는 사람에게 억지로 잠을 자도록 유도하기보다는 오히려 눈을 뜨고 몸을 움직이도록 지시하는 것이다. 이와 같이 원래의 의도와는 반대의 행동을 역설적으로 하다 보면 증상이 사라지는 경험을 할 수 있다. 병원 장면에서 사용하면 효과적이기는 하지만 환자가 증상을 다루는 원리를 이해하지 못하면 자신의 행동을 통제할 수 없다는 단점이 있다.

미완성 과업

미완성 과업(unfinished business)이란, 주로 과거에 이루지 못한 일을 다시 해 보는 것으로 좌절 검사(frustration test)라 불리기도 한다. 이 기법은 집단구성원의 나이, 교양, 인내심 등에 따라 다르게 적용될 수 있다. 디렉터는 환자에게 다음과 같이 말한다. "지금까지 살아오면서 끝내지 못한 과업들이 있을 것입니다. 끝내지 못한 이 일들은 오래전에 일어난 일들이지만 제대로 해결하지 못했기 때문에 계속 미완성 상태로 남아 있는 것들입니다. 자! 한번 그것에 대해 생각해 봅시다." 그리고 나서 "뭔가 미진하고 해결되지 않은 일이 있는 분은 손을 들어 보세요."라고 말한다.

이와 같이 과거 어느 시점에서 해결되지 않은 일을 사이코드라마 상황에서 쉽게 행위화할 수 있다. 극적 긴장감과 흥미를 유발하기 위해서 극으로 옮기기 전에 전체 줄거리를 말하지 않는 편이 낫다. 이야기책을 읽을 때 결말이 어떻게 될지 알고 읽게 되면 재미가 없는 것과 같은 이치다. 디렉터는 실제 일어났던 사건과 아직 끝나지 않은 과업이 극에서 어떻게 마무리되었는지 그 차이점에 주목하고 주인공에게 질문할 수 있다. 사이코드라마에서 끝내지 못한 과업을 완성하는 경험은 환자의 효능감을 회복시킨다. 왜냐하면 그를 통해 실제 삶에서 환자의 역할을 확장시키고 카타르시스를 경험할 수 있기 때문이다.

당황스러운 상황

이 기법에서 주인공은 당황스러운 상황(embarrassing situation)을 경험했던 것에 대해 이야기한다. 이때 사소한 사건이라도 놓치지 않고 탐색해 보는 것이 필요하다. 왜냐하면 사소한 사건을 통해 주인공의 기본적인 생활양식이 표현되기 때문이다. 극을 통해서, 주인공은 자신이 어떤 역할을 수행할 때 당황하게 되는지 깨닫게 된다. 주인공은 당황스러운 사건을 얘기하고, 그것을 집단에서 뽑혀 나온 다른 사람이 연기하게 된다. 여러 집단원이 동일한 상황을 연기할 수도 있다. 이렇게 하면 주인공은 자신이 어떻게 그 상황을 받아들이고 편안하게 느낄 수 있는지를 관찰할 수 있다. 즉 자신에게는 당황스러운 사건이 다른 사람에게는 어떻게 받아들여지고 다루어지는지를 지켜보고 느낀 점을 서로 나누다 보면 주인공은 스스로 문제해결 방식을 뒤돌아보게 된다.

장애물 제거

장애물 제거기법(barricade removal)은 종종 압력 원(pressure-circle)이라고 불린다. 장애물을 나타내는 보조자아나 집단원들이 주인공을 둘러싸고, 주인공은 언어적 혹은 신체적으로 그것들을 제거한다.

편지쓰기

주인공이 상상 속의 누군가에게 편지를 쓰거나 다른 사람에게서 온 편지를 읽는다. 마무리기법으로 쓸 경우 사이코드라마가 진행되는 동안 일어났던 감정이 정리되고 해결된 느낌을 가져오게 할 수 있다. 주인공은 편지 내용에 상대방에 대한 고마움, 충고, 원망 등을 표현할 수 있다. 집단원을 선택하여 역할을 맡긴 후 편지를 읽게 하거나 역할을 바꾸어 자신이 편지를 읽는다. 내용은 자신에게 용서를 구하는 편지, 누군가로부터 용서를 구하는 편지, 누군가에게 화를 표현하는 편지, 자신에게 상처를 준 사람에게 온 편지, 누군가에게 화해를 청하는 편지, 회복 중인 자기가 병들어 있는 자기에게 보내는 편지, 사랑하는 사람에게 이해를 구하는 편지 등 여러 가지 주제가 있다. 편지쓰기기법(letter writing)은 용서와 화해라는 주제에 더 가까이 다가갈 수 있게 해 주고 내면에 억압되어 있던 감정을 풀어 줄 수 있다.

모노드라마

모노드라마(monodrama)는 하나라는 그리스어 'monos'에 그 어원을 두고 있다. 모노드라마에서는 단지 한 명의 참여자가 모든 역할을 수행한다. 주인공은 빈 의자에 자신이 앉아 있다고 상상하고 자신에게 말할 수 있다. 모노드

라마에서 역할바꾸기는 문제를 다른 관점에서 보게 해 주어 주인공이 자신에
대한 이해를 촉진시킬 수 있게 해 준다. 또한 주인공이 다른 사람의 역할을
해 봄으로써, 역할 연기한 사람에 관한 정보를 얻게 되고, 실제 그 사람이 되
어 볼 수 있는 경험을 하게 되어 겉으로 보이지 않는 내면에 대해 이해할 수
있게 된다. 이러한 모노드라마는 주인공이 다른 사람과의 관계에서 무슨 일
이 일어났는지를 자기-체계 내에서 바라볼 수 있게 해 준다.

자동드라마

이 기법은 디렉터 없이 진행되는 드라마다. 주인공이 직접 보조자아를 선택
하고 실연을 지시할 수 있다. 자동드라마(autodrama)는 심층적인 행위화를 위
한 준비작업으로 매우 유용한 방법이다. 디렉터 없이 주인공이 자기가 원하
는 대로 행동하고 보조자아에게 직접 실연을 지시하기 때문에 주인공의 내면
으로부터 나오는 행동을 탐색할 수 있다.

또한 자동드라마는 사이코드라마를 처음 접하는 사람들 중에서 자의식이
강하여 디렉터의 지시나 통제받는 것을 두려워하는 사람들에게 사용하면 효
과적일 수 있다. 이런 의미에서 자동드라마는 디렉터와 같은 권위적인 인물
이 주는 위협감이나 두려움을 줄여 준다.

자동드라마는 재미있고 즐거운 작업이기도 하다. 왜냐하면 그 자체 속에서
많은 상상력이 표현되고, 이를 바탕으로 다양한 기법들로 극이 진행될 수 있
기 때문이다.

그 밖의 기법

사이코드라마에서 효과적으로 사용되는 장면들이 많다. 전술했듯이 기법은
얼마든지 변형될 수도 있고 필요에 따라서는 새로운 기법들을 만들기도 한
다. 또한 관객이나 주인공의 반응에 따라 심도와 템포를 조절할 수 있다. 다
음은 저자가 즐겨 이용하는 방법들이다.

① 바닷가 장면

주로 극의 마지막 부분에서 주인공 자신의 마음을 정리하는 데 이용되는 기

법이다. 일종의 이중자아기법의 변형이라고 할 수 있다. 극을 통해 주인공이 카타르시스와 행위통찰을 얻어 훈습할 때 이용한다. 극이 끝나는 부분에서 주인공은 자신이 제시했던 문제들에 대한 통찰을 얻게 된다. 디렉터는 홀가분하게 주인공에게 여행을 떠나라고 지시를 한다. 흔히 사람들이 마음을 비우고 정리할 수 있는 장소로 바닷가를 선호한다는 것이 저자의 생각이다. 바닷가를 배회하던 주인공은 누군가를 만나게 되는데 사실은 본인과 비슷한 문제를 안고 있는 사람을 만나게 된다. 보조자아는 그 누군가가 되어 자신의 이야기를 주인공에게 하게 되는데, 주인공의 이야기와 똑같은 스토리를 말하기보다는 주제는 같지만 조금씩 내용을 변형하여 하소연한다. 즉 보조자아는 주인공의 이중자아가 되어 자신에게 질문하게 만드는 것이다. 이미 극을 통해 통찰력을 얻은 주인공은 설득하듯 상대방 보조자아에게 해법을 제시할 수 있다. 이 과정을 통해 주인공은 자신에게 암시를 주고 지지해 주고 자신의 생각을 다시 한 번 정리하고 확인할 수 있다.

　바닷가 장면에서 보조자아가 처음으로 등장할 때 가끔씩 저자는 주인공에게 "저기 어떤 사람이 바닷가를 배회하고 있군요. 처음 보는 사람 같은데 누구인 것 같습니까?"라고 묻기도 한다. 이때 대부분의 주인공은 신기하게도 "저 자신인 것 같아요."라고 대답하곤 한다. 감정이입과 몰입이 잘 이루어진 드라마의 결말 부분에서 흔히 사용된다.

② 마음이나 추상적 가치의 의인화

　극이 진행되면서 주인공이 겪고 있는 갈등이 구체화되면 디렉터는 주인공의 마음속에서 몇몇 핵심 감정들을 골라낼 수 있다. 이 기법은 이러한 핵심 감정들을 의인화하여 보조자아를 통해 충분히 토론시켜 보는 것이다. 가령 사랑과 미움, 죄책감 등이 주인공의 핵심 감정이라면 보조자아들이 각각의 마음을 대표해서 입장을 피력한다. 주인공은 그러한 감정들의 충돌을 통해 해결 방법을 찾아 나아갈 수 있다.

　주로 극의 중반부 이후에 많이 쓰이며 전반부에서 주인공의 실타래처럼 얽혀 있던 감정들이 명료화되면서 해결을 모색하고자 할 때 쓰인다.

　성격이 내성적이거나 자신의 문제를 혼자서만 해결하려는 주인공일 경우 조용한 자신의 방으로 무대 설정을 한 후 방에 있는 친숙한 가재도구들을 의인화시켜서 주인공의 상황에 대해 토의하도록 하는 방법도 있다. 예를 들면 우울증에 빠져 눈물만 흘리는 주인공의 경우 보조자아가 베개가 되어서 "우리 주인은 매일 눈물로 지새워! 내 몸이 마를 날이 없어. 언제쯤 뽀송뽀송한 얼굴로 지낼 수 있을까?" 그 옆에 있던 책상이 "예전엔 곧잘 내 위에서 책을 즐겨 읽기도 했었는데, 요즘은 침대와 더 친해진 것 같아. 한번 누우면 이불을 뒤집어쓰고 일어날 생각을 안 해."라는 식으로 무생물을 의인화할 수도 있다.

추상적 가치를 구체화·정량화시키기도 하는 데, 예를 들어 내성적이면서 신중한 사람과 외향적이면서 덜렁거리는 사람 둘이 있다고 하자. 한 사람은 자신의 신중성을 그리고 상대방은 외향성을 거래할 수가 있다. "내가 가지고 있는 신중함의 40%와 당신이 가지고 있는 외향성의 40%를 바꿀 의향이 있나요?" 상대방은 "30%까지는 가능하지만 40%까지는 바꿀 수 없어요."라는 식의 거래를 할 수 있다. 마술가게의 일종으로 두 사람은 그런 거래를 통해서 자신의 속성의 장단점을 깨닫게 되고 자신 안에서 무엇이 소중한 것이고 무엇이 바뀌어야 하는 것인지 깨닫게 된다. 거래를 성사시킨 후 다음 만남까지 거래를 통해 얻어진 가치를 얻고자 분발하게 한다. 즉, 내향적 사람은 외향성을 구매했으니 외향적으로 되려고 하고 그와 동시에 너무 신중한 자신의 부분에서 40%만큼 버리려고 노력을 해야 한다. 반대로 외향적인 사람은 40%만큼 신중성을 높이고 대신에 외향적인 부분은 거래된 만큼 줄이려고 노력해야 할 것이다.

③ 주제통각기법(Thematic Apperception Technique)

투사법 심리검사의 일종인 TAT(Thematic Apperception Test)를 보고 저자가 이를 응용한 기법이다. 정서적으로 밀착되어 있는 사람들이 대화하는 모습을 주인공이 먼발치에서 관찰하게 하거나 혹은 과거의 특정 장면으로 되돌아가 극 중 인물들의 모습을 관찰하게 만든다. 이런 장면을 통해 주인공이 상대방에게 느끼는 감정 그리고 상황에 대한 인지적 측면을 알아볼 수 있다. 예를 들어 디렉터는 "자! 지금 어머니가 동생과 무슨 이야기를 하고 있군요.", "표정이 심각한데요. 지금 무슨 이야기를 하고 있지요?"라고 주인공에게 묻는다.

좀 더 깊이 있는 내용을 알고 싶은 경우에는 "지금 두 사람이 이야기를 하는데 주인공에 대해 이야기하고 있군요. 동생은 지금 본인에 대해 무슨 말을 하고 있지요?"라고 물을 수 있다. 주인공은 장면을 보고 자신의 생각이나 감정을 투사하여 상세히 묘사하게 된다. 디렉터와 보조자아는 주인공과 그 당시 상황에 대해 충분한 정보를 얻어낼 수 있다. 특히 이 기법은 갈등을 구체화하거나 주변 인물들과의 관계가 어떠했는지 알아보고자 할 때 유용하게 쓸 수 있는 방법이다.

이제까지 사이코드라마 장면에서 활용할 수 있는 여러 가지 기법을 살펴보았다. 결론적으로 사이코드라마기법은 무수히 많고 상황에 맞게 변형이 가능하다. 집단의 분위기에 따라 혹은 주인공의 몰입의 정도에 따라 기법이 길어질 수도 혹은 짧아질 수도 있으며, 기법의 강도 조절로 극을 깊게 혹은 피상적으로 진행시킬 수 있다. 주인공의 자아강도를 측정해 보면서 기법의 강약과 완급을 조절해서 사용하기를 권한다. 사이코드라마에서 중요한 것은 기법의 종류가 아니라 어떤 기법을 어느 시기에 어떻게 적절하게 사용할 수 있는가다. 예컨대 역할바꾸기에서 중요한 이야기가 다 오고 간 후에 "바꾸어 보세요."라고 지시하면 맥이 빠질 수밖에 없다. 단서가 되는 어떤 결정적인 말이 나왔을 때 상대방의 입장을 알기 위해 바로 역할바꾸기를 시켜야 극의 생동감이 유지될 수 있다. 초심자 디렉터들로부터 흔히 듣는 질문은 "어떤 기법들이 있나요?", "이런 상황에서 어떤 기법을 써야 하지요?" 등등이다. 기법은 주인공의 내면을 탐색하기 위해 고안된 특별한 통로다. 적절한 기법은 주인공의 마음을 여는 지름길이 되고 적절치 못한 기법의 적용은 미로를 헤매는 것과 같다. 주인공의 마음을 헤아리려는 마음과 따뜻하고 긍정적인 시각 그리고 극을 원만하게 이끌어 가려는 노력이 좋은 기법을 고안하는 데 필요하다. 디렉터가 극을 진행해 나가면서 머릿속에 순간적으로 좋은 기법이 번쩍 떠오르기도 하고 오랜 노력과 시행착오 끝에 기법이 만들어지기도 한다. 누구든지 주인공과 집단을 도와주려는 절실한 마음을 가지고 임한다면 훌륭한 기법을 개발하여 적용할 수 있다.

제16장 나눔 단계

정신치료에서 흔히 회기 마지막에 치료자가 그 회기 내용을 요약해 주면서 환자가 치료 시간에 한 작업을 정리하고 마무리할 시간을 주듯이 사이코드라마에서도 극이 끝난 후 디렉터는 극을 보고 난 느낌, 생각들을 집단원들이 서로 나누도록 한다. 언어적 혹은 비언어적 표현을 통해 극에서 받은 개인적인 경험들을 서로 공유하는 것이다. 마무리 과정이 없는 사이코드라마는 주인공이나 집단원들에게 뭔가 정리가 안 되고 미진한 느낌을 줄 수 있다.

사이코드라마에서 나눔(Sharing) 단계는 준비작업, 행동 실연에 이어지는 마지막 단계다. 나눔 단계에서의 정리 과정은 사이코드라마 방법 중에서 매우 중요한 부분으로 드라마 자체와 마찬가지로 중요하게 다루어져야 한다. 또한 이 과정은 사이코드라마에 참여했던 주인공, 보조자아들이 자신의 역할에서 벗어나 본연의 자기로 돌아오는 과정이기도 하다.

나눔 단계의 핵심은 주인공 중심의 실연 단계에서 집단정신치료의 과정으로 옮겨지는 것이라고 볼 수 있다. 실연 단계에서 주인공이 보여 주었던 감정적 측면을 다루어 주고 극 중에서 제시되었던 문제에 대한 해결책을 집단과 함께 토의해 보는 시간이다. Yalom(최해림 등 역, 1993)이 말한 집단정신치료의 대인 학습이 일어나는 것도 이 나눔 단계에서다.

집단이 사이코드라마를 통해 주인공의 이야기에 충분히 감정이입이 되어 있는 경우 정리 및 나눔 과정이 훨씬 심도 있게 진행될 수 있다. 어떤 집단원들은 주인공의 이야기가 마치 자신의 이야기인 양 감정에 복받쳐 울음을 터뜨리기도 한다. 사이코드라마 실연을 마치고 나면 주인공은 자신의 문제에 대해 깊은 성찰을 가지게 된다. 그러므로 더욱 숙고하는 자세가 되고 절정을 거친 감정도 많이 완화되어 연출가와 집단의 이야기를 들을 준비가 갖춰지게 된다. 집단원은 우선 주인공에 대해 감정적으로 지지해 주고, 그 후 자신의 경험과 감정 상태를 표현하면서 나눔의 시간을 갖게 된다. 나눔 단계의 최종적 마무리는 주인공이 자신에게 문제가 되는 상황에 대해 집단원들과 효과적인 대처 방법을 생각해 보는 것이 될 수 있다.

🚹 나눔 단계가 갖는 의미

나눔 단계를 통해 주인공은 자신이 가지고 있던 문제에 대해 답답했던 마음을 해소시키고 동시에 해결의 실마리를 찾은 듯한 느낌을 갖게 되며 정서적 지지를 통해 안정감을 얻고 현실 세계로 다시 돌아와 일상을 살아갈 준비를 하게 된다. 만일 정리 과정이 제대로 되지 않는다면 극이 종결된 후 주인공은 감정적으로 매우 허탈하게 된다. 자신의 이야기를 집단 앞에서 노출하였는데 충분한 피드백을 받지 못한다면 자신의 치부를 타인들에게 내보였다는 수치심과 공허감을 느낄 것이다. 즉 나눔 단계는 감정적으로 발가벗겨져 있는 주인공에게 다시 옷을 입혀 주는 것으로서 집단원들의 지지적 태도와 따뜻한 배려가 필수적이다.

주인공뿐만 아니라 집단원 모두 사이코드라마라는 가상의 세계에 놓여 있다가 이 단계에서는 모두 자기 자신으로 되돌아간다. 이 과정에서 '역할 벗어나기(deroling)'가 촉진된다. 나눔의 시간을 충분히 가져야 완전하고 의미 있는 역할 벗어나기 과정이 이루어진다.

주인공은 이미 사이코드라마 실연 단계에서 자신의 문제에 대한 탐색을 통해 어렴풋이 문제해결을 위한 실마리를 얻었다. 실연 단계에서 자신의 행동 패턴이나 습관적인 감정의 흐름 등에 대한 부분을 어느 정도 알게 되었다면 극의 정리 과정을 통해 지적인 이해와 통찰의 과정을 겪고 문제에 대한 실질적인 대처 방법을 찾을 수 있다. 나눔 단계에서 주인공은 지금까지는 도저히 어쩔 수 없을 것 같은 답답한 문제에 대한 해결의 실마리를 얻게 되면서 형언할 수 없는 안도감을 얻게 된다.

또한 주인공에게 충분한 감정적 지지를 해 주는 것이 주인공이 사이코드라마를 끝내고 현실 세계로 돌아와 더 나은 방식으로 문제를 해결하고 새로운 방법들을 찾아가는 데 도움을 줄 수 있다. 한 편의 사이코드라마에서 자신의 깊은 내면을 펼쳐 보인 주인공을 감싸 안아 불안을 버텨 주는 것이 집단의 가장 큰 역할이자 극의 마무리 단계에서 나눔의 시간을 갖는 가장 큰 의의라고 볼 수 있다. 뿐만 아니라 나눔의 시간을 통해 감정을 공유하는 것은 집단의 감정 전이가 지나치게 극단적으로 흐르는 것을 줄일 수 있다. 극을 마치는 단계에서는 주인공의 고조된 감정을 동일시하면서 집단원들도 감정적으로 예민해진 상태인데, 이를 언어적으로 풀어 내고 표현하면 심리적으로 훨씬 편해질 수 있다. 나눔 단계에서는 집단원들의 다양한 의견을 들을 수 있어 주인공에게 많은 도움이 된다. 이러한 다양성은 감정이 어느 한쪽으로 흐르는 것을 방지하고 균형을 잡아 주며 문제해결에 있어서도 여러 가지 관점을 제공하여 준다.

사이코드라마의 주제는 집단 공통의 문제를 다루게 되는 경우가 많다. 극을 지켜보며 집단원들은 주인공이 제시하는 문제가 마치 자신의 문제인 듯 공감하고 주인공이나 보조자아에게 투사를 하게 되는 과정을 거친다. 그러나 이때 투사가 지나치게 되면 집단원 역시 심리적으로 어려움을 겪을 수 있다. 따라서 나눔 단계에서는 이러한 부분을 충분히 다루어 주어 집단원의 투사가 동일시로 전환되어 서로가 감정적으로 공유할 시간을 갖는 것이 중요하다.

마무리 단계에서는 각각의 개인적 경험을 집단 전체의 경험으로 승화시키는 것이 필요하다. 그러기 위해서는 집단원들 사이에 효과적인 감정의 공유가 일어나도록 하는 것이 중요하다. 이러한 의미에서 볼 때 나눔의 시간은 주인공을 비롯한 집단원 전체가 감정적으로 성숙하는 시간이다.

② 디렉터의 나눔

디렉터마다 나눔의 말을 전하는 방식이 다르다. 어떤 것이든 떠오르는 대로 자유롭게 말하는 디렉터가 있는가 하면 감정적으로 너무 격해지지 않도록 조심스럽게 말하는 디렉터가 있다. 디렉터가 직접 주인공이 된 듯이 감정적 부분을 섬세하게 이야기하는 경우 주인공은 자신의 감정을 더욱 심도 있게 풀어낼 수 있다. 그러나 주인공의 감정이 너무 격앙되어 있을 때 디렉터는 치료자의 입장에서 주인공과는 약간의 거리를 두고 감정적 문제를 대하는 것이 효과적이다. 디렉터는 여느 집단원들과 마찬가지로 자신의 경험을 나누며 주인공과 공감적인 교류를 할 수도 있지만 단지 지지자로서 주인공의 감정 정리를 돕는 입장이 될 수도 있다. 어떤 입장이 되든지 나눔의 말을 하는 목적을 분명히 하고 주인공과 집단의 감정에 미칠 영향에 대해 신중하게 생각해야 한다. 디렉터가 일관성 있는 태도로 감정의 정리 단계에 들어가지 않으면 집단 전체가 지금까지 거쳐 왔던 극에 대해 혼란스러워할 수도 있으므로 주의해야 한다. 특히 집단 무의식에 관계된 부분은 전문가적 지식과 경험을 바탕으로 신중하게 다룰 필요가 있다. 이때 디렉터는 분석적 태도를 피하고 판단하려 하지 않는 태도를 견지하는 것이 중요하다.

사이코드라마 실연 과정에서 주인공이 원하지 않는 문제는 다루어지지 않는 것이 원칙인데, 특히 나눔 단계에서는 주인공이 불편감을 느끼지 않도록 선을 지켜 주는 것이 중요하다. 주인공이 감정적으로 다시 옷을 입고 편안하게 현실 생활로 돌아가기 위해서는 주인공이 원하는 만큼의 경계를 어느 정도 남겨 두는 것이 바람직하다.

극을 통해 주인공과 디렉터 간에 형

나눔

성된 신뢰로운 관계는 나눔 단계에서 치료적 효과를 배가시키는 촉매제 역할
을 한다. 이러한 점은 병원에서 환자를 대상으로 이루어지는 극에서는 더욱
중요한 부분으로 작용한다. 디렉터 역시 모든 상황을 잘 다루려는 욕심과 갈
등에서 자유로워지는 것이 필요하다.

사이코드라마는 디렉터 혼자 하는 작업이 아니라 주인공, 보조자아, 집단원
이 합심해서 만들어 내는 과정이다. 극의 시작부터 끝까지 잘 마무리 짓는 것
이 디렉터의 책임이기는 하지만 뭔가 잘 다루어지지 않고 나눔마저 미진한
느낌이 들 때 디렉터는 자신의 완벽성에 대한 욕심, 집단원들로부터 바라는
인정 욕구가 지나친 것은 아닌지 돌아볼 필요가 있다.

⑬ 보조자아와 집단의 나눔

사이코드라마는 디렉터와 주인공뿐만 아니라 집단 전체가 함께하는 과정이
다. 집단의 구성원 모두가 심리적으로 깊이 참여하는 상황에서만이 극을 성
공적으로 마칠 수 있다. 이러한 점은 정리 단계에서도 마찬가지다. 주인공은
디렉터의 나눔 못지않게 극 내내 자신의 실연 과정을 지켜봐 주었던 집단원
의 생각이나 느낌을 듣고 싶어한다. 이러한 상황에서 집단은 주인공에게 아
낌없는 감정적 지지와 이해를 보내야 한다. 사이코드라마의 마무리 단계에서
디렉터, 보조자아, 집단은 자신의 내면을 드러낸 주인공의 불안을 버텨 주는
버팀목 역할을 해야 하는 책임이 있다.

보조자아 역할로 극에 직접적으로 참여했던 집단원들은 각각의 역할을 통
해 느낀 점을 이야기해 줌으로써 주인공이 주변의 중요한 인물들의 입장을
좀 더 잘 이해할 수 있도록 도와줄 수 있다. 이때 보조자아들은 역할을 벗기
전에 극 중 인물로서 주인공에게 피드백을 줄 수도 있고 역할을 벗은 다음 자
신의 입장에서 주인공과 감정적 나눔을 할 수 있다.

모든 형태의 집단정신치료에서는 집단에 참여한 사람들 모두 자기도 모르
는 사이에 어떤 역할을 맡게 된다. 사이코드라마에서 집단원이 보조자아로
선택이 되어 극에 몰입을 하게 되면 이들은 '주인공이 내 동생 같아.', '마치

우리 부모님을 보는 것 같아.', '나라면 좀 더 유연하게 대처할 텐데.' 등과
같은 생각을 하면서 주인공과 가까운 사람의 역할을 소화해 낸다. 하지만 나
눔 단계에서는 역할을 벗기 전에 극 중에서 자신이 맡았던 역할, 예컨대 주인
공의 아버지, 어머니, 직장 상사 입장에서 주인공과 이야기를 나눌 수 있다.
또는 역할을 벗고 자신의 입장으로 돌아가 '내가 만일 주인공이라면' 어떻게
했을 것인지를 이야기한다. 역할바꾸기를 통해 상대의 입장에서 생각해 보고
행동을 한 주인공이기에 마무리 단계에서 집단원들이 전달하는 피드백을 더
욱 깊이 있게 받아들일 수 있다. 실제로 극 중에서 연인과의 잦은 다툼으로
힘들어했던 주인공의 연인 역할을 했던 보조자아가 "역할을 하면서 주인공이
화를 내면 어떻게 해야 할지 도무지 모르겠더군요. 사랑하는 마음은 있어도
막상 그런 상황이 되면 몸에 힘이 빠지고 할 말이 생각나지 않더군요."라고
말하였다. 그러자 주인공은 "전 그 사람이 저를 사랑한다면 당연히 저를 이해
해 주어야 한다고 생각했어요. 그런데 말을 듣고 보니 제 행동에도 문제가 있
었던 것 같군요. 앞으로 제 쪽에서 먼저 이해하려고 노력한다면 여자 친구와
의 관계가 좋아질 거라는 생각이 드는군요."라고 말하며 자신의 행동 패턴에
대해 돌아보는 모습을 볼 수 있었다. 특히 주인공과 감정 대립을 겪는 인물의
경우에는 주인공에게 다른 관점에서 이해할 수 있는 기회를 준다는 점에서
나눔의 효과는 매우 크다.

극 내내 주인공이 표현하는 감정적 흐름을 예민하게 조율하며 따라갔던 집
단원의 경우에도 주인공과 공감했다면 비록 말을 더듬으면서 할지라도 감동
이 집단에게 전해져서 감정적 일치감을 느낄 수 있다. 이런 의미에서 나눔 과
정은 진실의 시간이며 충분한 공감이 오고 간다면 말의 형식을 떠나 가슴으
로 대화할 수 있는 시간이다.

❹ 비언어적 소통을 통한 나눔

사이코드라마는 통상 언어적인 방법을 사용하는 다른 정신치료에 비해 비
언어적 요소가 많이 들어가 있다. 이 점은 정리 단계에서도 마찬가지다. 서로

의 감정 공유가 깊게 일어난 집단원이 나눔 단계에서 주인공에게 이야기하는 도중 서로 손을 잡거나 안아 주는 장면은 흔히 볼 수 있는 장면이다. 이러한 신체적 언어는 매우 효과적이고 감동적이며 주인공에게는 더 큰 위로가 될 수 있다. 또한 이해하는 마음과 격려를 실은 눈빛은 주인공에게 힘을 실어 주는 역할을 한다. 이러한 감정적 지지의 효과를 배가시키기 위해 저자가 보편적으로 사용하는 방법은 극이 끝난 후 집단원들로 하여금 주인공을 둘러싸게 하고 어깨에 손을 올린 채 지지의 말을 하도록 하는 것이다. 저자가 경험했던 가장 인상적인 나눔은 무용을 전공했던 한 집단원이 극의 감동을 춤으로 표현한 적이 있었다. 즉흥적인 춤사위는 주인공은 물론 집단 전체에게 감동을 주었다. 극의 마무리 단계에서 자발적으로 이루어지는 비언어적 나눔은 집단원들과 주인공 사이에 정서적 친밀감을 높인다는 점에서 가치가 있다.

⑤ 시간의 배분과 저항에 대한 대처

나눔을 통한 감정의 공유는 사이코드라마가 끝난 이후 바로 실시하는 것이 바람직하다. 한 집단을 대상으로 일정 기간 동안 극을 진행하는 경우 시간이 여의치 않아 다음 회기로 나눔 과정을 미루는 경우도 있다. 이럴 경우 주인공은 자신의 극에 대해 다른 집단원들이 어떤 생각을 가지고 있는지 궁금하게 여길 뿐만 아니라 감정적으로는 발가벗겨진 상태와 같아서 여러 가지 복잡한 감정들이 파생될 수 있으므로 나눔 단계는 극이 종결된 시점에서 이루어져야 한다.

주인공의 감정 상태가 시간 내에 정리되지 않는 경우 융통성을 갖고 충분한 정리를 이끌어 내는 것이 바람직하다. 먼저 시간을 늘리는 것에 대해 집단과 협의를 하여 충분한 시간을 확보하는 것도 필요하다. 시간이 여의치 않아 주인공의 감정이 충분히 정리되지 않고 미진한 것이 있다면, 극을 종결한 후 주인공과 단독으로 시간을 갖는다거나 집단원들로 하여금 주인공과 별도로 시간을 갖고 위로의 말을 건네게 할 수 있다.

사이코드라마를 진행함에 있어서 디렉터는 적절한 시간의 배분을 항상 염두에 두고 있어야 한다. 너무 많은 문제를 한꺼번에 다루면 마무리에서 감정적 정리가 어려울 수 있으며 실연 단계에서 극이 너무 길어지게 되면 마무리에 충분한 시간을 할애할 수 없다. 저자는 나눔 과정에 보통 20~30분 정도를 할애하는데, 감정적으로 정리가 되지 않은 주인공의 경우에는 이보다 충분한 시간을 주어 주인공과 집단원이 안정적인 상태에서 극을 종결하도록 한다.

어떤 주인공은 저항의 정도가 커서 타인의 말을 듣고 받아들이는 것 자체를 힘들어하는 경우도 있다. 저항의 깊이는 실연되었던 문제에 대한 주인공의 고통의 깊이와 비례한다. 이러한 감정적 저항과 불안에 대해 인내심을 갖고 이해하고 지지하는 자세가 필요하다.

주인공뿐만 아니라 집단원 전체가 나눔 과정에서 저항을 보이는 경우도 있다. 우선 집단 전체가 준비되어 있지 않을 경우, 집단 응집력이 약해서 집단원들이 자신을 노출하는 것을 꺼리는 경우, 주인공의 연기가 너무 모호하고 추상적이어서 공감이 되지 않는 경우, 또는 디렉터의 연출 방식이 마음에 들지 않거나 주인공에게 화가 나 있는 경우 집단원 전체가 저항을 보일 수 있다. 이때 "우리 모두 주인공과 힘든 상황을 함께 겪고 나니 감정적으로 혼란스럽고 힘든 상태인 것 같네요. 충분히 그럴 수 있습니다. 하지만 지금 느끼고 있는 감정과 생각을 서로 나누면 좀 더 편해지지 않을까요?" 등의 말을 통해 집단 내에서 나눔의 말이 오갈 수 있도록 유도할 수 있다. 또는 주인공으로 하여금 보조자아나 집단원을 둘러본 뒤 특별히 이야기를 듣고 싶은 사람을 선택하게 하는 것도 한 방법이다.

⑥ 나눔 단계에서 유의할 사항

사이코드라마를 통해 얻을 수 있는 최선의 결과는 주인공이 자기가 한 작업에 대해 정서적으로 통찰을 얻고 현실적인 상황에서 겪을 수 있는 문제를 해결할 방법을 스스로 찾게 만드는 것이다. 흔히 갈등을 다루는 사이코드라마에서는 극을 통해 강한 정서를 표출하는 경우가 많다. 정서를 방출하게 하고 수습해 주지 않는다면 주인공은 극이 끝난 후 혼란감이 가중될 수 있다.

사이코드라마를 마무리할 때 적어도 몇 가지 사항을 염두에 두는 것이 필요하다.

1) 분석적 태도

정리 단계에서 가장 경계할 점은 분석적인 태도다. 나눔의 말을 하는 목적은 주인공의 행동을 분석하자는 것이 아니다. 주인공이 극 중에서 어떤 말과 행동을 했는지보다 더 중요한 점은 왜 그런 언행을 보였는지 이해하는 것이다. 너무 이성적이거나 분석적인 태도는 주인공의 감정을 다루는 데 도움이 되지 않는다. 주인공은 극 전체를 통해 자신의 깊은 내면을 보여 주었기 때문에 자신이 내보인 문제에 대한 감정적 지지와 수용을 받고 싶어한다. 이러한 때에 분석적인 태도와 맞닥뜨리면 주인공은 더욱더 방어적이 되고 감정적으로 저항할 수 있다. 주인공은 이미 충분한 자기성찰의 시간을 가졌기 때문에 더 이상의 분석이 필요한 상황은 아니다. 비난이나 질책 또는 주인공의 문제 자체를 격하시키는 발언은 피해야 한다. 가끔 마무리 단계를 진행하다 보면 집단원 중에는 지나치게 격앙되어 자신의 경험 위주로 주인공에게 상처가 되는 말을 하는 사람이 있다. "내 문제에 비하면 당신의 문제는 아무것도 아니네요. 어린아이 투정 같네요.", "지나치게 의존적인 것 같네요.", "아직 성숙이 안 된 것 같네요." 등이 이러한 예에 해당된다. 타인에게는 아무것도 아닌 것처럼 보이는 문제도 정작 자신에게는 매우 진지하고 심각한 문제로 여겨지는 법이다. 이러한 말을 듣게 되면 주인공은 이해받지 못하고 있다는 느낌과 소외감을 경험할 수 있다. 감정적으로 예민해져 있는 주인공은 사소한 말 한 마디에 상처받을 수 있다는 점을 염두에 두어야 한다. 특히 충고를 하거나 주인공의 어떤 잘못된 부분에 대해서 가치판단이나 성급한 해석을 하는 것은 좋지 않다. 집단원들 중에서 분석적인 태도를 취하여 주인공에게 감정적인 상처를 줄 수 있다고 판단될 경우 디렉터는 즉시 개입하여 나눔의 목적을 집단원에게 다시 한 번 상기시킬 수 있다.

2) 해결책을 제시하려는 태도

또한 나눔 단계에서는 해결책을 제시하는 것과는 다르다는 점을 분명히 말하고 싶다. 해결책을 제시하는 것이 도움을 줄 수도 있지만 성급한 해결책 제시는 주인공으로 하여금 모두 쉽게 생각하는 문제를 자신만이 심각하게 받아들이고 있다는 느낌과 혼란감을 줄 수 있다. 보조자아의 경우 전문가적 입장에서 섣부른 판단이나 성급한 해석을 하는 것은 좋지 않다. 그러나 주인공의 문제해결 방식이나 왜곡된 사고방식 등 문제가 있다고 판단되는 경우 더 나은 대안을 제시하는 것이 극의 마무리에 필요한 경우가 많다. 이럴 경우 '내가 주인공이라면…….'과 같은 문구를 사용하여 마음에서 우러나오는 동일시를 통한 깊은 이해가 선행되어야 한다.

3) 집단원 자신의 문제를 투사하는 경우

어떤 집단원은 주인공을 통해 자기 문제를 해결하려는 사람이 있다. 즉 자기 문제를 주인공에게 강하게 투사하여 내비치는 경우가 있다. 이와 같이 자기 문제가 해결되지 않고 겉으로 드러나는 경우 주인공에게 상처가 될 수 있다.

4) 지나친 주지화

주인공에게 정서적으로 공감하기보다는 지나치게 지적으로 이야기하려는 태도도 나눔 단계에서 피하는 것이 좋다. 특히 전문가 집단의 경우 주변을 의식해서 지나치게 바람직한 말을 하거나 주지화 방어를 많이 사용하는 경향이 있다. 이와 같이 지나친 주지화를 보일 경우 디렉터가 중간에 개입하여 생각보다는 느낌을 나누도록 촉진하는 것이 필요하다.

나눔 단계에서 가장 중요한 것은 주인공이 집단원으로부터 정서적으로 지지를 받고 자신의 이야기가 사람들에게 수용을 받는다는 느낌을 가지는 것이다.

사이코드라마의 종결

　나눔의 단계가 끝나면 그날의 사이코드라마는 대체로 정리되는 기분이 든다. 극을 통해 완전한 해결책에 도달하지는 못했다 하더라도 사이코드라마에서 느꼈던 감정을 표현해 보고 드라마 내용과 자기 삶의 문제에 대해서도 살펴볼 수 있는 기회를 갖게 되기 때문이다. 사이코드라마의 마지막인 나눔 단계에서 디렉터는 집단의 충분한 감정 공유가 이루어졌다고 판단되면 극을 종결한다. 이때 모임의 시간, 집단의 성격, 응집력의 정도 등을 고려해야 한다. 극의 종결에서는 감정을 가라앉히고 집단 모두가 만족감을 느끼며 돌아갈 수 있도록 하는 배려가 필요하다. 흔히 사이코드라마에서 만족의 정도를 집단원들이 표출하는 감정의 강도로 판단하는 오류를 자주 범하게 된다. 특히 초심자인 디렉터는 주인공에게 공감하는 몇몇 집단원들이 극이 진행되는 내내 흐느껴 울거나 하는 눈에 보이는 감정 반응을 보고 그날의 사이코드라마가 성공했다고 확신하기도 한다. 그러나 사이코드라마에서는 그보다 펼쳐진 감정을 어떻게 정리하느냐가 중요하다. 더욱 중요한 것은 감정의 절정을 이끌어내는 것보다 집단의 감정을 어떻게 적절히 안정적인 상태로 이끌 수 있느냐에 있다. 나눔의 단계를 통해 충분한 감정 교류와 정리가 이루어져 일상으로 되돌아올 힘을 가진 상태라면 그대로 극을 끝낼 수 있지만 시간에 쫓겨 급하게 사이코드라마를 종결하는 오류를 범해서는 안 된다. 집단구성원 전체가 서로를 지지하고 격려하면서 따뜻하고 안정적인 분위기 속에서 충분히 이야기를 나누고 마지막에 주인공이 그날의 소감을 편안하게 나누게 한 다음 디렉터는 극을 종결시킨다.

제17장 분석 및 토의 단계

분석 및 토의(processing) 단계는 나눔 단계가 끝난 후 사이코드라마 진행 동안에 일어났던 세부 사항을 논의하고 정리하여 더 나은 대안을 모색하는 단계다. 주로 나눔 단계 후 바로 시행되는 경우가 많은데, 때에 따라서는 짧은 휴식 시간을 두고 시행되기도 한다. 그러나 만약 사이코드라마가 끝나고 이 과정이 시작되기 전까지 너무 많은 시간적 간격이 있게 되면 다루어질 문제가 무엇인지 초점이 흐려지거나 계속해서 집단 토의를 할 만한 에너지가 떨어질 수 있다.

Goldman과 Morrison(1984)은 분석 및 토의 단계를 다음의 세 가지로 구분하였다.

① 주인공과 집단원들이 사이코드라마를 하는 동안 상호작용하면서 그들 간에 발생하는 역동들을 조사·분석하는 것.
② 선택 과정부터 해결 과정에 이르는 주인공의 여정을 관찰하는 것.
③ 디렉터들을 훈련시키기 위해 사이코드라마 전 과정을 분석하면서 학습 경험을 제공하는 것.

Williams(1989)는 이 단계가 사이코드라마에서 역할을 맡았던 보조자아들의 경험을 탐색하고 이들이 역할 연기자가 되어 극에 참여하였을 때 가졌던 느낌이나 행동을 반영해 주는 시간이라고 하였다. 반면 Kellerman(1992)은 초심자 디렉터가 연출 기술을 배우고 분석하고 평가하기 위한 훈련 목적에 국한해서만 이 용어를 사용하였다. 그는 이 과정이 전문적인 기술과 방법론적인 문제에 대한 피드백으로만 진행되어야 보다 건설적인 학습 경험이 이루어질 수 있다고 생각하였다.

분석 및 토의 단계는 이전의 나눔 단계와는 분명히 다르다. 나눔 단계가 참여자들이 개인적으로 그리고 정서적으로 주인공과 동일시하는 과정이라면 분석 및 토의 단계는 집단에 참여했던 사람들이 가급적 주관성을 배제하고 사이코드라마 전 과정 동안에 일어났던 모든 것들을 객관적으로 평가하고 이해하는 과정이다.

일반적으로 분석 및 토의 단계는 ① 사이코드라마를 훈련받고 있는 학생 디렉터에게 초점을 두는 디렉터 중심의 과정, ② 주인공에게 초점을 두는 주인공 중심의 과정, ③ 보조자아를 포함한 집단 전체에 초점을 두는 집단 중심의 과정으로 구성되어 있다.

전공의나 수련생일 경우 디렉터로서 자신의 수행을 평가하게 된다. 평가 기준은 그날 사이코드라마 회기에서 다루어졌던 중심 주제, 제시된 장면, 적용하였던 기법, 문제점, 지각된 단서, 진행의 이론적 근거 등이다. 초심자들이 자신의 연출 기술을 평가할 수 있는 정도는 사이코드라마 과정에 대해 전반적인 이해 능력을 반영한다.

사이코드라마 회기 동안 보조자아를 했던 참여자들은 자신이 맡았던 역할의 관점에서뿐만 아니라 주인공의 내면을 탐색하면서 적극적으로 치료적 개입을 하였던 치료자의 관점에서도 피드백을 줄 수 있다.

훈련을 같이 받는 입장에 있는 집단원들 역시 회기에 대해 평가하게 된다. 그들은 좋았던 점이나 미진한 부분 혹은 자신들이 생각한 것과 다르게 연출된 것이 무엇이었는지 언급하거나 연출기법 등에 대해서 질문할 수도 있다.

지도 감독을 하는 디렉터는 간결하면서도 예민하게 전체 회기에 대한 일반적인 평가를 해 준다. 이때 경험이 많은 디렉터는 초심자 디렉터의 수행을 유

분석 및 토의 단계

심히 관찰하고 기록했던 내용을 근거로 평가를 하면서 회기 동안에 나타났던 특정 장면이나 문제들을 일반적인 원리로 구체화시켜 줄 수 있다. 또한 연출에 영향을 미치는 개인적인 성격에 관해서도 논의할 수 있어야 한다. 만일 초심자 디렉터의 성격이 너무 강하고 주도적이어서 주인공 중심이 아닌 디렉터 중심으로 극이 흘러가게 된다면 주인공에게 상처를 입힐 수도 있다. 지도 감독 역할을 하고 있는 디렉터는 사이코드라마가 끝난 후에 개별 교육 분석을 통해서 이러한 문제를 다루어 줄 수 있다.

지도 감독에는 두 가지 유형이 있다. 하나는 지지적인 유형이고 나머지 하나는 비판적인 유형이다. 지지적인 유형의 감독자는 분석 및 토의 과정 동안 대체로 긍정적인 피드백을 주면서 초심자 디렉터나 보조자아들의 강점을 부각시키고 무조건적으로 수용하는 태도를 보여 준다. 이런 유형의 지도 감독자는 초심자 디렉터나 보조자아들에게 신뢰감과 안정감을 심어 준다.

비판적인 지도 감독자들은 사이코드라마 진행 중에 잘한 점보다는 미흡한 점에 초점을 두어 부정적인 피드백을 하고 약점을 직면시킨다. 대개 이런 유형의 지도 감독자들은 직접적이고 솔직한 비평을 해야 학생 디렉터나 보조자아들이 좀 더 확실하게 기술을 배울 수 있다고 생각한다. 그러나 이러한 경우 훈련 과정에 있는 보조자아나 학생 디렉터는 지도 감독자의 평가가 두려워 분석 및 토의 시간에 자신의 생각을 자발적으로 이야기하지 못하고 방어적인 태도를 취할 수도 있으며 심한 경우 지도 감독자에 대한 반발심을 가질 수도 있다. 아이들을 훈육할 때 적당한 칭찬과 처벌을 해야 하듯이 사이코드라마를 지도 감독할 때 지지적인 엄마 역할과 비판적으로 직면시켜 주는 아버지 역할이 골고루 이루어져야 성장과 경험이 촉진될 수 있다.

저자의 경우 극을 종결시킨 후 즉시 전공의, 보조자아들과 30분 정도 그 날의 사이코드라마에 대한 의견을 나누는 시간을 갖는다. 주로 극을 진행하면서 아쉬웠던 점과 느꼈던 점들을 종합적으로 이야기하는데, 보조자아는 자신이 투입되었던 장면에서 디렉터의 의도에 대해 질문하고, 당시에 자신이 느꼈던 여러 가지 감정들을 말함으로써 극 중 상황을 재구성해 보기도 한다. 또한 극에서 사용되었던 기법이 효과적이었는지 아니면 다른 대안적인 기법은 없었는지에 대해서도 적극적인 평가가 이루어진다. 특정 장면에서 디렉터나 보조자아의 대응방식에 대해서도 분석하는데, 주인공이 감당할 수 없을 정도로 너무 깊숙이 개입하여 주인공을 너무 힘들게 하지는 않았는지, 혹은 좀 더 심층적인 내면으로 다가가 핵심적 문제를 접근하려는 노력을 기울였어야 하는지, 그 상황에서 만일 다른 장면을 연출했었다면 어떤 결과를 초래했을지 등을 토론한다. 보조자아의 경우 자신의 문제가 투사되지는 않았는지, 어떤 상황에서 힘들었는지 그리고 디렉터의 의도를 파악하기 어려워 곤혹스럽지는 않았는지 등 극의 전반적인 상황에 대해 활발하게 분석한다.

제18장 저항

　저항(resistance)이란 개념은 원래 정신분석이론에서 비롯된 것으로 치료 도
중에 환자의 정신 내부에서 일어난 치료를 방해하는 모든 과정을 지칭한다.
환자의 자유 연상을 저해하는 힘, 과거를 회상하고 통찰력을 얻으려는 시도를
막는 힘, 그리고 환자 내부의 건강한 자아 변화에 대한 소망을 약화시키는 힘
들이 모두 해당된다(Freud, 1900).

　Freud(1926)는 저항을 다섯 가지로 나누어 분류하였다. 첫째, 억압 저항
(repression resistance)은 위험하고 고통스러운 충동·기억·감정으로부터 자신
을 지키려는 환자의 욕구에서 비롯되는 것으로 억압된 내용이 의식에 접근할
수록 저항은 더 커지게 된다. 둘째는 전이 저항(transference resistance)으로 내
용상으로는 억압 저항과 비슷하지만 환자의 과거 경험이 치료자와 관련된 충
동·기억·감정 들로 나타나는 것으로 치료에 문제가 되는 경우를 말한다.
셋째는 환자가 자신의 병으로 인해 얻을 수 있는 이차적 이득 때문에 저항을
하는 것이고, 넷째는 원초아 저항(id resistance)으로 환자가 평소의 습관이나
행동 방식을 포기하지 못하고 반복하는 경우를 말한다. 마지막으로는 초자아
저항(superego resistance)으로서 죄책감이나 처벌 욕구 때문에 환자가 치료의
긍정적인 변화를 기피하는 경우를 말한다.

사이코드라마에서 저항이란 주인공이 극 중에서 자신을 드러내 보이기를 회피하는 것을 말한다. 사이코드라마 도중에 역할 연기를 거부하거나, 할 말이 없다고 하면서 침묵을 지키고, 디렉터의 말이나 지시에 경직된 자세를 보이거나 눈 맞춤을 회피하는 경우, 중요한 부분은 빼고 사소하고 지엽적인 것만 늘어놓으며 정작 자신의 내적 성찰이나 통찰로 이어지지 않는 경우를 말한다. 사이코드라마의 효과적인 진행을 저해하는 장애물인 저항은 사이코드라마 참여자들이 실제적 혹은 상상적인 위협으로부터 스스로를 방어할 욕구를 느끼면서 나타나게 된다.

Moreno(1953)는 저항이 자발성과 관련이 있다고 보았다. 즉 자발성의 감소나 상실이 저항으로 나타난다고 보았다. 주인공이 준비과정이나 극에 몰입하지 못하게 되는 저항은 일종의 자신을 보호하기 위한 안전장치라고 할 수 있다. 극 중에서 새로운 상황이 되면 자발성·창조성이 발휘되지 않고 자신에게 익숙하고 습관적인 행동으로 대응한다. 인간은 누구나 변화에 대한 두려움이 있기 때문에 극을 통해 자신을 변화시키려는 의도에 불안해하며 변화를 위한 어떠한 개입도 거부하는 경향이 있다. 따라서 극 중에서 만나게 되는 새로운 상황에 자발성을 적응적으로 그리고 창조적으로 사용하기보다는 억압되고 습관화된 행동으로 대응하려고 한다. 주인공이 내부나 외부의 압력을 받고 변화를 시도해야 할 때 이에 대한 적절한 반응을 찾지 못하게 되면 불안해지게 된다. 이러한 불안은 저항감을 유발하게 되어 주어진 상황에 새로운 대처와 해결이 아닌 자신에게 익숙한 단순하고 반복적인 행동을 택하게 한다.

⓵ 저항의 표현

정신분석학자들은 환자들이 지각을 하거나 약속을 지키지 않거나 치료를 중단하거나 치료비를 잊어버리는 것, 치료 시간에 침묵을 하거나 고집을 부리는 행동, 지루해하거나 수줍어하는 행동, 특정 주제에 대해서는 말을 안 하는 행동, 현학적이거나 전문적인 용어를 반복해서 사용하는 등의 여러 유형의 저항을 기술한 바 있다. 정신분석의 저항이 '어떤 것을 말하고 싶지 않은' 것이라면, 사이코드라마에서 저항은 '행위를 하고 싶지 않는' 것이다. 두 가지 모두 말이든 행위든지 간에 감정을 느끼거나 표현하고 싶어 하지 않는다는 공통점이 있다.

사이코드라마에서 주인공이 저항하는 방식은 각양각색이다. 저항은 일종의 방어적 기능으로 어떤 일에 자기 개입을 피하는 것이다. 어떤 사람들은 소극적으로 저항을 하기도 하고("하고 싶은 말이 없어요."), 직접적으로 완강하게 항변하는("이런 방법은 나한테 도움이 전혀 안 될 것 같아요.") 사람들도 있다.

사이코드라마의 과정에 적극적으로 몰입하지 않으려는 이러한 저항에는 여러 가지 종류가 있다. 어떤 사람은 "준비작업 방식이 유치하다. 어떻게 어른이 어린애들 장난 같은 행동에 참여를 할 수 있겠는가?"라고 하면서 드라마에 참여하기를 거부하기도 한다. 사이코드라마 집단에 처음 참여한 사람들은 드라마 형식에 익숙하지 않아서 낯선 사람들 앞에서 자신을 드러낸다는 사실 자체에 저항을 보인다. 즉 역할 연기 자체를 거부하는 것이다. 사이코드라마에서 극이 시작될 때, "배우도 아닌데 연기하는 건 어색해요. 내 연기를 보면 사람들이 아마 비웃을 거예요. 그냥 앉아서 지켜보고 싶어요."라는 경우다. 이러한 저항은 관심의 대상이 되는 것에 당황하거나 무대 공포증과 같이 공개석상에서 자신을 노출하는 것에 대한 두려움 때문일 수도 있고 정서적으로 준비작업이 부족해서 나타날 수도 있다.

주인공이 심한 저항을 보인다면 디렉터는 자연스럽게 느낌이나 생각을 이야기하게 해 주는 것만으로도 도움을 줄 수 있다. 예를 들면 주인공이 자신의 역할을 하고 있는 보조자아가 자신의 마음을 정확히 알아 주고 있다고 느꼈다든지 아니면 자신의 의도는 그것이 아니었는데 오해하고 있는 것 같다든지 하는 부분들에 대해 주인공이 솔직하게 표현하도록 허용해 줌으로써 '누군가로부터 이해를 받고 있다'는 느낌을 갖게 해 주는 것이 좋다. 자신의 의도와는 반대로 보조자아가 부정적인 모습을 연기할 경우 저항감이 생길 수 있다. 자신이 극의 희생자가 된 듯 느끼며 역할 연기에 협조할 수는 없기 때문이다.

저항은 가령 무대에서의 경험이 불안, 죄책감, 수치심과 같은 고통스러운 감정을 유발시킬 수도 있고, 자신을 통제하지 못할 정도의 내적 혹은 외적 위협을 공격적인 방식을 통해 방어하려는 시도일 수도 있다. 한 예로 정신과 간호사 수련생이 주인공이 되었을 때 아버지와의 갈등을 다루고 싶어하였다. 처음에는 아버지와의 문제를 지금 해결하지 않으면 영원히 해결하지 못할 것 같다고 하면서 주인공을 자청하였으나 아버지와의 갈등 상황이 연출되자 주눅이 들어 눈물만 흘리면서 자신의 생각을 분명하게 표현하지 못하였다. 디렉터가 이중자아들을 투입하여 아버지 앞에서 쩔쩔매는 원인에 대해 탐색하면서 내적 갈등을 다루어 보려고 하였지만 주인공은 "아버지를 너무 나쁜 사람으로 몰고 가는 것 같아요. 친구들이 많아서 못하겠어요."라고 하면서 아버지의 장점만을 장황하게 설명하며 극에 참여하기를 끝내 거부하였다. 아버지에 관한 문제를 집단 특히 친구들 앞에서 노출하는 것에 대한 죄책감과 수치심 때문에 극을 계속할 수 없었던 것이다.

> 주인공 : 아버지한테 따뜻한 거 바라지 않아요. 그냥 내가 하고 싶은 것 하게 해 주시면 좋겠어요.
> 이중자아 : 그냥 말씀만이라도 부드럽게 해 주시면 안 되나요?
> 보조자아(아버지) : 난 내 이야기에 반론을 제기하는 딸은 인정할 수 없어.
> 주인공 : (계속 울기만 한다.)
> 이중자아 : 제가 제 맘대로 한 적 없잖아요. 아버지는 언제나 아버지 생각만 강요하셨어요. 한 번도 제가 내린 결정을 믿어 주시지 않았어요.
> 보조자아(아버지) : (버럭 화를 내며) 누가 아버지 앞에서 그런 말하랬어?
> 이중자아 : 나는 왜 아버지 앞에만 서면 주눅이 들까? 번번이 아버지 앞에서 제대로 말하지도 못하고. 내 인생인데, 난 왜 아버지 앞에서는 쩔쩔매는 거지?
> 이중자아 : 지금까지 아버지 의견에 거역한 적 없는데 내 일생이 걸린 문제를 아버지 마음대로 하시는 게 화가 나.
> 주인공 : (한참을 울다가) 아버지가 그렇게 나쁘신 분은 아니에요. 더 이상 못하겠어요.

위의 예와는 달리 극에 적극적인 것 같으면서도 미묘하게 저항하는 태도도 흔히 볼 수 있다. 자발적으로 상황을 잘 표현하다가 감정이 올라오려는 찰나에 교묘하게 피해 가면서 자신의 혼돈스러운 내부 세계는 숨기는 경우다.

또 한 가지 예를 들어 보도록 하자. 정신과 전공의가 주인공이 되었을 때다. 주인공은 자신의 입장에 대해 정신과적 용어를 쓰면서 합리화하고 현학적으로 이야기하였다. 디렉터는 여러 가지 다양한 장면을 전개하였지만 모든 장면마다 똑같은 행동 양상이 되풀이되었고 극은 더 이상 진행이 되지 않았다. 이 역시 저항의 일종으로 사이코드라마에 협조적인 듯하면서도 결정적인 부분에서는 주제를 회피하는 것이다. 이렇듯 표면적으로는 디렉터의 지시를 잘 따르면서도 저항을 하는 또 다른 예는 극 중에서 사소한 일들은 거론하지만 주인공 자신의 내적 성찰이나 통찰로 이어짐이 없는 경우다. 즉 자질구레한 외적인 상황들은 잘 설명하면서도 정작 자신에 관한 이야기와는 연결되지 못할 때 저항을 생각해 보아야 한다. 주인공의 성향 때문에 이러한 태도를 보이기도 하지만 때에 따라서는 보조자아들에게도 책임이 있다. 주인공의 이러한 태도가 간파되었으면 상대역을 맡는 보조자아들은 이 점을 주인공에게 직면시켜 주어야 하지만 보조자아가 자신이 없거나 자신의 문제가 주인공에게 투사되어 직면을 두려워하는 경우가 발생할 수 있다.

주인공이 연기를 할 준비가 되어 있고, 즉 충분한 워밍업이 된 상태에서도 저항은 어느 곳에서든지 나타날 수 있다. 예를 들어 특정 주제에 대해서는 갑자기 침묵을 지킨다.

> 디렉터 : 지금 어머니가 그 앞 빈 의자에 앉아 계십니다. 어머니께 이야기를 해 보시겠습니까?
> 주인공 : 저도 엄마의 기대에 맞추려고 노력했어요. 그래서 엄마가 시키는 대로 하려고 했어요. 그런데 …… 더 이상 못하겠어요…….

주인공에게 민감한 주제가 너무 일찍 드러나게 되면 주인공은 난처해하며 비협조적인 태도를 보일 수 있다. 가슴 아픈 기억이나 억압된 무의식적 충동들이 의식을 뚫고 올라와 불안을 야기할 수 있기 때문이다. 주인공의 자아강도가 이러한 불안감을 이겨 낼 수 있는지 여부를 판단하는 것이 중요하다.

이와는 다른 경우로 보조자아와 역할 연기를 하기보다는 디렉터를 계속 쳐다보면서 지나치게 설명을 길게 하고 자신을 변명하거나 주지화하는 양상으로 저항이 표출된다.

디렉터 : 어머니와 극한 감정의 대립을 보였던 그날 밤으로 가 볼까요. 어머니가
지금 안방에 계시는군요. 자! 그 장면으로 들어가서 어머니와 이야기를
나누어 보십시오.

주인공 : 어머니는 저희를 무척 사랑하셨지만 정을 주는 데는 인색했어요. 그날 밤
처음엔 싸울 의사는 없었는데…… . 어쩔 수가 없었어요. 어머니의 태도
는 나를 건드리는 그 무엇이 있어요. 싸우고 나면 어머니에게 미안한 마
음도 들고, 내가 또 몹쓸 짓을 했구나라는 자책감도 들기도 하는데…… .
(치료자를 쳐다보며) 그러나 누구든 그런 거 아닌가요. 사람의 속을 긁는
데 가만히 있을 사람은 없잖아요. 다들 그렇게 사는 것 아닌가요? (어머니
역할을 하던 보조자아를 외면하고 치료자만을 의식한 채) 아무튼 저희 어
머니는 저희를 사랑했지만 정은 없었어요.

디렉터 : 저에게 이야기하지 마십시오. 그리고 상황을 설명하지 말고 그때 그 상황
으로 가서 어머니께 직접 이야기하십시오.

주인공 : 알았습니다. 어머니! 왜 어머니는 저를 이렇게 힘들게 하세요? 선생님도
아시다시피 저희 어머니는 저희를 어렵게 키웠지요. (중략)

디렉터 : 그 상황에 몰입이 되지 않고 있습니다. 무엇이 몰입하지 못하게 하는 걸
까요?

이 외에 Seabourne(1966)은 다루기 곤란한 주인공들의 유형으로 회기 동안
에 극에 거의 참여하지 않는 사람, 무대 위로 올라오기를 거부하는 사람 혹은
장면이 끝나지 않았는데도 중간에 빠져나가는 사람, 전혀 문제가 없다고 하는
사람, 제시된 주제에 집중을 잘 못하는 사람, 집단을 지배하려는 사람(정신병
동 환자들에게서 자주 발견됨), 정신병적으로 와해되어 나머지 집단원들의 활동
과 진행을 방해하는 사람 등이 있다.

사이코드라마가 집단정신치료의 한 유형인지라 집단원들 간의 장벽이나 치
료자와의 장벽이 저항으로 나타날 수 있다. Moreno(1972)는 이러한 저항을
인간관계에서 서로 누구인지, 그리고 어떤 사람인지 알려고 하지 않고 자발적
으로 관계를 맺는 것을 피하려는 것으로 해석하였다. 앞서 설명한 것이 전이
저항, 즉 과거의 관계가 현재에 왜곡된 영향을 미쳐서 서로 정서적으로 관여
하는 것을 피하게 되는 것이다. Kruger(1980) 역시 사이코드라마의 저항은 집

단원들 간에 그리고 집단원과 치료자 간에 일어나는 전이 관계에서 정신의 내적 방어가 구체화된 것으로 정의하였다. 흔히 이러한 저항은 개인적 친밀감이 높은 집단에 새로운 구성원이 참여하는 경우에 나타난다. 새로운 구성원에 자신을 드러내는 것을 꺼려 관계를 회피하고 서로에게 무관심해지거나 공격성과 같은 부정적 전이 감정이 초래되기도 한다.

　주인공뿐만이 아니라 집단 전체가 저항을 보이는 때도 있다. 집단의 규칙, 집단 분위기 및 집단의 사회측정학적 특성이 저항을 불러일으킬 수 있다. 저자는 비행청소년이나 결손 가정의 청소년 집단에서 집단 전체가 디렉터의 지시에 완강한 저항을 보이는 것을 경험하기도 하였다. 소시오드라마를 진행하던 중 가족 결손이나 비행이라는 공통된 경험을 다루어 나가면서 디렉터는 자신들의 치부를 드러내면 안 된다는 집단원들의 암묵적인 메시지에 부딪치게 되었다. 주인공을 바꾸어서 새로이 시도를 해 보았지만 집단원들은 자신들의 핵심적인 문제점들은 비껴가면서 사소한 문제점들만 이야기하였고 집단원 역시 주인공의 문제에 무관심하게 보였다. 이 경우에는 오랫동안 억압해 왔던 공격성이나 상처들이 겉으로 나타날 때 집단원 모두가 겪어야 하는 고통이 두려워 차라리 입을 다물어 버리자는 무언의 합의가 이루어져 있었던 것이다. 주인공을 맡았던 청소년 역시 집단원들로부터 자신이 따돌림 당하지 않을까 하는 두려움과 죄책감 때문에 핵심 갈등을 표현하지 못했던 것이다. 뿐만 아니라 극도로 자신감이 부족하고 부정적인 자아상으로 인해 자신의 생각을 주장하거나 행동으로 옮기는 것에도 커다란 저항을 보이는 것으로 해석할 수 있다.

②　저항의 기능

　저항의 기능은 무엇일까? 저항은 주인공의 불편하고 불안한 감정을 회피할 수 있게 해 준다. 또한 저항은 실패나 거절의 가슴 아픈 기억을 불러일으키고 죄책감, 수치감, 공격성 등이 극 중에서 의식을 뚫고 올라오는 것을 방지해 주는 일종의 장치인 것이다.

저항은 여러 가지 정신 방어기제들의 표현이라고 할 수 있다. 반동형성 (reaction formation)은 공격적인 방어로서 자신의 잘못을 인정하지 않고 오히려 상대방에게 더욱 화를 내거나 빈정거리는 행동을 말한다. 행동표출 역시 불안을 행동화하여서 피해 가려는 시도다. 부인(denial) 방어는 위협을 피하기 위한 시도인데, 사이코드라마에서 강하게 부인을 할 경우 불안감이 내재하여 있음을 의미한다. 정서적 고립(isolation)도 자신을 위험으로부터 격리시켜 불안을 직면하지 않도록 하는 기능이 있다. 사이코드라마 실연 과정에서 "잘 모르겠어요. 제 느낌을 저도 잘 알 수가 없어요. 텅 빈 것 같은 느낌이에요."라고 이야기함으로써 자신의 감정을 피해 나간다. 보다 원시적인 방어기제로는 퇴행을 들 수 있다. 예컨대 정신분열병 환자가 극 중에서 갑자기 7살 난 아이로 되돌아가 아버지 역할을 맡은 보조자아에게 어리광을 부리는 경우를 볼 수 있다. 자신이 가지고 있는 나쁜 특성을 남의 탓으로 돌리는 투사(projection)도 정신병 환자들에게서는 흔히 나타나는 미숙한 방어기제 중 하나다. 덜 위협적인 다른 대상을 공격하는 것은 전치(displacement)에 해당된다.

저항이란 개인의 정신적 균형을 유지하기 위해 사용되는 것으로 극 중에서 저항은 정신분석적 자아 심리학의 개념적 틀 안에서 가장 잘 이해될 수 있다. 자아가 강한 사람들은 자신의 신경증적 현재 상태를 방어하려고 저항을 한다. 이러한 경우에 사이코드라마의 목적은 이들을 퇴행시키고 감정을 정화시켜 주어 앞으로 새로운 인격의 통합에 도달하도록 도와주는 것이 된다. 그러나 경계선 성격장애와 같이 자아강도가 약하고 상처받기 쉬운 사람들은 정서적 항상성을 유지하고 과도한 불안이나 자아 분열로부터 자신을 보호하기 위해 저항을 보인다. 이와 같이 자아가 약한 사람들을 대상으로 사이코드라마를 진행할 때에는 과도한 정서적 퇴행이나 통제력 상실을 막아 주면서 자아 기능을 강화시켜 주고 독립적인 자아 구조를 형성시켜 주는 것에 목적을 두는 것이 바람직하다.

⑬ 저항을 다루는 기법

저항의 표현과 기능이 개개인마다 다르기 때문에 디렉터가 저항을 다룰 때는 개인의 특성에 맞게 개입할 필요가 있다.

저항을 다룰 때 주요한 사항은 주인공이 보이는 저항을 더 잘 이해하려면 분석적으로 탐색할지 아니면 조작적인 기법을 통해 간접적으로 다루어 주는 것이 더 나을지를 디렉터가 결정해야 한다는 것이다. 갑자기 하지 않겠다고 저항하는 주인공에게 "주인공이 되는 것이 왜 두려울까요? 지금 자신이 피하려고 하는 것이 무엇일까요?"라고 말하거나 그냥 주인공의 어깨를 토닥거리며 "자, 우리 함께 해 봅시다. 제가 도와 드리겠습니다."라고 지지적으로 말해 주는 것이 효과적일 때가 있다. 첫 번째 전략은 저항 행동의 동기를 탐색하는 것인데, 이는 재구조화 전략(reconstructive strategy)으로 주인공에게 개인사적인 근원을 포함하여 방어 과정을 더 잘 이해시킬 수 있다. 두 번째 전략은 안심시키기 전략(strategy of reassurance)으로 치료의 장애물을 극복하거나 중립화하여 자신의 감정과 직접 접촉할 수 있도록 도와주는 것이다. 첫 번째 전략이 양파 껍질을 점차적으로 벗기는 것이라면 두 번째 전략은 양파를 즉시 자르고, 으깨고, 즙을 내는 것에 가깝다.

저항을 다루는 방법은 상황과 주인공에 따라 달리 접근해야 하겠지만 여기서는 Kellerman(1992)이 분류한 일반적인 방법을 중심으로 설명하려고 한다.

1) 분석

분석을 통해 저항 행동의 동기를 파악하는 것이다. 무대를 떠나고 싶어 하는 주인공의 경우 "무대에서 벌어질 일에 두려움을 느끼시는 것 같군요. 당신이 두려워하는 것은 무엇일까요? 무엇 때문에 이 장면을 피하고 싶을까요?"라는 질문으로 저항의 핵심을 탐색하는 방법이다. 이러한 질문은 통제감(sense of mastery)을 잃지 않을까라는 두려움을 지닌 주인공의 숨겨진 이면에 있는 무의식적 호소를 이해하는 동시에 자발성을 잃지 않고도 저항의 의미를 탐구할 수 있다. 디렉터는 주인공이 "하고 싶지 않아요."라고 외치며 극에 몰입하지 않으려는 태도와 저항의 이면에 있는 모습을 잘 살펴야 한다.

저항 분석은 다음의 세 가지 단계로 이루어져 있다.

첫째, 주인공 스스로 저항을 하고 있음을 먼저 자각시킨 후, "당신은 지금 이 문제에 대해 정서적으로 몰입하고 싶지 않군요."라고 명확하게 말해 주는 것이다. 저항은 극이 진행되는 동안 어디서든지 나타날 수 있다. 따라서 디렉터는 언제(처음인지 중간인지 혹은 종결 단계인지) 그리고 어떤 장면 혹은 상황에서 저항하고 있는지 탐색할 필요가 있다. Zerka Moreno(1965)의 말처럼 "먼저 주인공의 무력감을 받아들이고 주인공 스스로가 자신을 수용할 수 있도록 도와주고 점진적으로 다양한 방법을 사용하여 자기만의 속박에서 벗어나도록 시도해야 한다." Hart 등(1975)은 "어떤 감정을 완전하게 느끼려면 우선 특정 감정을 느끼지 못하게 만드는 방어를 가늠해 보는 것이 중요하다."라고 말하였다. 예를 들어 "사람들에게 관심이 없어요."라고 표현하던 환자가 오랜 시간이 지나서야 "관심이 없다."라는 말이 사실은 "관심이 많아요. 사람들이 나한테 관심을 가지지 않는다는 것은 가슴 아픈 일이죠."라고 말하는 것을 볼 수 있다.

둘째, 주인공이 회피하는 것이 무엇인지, 느끼고 싶지 않고, 생각하고 싶지 않거나 하고 싶지 않은 것이 무엇인지 탐색할 필요가 있다. '왜'라는 질문에 대해 지적으로 답을 찾는 데 주력할 것이 아니라 저항의 기능이 무엇인지를 경험적으로 이해하도록 한다.

마지막으로 주인공에게 먼저 자신의 행위-갈망(act-hunger)과 행위-완성(act-completion)에 대한 욕구를 자극하여 저항을 포기하도록 한다. 이때 디렉터는 역할 연기를 통해서 과거에 미해결된 과제나 일을 완결할 수 있는 가능성이 있다는 것을 적극적으로 납득시켜 주어야 한다.

2) 중립화

전술했듯이 자발성과 저항은 반비례적인 관계에 있기 때문에 저항을 줄이기 위해서는 자발성을 진작시키는 극 분위기가 필수적이라 하겠다. Blatner(1973)

는 자발적인 행동의 필수조건으로 첫째 신뢰감과 안전감, 둘째 비합리적이고 직관적 차원의 규칙, 셋째 유희(playfulness)의 한 요소인 일시적인 거리 유지, 그리고 넷째로 위험 감수와 색다른 경험 탐색을 위한 움직임을 들었다. 따라서 준비 단계에서의 저항을 줄이려는 여러 가지 언어적·비언어적 활동, 게임 그리고 기타 놀이 방법들은 매우 중요하다. 이러한 준비 단계를 통해 저항을 줄이고 집단 상호간의 응집력과 상호 신뢰감을 구축하는 것이 드라마의 성패를 좌우할 수 있다. 이 시기에 나타나는 저항은 근원적인 저항이라기보다는 사이코드라마 형식의 생소함이나 준비 단계에서 나타나는 퇴행에 대한 두려움 같은 것이라고 할 수 있다. 따라서 디렉터나 보조자아들은 집단의 수준에 적절한 기법을 사용하여 성공적인 준비 작업이 될 수 있도록 노력해야 한다. 예를 들어 아이들에게나 사용하면 좋은 기법을 지적 수준이 높은 어른들에게 똑같이 적용하면 거부감을 불러일으킬 수 있다.

사실상 처음 드라마를 접하는 사람들은 집단 앞에서 개인적인 주제에 몰입하는 것을 두려워한다. 따라서 드라마 도입부에 이러한 개인적 몰입에 대한 두려움을 없애기 위해 가상의 방법으로 접근을 시도하는 것이 좋다. 가령 빈 의자기법을 써서 마치 그 의자에 누군가가 앉아 있는 것처럼 한다면 자신의 문제를 집단에게 직접 실토하게 하는 것보다는 저항을 훨씬 줄여 주는 효과가 있다. 상징적 거리감(symbolic distance)이라는 기법을 써서 자신의 문제를 직접 다루는 것이 아니라 상대방 역할을 하면서 자기 문제가 자연스럽게 나올 수 있도록 하는 것도 한 방법이다. '마치 ~하는 것처럼' 그리고 과거의 일도 '지금-여기서' 일어나는 것처럼 연기에 몰두한다면 상황을 장황하게 주지화하고 합리화시키려는 저항에서 벗어나는 것이 가능해진다. 수줍고 내성적인 주인공에게 자신의 방에 있는 물건들과 대화하게 하는 것도 보조자아들이 그러한 상징물이 되어서 대인관계에 부담을 느끼는 주인공에게 어느 정도 저항을 줄여 주는 효과를 가져다 줄 수 있다.

주인공이 일단 무대에서 행동을 하게 되면 저항은 줄어들게 된다. 즉 실제 상황은 아니지만 주인공이 공감 과정을 거쳐 행동을 하게 되면 변화가 일어나게 된다. 예를 들어 과거에 누군가를 만나는 상황에서 디렉터는 주인공에게 그때의 상황을 무대에 옮겨 놓으라고 주문을 한다. 당시에 주변의 환경을 세세하게 물어 보고 재배치를 시키는 과정에서 주인공은 감정이입을 하게 되고 당시의 상황으로 순조롭게 이행된다. 당시의 기억을 되살리고 몰입을 통해 당시에 느꼈던 감정을 재경험하는 것이다. 즉 실제 상황과 비슷하게 연기하도록 도울 수가 있다.

중립화란 드라마 형식에 익숙하게 하고 저항의 본질을 탐색하기보다는 여러 가지 기법을 사용하여 우회적으로 감정이입을 유도하고 행동화시키는 일종의 조작적 전략(manipulative strategy)이다. 예를 들어 주인공이 더 이상의 드라마 진행을 거부하며 무대를 내려오고 싶어할 때 주인공의 긴장감을 해소시키고 저항을 줄이기 위해 다른 장면으로 장면 전환을 한다던가 혹은 다른 기법을 써서 우회할 수도 있다. 가령 디렉터가 "자, 이제부터 내가 도와줄 테니 편안하게 나를 따라 오세요."라고 제안을 하던가, 핵심 저항에서 벗어나서 안정감을 느낄 수 있게 "자, 그렇다면 즐거웠던 어린 시절로 가 볼까요?"라고 우회하는 것이다.

3) 독백

독백기법은 숨겨진 생각과 감정을 드러내고 저항의 동기 및 기능을 발견하는 데 유용하다. 특히 감정적인 거리를 두면서 다른 집단원들과 잘 융합하지 못하는 주인공에게 효과적이다. 연속적인 회기 형식으로 진행된 사이코드라마에서 한 주인공은 여러 회기에 걸쳐 집단에 대한 강한 열정과 동시에 부정적인 감정을 보이는 등 양가감정이 강하였다. 이러한 사람들은 실제 관계에서도 접근 대 회피 갈등이 강해 친밀한 관계를 맺는 데 어려움이 있다. 이러한 뿌리 깊은 양가감정 때문에 다른 집단원과 상호적인 감정 교류를 필요로 하는 사이코드라마 장면에 몰입할 수가 없었다. 그 상황에서 독백을 시키자, 주인공은 잠시 동안 자유롭게 연상하다가 특정 집단원에 대한 두려움을 짧게 언급하였고 자기 자신을 표현하면 비웃음을 당할 것 같은 느낌을 갖고 있었다는 것을 고백하였다. 독백이 이어지면서 집단원들 앞에서 연기를 제대로 할 수 없었던 주인공은 서서히 내면의 이야기를 풀어 내기 시작했다. 집단의 도움이 아닌 자신의 힘으로 서서히 준비과정을 거쳐 나갔으며 다른 집단원들에 대한 저항감을 스스로 풀어 나갈 수 있게 되었다. 자연스럽게 디렉터는 보조자아들을 투입하는 다음 장면으로 넘어갔고 그 결과는 매우 만족스러웠다.

4) 이중자아

이중자아기법은 저항을 해결하는 데 가장 효과적인 방법으로 이중자아의 입을 통해 주인공의 숨어 있는 의도가 명확하게 드러나고 저항의 동기를 탐색하는 것이다. 부끄러움이 많은 한 참여자는 사이코드라마 집단에 1년여 동안 참가했지만 주인공을 자원한 적이 없었다. 디렉터는 이를 탐색해야 할 문제라고 결정하고 그녀에게 집단에 대한 자신의 감정에 대해 이야기해 보라고 하였다. 그러자 그녀는 집단에서 자신을 표현하는 것이 두렵고 불안하다고 대답하였다. 주인공이 되어 이 문제 역시 탐색해 볼 것을 제안하자, 주인공은 반복적으로, "그래요, 하지만……."이라고 표현하면서 계속 저항을 보였다. 주인공의 이중자아로 선택된 집단원은 그녀의 모순된 감정에 초점을 두었다. "나는 치료가 필요해, 하지만 치료를 받지 않아도 잘 지낼 수가 있어. 나도 참여하고 싶지만, 내 진짜 감정을 드러내면 안 될 것 같아. 나도 여기서 내가 정말로 원하는 것이 무엇인지 모르겠어." 이중자아의 도움으로 주인공의 문제는 생활 전반에 걸친 뿌리 깊은 양가감정임이 드러났다. 사이코드라마 실연 후에 주인공은 스스로를 자랑스러워하고 치료 회기에 만족하였으며 다음 회기에 계속된 작업에서는 직접 주인공을 자원하였다. 주인공의 이중자아는 극이 진행되면서 주인공의 감정적 흐름에 공감하면서 또 다른 자아가 되어 주인공이 문제점들을 탐색하도록 해 주었다. 이 경우 공감·해석 등과 같은 이중자아의 여러 기능을 통해 저항을 줄여 나갈 수 있었다.

5) 거울기법

거울기법은 주인공이 비언어적 의사소통 방식으로 저항하는 모습을 표현할 때 유용하다. 한 주인공은 무대에서 내려와 거울의 상을 보듯이 보조자아가 자신의 모습을 연기하는 것을 지켜보았다. 보조자아는 그가 있던 곳에서 몸

짓을 취하였으며 언어적이고 비언어적인 특징도 흉내 내었다. 주인공은 보조
자아가 연기하는 자신의 행동을 보면서, 자신의 모습을 객관적으로 관찰할 수
있었다. 처음에는 강한 부정과 당혹감을 보이기도 했지만 평상시에는 알지
못했던 자신의 모습과 행동을 다른 사람의 행동을 통해 관찰하면서 서서히
수동적인 관찰자의 입장에서 능동적으로 사이코드라마 장면에 개입하는 참여
자의 입장으로 바뀌었다. 그는 자신의 생각을 변명하기도 하고 실제로 자신
의 모습이 그러했는지 의아해하기도 했다. 또한 자신에 대한 해석이 잘못되
었다고 지적하면서 보조자의 연기에 이의를 제기하기도 하였다. 디렉터는 거
울기법에서 역할을 하는 보조자아에게 의도적으로 왜곡하여 과장하도록 지시
하기도 한다. 이를 통해 주인공이 보다 적극적으로 자신의 생각을 표현하고
치료극 상황에 더욱 몰입하게 된다.

　거울기법은 저항을 줄이는 기법으로 이용되기도 하지만 경우에 따라서는
자신의 행동 및 사고를 객관적으로 관찰할 수 있는 기회를 제공하기도 한다.
즉, 거울을 통해 자신이 몰랐던 속성을 발견하게 된다.

6) 역할바꾸기

　자신의 모습을 연기하는 데 저항하는 주인공에게 다른 사람의 역할을 시키
면 덜 저항할 수 있다. 예를 들어, 어떤 주인공은 아이인 자신을 연기하는 데
저항하고 자기 아버지의 역할을 더 좋아하였다. 그러나 자신의 아버지도 예
전에는 아이였다는 것을 깨닫자, 주인공은 아이의 자아 상태에 존재했던 두려
움을 더 쉽게 다룰 수 있었다. 남성들로부터 신체적·성적 학대의 희생자였
던 주장성이 부족한 한 여자 주인공은 정서적으로 몰입하지 않고 덤덤하게
자기 표현을 하다가 가해자와의 역할바꾸기에서만 자신의 분노를 적극적으로
표현할 수 있었다.

7) 극대화

　이것은 역설적인 방식으로 주인공의 저항과 반작용을 극대화시키는 기법이

다. 예를 들어, 주지화가 강한 주인공에게는 일정 시간 동안 지적인 대화만을
하라고 지시할 수 있다. 혹은 과장된 연기를 하는 주인공에게는 사실이 아닐
정도로 행동을 과장하라고 지시하는 것이다. 저항 행동을 극대화하여 행동
표출함으로써 주인공은 자신의 연기에 대한 책임감이 필요함을 깨닫게 된다.
이렇게 되면 변화에 대한 동기가 생기게 된다. 이 전략의 의도는 주인공에게
행동 변화에 대한 책임이 자신에게 있다는 것을 가르치기 위한 것이다.

8) 구체화

이 기법은 추상적으로 느껴지는 저항을 보다 구체적으로 표현하여 실제적
인 것으로 만들어 준다. 예를 들어 신체적으로 지나치게 긴장을 느끼면서 표
출되는 저항이 구체적으로 표현될 수 있다. 한 주인공은 디렉터의 지시에 마
치 몸이 굳은 듯이 움직이지 않고 가만히 서 있었다. 디렉터는 주인공의 신체
적 긴장감과 저항을 상징하는 벽을 구체화하기 위하여 먼저 주인공과 디렉터
사이에 한 집단원을 세운 다음 역할 연기를 시키고 뒤이어 주인공이 직접 벽
이 되어 표현해 보도록 하였다. 주인공은 직접 벽이 되어서 저항하는 역할의
자신을 구체적으로 해 봄으로써 자신이 마주하고 있었던 것이 무엇인지를 보
다 쉽게 이해할 수 있었다. 벽 역할을 맡은 주인공은 "나는 너의 장벽이야.
너는 나를 넘어갈 수 없어! 그렇지만 나는 네가 위험에 빠지지 않도록 보호해
주는 역할을 해."라고 말했다. 이 장면 후에, 주인공은 디렉터와 가까워지고
싶은 소망을 표현하였고, 이어서 예전에 자신을 버린 아버지처럼 디렉터도 자
신을 거부할지 모른다는 두려움과 분노감을 토로할 수 있었다. 이 경우 주인
공이 막연하게 느끼던 저항이 벽을 통해 구체화되자 이면에 있었던 두려움,
적개심이 쉽게 다루어질 수 있었던 것이다.

9) 부가적인 기법

주인공과 디렉터 간에 부정적인 상호작용이 계속된다면 디렉터는 주인공에
게 다른 디렉터를 선택해 보도록 요청하거나 연출상황을 잠시 중단했다가 다

시 시작할 수도 있다(Moreno, 1965). Seabourne(1966)은 이전에 언급된 '어려운' 주인공을 다루는 다양한 접근 방법을 제안하였다. 이러한 접근법에는 유쾌한 장면을 구성하는 것, 주인공이 다양한 단계의 경험에 참여하도록 격려하는 것, 주인공이 특정 상황의 모든 역할을 연기해 보게 하는 것, 환상적인 소재를 사용하거나 직면 장면을 사용하는 것, 집단이 주인공에게 직접 반응하는 것 그리고 회기 시작 전에 디렉터와의 대화 시간을 갖는 것 등이 있다.

저자의 경험으로 볼 때, 주인공이 정서적인 부담으로 인해 탈진 상태에 빠져 힘들어하거나 심한 저항으로 극 전개가 막막한 경우에는 과거에 경험했던 유쾌한 시절이나 즐거웠던 기억으로 장면을 전환시켜 주는 것이 효과적일 수 있다. 왜냐하면 즐거운 장면은 유쾌한 정서를 불러일으켜 주고 긴장감을 풀어 주어 에너지를 새롭게 해 주는 촉매제가 될 수 있기 때문이다.

사이코드라마는 자발성과 창조성을 토대로 하는 것이고 자발성이란 억지로 유도하는 것이 아니기 때문에 저항을 보이는 사람에게 사이코드라마를 강제로 시키는 것은 모순이다. 자발적으로 극에 몰입하라고 하는 것은 마치 카메라 앞에서 억지웃음을 짓게 하는 것과 다르지 않다. 따라서 디렉터는 자연스럽게 비지시적으로 주인공이 극에 참여할 수 있도록 유도하는 기술이 필요하다.

❹ 치료적 전략

저항 다루기는 사이코드라마 과정에 가장 어려운 부분이며 무엇보다 치료자의 기술을 시험하는 기회다. 경험이 많지 않은 디렉터의 경우 주인공의 저항에 부딪칠 때 어떤 기법을 써야 할지 어떻게 지금 이 상황을 넘어가야 할지 고민하게 된다. 디렉터 역시 치료자이기 전에 한 인간이기 때문에 자신의 전문적 기술과 능력에 회의적인 시각을 보이며 회피적으로 저항하는 주인공에 대해 역저항(counter-resistance)을 경험할 수 있다. 초심자 디렉터의 경우 멋진 사이코드라마를 해야 한다는 욕심 때문에 주인공에게 과도한 요구를 하거나 무리하게 극을 이끌어 갈 수 있다. 이 과정에서 극이 제대로 진행이 안 되는 원인을 주인공 탓으로 돌리는 투사가 일어나기도 한다.

　디렉터가 경험이 많을수록 이러한 저항과 역저항을 잘 다루어 나간다. 실제 사이코드라마의 상황에서 저항이 가장 잘 해결되는 경우는 디렉터가 자신의 관점에서가 아니라 주인공을 거스르지 않고 물 흐르듯이 극을 진행하는 경우다. 주인공의 입장에서 주인공 중심으로 그 체계로 들어갈 때 큰 저항 없이 주인공의 문제점과 저항의 실체를 파악하게 된다. 즉 주인공에 대해 공감적으로 평가함으로써 저항을 최소한으로 줄일 수 있다. 또한 주인공에 대한 객관적이고 합리적인 평가를 통해 디렉터의 역저항을 줄여 나갈 수 있다. 주인공의 자아강도, 불안에 대한 내성, 방어 능력의 적응적인 측면, 자발성의 전반적인 수준 등을 평가하여 수준에 맞게 드라마의 수위를 조절하고 이에 따라 드라마를 무리 없이 진행해 나가는 것이 중요하다.

　초반에 잘 몰입이 되었더라도 극을 진행해 나가면 여러 가지 저항에 부딪히게 된다. 그때마다 주인공을 관찰하면서 다양한 기법을 사용하면 의외로 저항이 쉽게 해결되는 지점을 찾게 된다. 그리고 어떤 특정기법에 주인공이 저항을 풀고 반응하는 시점을 발견할 수 있다. 이때 디렉터가 저항하는 힘과 치료적 동맹을 형성하여 성공적으로 다시 연출을 함으로써 발전적이고 성장을 자극하는 잠재력을 이끌어 낼 수 있게 된다. 이렇게 되면 디렉터는 부정적이고 저항하던 환자가 생산적이고 창조적인 사람으로 바뀌는 것을 경험할 수 있을 것이다.

　때로 보조자아가 너무 정확히 자신의 성격적 약점이나 잘못된 습관적 행동방식 등을 꼬집을 경우 주인공이 무의식적으로 방어하기도 한다. 사람은 누구나 밖으로 보이는 모습에 어느 정도는 민감하며 누구에게나 관찰하는 자아가 있다. 사이코드라마에서는 관객을 비롯한 여러 사람들에게 자신을 내보여야 하는데, 이러한 상황은 주인공이 자신의 약한 모습을 드러내는 데 더욱 방어적인 태도를 지니게 할 수 있다. 잘못하면 주인공의 자아에 상처를 입힐 수도 있으므로 주인공이 내보이고 싶지 않은 부분에 대해서는 지켜 주는 것이 바람직하다. 경우에 따라 충돌을 우회하는 것이 더 나을 수도 있다. 바로 이 부분에서 디렉터는 주인공이 가지고 있는 자아강도에 대해 정확하게 인식하는 것이 중요하다. 주인공이 상황을 극복할 수 있는 자아의 한계를 파악하고 그 역치를 넘어서지 않도록 하거나 우회하여 주인공이 심적 타격을 받지 않도록 배려해 주어야 한다. 자아가 약한 주인공에게는 한계치를 잘 설정하여 무리하지 않고 자신의 문제를 방어적 차원이 아닌 객관적 차원에서 볼 수 있도록 돕는 방향으로 극을 진행하는 것이 바람직하다.

Moreno가 저항에 접근하는 디렉터의 기법에 대해 "주인공의 벽을 억지로 허물어 버리기보다는 단지 닫혀 있는 여러 문의 손잡이를 돌려 보아 어떤 문이 열리는지를 찾고자 노력할 따름이다."라고 한 이야기는 여러 가지로 시사하는 바가 많다. 디렉터가 미숙한 방식으로 저항을 버리도록 압력을 가하게 되면 주인공의 불안이 점점 증가하게 되어 내적인 감정을 억압할 수 있다. 따라서 주인공과 보조를 맞추어 점진적으로 접근해야 심층적인 갈등을 탐색할 수 있는 길을 발견할 수 있을 것이다.

사이코드라마의 적용

　이 책에 실린 사례의 주인공과 집단원의 사적인 정보가 노출되지 않도록 연령, 직업, 이름 등과 같은 인구통계학적 특징은 바꾸어서 게재하였다. 자신의 소중한 이야기를 책에 싣도록 허락해 준 주인공들에게 이 지면을 빌려 감사드린다. 극의 전반적 흐름을 파악할 수 있도록 가급적 전문을 그대로 실었고 일부는 중요한 장면만 골라서 실었다.

　사례를 예시한 목적은 사이코드라마는 이론도 중요하지만 무대에서 실제로 벌어지고 있는 것이 무엇인지를 알아야 전체적인 그림이 그려질 수 있기 때문이다. 이 사례들을 통해 이미 사이코드라마 기법에 익숙한 사람은 물론이고 처음 접하는 독자들도 사이코드라마에 대해 좀 더 친숙해지기를 바란다.

제19장 정신병과 사이코드라마

　정신병은 주의가 현실에서 벗어나 내적인 환상으로 향할 때 생기는 현상이다. 정신병 상태에 있는 환자들은 현실감각이 상실되거나 약화되고 망상이나 환청 등의 심각한 증상을 경험한다. 정신병 환자들이 보이는 망상·환청 등의 증상을 약물 없이 정신치료나 심리학적 원리를 통해 치료하는 것은 불가능한 것으로 알려져 있다. 하지만 심리학에서 학습의 원리를 행동수정에 적용하려는 노력들이 보편화되어 있고 최근에는 신념 체계에 초점을 둔 인지치료가 급격하게 발달하면서 정신병에도 정신사회적 치료 방법들이 활발하게 적용되고 있다(Kingdon & Turkington, 1994; Haddock & Slade, 1996).

1 정신병의 원인과 치료

　정신병에 관한 인지모델에서는 망상이란 일종의 신념 체계, 즉 어떤 자극이나 사건에 대한 가능한 해석 중의 하나로 보고 있다. 정신병 환자들이 사건에 대한 해석을 할 때 추론 편향이 발생하고 이에 따라 공포감·분노감·무력감 등의 감정이 수반된다는 것이다. 따라서 망상에서 벗어나기 위해서는 추론

과정과 그 기저의 평가적 신념을 모두 확인하고 망상이 사실(fact)이 아닌 하나의 신념이라는 것을 환자가 납득하는 것이 중요하다. 정신분열병 환자들에게 많이 나타나는 환청은 하나의 감각 자극 또는 감각 경험이며, 개인이 거기에 의미와 해석을 부여하면서 부정적이고 역기능적인 결과가 파생된다. 결국 환청의 치료도 망상, 즉 신념의 수정에 초점을 두게 된다.

아동발달에 관한 자발성이론에서는 정신병의 기원이 유아의 자발성 발달 단계, 즉 공상과 실제를 구별하지 못하는 초기 단계에 있다고 본다. 이 이론에 따르면, 정신병적 삽화는 초기 아동기 때 적절한 역할을 발달시키지 못하게 되면서 나타나게 된다. 이 과정에서 역할 혼동(role confusion)이 생겨나 현실에 있는 사람들에게는 매력을 거의 느끼지 못하고 상상 속의 사람들이나 대상, 상징물에 강하게 끌릴 수도 있다. 역할이론의 관점에서 보면 정신병 환자들이 사람들과 건강한 대인관계를 형성하지 못하는 것도 다름 아닌 역할 혼동에서 비롯되는 것이다.

정신병 환자는 현실 세계로부터 분리되어 상상의 세계에 강하게 부착되어 살아간다. 환자는 사회적 관계에 필요한 보편적인 느낌과 상식적인 논리를 수용하지 못하고 상상의 세계에서 살아간다. 또한 정신병 환자는 그 자신이 작가고, 연기자고, 제작자기 때문에 다른 사람들이 자신의 삶에 미치는 영향력을 부인한다. 이들은 스스로에게 모든 역할을 부여하고 다른 사람들의 도움 없이 혼자서 연기하는 연기자라고 볼 수 있다. 때때로 정신병 환자들은 세상으로부터 고립되어 대체 현실로 들어가 버리기 때문에 어떤 갈등도 느끼지 않는 것처럼 보이기도 한다. 예컨대 종교 망상이 강한 환자들은 일상적으로 느낄 수 있는 최소한의 정서적 고통이나 갈등을 모두 부인하면서 자신이 가공한 견고한 망상 속으로 숨어 버린다. 이런 것들은 환자가 지극히 개인적이고 주관적인 세상을 유지하게 하는 비합리적인 사고들이라고 볼 수 있다.

사이코드라마 장면에서 정신병 환자는 환상 속에 존재하는 인물을 무대 위로 끌어들여 대화를 나누어 보기도 하고 자신이 환상 속의 인물 역할을 해 봄으로써 내적 공상이나 환상 속에서 빠져나와 고달픈 현실 세계에 직면하게 된다. 극에 투입된 보조자아 역시 환자가 고립된 환상의 세계에서 벗어나게 도와줄 수 있다. 처음에 보조자아는 환자의 환상 속의 인물 역할을 맡게 되지만 곧 현실 속의 인물로 대체된다.

정신병 환자를 위한 사이코드라마에서는 전문적으로 훈련받은 보조자아를 극에 참여시켜야 더 원활하게 진행될 수 있다. 하지만 환자들 역시 보조자아로 참여하는 것이 가능하다. 이 경우 환자들은 처음엔 관객으로 앉아 있다가 워밍업을 한 후 주인공의 고통에 공감하고 빠져들게 된다. 이때 환자들은 보조자아가 되어 주인공 역할을 하는 동료 정신분열병 환자가 환상에서 벗어나고 고통을 덜 수 있게끔 도와준다.

관객이 치료에 기여할 수 있는 다른 방법은 정신병 환자들이 무대해서 실연할 수 있도록 동기를 제공하는 것이다. 무대와 관객은 비현실적인 상징들이고, 이런 것들이 환자의 공상을 실현하기에 더할 나위 없는 장치가 되기도 한다. 여기서 가장 큰 효과를 창출할 수 있는 사람들은 치료자들(정신과 의사, 심리학자, 간호사)이다. 관객은 정신병 환자를 만족시킬 수 있는 원천이 된다. 지금까지 치료진을 제외하고 정신병 환자의 이야기를 들어 주는 사람은 거의 없었다. 즉, 환자는 자신의 환상의 세계에 대해서 존중을 받은 적이 거의 없었다. 왜냐하면 환자가 하는 대부분의 말들은 주변 사람들이 이해하기 어려운 내용이나 형태로 구성되어 있고 상징과 은유적인 표현이 많았기 때문이다. 그러나 주변 사람들이 환자의 말에 귀를 기울일 준비가 되어 있더라도 환자들이 경계하면서 주춤거리기도 한다. 사회적으로 고립되어 혼자만의 공상을 즐기던 환자들로서는 다른 사람들과 관계를 맺는다는 것은 불안감과 두려움의 근원이 될 수도 있기 때문이다.

사이코드라마 상황에서 디렉터와 주인공인 환자가 협력적 관계를 통해 무의미하게 보이던 환청이나 망상과 같은 비현실적인 세계를 이해함으로써 관객은 환자가 겪는 고통을 이해할 수 있게 된다. 이런 의미에서 관객은 환자와 함께 극에 참여하는 사람이 되는 것이다.

대개 환자는 스스로 무대에 서기 전까지 많은 회기 동안 다른 사람의 극을 구경하는 사람으로서 관객 자리에 앉아 있는 경우가 많다. 사이코드라마 상황에서 입원 환자들은 자신들이 주체가 되는 상황 안에 있다는 사실만으로도 편안함을 느낀다. 또한 주변에 자신의 이야기를 들어 주고 관심을 가지고 있는 사람들이 많이 있다는 사실에 정서적 지지를 얻기도 한다. 이것은 모든 인간의 기본적인 관심사인 사랑받고 존중받고 싶은 욕구를 충족할 수 있는 기회를 제공해 준다.

⑫ 사이코드라마 진행 시 고려할 점

정신병 환자를 대상으로 사이코드라마를 진행할 때에는 우선 환자가 극에 참여해 행위화(act-out)하도록 격려하는 것에서 시작된다. 환자는 정신병으로 인해 나타나는 증상들을 무대에서 실연하게 된다. 정신병 환자는 관객 중에서 보조자아의 역할을 하게 된 환자에 의해 소개되거나 무대에 나올 수 있다. 환자의 문제를 끌어내는 것은 협력적인 행위, 즉 서로가 교감을 하기 위해 나아가는 움직임이다. 환자의 문제는 더 이상 환자의 공상 속에만 있는 것이 아니라 모두가 공유할 수 있는 문제가 된다. 이런 의미에서 볼 때, 사이코드라마 상황은 환자가 실제 현실 안에 있는 사람들과 접촉할 수 있게 해 주는 현실화 과정이다.

정신병 환자를 대상으로 한 사이코드라마의 치료 원리는 단순하다. 즉 환자 스스로 만들어 낸 와해된 세계가 실재하며, 관객은 정신분열병 환자인 주인공을 세상으로부터 고립된 사람이 아닌 지금-여기에서 있는 그대로 경험할 수 있게 된다. 타인들 앞에서 자신을 이와 같이 표현해 봄으로써 환자인 주인공은 자신의 상상 속에서 마음대로 만들어 내고 과장하였던 가상의 세계, 즉 증상을 재조직화할 수 있게 된다. 이전에는 사적인 비밀로만 간직하고 공개하지 않았던 공상적 자료들을 무대 위에서 다른 사람들과 재경험하는 것이다.

피해망상이 강한 환자들은 단순히 한 사람이 아닌, 여러 사람들 혹은 세상 모든 사람들이 자신을 비난하는 목소리를 듣기도 한다. 환자들은 무대 위에서 표현되는 환청의 내용과 성질이 점점 분명해짐에 따라 그동안 자신을 괴롭힌다고 여겨졌던 비난의 목소리가 사실은 외부가 아니라 자신의 내부에서 나온 목소리라는 것을 인식하게 된다. 이와 같이 무대 위에서 환자를 둘러싸던 삶의 고통들이 드러나면, 이를 통해서 디렉터를 포함한 참여자들은 환자를 이해할 수 있게 된다. 이렇게 되면 그동안 환자가 철회했던 삶의 과업들을 다룰 수 있게 도와주고, 환자가 직면하고 있는 문제를 해결하기 위한 여러 가지 대안들을 제공해 주기 위한 치료가 이루어질 수 있다.

정신병 환자들과의 사이코드라마를 할 때 구체적으로 주의하여야 할 사항은 다음과 같다.

① 주인공이 감당할 만큼의 강도를 유지하는 것이 중요하다. 주인공의 자아강도를 넘어서지 않도록 배려해야 한다. 너무 깊은 내용으로 주인공에게 부담을 주어서는 안 된다. 왜냐하면 극에 대한 저항감이 증가되며 힘들어하는 경우가 생기기 때문이다.

② 주인공의 현실감각을 북돋아 주는 쪽으로 진행하는 것이 필요하다. 극을 통해 주인공의 망상을 고착시켜서는 안 된다. 급성 정신병 상태와 같이 망상이 너무 깊어 현실감이 많이 저하되어 있는 경우에는 현실과 망상을 대면시키는 드라마는 피하는 것이 좋다. 급성기에서 회복되어 어느 정도 자신의 병에 대한 통찰력이 생겼을 때에 사이코드라마를 시행하여야 효과적이다. 저자가 초심자였던 시절 극 중에서 환자에게 의사 역할을 시켜 가운을 입혔더니 극이 끝나고 난 뒤에도 가운을 벗기를 거부하였던 경우도 있었고, 극 중 결혼식 후에 보조자아였던 간호사와 신혼여행을 가겠다고 고집하여 곤혹스러웠던 경험이 있다. 치료적인 사이코드라마의 경우 현실감을 북돋아 주어 정신병 환자가 현실에 근거한 판단을 내릴 수 있도록 돕는 것이 중요하다. 환자에게 망상을 뿌리칠 만큼 건강한 부분이 남아 있는지를 판단하는 것도 매우 중요하다.

③ 정신병의 경우 정도의 차이는 있지만 자아가 붕괴되어 있는 경우가 대부분이다. 따라서 이들을 대상으로 하는 사이코드라마는 환자가 스스로 자신을 성찰하게 하는 것보다는 지지적으로 용기를 북돋아 주는 것이 효과적이다. 사이코드라마가 교육이나 훈련을 목적으로 사용되어 실제 생활에서 도움이 되는 쪽으로 이용되는 것도 바람직하다. 이 경우 사이코드라마의 깊이와 자발성은 떨어질 수 있으나 환자에게 필요한 기술을 획득할 수 있도록 도와준다는 점에서 나름대로 의미가 있다. 특히 정신질환

이 만성화되면서 기본적인 사회적 능력에 결함을 보이는 정신분열병 환
자들의 경우에는 버스를 타는 방법이나 마트에 가서 시장 보기 등 역할
연기를 통해 사회 기술을 훈련시키는 것도 한 방법이다.

④ 조증 상태에 있는 환자들은 다변, 과대망상, 사고 비약 등의 증상을 보인
다. 이들에게 사이코드라마가 가능한 시기는 어느 정도 증상이 완화되어
병식이 생기기 시작할 때다. 조증 환자들을 대상으로 한 사이코드라마의
특징은 조증의 양상과 비슷하다고 볼 수 있다. 실연 단계에서 여러 가지
주제가 등장하지만 장면이 제대로 마무리가 안 될 뿐만 아니라 드라마의
전체적 분위기가 어수선하다. 따라서 기분이 안정되고 병식이 회복되었
을 때 사이코드라마를 진행해야 안정감 있는 드라마가 가능해진다. 정리
가 되지 않고 어수선한 점은 있지만 억눌렸던 감정을 풀어놓을 수 있다
는 점에서 사이코드라마는 조증 환자들에게도 도움이 될 수 있다.

▎3 정신분열병 환자의 사례

다음은 환청과 망상을 호소하는 40대 중반의 정신분열병 여자 환자의 사이
코드라마 사례다. 환자는 20대 중반에 발병하여 그동안 수차례 입퇴원을 반
복하였다. 21세에 결혼하였으나 발병 후 이혼을 하였고 남편과 헤어진 후 양
품점과 카페에서 일을 하기도 하였다. 발병 후에도 카페를 직접 운영했지만
증상이 재발되면서 일을 할 수 없었다. 환자는 수년 동안 유명 남자 아나운서
의 목소리가 들리는 환청이 있었고 누군가 아나운서와 자신의 관계를 방해하
고 있다는 피해망상을 가지고 있었다. 사이코드라마는 이러한 환청과 피해망
상을 주 문제로 진행되었다. 디렉터는 무대 한쪽은 현실 세계를, 다른 한쪽은
주인공이 경험하는 망상의 세계로 양분하였다. 주인공은 현실과 망상의 세계
를 자유롭게 넘나들면서 양쪽에 있는 보조자아들과 대화를 나누고 연기를 하
였다. 현실의 세계에서는 치료진도 만나고 자기 자신 중 건강한 부분을 대표
하는 이중자아와도 대화를 하였다. 주인공은 치료진 역할과 자신의 이중자아
역할을 맡은 보조자아에게 현실적 어려움과 소외감을 토로하였고 환청이 주

는 허무맹랑한 유혹에 빠져 많은 시간을 헛되이 보냈음을 후회하기도 하였
다. 주인공의 이중자아 역할을 맡은 보조자아도 주인공을 지지해 주면서 현
실감을 잃지 않도록 북돋아 주었다. 한편으로 주인공은 망상과 환청의 세계
에서는 유명 아나운서의 매혹적인 목소리에 빠져 그 남자가 자신을 사랑하고
있다는 망상적 세계를 연기하였다. 정체를 알 수 없는 그 누군가가 자신과 유
명 아나운서와의 사랑을 가로막고 있다는 피해망상 역시 실연이 되었다. 망
상의 세계에서 아나운서와 나누었던 달콤한 대화는 현실의 세계에서는 여지
없이 무너져 내렸다. 주인공이 무대의 양편을 오갈 때 각각의 세계로 양분되
어 있는 보조자아들은 주인공의 다중자아가 되어 주인공의 갈등을 증폭시켰
다. 주인공의 건강한 자아와 병든 자아 간의 논쟁이 시작되고 주인공은 상반
되는 두 마음을 대표하는 보조자아들의 연기를 지켜보았다. 이러한 갈등의
정점에서 디렉터는 주인공에게 두 마음 중에서 한 가지 마음을 선택하게 하
였다. 망설이던 주인공은 결국은 현실의 세계를 선택하였다. 현실판단력을 강
화시키려는 보조자아들의 노력과 주인공의 내부에 있는 건강한 자아가 망상
의 세계를 포기하게 한 것이다.

빈 의자

디렉터 : 음악이 끝나면 제가 어떤 사람을 불러낼 거예요. 그 사람을 한번 만나 보
실래요?

디렉터 : (빈 의자를 가리키며) 여기 이 의자에 누가 앉아 있죠?

주인공 : S 아나운서요.

디렉터 : 한번 이야기를 나눠 보세요.

주인공 : 너무 괴로워요. 이제 그만 좀 해 주세요.

디렉터 : 괴롭다고 이야기를 했는데 좀 더 가슴속의 얘기를 해 보세요.

주인공 : 귀에 자꾸 소리가 들리면 작업장에서 일할 때 신경 쓰이고 능률도 안 올
라요. 환청 때문에 소리 지르니까 주변 사람들도 놀라고……. 심란하고
괴롭고 우울해요. 날 깔보고 몰래카메라를 장치해 놓고 이용하려 하는데,
병원에 입원해 있는 것이 죄입니까? 저한테서 손을 떼 주세요.

디렉터 : 이젠 S 아나운서가 되어서 그 말에 대해 대답을 해 보세요.

주인공(S 아나운서) : 내가 대신에 병원에 잘 있도록 돌봐 주고 있잖아. 난 국회의원
이 될 사람이야. 너를 돌봐 줄 능력이 있다구. 그리고 너를 사랑하고 있어.

역할 연기 : 아나운서와 대화

디렉터는 주인공에게 환청의 목소리 주인공인 S 아나운서와 이야기하되,
S 아나운서 역할을 맡은 보조자아에게 현실적인 이야기만을 하도록 지시하였
다. 그리고 주인공의 환청의 내용을 탐색함과 동시에 주인공이 환청에 대해
어떻게 생각하는지를 알기 위해 역할바꾸기를 병행하였다. 주인공은 역할 연
기 장면에 쉽게 빠져들었고 자발적으로 환청의 내용이나 이에 대한 생각들을
잘 표현하였다. 주인공은 환청이 실제 목소리가 아니라는 것을 어느 정도 알
고 있었다.

주인공 : 날 출세에 이용하지 말아 주세요. 그리고 카메라 장치를 해서 나를 지켜보
고 있는데 그만 하세요.
보조자아(S 아나운서) : 나는 방송국에 있잖아. 난 당신을 몰라.
주인공 : 어머, 시치미 떼시네. 잡아떼면 나야 할말이 없죠.
보조자아(S 아나운서) : 난 사실을 말한 겁니다.
주인공 : 분명히 S 아나운서 목소리가 맞아요. 라디오와 TV에서 나온 목소리 맞
아요.
보조자아(S 아나운서) : 그걸 어떻게 알아요?
주인공 : 직접 얘기하는 것이 아니라 장치해 놓고 말하는 거잖아요. 난 다 알아요.
보조자아(S 아나운서) : 난 모르는 얘기란 말입니다. 난 국회의원 될 생각도 없고
방송만 잘 할 거예요.
주인공 : 왜 몰라요. 내가 편지도 보냈는데. 그리고 사랑한다는 말도 했잖아요.

환청에 대해 어느 정도 현실 감각이 있는지 알아보기 위해 주인공과 환청의
목소리 간에 역할바꾸기를 병행하였다.

디렉터 : 역할을 바꿔 보세요.

주인공(S 아나운서) : 그건 병이죠. 제가 매스컴 타니까 아는 거죠.

보조자아(주인공) : 저를 아시죠?

주인공(S 아나운서) : 나는 당신이 누구인지 잘 몰라요.

보조자아(주인공) : 절 모르세요? 전 당신 목소리를 알아요.

주인공(S 아나운서) : 방송 타니까 알겠죠. 그건 사실이 아니라 머릿속에 있는 거잖아요.

디렉터 : 주인공이 환청이라는 걸 잘 알고 있군요. 주치의는 뭐라고 하시나요?

주인공 : 무시하라고 하세요.

다중 이중자아 : 현실의 세계와 환청의 세계

무대를 양쪽으로 나누어 한쪽은 현실이라고 가정하고 보조자아들을 세워 두고, 반대쪽은 환청의 세계라고 이야기해 주고 역시 보조자아들을 세워 두었다. 이는 주인공의 두 개로 나누어진 내면 세계–환청의 세계와 현실 세계를 상징적으로 표현하는 것이다. 디렉터는 처음에 주인공에게 가운데에 앉아 양쪽 세계의 이야기를 듣게 하고, 들어가고 싶은 세계가 있다면 자발적으로 들어가 함께 대화하도록 지시하였다. 주인공은 자발적으로 현실 세계에 들어가 현실 세계의 보조자아들과 함께 환청 세계의 보조자아들과 논쟁을 벌였다.

디렉터 : 여기는 현실이고 이쪽은 환청의 세계입니다. 양쪽의 얘기를 들어 보신 다음 가고 싶은 대로 가시면 돼요. 환청에서 주로 어떤 이야기를 하죠?

주인공 : 떠들어, 바보야, 돌아다녀.

디렉터 : 보조자아들 그렇게 해 주세요.

보조자아(환청1) : 돌아다녀. 돌아다녀. 돌아다녀.

보조자아(환청2) : 떠들어. 떠들어. 떠들어.

보조자아(환청3) : 바보다. 바보야. 바보다.

환청의 세계에 속한 보조자아들은 계속 환청의 내용을 시끄럽게 떠들어 댄다. 현실 세계의 보조자아들은 "신경 쓰지 마.", "무시해 버려.", "너 할 일만 해.", "그냥 괴롭히는 소리일 뿐이야."라고 계속해서 이야기한다. 주인공은 양쪽의 이야기를 가만히 듣고 있다가 현실 쪽의 보조자아들 곁으로 걸어가서 현실 세계 보조자아들의 도움을 받아 환청 세계의 보조자아들과 싸운다.

주인공 : 꺼져요. 저리 가요. 싫어! 싫어!

보조자아(현실1, 2, 3) : 싫어! 싫어! 난 이제 남들처럼 소리가 안 들렸으면 좋겠어.

보조자아(환청1, 2, 3) : 내가 항상 당신을 지켜 왔잖아. 널 사랑한다구. 너도 날 사랑한다고 했잖아.

보조자아(현실1, 2, 3) : 날 지켜준 적 없어. 오히려 내가 일할 때 방해만 했잖아. 가! 가란 말이야!

환청 세계 보조자아들이 주인공을 잡아당기고 현실 세계 보조자아들이 주인공을 보호해 주는 역할을 하면서 양쪽 세계의 보조자아들이 실랑이를 벌이는 장면이 계속된다.

디렉터 : 의자 위에 올라서서 한번 환청에게 얘기를 해 보세요.

주인공 : 난 아직 나이도 있으니까 이제 사회에 나가서 기반 잡고 정착해서 살고 싶어.

보조자아(현실1) : 난 당신 때문에 계획했던 일 방해받고 싶지 않아. 이젠 당신들이 있어도 상관하지 않겠어.

보조자아(환청1) : 병실에서 너 소리 지르는 거 내 목소리를 따라 해서 그러는 거 아냐?

보조자아(환청2) : 내가 널 병원에서 지켜 줬잖아.

주인공 : 병원은 내가 들어와서 지낸 거지, 당신이 지켜 준 게 아니잖아요.

디렉터 : (종이 막대기를 주인공에게 주면서) 치고 싶으면 치세요.

보조자아(환청3) : 내가 돌봐 줬잖아. 은혜도 모르네.

보조자아(환청2) : 돌아다녀! 돌아다니라고 했잖아!

주인공 : 내가 왜 돌아다녀야 돼요?

보조자아(환청1) : 내 말 들어. 넌 내 보호 아래 있어. 날 벗어날 수 없어. 내가 널 지켜 줄거야.

보조자아(현실2) : 날 지켜 주는 것이 아니라 내 생활을 방해만 해요. 제발 멀리 떠나 주세요.

디렉터 : 얼마 동안 환청이 함께해 왔죠?

주인공 : 20년이요.

디렉터 : 환청인 보조자아들은 주인공에게 달라붙으세요. 주인공은 환청을 떨쳐
        버리고 싶으면 떨어뜨리세요.

주인공 : 나한테서 떨어져. 나 이제 네가 지겨워. 날 좀 편하게 내버려둬.

(주인공, 현실 세계의 보조자아, 환청 세계의 보조자아들의 실랑이가 계속된다.)

디렉터 : 이 (환청의) 세계 사람들은 언제든지 나타날 수 있어요.

환청을 밀어내는 장면

빈 의자 주위에 주인공과 현실 세계의 보조자아들이 손을 잡고 둘러싸서 이
야기를 한다. 빈 의자에는 현실 세계와 환청 세계의 다툼으로 인해 괴로운 주
인공이 앉아 있다고 암시를 주었다. 주인공은 현실 세계의 보조자아와 마찬
가지로 환청을 무시하라는 것과 주인공이 지금까지 병을 잘 이겨 온 점을 지
지해 주었고, 환청 세계의 보조자아들은 지금까지 주인공을 지켜 주었다는 점
을 강조하였다. 주인공은 도구(종이 막대기)를 이용하여 현실 세계의 보조자아
들의 도움을 받아 환청 세계의 보조자아들을 때리면서 무대에서 쫓아내었다.
주인공은 자발적으로 환청 세계의 보조자아들을 때리고 무대에서 밀어내는
모습을 보였다.

주인공 : 손을 떼. 떠들지 말고. 사회에 나가서 난 잘 살고 싶어. 나한테서 손을 떼란
        말이야.

디렉터 : 역할을 바꿔 보세요.

주인공(환청) : 그렇지만 난 네가 꼭 필요하단 말이야.

보조자아(주인공) : 날 괴롭히지 마. 난 하고 싶은 일이 너무 많아. 너 때문에 난 모
        든 걸 못하고 있어.

주인공(환청) : 내 말 들어. 내 말 들으면 모든 게 잘될 거야.

보조자아(주인공) : 너한테는 아무도 없잖아.

주인공(환청) : 내가 너한테 가족이 되어 주고, 울타리가 되어 주고 패거리가 되어

주면 되잖아. 넌 아무것도 없잖아. 가진 것도 없고.

디렉터 : 역할을 바꿔서 대답을 해 보세요.

주인공 : 지금은 혼자지만 나도 나가면 가족 있어.

보조자아(환청) : 넌 지금도 내 말을 듣고 있잖아.

주인공 : 내가 언제 네 말을 들었니? 그냥 혼자 이야기한 거야. 난 이제 너 없이도 살 수 있어. 사회에 나가서 다른 사람들처럼 살려면 난 너한테 벗어나야 해. 나를 친구로 생각한다면 내가 잘되길 바라고 그냥 사라져 주었으면 좋겠어.

디렉터 : 이 환청들 지겹죠? 이 막대기로 한 대씩 치면 없어질 겁니다.

주인공은 자발적으로 환청 세계의 보조자아들을 종이 막대기로 친다. 환청 세계의 보조자아들은 물러난다.

주인공은 나눔 단계에서 "지금까지 환청을 무시하면 할수록 더 괴롭히는 것 같았는데 사이코드라마를 해 보니까 환청을 무시할 수 있다는 것을 피부로 느꼈다. 홀가분하다. 아나운서가 날 사랑한다고 생각했는데 그것도 사실이 아니라 내가 만들어 낸 것이라는 것을 알았다."라고 이야기하였다. 주인공은 다른 환자들로부터 "상황마다 융통성 있는 방식으로 대처했으면 좋겠다.", "환청 역시 나의 다른 모습이니까 잘 다스렸으면 좋겠다.", "여태까지 잘 살아왔는데 앞으로도 잘 할 것이다."라는 피드백을 받고 만족스러워 하였다.

제20장 우울증과 사이코드라마

우울증은 '마음의 감기'라고 부를 정도로 매우 흔한 장애다. 우울증은 개인의 능력과 의욕을 저하시켜 현실 적응을 어렵게 만드는 주요 요인으로 알려져 있다. 우울증은 우울한 기분을 주된 증상으로 하는 기분장애에 속하며 여러 가지 형태의 심리적 문제가 동반된다. 우선 우울하고 슬픈 감정을 비롯하여 좌절감, 죄책감, 고독감, 무가치감, 절망감 등과 같은 고통스러운 정서 상태가 지속된다. 우울은 신체로도 표현되는데, 특히 자발성이 떨어져서 일상생활에서 매사에 의욕이 없고 행동도 느려지고 활기가 감소한다. 아동이나 청소년의 경우에는 흥분하거나 울거나 몸부림치거나 격노하거나 안절부절못하는 증상으로 가장되어 나타나기도 한다.

우울증 상태에서는 자신과 세계, 미래에 대해서 부정적이고 비관적인 생각이 증폭된다. 자신이 무능력하고 열등하며 무가치한 존재로 여겨지는가 하면 타인과 세상을 비정하고 적대적으로 지각하고 미래를 비관적이고 절망적으로 생각한다. 또한 인생에 대한 역기능적이고 허무주의적인 생각이 증가되어 자살 사고가 많이 나타난다.

1 우울증의 원인과 치료

우울의 원인은 복잡하다. 분리나 상실 혹은 중요한 타인이 욕구를 충족시켜 주지 않는 스트레스 상황에서 우울해질 수 있다. 또한 유전적 경향성과 생물학적이고 신경약물학적인 이상이 원인이 될 수도 있다. 근래의 추세는 우울증이 뇌의 신경전달물질의 이상으로 발생한다는 생물학적 견해가 지배적이다.

Moreno(1953)는 감정을 교류하는 사람들 간의 정서적 관계를 사회적 원자로 정의하면서 그 속에 나타난 사회측정학적 패턴에 관심을 기울였다. 그는 우울증 환자들이 주변 사람들과 상호작용할 때 내부로 들어오는 감정과 외부로 발산하는 감정들 간에 '총체적인 불균형'이 생긴다고 보았다. 일반적으로 사람들은 상황이나 자극에 맞게 다양한 감정 반응을 보이지만 우울증 환자는 모든 사람들이나 자극에 대해 정형화된 반응을 보인다. 이들은 행동이 위축되어 있고 감정 반응이 단조롭고 주위 사람들과 정상적인 관계를 맺지 못하고 회피하는 경향을 보인다. 또한 융통성이 결여되어 경직된 태도를 보이며 주변의 모든 일들을 부정적인 시각으로 바라본다. Moreno는 우울증 환자들이 사이코드라마나 소시오드라마 집단과 같이 고정되고 정형화된 태도를 변화시켜 주는 집단을 만나게 된다면 이들의 사회적 원자 구조가 수정될 수 있다고 주장하였다. 즉 사이코드라마는 우울한 사람들의 부정적 사고와 위축된 행동, 우울한 기분을 집단을 통해 치유할 수 있는 방법이라는 것이다. 드라마 속에서 타인과 상호작용을 통해 자신의 행동양식과 정신역동을 깨달으면 스스로 우울감에서 벗어날 수 있는 길이 보일 수 있다. 우울증에서 흔히 나타나는 부정적 사고, 자기비하와 같은 역기능적 사고 역시 사이코드라마에서 다루어 줄 수 있다.

우울증에서 적개심은 중요한 주제다. 우울한 사람은 분노를 자기 자신에게 돌리거나 주변의 중요한 사람들에게 투사하는 경향이 있다. 사이코드라마에서는 먼저 환자가 분노의 원인과 결과를 스스로 인식하고 이를 다룰 수 있는 새로운 방법을 찾아 주변 사람들과 관계를 재정립하도록 돕는다. 스스로 무가치하고 혼자서는 아무것도 할 수 없다는 무력감에 빠져 있는 환자들은 주변 사람들로부터 관심과 애정을 원하지만 이러한 욕구가 좌절되면 더 심각한 좌절감과 분노감을 느끼기도 한다.

⑫ 사이코드라마 진행 시 고려할 점

입원 환자이든 일반 정상인이든 우울한 사람들은 자발성이 매우 결여되어 있는 것이 공통적이다. 아주 어렵게 자신의 이야기를 꺼내다가 쉽게 울음을 터뜨리며 힘들어 하는 모습을 볼 수 있다. 디렉터는 주인공의 자발성을 유도하기 위해 충분히 기다릴 줄 알아야 한다. 또한 인내심을 가지고 주인공의 이야기를 세심하게 경청하는 태도가 필요하다. 다른 집단원들도 다소 지루하고 답답하더라도 주인공의 우울한 정서를 공감하고 이해하려는 자세가 요구된다. 시간이 지나면서 준비가 되고 자발성을 회복하면 주인공은 봇물 터지듯이 그동안 참았던 가슴속의 원망감과 증오감을 토로한다.

저자의 경우 우울한 환자들에게 특히 빈의자기법을 많이 사용하는 편이다. 빈 의자에 우울하고 낙담한 자신을 앉혀 놓는 경우도 있고 자신과 정서적으로 가장 밀접한 관계에 있는 타인을 앉히기도 한다. 우울한 사람은 주로 증오의 대상을 빈 의자에 앉혀 놓고 억울한 심정을 늘어놓는다. 증오감은 곧 죄책감으로 변하고 혼란스러운 가운데 마음속에 쌓아 두었던 모든 이야기를 털어내고 나면 감정의 찌꺼기가 방출되어 속이 후련한 느낌을 가지게 된다. 이때 디렉터나 보조자아 그리고 관객 모두 주인공이 감정적 제반응(abreaction)을 할 수 있도록 주인공의 입장에서 따뜻하게 감싸 주어야 한다. 주인공의 이야기를 충분히 경청하는 것만으로도 치료적인 효과가 있다. 감정의 방출이 일어난 후에는 우울증을 일으키는 유발 요인들, 예컨대 인간관계, 스트레스, 환경적 영향과 같은 외적인 요인들과 성격적 결함, 역기능적인 사고 등의 내적인 요인들을 모두 고려하여 자기 인식을 도와준다.

사이코드라마는 역할 연기를 통해 우울한 사람들이 고통의 정도를 줄이고 성숙하게 주변 상황을 받아들일 수 있도록 스스로 탐색하게 해 준다. 디렉터는 주인공의 잘못된 정신역동을 인식하고 새로운 대처 방식을 찾게끔 도와준다. 이는 인지행동치료로 보면 역기능적 사고를 파악하고 행동 수정으로 자가 치유를 촉진하는 것이고, 정신분석치료로 보면 잘못된 정신역동에 대한 통찰력을 심어 주는 것이 된다. 하지만 우울증상이 너무 심하면 이를 극복할 힘이 없어 오히려 가슴속의 깊은 감정을 휘저어 부작용을 낳을 수 있으므로 특히 조심해야 한다. 어떤 경우에는 끝내 자발성이 회복되지 못하고 극이 답답하게 흘러가거나 주인공이 극을 진행시키지 못하고 흐느껴 우는 것으로 극이 내내 표류할 수도 있다. 이런 경우 디렉터는 내면의 탐색보다는 정서적 지지를 중심으로 하는 드라마를 펼치는 것이 좋다. 미래투사기법으로 미래의 회복된 모습을 보여 주거나 다중 이중자아를 투입하여 등에 손을 얹고 힘을 몰아 주기도 하고 가벼운 포옹으로 기를 북돋아 주기도 한다.

우울증 환자의 경우에는 자신의 생각이나 정서를 잘 표현하지 못하는 경우가 많기 때문에 이중자아의 역할이 특히 중요하다. 이중자아는 주인공이 느끼는 여러 가지 정서들을 명확하게 개념화하고 언어적으로 표현하여 주인공의 마음속의 핵심 감정을 밝히는 데 도움을 준다. 또한 이중자아는 주인공이 느끼는 감정과 사고를 명확히 하여 문제에 대해 주인공이 가지고 있는 태도의 변화를 촉구할 수 있다. 무력하고 행동화 능력이 떨어지는 우울한 환자들이 주인공이 될 경우에는 타인의 감정에 대한 공감 능력을 갖추고 있는 훈련된 보조자아를 선택해야 한다. 이때 너무 성급하게 환자의 감정을 끄집어내기보다는 환자의 상태나 속도에 맞게 기다려 주는 것이 절실히 필요하다. 어디까지나 주인공 중심(protagonist-oriented)의 사이코드라마가 되어야 하는 것이다.

우울한 사람들이 흔히 보고하는 '죽고 싶다'는 자살 사고는 사이코드라마에서 죽음 장면을 통해 다루어질 수 있다. 죽음 장면에서 디렉터는 환자에게 죽음을 시각적으로 보여 준다. 그런 다음 디렉터는 환자에게 자신이 어떻게 죽었는지, 죽는다는 것이 어떤 느낌인지 그리고 누가 자신의 죽음을 애도해 줄지를 질문한다. 환자는 자신의 죽음을 애도해 줄 사람들, 즉 어머니, 아버지, 남편, 형제 등 중요한 사람들을 나열한다. 이때 집단원들은 애도자의 역할을 취하게 한다. 중요한 사람들과의 역할바꾸기를 하게 되면 죽고 싶을 정도의 절망 상태로 몰고 간 정서적 문제가 분명해진다. 이러한 문제들이 사이코드라마 장면에서 심도 있게 다루어질 때, 우울 상태라는 어둡고 긴 터널 끝에 한 줄기 빛이 보일 수 있다. 하지만 자아강도가 약한 환자에게는 죽음 장면마저도 오히려 역효과가 될 수 있음을 염두에 두어야 할 것이다.

⓲ 우울증 환자의 사례

　다음은 30대 중반의 우울증 환자의 사례다. 주인공은 처녀 시절부터 몇 차례 우울증을 앓았던 과거력이 있었으며 최근 남편이 실직하는 등의 생활 스트레스로 인해 잠도 못 자고 의욕이 없고 비관적인 생각이 들어 답답한 마음에 대학로를 찾았다. 평소에 예민한 성격의 주인공은 다 죽어 가는 목소리로 자신의 심정을 토로하였다. 자주 대사가 끊겼으나 시간이 흐름에 따라 준비 작업이 이루어지면서 가슴속의 이야기를 털어놓기 시작했다.

빈 의자

디렉터 : 자! 잠을 잔다고 생각하세요. 지금 듣는 곡은 드뷔시의 〈꿈〉이라는 곡입니다. 편안한 마음으로 잠을 청하세요. 몸과 마음이 편안해질 것입니다. 어깨의 긴장도 풀리고 깊은 잠을 잡니다. 꿈을 꾸게 되는데 누군가의 얼굴이 떠오릅니다(음악이 흐르고 주인공은 편한 표정으로 잠들어 있다.). 누가 떠오르지요?

주인공 : 지치고 힘든 제 모습이 떠오릅니다.

디렉터 : 그럼 지치고 힘든 본인을 의자에 앉히고 대화를 해 보세요.

주인공 : 내가 어쩌다가 이렇게 되었을까. 예전에는 자신만만했는데. 지금 의자에 앉아 있는 너는 축 처진 어깨와 풀 죽은 목소리에 자신감이라곤 전혀 없으니(꺼져 가는 목소리로 자주 대사가 끊긴다.) 죽고 싶어. 정말 이제 지겨워. 아무런 의욕이 없어. 네 꼴이 말이 아니구나. 어쩌다가 이렇게 되었을까? (갑자기 울음을 터뜨리며) 이제는 사는 것에 지쳤어. 너의 그런 모습을 보는 것도 짜증나. 울고만 있는 네 모습에 가족 모두 지쳐 있어. 너 때문에 집안의 행복이 깨졌어. 남편이 무슨 죄가 있다고. (연신 손수건으

로 눈물을 닦는다.) 죽을 수만 있다면 얼마나 행복할까. 아무런 생각을 하지 않아도 되고 고통이 없는 곳으로 가고 싶어. 너 죽고 싶어도 용기가 없지?

디렉터 : 더 할 말이 없습니까?

주인공 : 처음에는 남편이 매우 미웠지. 다른 집 남편들은 돈도 잘 벌고 부인에게도 지극 정성으로 잘 한다는데. 실직을 하고 집 안에 틀어박혀 있는 모습을 보니 억장이 무너지더라. 내 팔자가 왜 이렇게 꼬였을까.

남편과의 대화

보조자아(남편) : 울지 마. 여보! 당신이 울고 매일 누워만 있으면 아이들은 누가 챙겨?

주인공 : 미안해. (계속 흐느낀다.) 당신한테 미안해. (침묵) 당신이 실직했을 때 얼마나 화가 났는지 몰라. 당신을 해고한 회사 사장을 원망도 하고……. 당신이란 사람 꼴도 보기 싫었어. 그런데 지금은 모든 것이 다 내 책임인 것 같아. 못난 나를 만난 당신이 불쌍하고. 흑흑. 아이들에게 좋은 엄마도 못되어 주고. 잘 챙기지도 못하는 못난 나를 용서해 줘!

보조자아(남편) : 여보! 차라리 내게 욕하고 소리 지를 때가 나았어. 지금 당신 꼴이 말이 아니야. 밥도 안 먹고 잠도 못 자고. 하루 종일 눈물만 흘리고 꼼짝 않고 있는 당신이 무슨 일을 저지를까 걱정이 돼. 여보, 제발 힘을 내!

주인공 : 나도 그러고 싶어, 애들을 위해서라도. 그런데 아무것도 할 수 없어. 일이 잘못된 것도 모두 내 탓인 것 같아.

디렉터는 주인공이 충분히 자신의 이야기를 털어놓고 억눌렸던 감정을 쏟아낼 때까지 기다려 주었다. 감정의 환기가 충분히 이루어졌다고 느낄 때까지 주인공의 이야기를 잘 들어 주고 공감을 하도록 보조자아에게 지시하였다.

사물과의 대화

우울증으로 인한 죄책감과 대인관계를 회피하려는 주인공의 마음을 파악하여 디렉터는 주인공의 침실에 있는 자신의 물건들과 대화를 시도할 것을 지시했다. 보조자아들에게는 주인공에게 친숙한 물건들이 되도록 지시했다.

> 보조자아(베개) : 요즘 우리 주인님 기분이 안 좋은가 봐! 매일 침대에 누워 있어. 웬 눈물은 그리 흘리는지, 난 매일 젖어 있어. 주인님이 행복해져야 나도 행복할 텐데.
>
> 보조자아(화장대) : 난 말이야. 우리 주인은 내 꼴이 보기 싫은가 봐. 예전에는 나를 쳐다보고 싱긋 웃기도 하고 화장도 정성스럽게 했었거든. 무슨 일이 있나 봐.
>
> 보조자아(창문) : 주인 아저씨가 직장을 그만두어서 주인님이 상심하는 것을 보았지. 매일 한숨을 쉬고 어떤 날은 주인 아저씨와 대판 싸우기도 하더라. 날 통해서 나무도 바라보고 햇살도 즐기곤 하셨는데. 아무튼 집안에 무슨 일이 있는 것이 틀림없어.
>
> 보조자아(베개) : 그래 맞아. 왜 매일 우는지 몰라. 주인님! 도대체 왜 울고만 있어요?.
>
> 주인공 : 다 귀찮아. 말 걸지 마. 너희들과 이야기할 기분이 아니야.
>
> 보조자아(베개, 화장대) : 힘내요. 주인님! 저희가 있잖아요.
>
> 보조자아(창문) : 잘 해 낼 수 있어요. 예전에 얼마나 명랑하셨어요? 남편 분은 능력이 있으니 언젠가는 다시 취직이 될 거예요. 아주 절망적인 상황은 아니잖아요. 행복했던 때를 기억하고 주인님 마음속에 있는 자신감을 끄집어내세요.
>
> 주인공 : 아니야. 아무것도 할 수 없어. 이젠 쉬고 싶어. 아무런 고통이 없는 세계로 가고 싶어. 죽고 싶은 마음밖에는. 자신감은 이제 없어. 괴로움과 고통뿐이야.

디렉터는 보조자아들에게 주인공이 자신감을 회복할 수 있도록 지지하는 역할을 지시했으며 주인공에게는 슬픔을 충분히 토로할 수 있도록 하였다.

죽음 장면

디렉터는 자살을 생각하고 있는 주인공에게 유언을 남기게 하고 삶의 마지막 순간을 연기하도록 지시한다.

주인공 : 이제는 삶을 지탱할 힘이 없어. 아무런 고통 없는 곳으로 떠나려 합니다. (남편을 바라보며) 아이들을 잘 부탁해요. 당신에게도 잘 해 주었어야 하는데 나 같은 부인을 만나 홀로 남아야 하는 당신을 보니 마음이 아파. 막상 죽는다고 생각하니 두렵기도 하고 걱정이 앞서기도 합니다. 부모님보다 먼저 가야 한다니……. 죄송한 마음입니다.

디렉터 : 남편 역할로 바꿔 보세요.

주인공(남편) : 여보! 마음을 고쳐먹어. 죽을 만큼 심각한 상황도 아니잖아. 내가 지금은 실직 상태지만 다시 기회가 있고 굶어 죽기야 하겠어. 당신이 가고 나면 난 아이들하고 어떻게 살아야 돼? 제발 날 두고 가지마.

보조자아(주인공) : 아니야. 이미 결정했어.

주인공(남편) : 죽고 나면 후회할 거야. 당신은 기독교 신자잖아. 자살은 큰 죄야. 천당은 고사하고 아마 지옥에서 고생할 거야. 여보, 지금 당신은 잘못 생각하고 있어.

사후 세계

디렉터는 죽음의 세계에 대해 주인공에게 설명한다. 무대 조명이 붉은 빛으로 바뀌면서 전체적으로 어두워진다. 음산한 음악이 배경음으로 깔려 으스스한 느낌을 준다.

디렉터 : 여기는 죽음의 세계입니다. 이곳에는 죽은 영혼들이 배회하고 있어요. 자살한 영혼은 하늘나라로 올라가지 못하고 이곳을 맴돕니다. (주인공에게) 이곳에서 여러 영혼들을 만나 보세요.

보조자아(영혼1) : 쯧쯧……. 불쌍한 영혼이 새로 들어왔군. 자살한 영혼이래.

보조자아(영혼2) : 자살을 했으면 천당 가기는 틀렸군. 이 춥고 쓸쓸한 세계에서 영원히 고독하게 지낼 거야. 그런데 도대체 이유가 뭐래?

보조자아(영혼1) : 별 이유도 아니야. 남편이 실직을 했대나……. 그런데 그건 표면적인 이유고, 사실은 본인이 힘들어서 자살한 거야.

보조자아(영혼3) : (주인공에게) 반갑습니다. 저도 자살한 영혼이에요. 나는 남편이 큰 빚을 지고 거리로 나앉게 되었지요. 아이들도 말도 안 듣고, 남편은 술 주정뱅이로 전락하고. 아! 너무 힘들었지요. 잘 오셨어요. 환영해요.

주인공 : (자신을 반기는 영혼3을 탐탁지 않게 보면서) 우리 남편은 착해요. 좀 고지식하지만요. 그리고 아이들도 착하고, 남편도 술을 먹거나 말썽을 부리는 타입은 아니에요. 성실한 편이지요. 우린 빚도 없고 시부모님들도 모두 좋으신 분들인데. 아이들 얼굴이 좀처럼 뇌리에서 지워지질 않는군요. 친정 부모님들께도 죄송해요.

보조자아(영혼4) : 여기는 고통이 없는 세상이에요. 단지 어둡고 쓸쓸할 뿐이지요. (영혼들을 가리키며) 저렇게 웅크리고 앉아서 천당으로 가길 바라지만, 자살한 영혼은 갈 수도 없어요. 뭐! 자업자득이지요. (자조적으로 웃으면서) 오래 있으면 여기도 지낼 만하다고요.

보조자아(영혼1) : (끼리끼리 모여 주인공에 대해 수군거린다.) 도대체 죽은 이유가 뭐야. 듣고 보니 죽을 만한 이유도 없잖아. 착실한 남편에 토끼 같은 자식들과 잘 살면 되겠구먼.

보조자아(영혼3) : 누가 아니래. 공연히 남편 핑계 대고……. 열심히 살 생각이나 하지. 죽을 용기가 있으면 열심히 잘 살겠다. 난 저런 사람 보면 화가 나.

보조자아(영혼2) : 이미 벌어진 일이야. 이곳에 오면 뭐 좋은 줄 알아. 스산한 공기에 어둡고……. 아! 지겨워.

가족 생활 엿보기

디렉터 : 이제 주인공은 저승에 와 있지만, 이승에 남겨진 가족들의 생활을 엿보도록 허용하겠습니다. 주인공이 없는 가족들의 생활이 어떨지 그리고 그들이 무슨 대화를 하는지 잘 듣고 만일 필요하다면 잠시 동안 가족들과 대화할 수 있는 기회를 드리도록 하겠습니다. 만일 어떤 감정이 올라와 그들의 대화에 끼고 싶으면 그 장면 안으로 들어가도록 하십시오.

주인공 : 죽음의 세계에 있어 보니 별로 유쾌한 경험은 아니군요. 아이들 얼굴이 자꾸 떠오르고 남편과 부모님들에게 정말로 잘못했다는 생각이 듭니다.

무대에 남편, 아이들, 시부모, 친정 부모가 모여 죽은 주인공을 애도하고 있다. 침울한 표정의 가족들을 보면서 주인공은 흐느낀다.

보조자아(딸) : 엄마 어디 갔어?

보조자아(아들) : (아빠에게) 엄마한테 무슨 일이 생긴 거야?

보조자아(남편) : (친정 부모에게) 면목이 없습니다. 제가 부덕한 탓이지요. 제가 실직만 하지 않았더라도. 그 사람의 마음에 상처를 주지 않았을 텐데.

보조자아(친정 부모) : (묵묵부답)

보조자아(시어머니) : 이제 아비 홀로 아이들을 키워야 하는데, 아이들을 제대로 키울 수 있을는지. 아무래도 내가 애들 어미 대신 아이들을 돌보아야 할 것 같네.

보조자아(남편) : 애들 엄마가 우울해한다는 것은 알았지만 그래도 이렇게 허무하게 가 버릴 줄이야……. 다시 모든 상황을 되돌릴 수만 있다면(남편 흐느껴 운다.).

흐느끼던 주인공이 의자를 집어 들고 무대로 걸어 들어간다. 벅찬 감정을 애써 감추며 가족들의 대화에 끼어든다.

주인공 : 미안하다, 얘들아. 너희들을 두고 어떻게 떠날 생각을 하게 되었는지 모르겠구나.

보조자아(아들, 딸) : (주인공을 무척 반기며) 엄마! 어디 갔다가 이제 왔어? 얼마나 보고 싶었는지 알아?

주인공 : (남편에게) 내가 무언가에 홀린 것이 틀림없어요. 당신에게 미안하고 시부모님들께도 볼 면목이 없네요. 이렇게 아이들을 다시 만나니 무척 기쁘고 내가 했던 행동이 후회돼요.

보조자아(시아버지) : 네가 우리 집안에 시집와서 아이들도 낳아 주고 고생만 하다가 못난 우리 아들 때문에 이런 일까지 생기는구나. 미안하다. 하지만 그렇다고 해서 극단적인 행동을 해서야 쓰겠니.

보조자아(친정어머니) : 이 철없는 것아! 아무리 힘들어도 그렇지! 어떻게 부모에게 한마디 말도 없이, 부모보다 먼저 가는 불효를 저지르다니.(흐느낀다.)

디렉터 : (주인공에게) 좋습니다! 이제 그만 그 상황에서 빠져 나올 시간입니다. 만일 당신이 다시 이승에서의 인연을 계속하시고 싶다면 환생의 기회를 드리겠습니다. 가족들과 함께 감격의 해후를 하시길 바랍니다. 그러나 만일 자살을 선택한 당신의 행동이 옳았다고 생각하시면 가족들에게 다시 돌아

가실 필요가 없습니다. 죽음의 세계로 되돌아가 다른 불쌍한 영혼들과 함께 지내셔야 합니다. 제가 1분의 시간을 드리겠습니다. 잘 생각하시고 신중한 선택을 하시길 바랍니다.

주인공은 무대 밖에서 가족들을 바라보면서 잠시 생각에 잠기더니 무대 위의 가족들에게 달려간다. 주인공은 아이들을 부둥켜안고 남편과 시부모, 친정 부모 역할을 맡은 보조자아들과 함께 감격의 해후를 한다. 관객들의 박수 소리와 함께 무대의 조명이 밝아진다. 주인공의 얼굴이 환해진다.

나눔

　　디렉터 : 수고하셨습니다. 지금 기분이 어떠세요?
　　주인공 : 마음이 한결 편해졌습니다. 속이 시원하고요. 제가 이 드라마를 했다고
　　　　　　해서 완전히 우울한 감정이 사라진 것은 아닙니다. 그러나 죽음을 선택하
　　　　　　여 죽음의 세계를 경험해 보았다는 것이 색다른 경험이었습니다.
　　디렉터 : 어떤 경험이었는지 소감을 이야기해 주시겠어요?
　　주인공 : 늘 우울하여 죽고 싶다는 생각을 했습니다. 얼마나 편할까? 그러나 막상
　　　　　　죽음의 세계를 경험해 보니 죽는다는 것이 어떤 것인지 확연히 느낄 수
　　　　　　있었습니다. 다시는 가족을 만날 수 없다는 것, 그리고 내가 죽었을 때 남
　　　　　　겨진 가족들의 기분을 직접 지켜볼 수 있는 기회가 되었고 남겨진 가족들
　　　　　　이 어떻게 생활하게 될까라는 것을 피부로 느낄 수 있었습니다. 막연히
　　　　　　죽음에 대한 동경을 하던 내가 죽는다는 것이 어떤 것인지 실제로 경험해
　　　　　　볼 수 있는 기회였어요.

주인공은 드라마가 끝난 후 사이코드라마를 통해 자신의 우울감을 무대에서 쏟아 낼 수 있어 마음이 한결 후련했다고 이야기했으며, 미래투사기법으로 자살이 초래할 수 있는 여러 가지 측면을 실제적으로 겪어 본 것이 유익한 경험이었다고 말하였다. 앞으로 우울증 치료를 계속 받겠다는 결심과 더불어 가족과 자신에게 치명적 상처를 줄 수 있는 극단적 선택은 사이코드라마에서 한 번 경험한 것만으로 충분하다는 느낌을 피력하였다.

제21장 알코올중독과 사이코드라마

알코올중독은 과도하게 술을 마심으로써 신체적 · 심리적 · 사회적 기능상의 문제를 초래하는 만성적인 질환이다. 모든 문화권에서 알코올 사용 및 남용의 역사는 뿌리가 깊은데, 특히 예전부터 음주에 관대하고 허용적인 우리 문화에서 알코올중독 문제는 매우 심각한 사회적 문제가 되고 있다.

술을 마시는 동기는 저마다 다양하다. 어떤 사람들은 생활 사건이나 스트레스에 노출되었을 때 술이나 약물을 통해서 즉각적인 만족과 위안을 얻으려고 한다. 어떤 사람들은 삶이 주는 중압감이나 책임감에서 벗어나기 위해 술을 마시기도 한다. 우울, 불안, 분노감과 같은 부정적인 정서를 회피하기 위해 음주라는 악순환의 고리를 끊지 못하는 경우도 많다.

❶ 알코올중독의 원인과 치료

알코올중독의 원인에는 유전적인 요인도 있지만 사회학습이론과 같은 심리학적 관점에서는 음주 행동이 학습된 결과라고 보고 있다. 자극과 반응은 서로 긍정적인 강화가 될 때 짝지어진다. 알코올중독자들은 술로 인해 괴롭기도 하지만 술이 가져다주는 긍정적인 강화 때문에 술에 대한 의존이 생기고 비슷한 상황이나 자극이 오면 이미 습관처럼 익숙해진 음주 행동을 반복한다. 이와 같이 서로 짝지어진 상태를 바꾸기 위해서는 '탈학습' 과정이 필요하다. 즉 술을 마시게 되는 상황과 연합된 음주 행동을 자신에게 보다 도움이 되는 행동이나 반응들로 새로 짝지어 주는 것이다. 예를 들어 스트레스 상황에서 자주 술을 마시는 사람은 스트레스를 감소시켜 주거나 직접적인 다른 대처 방법들을 익히는 것이다. 근래 많이 활용되고 있는 인지행동치료에서는 알코올중독자들에게 음주를 부추기는 상황에서 자신의 생각, 충동, 행동 들을 좀 더 적극적으로 탐색해 보고 원하는 목표에 이르도록 여러 가지 대처 방법과 기술들을 학습시킨다.

　사이코드라마는 알코올중독자들을 치료해서 사회로 복귀시키는 데 매우 효과적인 집단정신치료 방법이다. 일반적으로 알코올중독자들을 위한 사이코드라마는 개인 및 집단정신치료, 부부치료, 약물치료, AA(Alcoholic Anonymous), 알코올 교육 및 건강 강좌나 직업재활 등과 연계되어 이루어진다. 알코올중독자들의 유형은 굉장히 다양하기 때문에 임상 장면에 적용할 때 가능한 통합적으로 접근할 필요가 있다. 대개 알코올중독자들은 자신의 문제를 인정하지 않고 치료에 거부적이고 저항적인 경우가 많다. 사이코드라마는 이와 같이 정서적인 긴장과 갈등에 직면하는 것을 어려워하는 사람들에게 효과적인 여러 가지 기법을 사용하기 때문에 알코올중독자들에게 유용한 치료 방법이 될 수 있다.

　사이코드라마는 알코올중독자들이 세상에 대해 가지고 있는 왜곡된 지각을 확인하고 변화할 수 있도록 돕는다. 일부 회기는 알코올중독자들이 사회에서 재기할 수 있도록 하는 내용으로 구성될 수 있다. 예를 들어 디렉터는 운전면허를 따는 것, 구직과 관련된 문제, 사회적 지지망을 이용하는 방법 등과 같은 기술을 사이코드라마에서 다룰 수 있다. 또 다른 회기에서는 흔히 알코올 문제를 재발하게 하는 우울, 불안, 분노와 같은 감정을 다루는 데 초점을 두거나 음주 행동을 변화시킬 수 있도록 동기를 강화할 수 있다.

　사이코드라마를 통해 알코올중독자는 타인과 상호작용할 때, 자기에 대한 자각을 갖게 되고, 그를 통해 문제를 다룰 수 있는 기술을 발달시키게 된다.

통제 능력을 마비시키는 불쾌한 경험이나 부적절한 행동을 잊어버리고, 술을 마신 상태에서 혼란스럽고 멍한 기분으로 상호작용을 하기보다는 치료적으로 통제된 상황에서 맑은 정신으로 집단원들과 교류함으로써 자신이 처한 상황과 삶에 대한 태도 및 행동을 탐색하게 된다. 알코올중독자들이 가지고 있는 낮은 자존감이 실연을 통해 드러나게 되면, 이것이 그들의 대인관계에서 어떻게 영향을 끼쳤는지 인식하는 계기가 될 수 있다. 사이코드라마 장면에서 실연을 통해 낡은 행동 패턴과 새로운 행동 패턴을 비교하고 탐색해 봄으로써 퇴원 후 재발하지 않고 이전보다 더 나은 생활 방식이나 행동을 선택할 수 있게 된다. 나아가 자신뿐만 아니라 타인에 대한 이해와 사회적 관심이 증가된다.

더욱이 사이코드라마는 알코올중독자들이 자신에게 가장 가까운 사람 특히 배우자와 관계를 맺는 방식을 객관적으로 바라보게 해 준다. 모든 관계는 상호적이다. 알코올중독자의 배우자들은 남편 혹은 아내의 음주 행동을 변화시키기 위해 여러 가지 방안을 모색하고 영향력을 행사하지만 대개 이러한 노력은 수포로 돌아가고 오히려 상대방의 음주 행동을 부추기는 우를 범하곤 한다. 이 때문에 알코올중독자들은 배우자를 포함한 주변 가족들에게 원망과 넋두리를 늘어놓는 경우가 많다. 사이코드라마 회기에서 디렉터는 가족들이 알코올중독자와 어떤 방식으로 의사소통을 하는지 탐색할 수 있다. 역할 연기를 하다 보면 알코올중독자 부부 혹은 가족 간의 고질적인 의사소통 문제가 드러나 가족치료나 부부치료와 같은 다른 치료 양식으로 연결시킬 수도 있다.

2 사이코드라마 진행 시 고려할 점

알코올중독자를 대상으로 하는 사이코드라마치료의 목표는 알코올중독자들의 낮은 자존감을 높이는 것, 즉 자신의 능력과 현재의 기능 수준에 대해서 부정적인 평가를 하던 것에서 긍정적인 평가를 하도록 돕는 데 있다. 알코올중독자들은 약물중독자들과 달리 왜 자신이 술을 마시는지 알고 싶어 하고 치료에 어느 정도 관심을 보이기는 하지만 그 효과에는 회의를 품는 경향이 있다. 많은 알코올중독자들이 가족이나 주변의 권유에 의해 병원을 찾아오지만 번번이 재발하여 치료자를 지치게 한다. 따라서 사이코드라마 진행 시 디렉터는 이들이 가끔 돌출적인 행동을 해서 치료자뿐만 아니라 가족이나 동료 등 주위 사람들을 실망시키고 당황하게 하는 성향이 있다는 점을 항상 염두에 두어야 한다.

알코올중독자들을 위한 사이코드라마 회기는 일종의 교육 과정이라고 볼 수 있다. 환자는 입원하게 되는 자신의 음주 행동을 억제하는 것을 배우는 학생이라는 사실을 알아야 한다. 알코올중독자는 학생으로서 이 배움의 과정에서 능동적인 참여자가 되는 것이다. 이와 더불어 환자들은 보조자아 역할을 하면서 디렉터와 함께 주인공인 동료 환자를 도울 수 있다. 실제로 알코올중독자들을 위한 소시오드라마를 진행하다 보면 전문적인 보조자아들보다도 알코올중독자들이 훌륭한 보조자아 역할을 하는 경우를 많이 접하게 된다.

알코올중독자들은 지금까지 삶을 어떻게 살아왔는지 되돌아보고 엄청난 용기를 가지고 자신의 문제에 직면해야 한다. 삶에 대해 긍정적이고 건설적인 도식을 가지게 되면 생활 사건이나 스트레스에 견디는 힘이 생긴다. 사이코드라마는 알코올중독자들이 퇴원 후 새로운 삶을 계획할 때 이와 같은 긍정적인 태도와 건설적인 도식을 발달시킬 수 있는 토대가 되어 준다. 이러한 점에서 볼 때 사이코드라마 회기는 알코올중독자들이 살아가면서 경험하고, 느끼고, 배울 수 있게 하는 자극제가 된다.

술에 취하지 않은 상태에서 알코올중독자들은 디렉터나 다른 치료진들과 의사소통하면서 건강한 상호작용을 배울 수 있다. 알코올중독자들의 경우 중독에서 벗어나는 첫 번째 관문은 어느 누구의 강요나 강제가 아닌 스스로 동기화되어야 한다는 것을 기꺼이 받아들이는 것이다. 동기가 높은 알코올중독자들을 대상으로 한 프로그램을 진행할 경우 성공률이 더 높은 것은 주지의 사실이다.

알코올중독자를 대상으로 하는 사이코드라마에는 몇 가지 방식이 있다. 한 사람을 주인공으로 하여 집중적으로 문제를 조명할 수도 있고 소시오드라마 형식으로 공통된 주제를 다룰 수도 있다.

　　최근 실시한 알코올중독자를 위한 소시오드라마에서 디렉터는 집단의 공통적인 문제인 알코올 문제를 다루면서 집단원 전원이 주인공과 보조자아가 되어 자신이 술을 마시게 되는 상황이나 술을 마셨을 때의 행동을 직접 실연해 보게 하였다. 처음에는 환자들 중 몇 명이 연극을 하는 게 자신에게 맞지 않는다며 저항을 하여, 우선 드라마에 흥미를 보이는 환자들을 중심으로 극을 진행해 나갔다. 자발성이 높은 환자들은 직접 보조자아를 자청하기도 하였다. 처음에는 음주 문제를 초래하는 상황을 연출해 보았다. 예를 들면 회사에서 경기 불황으로 인해 영업 실적이 저조하여 정리해고 위기에 몰린 환자가 직장 상사와의 갈등적인 상황을 재연하였다. 디렉터는 문제해결 방안으로 이전과는 다른 대처 방법, 즉 술이 아닌 다른 대안적 대처 방안을 집단원들이 모색하고 이를 직접 연습하게 하였다. 다른 장면에서는 부부간의 갈등 상황을 다루었다. 알코올중독은 대개 가족병으로 음주 문제를 가지고 있는 사람뿐만이 아니라 그 배우자나 가족들도 고통을 겪기 마련이다. 특히 부부간에 역기능적인 의사소통이 음주 문제의 악순환을 지속시키는 경우가 흔하다. 따라서 역할바꾸기를 통해 부부간의 의사소통을 시도하면 알코올중독자들은 배우자의 입장이나 고통을 좀 더 쉽게 공감하게 된다. 또한 술을 권하는 상황에서 지금까지와는 다른 방식으로 거절하는 기술을 연습해 볼 수도 있다. 음주를 부추기는 상황에서 거절하지 못하고 술을 마시다가 번번이 재발했던 한 알코올중독자에게 술을 권하는 상황을 재연시켰다. 다른 알코올중독자들이 술을 권하는 친구 역할을 하는 보조자아를 자청하였다. 집단원들이 돌아가며 술을 마시라는 압력을 가하였고 디렉터는 알코올중독 환자에게 지금까지와는 다르게 거절해 보라고 지시하였다. 초반부에는 압력에 견디는가 싶더니 보조자아를 맡은 동료 알코올중독자가 "이 술을 마시면 오늘 술값은 내가 내지."라고 말하며 돈을 내놓는 시늉을 하자 주인공을 맡은 알코올중독자가 마지못해 유혹에 응하는 모습을 보였다. 나눔 단계에서 주인공은 직접 연기를 해 보니까 자신이 음주 유혹에 약하다는 것을 좀 더 명확하게 알 수 있었다고 이야기하였다.

　　미래투사기법 역시 알코올중독자들에게 치료에 대한 동기를 부여할 수 있는 좋은 기법이다. 알코올중독자들에게 미래투사기법을 사용하여 5년 혹은

10년 뒤의 모습을 연출해 보면 이들의 소망과 현실적인 욕구가 다시 되살아 나는 것을 볼 수 있다. 그 소망과 욕구를 충족시키기 위해서는 알코올중독에 서 벗어나야 된다는 것을 인식함으로써 술을 반복해서 마시는 악순환의 고리 를 끊고 싶다는 의지와 동기를 심어줄 수 있다.

🔢 알코올중독 환자의 사례

다음은 27세의 알코올중독 남자 환자를 대상으로 한 개인 사이코드라마 사 례다. 환자는 10년 이상 음주 문제를 가지고 있었다. 막내인 환자는 가족에게 매우 의존적이고 낮은 자존감, 열등감, 무력감으로 인해 직장 생활에 적응하 기 어려워 한 직장에서 1년 이상 일한 적이 없었다. 스스로에 대한 무능감과 자괴감에 빠져 자살을 시도한 적이 여러 번 있었다.

이 환자는 알코올중독자를 위한 집단정신치료와 사이코드라마에 번갈아가 며 참석하였는데, 특히 사이코드라마에 참여하는 것을 선호하였다. 타인들로 부터 관심과 애정을 받고 싶은 욕구가 강한 환자는 드라마에 참여하면서 다 른 사람들의 주목을 받는 것이 긍정적인 강화가 되었던 것으로 보인다.

빈 의자

눈을 감고 떠오르는 사람을 생각하게 하자 주인공이 부모님이 생각난다고 하여 빈 의자에 앉아 있는 어머니에게 하고 싶은 말을 하게 하였다.

> 주인공 : 병원에 입원한 지 이번에는 40일이 되었는데, 나도 전화 못했지만 어머니 는 면회 한 번도 안 오셨어요. 기대도 안 했지만, 원망도 안 해요. 예전엔 그랬는데 요즘 병동생활하며 부모님이 그립고 어머니 생각이 많이 나요. 어머니는 조카 둘을 보면서 많이 힘들어하셨고 저는 어머니를 더 힘들게 했잖아요. 답답하다고도 하셨잖아요. 여기서는 활달하고 다정다감한데 집에서는 끙끙 담아 놓았다가 화내고……. 식사는 잘 하시는지, 건강은 어 떠신지 궁금해요.

디렉터 : 어머니와 실제 대화하듯 해 보세요. 어머니 표정은 어떠신 것 같나요?

주인공 : 눈물 흘리시며 마음 아파하시는 것 같아요.

디렉터 : 더 가까이 다가가서 얘기해 보세요.

주인공 : 엄마, 엄마는 나만 잘하면 된다고 하셨잖아요. 4남매 중 다 출가했는데 나만 병원에 얽매이고……. 내가 못났나 봐요. 밖에서는 생각 못했는데 병원에서는 새삼 느끼고 퇴원하면 실망시키고……. 엄마와 가족에게 어떻게 할지 모르겠어요. 정말 이번엔 마지막이었음 좋겠어요. (눈물 흘림)

디렉터 : 더 하실 말씀은요?

주인공 : 밖에서는 힘들어서 나 자신만 생각하게 돼요. 말뿐이지, 가족에게 잘하지도 않고, 어머니에게 너무 아픔만 준 것 같아요.

디렉터 : 어머니가 되어서 말씀해 보세요.

주인공(어머니) : 얘야, 병원 생활 힘든 거 안다. 고생하는 거 아는데, 어느 부모가 자식이 정신병원에 있는 걸 원하겠니. 나도 너 병원에서 나오게 하고 싶은데, 하지만 나오면 네가 너무 힘들어 하잖아. 기회를 주려고 하는데 자꾸 실망시키니까. 나도 네가 결혼해서 행복하게 잘 사는 것 보고 싶어. 너에 대해 많이 생각하고 가족 중 누구보다 걱정 많이 한단다.

　어머니에 이어 아버지와 함께 대화를 해 보게 하였다. 환자는 아버지와 웃는 모습으로 대화한 적이 없다며 웃으며 편하게 얘기해 보고 싶다고 하였다. 하지만 역할 연기 상황에서도 아버지와 환자는 서로에게 변화를 요구하였다. 환자가 아버지에 대한 부정적인 감정들을 표출하지 못하여 이중자아를 투입하여 주인공의 부정적인 모습을 표현하게 하였다.

보조자아(아버지) : 넌 왜 몸은 건강하면서 정신이 약하니?

이중자아(주인공) : 전 못났어요. 자신감 있는 모습 못 보여 드려요.

주인공 : 아버지, 건강은 어떠세요?

보조자아(아버지) : 양호한 편이다. 네가 속만 안 썩이면 말이다.

주인공 : 약주는요?

보조자아(아버지) : 반병 정도. 네가 지금 네 생각할 때지, 내 걱정은 안 해도 된다.

주인공 : 저는 지금 아버지랑 진지하게 대화하고 싶어요.

이중자아(주인공) : 그런 말은 저에게 너무 상처가 돼요.

주인공 : 제가 못해 드릴 말은 아니잖아요. 아빠는 왜 자상함이 없으세요?

이중자아(주인공) : 아빠는 왜 자상함이 없으세요?

보조자아(아버지) : 내가 너보다 살아온 시간이 많잖니. 물론 나도 변화해야 되지
만, 자식인 네가 변해야지. 아버지인 내가 먼저 변해서 다가가야 하겠니?

주인공 : 예전 아버지 모습 생각나서 그런지 다른 가족보다 아버지한테 더 거리감
이 느껴져요.

이중자아(주인공) : 내 성격이 소심해서 그렇기도 해요.

주인공 : 저도 잘한 것은 없긴 해요.

이중자아(주인공) : 저도 잘한 것이 없긴 하죠.

주인공 : 어머니는 나 때문도 고생했지만 아버지 때문에도 고생 많이 하셨잖아요.
이젠 아버지도 조금은 변하셔야 될 것 같아요.

보조자아(아버지) : 내가 무언가 해 주기를 아직도 바라니? 이제는 스스로 해야지.

주인공이 계속해서 부모와의 대화에서 자신의 불만들을 이야기하지 못하여 관객에게 등을 돌리고 독백을 하게 하였다. 주인공은 계속해서 자책하는 내용만을 표현하였다.

등돌리기기법

주인공 : 아버지 같은 사람이 되고 싶었는데, 아버지가 많이 힘들게 하셨어요. 자
꾸 그래서 아버지에 대한 감정이 안 좋아진 것 같아요. 이젠 연세도 있으
시니 두 분 다 지치신 것 아는데 어머니가 아버지 생각하는 것만큼 아버
지도 어머니 생각 좀 해 주세요. 어머니가 더 힘드신 걸 아시잖아요. 저는
자꾸 비뚤어져만 가잖아요. 잘 해야 되는데, 이제는 정말 잘해야 되는데,
자꾸 내 생각과는 빗나가요. 그런데 왜 자꾸 나에게는 감당하기 힘든 것
만 커지는지…… . 부모님은 나에게 손 뻗으려 하는데 전 다른 데로 의지
하려 하잖아요. 요즘은 눈물도 글썽이고 나 자신이 막 미워지고 그럴 때
도 많아요. 부모님 생각나고 그게 힘들긴 하지만, 여러모로 저 때문에 걱
정하는데 실천 못해서 죄송해요.

자신과의 대화

디렉터 : 자! 이번에는 자기 자신을 빈 의자에 앉혀 봅시다. 어떤 모습을 하고 있지요?

주인공 : 술에 취해 있군요. 무력한 모습이에요. 무언가 하고 싶지만 늘 자신이 없어 술에 찌들어 있어요. 비참한 기분이 들어요.

디렉터 : 지금 무슨 생각을 하고 있지요? 느껴지는 대로 이야기해 보세요.

주인공 : 아무것도 할 수 없어 죽고 싶어 합니다. 흠……. 그런데 실제로는 겁이 많아 죽을 용기도 없지요. 막내로 자라 조금만 어려운 일이 닥치면 엄마에게 투정을 부리고 엄마 탓으로 돌리려 합니다. 술의 힘을 빌리지 않으면 현실의 자신을 받아들이길 힘들어 해요. 이젠 버릇이 되어서 술을 먹지 않으면 불안하고 우울한 것 같습니다.

디렉터 : (말을 잠시 중지시키며) 미안하지만 설명을 하지 말고 지금 현재 어떤 생각이 머릿속에 있는지 말씀해 주세요.

주인공 : 지금 술을 생각하고 있어요. 술을 먹고 다 잊어버리자라고 생각하고 있어요. 다른 사람들은 모두 자신의 일을 잘 해 내는데 왜 나는 이 모양으로 살까 하는 열등감에 빠져 있어요. 직장생활도 제대로 못하는 바보라고 자신을 비하하고 있습니다.

디렉터 : 의자에 앉아 있는 자기 자신과 이야기해 보십시오.

주인공 : (빈 의자를 힘없이 쳐다보며) 너같이 세상에 한심한 사람은 없어. 술만 먹고 주변에 폐만 끼치고 아무짝에도 쓸모가 없는 것 같아(갑자기 흐느끼며). 잘되면 다 내 탓이고 못되면 엄마 탓, 아버지 탓만 하는 네가 세상에서 할 수 있는 일은 뭐야? 술 하나는 누구보다도 더 잘 먹겠지!

디렉터 : 빈 의자로 옮겨 가셔서 그 말에 대한 대답을 해 보세요.

빈 의자(주인공) : (빈 의자에 앉아 대답을 한다) 너도 알다시피 내가 술을 먹고 싶어 먹니? 어쩔 수 없이 먹어. 왜냐구? 술을 먹지 않으면 이 힘든 세상을 버티어 내기가 너무 버거워서 그래. 막내로 자라 어릴 때부터 의존적이었던 같아. 사실 나도 이러는 내가 너무 싫어. 병원에 있을 땐 잘 할 수 있을 것 같은데 나가면 이기지 못하고 다시 술을 마시게 돼.

디렉터 : 역할을 바꾸세요.

주인공 : (빈 의자에 앉아 있는 자신에게) 자! 네 모습을 봐. 술에 취해 있는 네 모습

이 얼마나 한심한 줄 알아? 왜 네 마음속에 있는 용기는 돌아볼 생각을 안
해? 술과 열등감으로 기를 펴지 못하고 있지만 네 마음속에도 긍정적인
측면이 있다고. 처음부터 잘 하는 사람은 없어. 차근차근 어린아이가 걸음
마를 배우듯 해 나가 보자구. 좌절하지 말고 처음부터 조금씩 한 걸음 한
걸음 걸어 나가는 거야. 그러면 넌 언젠가는 해낼 수 있을 거야.

디렉터 : 빈 의자로 가서 그 말에 대해 대답해 보세요.

빈 의자(주인공) : (빈 의자에 앉아) 너! 말은 그럴 듯하게 하는구나. 그런 결심을 안
해 본 것이 아니야. 나도 이제 27살이야. 그런 생각 안 해 봤겠어? 나도 용
기를 내서 술을 끊고 어머니, 아버지에게 자랑스러운 아들이 되고 싶어.
더 이상 의존적이지도 않고 누구 탓을 하지 않는 자랑스러운 아들이 되고
싶단 말이야. 하지만 세상이 너무 힘들어. 술을 먹으면 그나마 용기가 나
고, 아픔이 무디어 지지. 그래서 술을 먹는 거야. 습관적으로.

디렉터 : 역할을 바꾸어 보세요.

주인공 : (빈 의자를 보며) 알아. 얼마나 힘들겠니? 좌절과 열등감에 지친 슬픈 영
혼아! 하지만 더 노력해 봐. 죽을 각오로 용기를 내봐. 술에 절어 살았던 과
거는 이제 잊어버려.

두 마음과의 대화

주인공의 마음속에 긍정적인 마음이 아직도 건재하고 있으며 부정적인 마
음과 갈등을 일으키고 있음을 간파한 디렉터는 주인공의 긍정적인 마음과 부
정적인 마음으로 각각 한 명씩 보조자아를 지정하였다. 주인공의 감정을 극
대화하기 위하여 긍정적인 마음과 부정적인 마음은 각각의 입장에서만 논지
를 펼치게 하였다. 그리고 나서 디렉터는 주인공이 마음이 가는 쪽으로 가서
이야기하게 하였다.

이중자아(긍정적인 마음) : 난 부모님과 잘 지내고 싶고, 지금까지 잘 해 왔어. 이젠 술
을 끊고 직장도 구할 수 있을 거야. 부모님에게 떳떳한 아들이 되어야지. 더
이상 어머니 마음을 아프게 하고 싶지 않아.

이중자아(부정적인 마음) : 아니야. 난 변한 게 아무것도 없어. 나는 저번에 입원했
을 때도 이런 마음이었지. 밖에 나가면 똑같을 거야. 부모님은 또 날 입원

시키겠지. 왜 나 같은 인간을 낳아 고생만 하는지 모르겠어.

주인공 : 그렇지 않아. 난 많이 노력하고 있어. 이런 내 마음을 부모님도 알아 주실 거야. 처음부터 차근차근 해 나가자. 그러면 언젠가는 부모님도 날 인정해 줄 거야. (목소리 톤이 굵어지며) 넌 할 수 있어! 할 수 있을 거야. 술을 끊고 구겨진 자존심도 서서히 회복하고 그러면 더 이상 열등감과 무력감에 빠져들지 않아도 된다구.

이중자아(부정적인 마음) : 아냐. 넌 못해. 네가 어떻게 변화해? 열등감 무력감은 네가 태어날 때부터 너에게 부착되어 있던 거야. 난 그런 너의 마음이야. 너와는 떼어 놓고 생각할 수 없어. 넌 내가 없으면 술을 마실 구실을 잃게 될 거야, 그 맛있는 술을. 술 먹을 핑계가 있어야 하는데……. 만일 내가 없어 봐. 의존감, 열등감, 무력감, 남 탓하기, 이게 모두 니 마음이야. 오랫동안 같이 지낸 정을 봐서라도 날 떼어 놓으려고 하지 마! 내가 없으면 넌 날 무척 그리워할 거야.

이중자아(긍정적인 마음) : 그래. 내가 쉽게 변하지는 않겠지. 부정적인 마음도 쉽게 나를 떠나지도 않을 것이고. 그런데 아직 네 마음속에 용기와 같은 긍정적인 마음이 살아 숨 쉬고 있어. 눈을 크게 뜨고 날 찾아봐! 난 너의 마음속에 있는 용기, 희망이야. 넌 술만 끊는다면 다시 시작할 수 있어. 아직 나이도 젊잖아. 술만 끊으면 남들처럼 좋은 여자 만나서 결혼도 하고 아이도 낳고 그렇게 행복하게 살 수 있어. 저 지긋지긋한 부정적인 마음을 떼어 내!

이중자아(부정적인 마음) : (주인공의 팔짱을 끼고 더욱 매달리며 긍정적인 마음에게) 웃기는 소리 하지 마! 떨어지려거든 네가 떨어져. (주인공을 향해) 넌! 내 분신이야. 네가 없으면 난 어디 가서 살아. 제발 날 버리지 마. 술도 마시고 남 탓도 하면서 잘 지내 왔잖아! 내가 없어지면 그땐 너도 없는 거야.

주인공 : (줄기차게 팔짱을 끼고 있는 부정적인 마음에게) 너 때문에 내 인생 다 망가졌어. 술로 인해 몸과 마음이 다 멍들었어. 술을 마시게 하는 네가 싫어. 나도 떳떳하고 당당하게 살고 싶어. 술만 먹고 인생을 허비하면서 한평생 살 수는 없어. 이젠 변화가 필요해. 이제 내게서 떨어지라고! 지긋지긋해. 제발 떨어져 나가!

이중자아(긍정적인 마음) : 그래. 저 부정적인 마음을 떨쳐내 버려. 그리고 날 꽉 잡아! 내가 버팀목이 되어 줄게. 술과 부정적인 마음으로 평생을 할 수는 없잖아.

이중자아(부정적인 마음) : (긍정적인 마음을 향해) 네가 떨어져 나가. 나는 너의 마음속에 애초부터 있었어. 왜 날 버리려고 해. (주인공에게 절박하게 애원 조로) 제발 날 버리지 마. 너 없이는 난 못 살아. (더욱더 매달리며) 너와 나를 분리해서 생각해선 안 돼. 여태껏 널 지켜 주었잖아. 나 없으면 술 마실 핑계도 댈 수 없을 거야.

부정적인 마음 밀쳐내기

디렉터 : 쉽게 이 마음이 없어질 것 같지 않은데요. 그 마음을 한 번 설득해 보세요.

이중자아(부정적인 마음) : 내가 그렇게 쉽게 없어질 것 같아? 난 그렇게 좋은 사람이 아냐. 난 변한 게 없어. 밖에 나가면 똑같을 거야.

이중자아(긍정적인 마음) : 아냐. 그렇지 않아. 난 잘 하고 있어. 지금까지 얼마나 잘 해 왔는데.

주인공 : 그래. 너의 말은 더 이상 듣고 싶지 않다고 했잖아. 난 내가 잘할 것이라고 믿어.

디렉터 : 필요하다면 물리적인 힘을 써도 됩니다.

주인공 : 좋은 말로 할 때 그냥 사라져 버려. 난 너란 마음은 필요 없어.

이중자아(부정적인 마음) : 싫어! 내가 왜 없어져. 난 없어질 이유가 없어.

주인공 : 없어지라고. 널 보기 싫어.

이중자아(부정적인 마음) : 싫어! 나는 그냥 나야. 변하지 않을 거야.

이중자아(긍정적인 마음) : 아무래도 안 되겠다. 얘를 그냥 밀어내야 될 것 같아.

주인공 : 맞아.

디렉터 : 분명하게 자신의 의사를 밝히세요.

주인공 : (단호하게 부정적 마음에게) 제발 떠나가! 난 이제 변화해야 해. 이대로 살 순 없어. (부정적 마음을 떨쳐 내며 긍정적 마음을 향해) 날 좀 도와줘! 같이 이 부정적인 마음을 없애 버리자구.

이중자아(긍정적인 마음) : (주인공과 함께 부정적 마음을 밀치며) 그래! 이제 새로운 삶을 살자. 술은 이제 내 인생에서 없는 걸로 치자.

주인공 : (부정적인 마음에게) 좋은 말로 할 때 그냥 사라져 버려. (부정적인 마음을 밀쳐내며) 난 너 이제 필요 없어!

　　주인공 : (부정적 마음을 떨쳐내며 단호하게) 없어지라고. 널 보기 싫어!

　　이윽고 주인공은 자발적으로 일어나서 부정적인 마음을 무대에서 끌어내렸고, 긍정적인 마음은 이를 옆에서 도와주었다. 부정적인 마음은 계속 가기 싫다고 저항을 하고, 주인공과 긍정적인 마음은 함께 무대에서 부정적인 마음을 끌어내렸다. 관객들은 격려의 박수를 보내고, 부정적인 마음이 무대에서 끌어내려지며 극이 끝났다.

제22장 부부치료와 사이코드라마

　요즘 정신과 외래에서는 부부 갈등을 호소하며 병원을 찾는 사람들이 점점 늘어 가고 있다. 결혼에 대한 전통적인 가치관이 변화되면서 한때는 결혼이라는 전통적인 제도에 견인차 역할을 했던 많은 사회적 규범이나 제약이 흔들리고 있다. 이에 따라 우리나라에서도 이혼율이 높아지고 있는 실정이다.

　결혼생활에서 부부가 갈등 상황에 처하게 되면 상대방의 입장을 공감하고 배려하기보다는 대개 자신의 입장만 주장하다 보니 부부간에 불협화음은 더 커지게 되고 그동안 쌓았던 이해와 협력의 기반이 무너지는 것을 볼 수 있다.

① 결혼의 선택

　사회심리학자들에 따르면, 사람들은 특정한 사람에게만 매력을 느낀다. 대체로 사람들은 사회경제적 배경, 종교, 태도 및 가치관이 유사한 사람끼리 결혼을 하는 경향이 있다. 어떤 사람은 재력, 온화하고 친절한 성격, 남성다움과 같이 겉으로 드러나는 특징을 보고 배우자를 선택하고, 또 다른 사람은 상대의 대담성, 모험 정신, 모성 본능 등에 이끌려 배우자를 결정하기도 한다.

성격적으로 너무 조심스럽고 우유부단하고 두려움이 많은 사람은 배우자를 스스로 선택하지 않고 외로움으로부터 벗어나거나 가족으로부터 독립하기 위해 혹은 지루하고 따분한 일로부터 탈출하기 위해 다른 사람의 선택에 소극적으로 응하기도 한다.

　관계가 시작될 때 남자와 여자는 서로 간의 사랑이 충만해지고 행복하기를 바란다. 각 배우자는 상대방이 결핍되어 필요하다고 느끼는 것을 가지고 있는 경우가 많다. 결혼 초기에는 두 사람 모두 삶에 대해 같은 태도를 갖고 함께 세상을 바라보지만, 갈등 상황에 처하게 되면 서로 다른 세상에 사는 사람처럼 여겨지는 법이다. 이런 주제는 결혼 불만족을 호소하며 도움을 청하는 부부관계에서 흔히 관찰된다. 예를 들어 아주 고지식하고 매사에 철두철미하며 과도하게 규칙을 준수하는 남성이 모든 것이 제멋대로인 충동적인 여성과 결혼하는 경우가 있다. 남성은 삶에 대한 여성의 열정에 매력을 느끼고, 여성은 규칙적이고 질서정연한 남성을 통해 안정된 생활을 얻고자 한 것이다. 보다 더 일반적인 상황은 상냥하고 부드럽고 자상한 남자와 결혼하였지만 남편이 주변 사람들 일에는 지나치게 관심을 쏟으면서도 정작 집안일은 뒷전일 경우 부인은 심하게 괴로움을 느끼기도 한다.

❷ 결혼생활에서 상호작용 양식

　결혼생활에서 기능적이고 건강한 상호작용은 각 배우자가 상대방의 역할을 인정하고 이해하며 서로에게 도움이 되는 목표를 향해 협력적으로 노력할 때 이루어진다. 부부가 결혼생활에서 서로가 대등하다고 느낄 경우 건설적인 해결책을 모색하기가 쉽다. 건강한 부부는 일상적인 행동패턴, 스트레스, 언어적·비언어적인 의사소통과 서로의 역할, 가치관, 목표에 대해 일치되는 점과 그렇지 못한 점을 효과적으로 조율할 수 있다.

　반면 갈등적이고 한쪽이 지배적인 구도에 있는 결혼생활의 상호작용 양식을 살펴보면 부부가 가정사에 참여하는 정도가 동등하지 않은 편이다. 또한 한쪽이 상대방에게 모든 에너지를 들이지만 다른 한쪽은 상대에 대해 무관심하고 기대하는 역할을 충족시켜 주지 못한다. 부부는 주도권을 놓고 싸우기도 하고, 서로에게 만족스럽고 건강한 관계를 제공하지 못하고 거부감을 느낄 수도 있다. 불만족스러운 성생활 역시 부부관계에서 중요한 문제 중 하나다.

결혼한 부부가 수행하는 역할은 여러 가지 복잡한 기대와 반응이 혼합되어 나타난다. 각자의 역할 기대와 역할 수행에 대해서 서로가 지각하고 해석하는 양식이 부부관계에 강력한 영향을 미친다. 배우자가 뭘 원하는지 알고 그 기대를 맞추어 줄 수 있다면 부부간의 불만족과 갈등은 상당히 해소될 수 있다. 부부관계에서 남편의 자기 개념과 부인의 자기 개념이 일치했을 때, 부부 만족감이 커진다. 흥미로운 것은 건강한 두 사람이 건강하지 않은 관계를 만들 수도 있고, 건강하지 않은 두 사람이 건강한 관계를 만들 수도 있다는 것이다. 여기서 가장 중요한 차원은 부부가 얼마나 서로 보완적인 역할 레퍼토리를 가지고 각자의 역할을 수행하느냐다.

부부치료를 하는 치료자는 자발성이 부족하고 부부간에 역할 불균형이 나타날 때 발생하는 불안을 탐색하기 위해 다음과 같은 질문을 할 수 있다.

- 부부가 하는 역할이 상호보완적으로 이루어지고 있는가?
- 갈등이 되는 역할이 있는가?
- 역할이 과도해서 역할 소진(role burn-out)이 일어나지는 않았는가?
- 배우자 때문에 억제하고 있는 역할이 있는가?

부부를 대상으로 하는 치료에서는 위에서 말한 여러 가지 요소들에 초점을 두어야 하는데, 특히 사이코드라마에서는 일상적인 생활에서 부부가 보이는 반응 패턴을 실연해 봄으로써 각자의 행동 양식을 직접 시험해 볼 수 있는 기회가 될 수 있다.

⑬ 역할 다이어그램

이 방법은 Moreno의 사이코드라마를 부부치료에 적용하여 '행위 양식을 이용한 정신치료(Action Modality Psychotherapy: AMP)'를 고안한 Hayden-Seman(1998)가 제안한 방법으로 일종의 사회측정학적 절차다. 특정한 시기, 공간, 현실, 관계에서 역할을 구성하여 그래프를 통해서 보여 주는 것을 말한다. 다른 사람과 역할 다이어그램을 공유하는 과정은 깊은 수준의 자기개방을 필요로 한다. 이것은 자기 및 타인에 대한 다른 사람들의 관점을 살펴볼 수 있는 기회를 제공한다.

부부에게 사용하기 위한 AMP 다이어그램의 가장 단순한 형태는 특정 역할을 수행하면서 상호작용할 때, 부부 각자가 서로에 대해 어떻게 느끼는지를 알려 준다. 치료자는 각자 하고 있는 역할들을 밑에서부터 중요한 순서대로 적고 원을 그리게 한다. 치료자는 부부관계에서 각자 가장 많이 하는 역할과 가장 하고 싶은 역할을 적으라고 한다. 그러고 나서 치료자는 자신의 파트너의 역할에 대해서 상대방이 얼마나 잘 알고 있는지 확인하기 위해, 파트너끼리 역할을 바꿔서 같은 질문에 대답하게 한다. 이렇게 하면 각 배우자는 상대방이 자신의 역할을 어떻게 지각하고 있는지를 알 수 있다. 치료자는 과거의 중요한 사건을 선택하거나 미래투사기법을 사용해서 부부 각자가 구성한 역할 다이어그램에 대해서 평가하고 논의할 수 있게 한다.

⑭ 사이코드라마 진행 시 고려할 점

결혼한 남편과 아내는 부부간의 조화(만족)와 부조화(갈등)를 변화시킬 책임을 가지고 있다. 부부 문제를 해결하기 위한 치료적 개입에는 다양한 개인치료기법과 집단기법이 있다. 특히 사이코드라마에서 부부를 위한 치료적인 접근을 할 때에는 각 배우자들이 부부관계에서 하고 있는 역할의 수와 종류, 역할 간 갈등 그리고 상호 의사소통 유형 등에 초점을 두어야 한다. 각자의 역할 갈등이 탐색되고, 역할바꾸기와 거울기법을 통해서 서로 간의 역할 역동이 분명해지고 자기 발견이 이루어진다. 사이코드라마에서는 부부관계에서 일어나는 생활 사건과 그들만의 실제 상황으로 들어가서 그 상황과 관련된 모든 중요한 사람들을 함께 다루어 준다.

　부부치료에서는 먼저 부부간의 상호관계의 특성을 확인하는 데 주력해야 한다. 즉 서로 간에 어떤 의사소통 패턴을 가지고 있는지, 상대에 대해 느끼는 호감도와 매력의 정도는 어떤지를 살펴볼 필요가 있다. 사이코드라마 상황에서 부부가 일상적으로 의사소통하는 패턴을 살펴보면 이들이 실제 생활에서 어떤 상호작용을 하는지가 드러난다.

　일단 초점이 관계에 맞춰지면, 디렉터는 공동행위(co-action)를 통해 갈등적인 상호작용을 환기시킨다. 대부분의 사람들은 자신이 먼저 변화하겠다고 마음을 먹기보다는 상대방이 변화하기를 기대하고 요구한다. 상대방의 이야기를 들으려고 하지 않고 일방적으로 자기 이야기만 토로하다 보면 서로 간에 합일점에 도달하기보다는 평행선을 달릴 뿐이다. 이런 패턴은 사이코드라마적인 실연에서도 여실히 드러난다.

　이럴 때 역할바꾸기를 시키면 자신의 배우자 역할을 거부하거나 아무 말도 하지 않고 침묵을 지키는 경향이 있다. 역할바꾸기에 대해 부정적인 시각을 가지고 있는 사람들은 역할바꾸기가 자연스럽지 못하고 인위적이며 언제든지 그만둘 수 있는 게임에 불과하다고 비난하는 경향이 있다. 하지만 역할바꾸기는 부부들이 관계에서 각자가 견고하게 유지해 왔던 경직된 역할이나 입장을 바꾸어 보게 함으로써 갈등 해결의 실마리를 제공해 주는 중요한 기법이다. 처음에는 서로 이야기를 듣지 않지만 역할바꾸기를 반복하다 보면 왜곡하지 않고 다른 사람의 역할, 즉 상대 배우자의 역할을 소화해 내는 것을 관찰할 수 있다. 다른 사람의 역할을 하려면 그 사람에 대한 공감의 범위를 넓히지 않고는 불가능하다. 한 번이라도 다른 사람의 입장이 되어 느끼고 생각하게 되면 상대를 이해하려는 마음이 들고 자연스럽게 공감 능력이 생길 수 있다. 이와 같이 부부가 서로 상대방의 입장이 되어 의사소통을 하게 되면 부부관계에서 기존에 반복되었던 파괴적인 반응 양상이 줄어들고 질적으로 변화할 수 있는 중요한 기회가 될 수 있다.

역할바꾸기 못지않게 거울기법 역시 부부를 대상으로 한 사이코드라마에서 효과적인 기법이다. 보조자아들을 통해서 자신들의 의사소통 방식이나 갈등 해결 양상을 거리를 두고 지켜보게 되면 역기능적이고 왜곡된 관계 양상을 좀 더 객관적인 시각으로 바라볼 수 있다.

모든 심리적인 행동은 신체적인 요소를 가지고 있다. 부부가 역할 연기를 하면서 보여 주는 목소리 톤, 걸음걸이, 신체 움직임 등도 부부관계의 특성을 알 수 있게 해 준다. 결혼생활에서 중요한 것은 부부간에 얼마나 정서적으로 친밀감을 느끼고 있는지 그리고 상대방이 이러한 친밀감의 욕구를 얼마나 충족시켜 주는가다. 역할 연기에서 한 사람이 말할 때 상대 배우자가 보이는 비언어적인 표현 양식을 살펴보면 부부간의 정서적 친밀도를 가늠할 수 있다. 상대 배우자가 말을 하는데 지루해하고 무표정한 모습으로 앉아 있거나 상대방의 시선을 무시하고 치료자만 쳐다본다든지 하는 외적인 행동도 부부 갈등에 접근할 때 중요한 단서가 될 수 있다. 사이코드라마 상황에서 디렉터는 부부의 실제적인 문제에 초점을 두면서 드라마를 이끌어 가야 한다.

⑤ 부부치료 사례

다음은 30대 중반의 직장 여성을 대상으로 부부치료 사례를 실은 것이다. 주인공은 결혼한 지 5년이 되었고 남편과의 사이에 딸 하나를 두고 있다. 남편과의 불만족스러운 결혼생활 때문에 우울하고 화가 난다며 사이코드라마를 통해 문제를 해결하고 싶다고 주인공을 자청하였다.

빈 의자 : 남편과의 대화

디렉터 : 옆에 앉히고 싶은 사람이 있으면 앉히세요.
주인공 : 남편을 앉힐래요.
디렉터 : 남편한테 편안하게 하고 싶은 얘기를 대화하듯이 해 보세요.

주인공 : 내가 힘든 만큼 당신도 참 힘들었을 거야. 벌써 5년인데 당신도 내가 아닌
　　　　다른 사람이랑 결혼했으면 더 행복하게 살았을 거야. 내가 당신한테 원하
　　　　는 거 당신도 포기하라고 하고 나는 그렇게 못하겠거든. 내가 결혼해서
　　　　이렇게 살게 될 줄 몰랐어(흐느껴 운다.). 당신은 나보고만 노력하라고 하
　　　　고 난 그게 너무 힘들어. 우린 딸도 있잖아. 아무도 없으면 헤어지겠지만
　　　　만날 헤어지자 이혼하자고 하고 나도 정말 마음이 결정되면 헤어질 거야.
　　　　서로 아무것도 기대하지 말고 각자 살자.

디렉터 : 의자를 가지고 좀 더 가까이 가서 얘기해 보세요.

주인공 : 난 당신이 하루 종일 잠자고 만화책 보고 그런 거 싫어. 가족들에게 관심
　　　　도 없고 그런 자폐적인 모습 정말 싫어. 집은 너저분하고 집안일하는 거
　　　　짜증나고……. 내가 무슨 철인이야? 이런 날 당신이 이해해 주길 하나?
　　　　당신은 나한테 엄마, 누나 역할을 다 원하는데 난 어디다 기대?

디렉터 : 지금 남편이 어떤 표정이에요?

주인공 : 고개 숙이고 제 말 듣기 싫어해요. 제가 말하면 대꾸를 하지 않고 방으로
　　　　들어가 버려요.

디렉터 : 계속 남편에게 말씀해 보세요.

주인공 : 당신 조건에 맞는 여자 만나서 살지, 왜 나랑 결혼해서 서로 힘들게 하는
　　　　거야. 이제 와서 이혼하자고 하면 나는 뭐가 되는 거예요. 당신은 노력을
　　　　하나도 안하면서 왜 나한테만 노력하라고 그러는 거야. 당신은 인간도 아
　　　　니야! (계속 눈물을 흘린다.)

빈 의자 : 자신과의 대화

　자신의 복잡한 내면을 좀 더 객관적으로 보게 하기 위해 빈 의자에 자신이
앉아 있다고 상상하고 스스로에게 이야기해 보게 하였다.

주인공 : (빈 의자에 앉아 있는 자신에게) 사실 너 그만한 에너지 충분히 있잖아. 근
　　　　데 남편한테 그렇게 하는 거 투정이지? 정말 힘들어서 그러기보다는 남
　　　　편한테 만족이 안 되니까 그냥 자꾸 바가지 긁는 것 아냐? 남편도 가끔씩
　　　　너한테 곰살맞게 애교도 부리고 그러잖아.

디렉터 : 나의 마음을 괴롭히는 게 뭘까요?

주인공 : 기대치인 것 같아요. 내 가정 내 남편은 이래야 한다는 기대치요. 근데 실제와 너무 차이가 크고 이게 현실인 걸 받아들이는 게 너무 힘들어서 그런 것 같아요. 사실 내가 강한 척하지만 여린 부분이 있거든요. 상처를 잘 받아요. 남과 비교되는 부분을 견디기 어려워해요.

디렉터 : 지금 모습은 괜찮은데 자꾸 잘하려고 하는 게 문제인 것 같아요.

주인공 : 그 이면에 열등감이 있는 거죠.

디렉터 : 마음속에 또 뭐가 있죠?

주인공 : 책임감이요.

남편과의 대화

주인공은 첫 장면부터 남편에 대한 불만감과 분노감을 강하게 표현하면서 울음을 터뜨렸다.

주인공과 남편의 의사소통 양식을 더 깊이 탐색하기 위해 남편 역할을 맡은 보조자아와 대화를 하게 하였다.

주인공 : 당신은 얼마나 노력하는데?

보조자아(남편) : 당신 이렇게 말하면 할 말 없어.

주인공 : 한 게 없잖아. 내가 당신을 얼마나 이해해 줬어? 당신은 중독이야. 한 번 바둑에 빠지면 새벽까지 하고. 그게 정신병자지 뭐야?

보조자아(남편) : 내가 왜 그걸 한다고 생각해?

주인공 : 내가 어떻게 알아? 그러려면 나가서 살아.

보조자아(남편) : 화부터 내니까 대화가 안 되지.

주인공 : 내가 당신 같은 사람 만나서 비참해.

보조자아(남편) : 나는 어떤데? 나도 마찬가지야.

디렉터 : 역할을 바꿔 보세요.

주인공(남편) : 나도 불행해.

보조자아(주인공) : 뭐가 불행해?

주인공(남편) : 나도 힘들었어. 우울증 치료도 받았어. 당신하고 결혼하고 나니까 너무 깜깜해서 죽어 버리고 싶더라. 그때 내가 갑상선 기능 저하 때문에 괴로웠을 때 당신이 카운슬링해 주면서 옆에서 도와줘서 고맙기도 하고.

그래서 결혼을 했는데, 막상 결혼하고 보니까 너무 힘들어. 내가 원래 대
인관계를 어려워하는 사람이니까 나를 받아줄 사람은 당신밖에 없어. 난
원래 이런 사람이니까 더 이상 기대하지 말고 그냥 그렇게 살아.

디렉터 : 역할을 바꾸세요.

주인공 : 처음엔 잘해 보려고 했는데 더 이상 못하겠어. 왜 나만 해야 돼? 난 당신에
게 기본적인 것만 바라고 있어. 설거지, 청소만 해 주면 되잖아.

보조자아(남편) : 그거 해 주면 해결돼?

주인공 : 당신은 그것마저 거부하잖아. 당신은 자기 안에서 안 나오고 자폐증인 거
알아? 더 이상 요구하지 말고 나 좀 받아 줘.

여러 가지 마음과의 대화

주인공의 여러 가지 마음을 표현할 수 있는 또 다른 보조자아를 투입하여
표현하게 하였다.

보조자아(책임감) : 나는 그냥 내 모습 하나로 힘들어. 그런데도 아내로서, 엄마로
서, 딸로서 책임감 때문에 짓눌려 있는 것 같아. 엄마는 자랄 때 나한테 해
준 게 없는데. 난 엄마의 아픔마저도 책임감이 느껴져. 나의 남편마저도
동반자여야 하는데 그 사람마저도 나의 아들이나 짐처럼 해 줘야 되고. 가
정일도 내가 끌어가야 하고. 이게 너무 큰 책임이고 부담이야. 나 혼자만
으로도 너무 힘들고 버거운데.

보조자아(기대치) : 나도 한 여자로서 완벽하고 싶어. 내가 생각하는 결혼생활을 누
리지 못하고 내 욕심을 줄이기엔 내 인생이 너무 아까워.

보조자아(열등감) : 사실 난 가만히 생각해 보면 부족한 게 많아. 언니랑 비교해도
언니는 나보다 항상 나은 것 같아. 난 항상 언니보다 못난 거 같아. 그래서
부모님도 언니한테 잘해 주고 기대했었지. 난 언니보다 못한 사람인지도
몰라. 난 자신이 없는 것 같아. 그리고 내가 남편하고 싸우면 다 나를 욕할
거야. 남편은 문제 없는 사람인 것 같이 보이고. 나만 문제가 있는 것 같아.
난 자신이 없어. 내 스스로 부족한 것들이 많은 것 같아.

주인공 : 어! 그런 것 같아. 사실 남편은 그냥 좀 소극적이고 위축되어 있는 사람이
야. 어떻게 보면 문제가 없는 사람일 수도 있어. 그냥 내 마음속에 책임감,

열등감이 싸우고 있나 봐.

남편과 남편의 이중자아의 대화

남편이 부부관계를 어떻게 지각하고 있을지를 주인공이 볼 수 있게끔 남편과 남편의 이중자아가 이야기를 주고받게 하였다.

> 남편 : 사람이 너무 숨이 막히게 해.
> 이중자아1(남편) : 능력 있는 건 참 좋은데, 그게 좋다기보다는 부담이 돼.
> 남편 : 집사람이 하는 말이 다 틀린 건 아니야.
> 이중자아2(남편) : 그래서 할 말이 없어. 그래서 속으로 미치지.
> 남편 : 저랑은 완전히 딴 세상에 사는 것 같아요. 집이 회사 같아요.
> 이중자아1(남편) : 뭘 그렇게 똑 부러지게 하려고 하는지…….
> 이중자아2(남편) : 좀 세상을 두리뭉실하게 살았으면 좋겠어요.
> 남편 : 세상이 계획대로만 되어 가나. 좀 여유 있게 살지.
> 이중자아1(남편) : 저렇게 열심히 하다가 우울해지고…….
> 남편 : 헛똑똑이야.
> 이중자아1(남편) : 저 사람은 나를 이해 못하는 것 같아.
> 이중자아2(남편) : 자기 생각에 빠져서 자기 눈으로 봐 주길 바라고…….
> 남편 : 나한테 하는 말이 매번 똑같아. 나도 잘 못 받아 주긴 하지만 난 너무 힘들어.

주인공과 남편의 직접적인 대화

주인공과 남편이 서로의 갈등부분을 직접적으로 다루어 보게 하였다.

> 남편 : 어떻게 하고 싶어?
> 주인공 : 당신이 좀 잘해 봐. 그러면 내가 이러지 않지.
> 남편 : 그렇게 지시하는 식으로 말하지 마.
> 주인공 : 그런 나를 이해해 주면 안 되니? 이해를 해줘 봐.
> 남편 : 나라고 새벽까지 바둑 두고 싶겠어? 나도 얘기하고 싶어.
> 주인공 : 아니야. 그건 당신 습관이고 중독이야.

남편 : 그건 당신 생각이야. 당신의 진심이 묻어 나오면 바뀌게 되어 있어.

주인공 : 내가 처음부터 그랬어? 얼마나 더 기다려야 해?

남편 : 당신만 기다렸어?

주인공 : 알면 고쳐. 그게 사람 사는 거니?

남편 : 그래, 사람 사는 거다.

디렉터 : 같이 살 거예요? 헤어질 거예요?

주인공 : 이제는 이혼할 수 있을 거 같아. 내 입에서 이혼 얘기가 나오면 그땐 정말 이혼하는 거야.

남편 : 이혼 얘기는 너만 할 수 있는 거야? 내가 그렇게 무능한 남편으로 보이니?

주인공 : 실제로 그래.

남편 : 그렇게 만날 일만 하려면 일하고 살아.

주인공 : 당신도 내 눈앞에 보이지 마. 사라져.

이혼장 작성

주인공과 남편 모두 서로 합일점을 찾지 못하고 자기 입장만 주장하면서 파국으로 치닫고 있어 이혼 문제를 직접적으로 다루게 하였다. 주인공 역할을 하는 보조자아와 남편 역할을 하는 보조자아가 이혼 상황을 연출하게 하고 필요하면 주인공이 개입하게 하였다.

보조자아(주인공) : 이혼하자. 미안해. 이제 진짜 이혼해. 당신 만날 이혼하자고 했지. 내가 지금까지 당신 봐서 참은 줄 알아? 우리 딸과 엄마 봐서 참은 거야. 나도 이제 자유를 찾아야겠어.

보조자아(남편) : 나도 더 이상 못 참겠어.

보조자아(주인공) : 왜 내가 진짜로 내미니까 무서워?

보조자아(남편) : 꼭 이걸 원해?

보조자아(주인공) : 당신이 이렇게 만든 거야.

보조자아(남편) : 그래 당신이 원한다면 하자고.

디렉터 : (주인공에게) 어때요? 두 사람을 이혼시킬까요?

주인공 : 남편이 오해를 하고 있는 거 같아요. 난 사실 두려워하고 있어요. 이혼녀라는 꼬리표를 달고 사는 게 두렵고 무서워요. 남편은 나라는 사람은 찔러

도 피 한방울 안 날 것 같은 차가운 사람이라고 생각하고 있어요. 내가 마음이 여리다는 걸 잘 몰라요. 난 잘해 보자고 호소하는 건데 윽박지른다고 생각해요(주인공이 감정에 복받쳐 흐느껴 운다.).

이때 남편과 주인공 역할을 맡은 보조자아들이 다시 한 번 이혼 이야기를 꺼낸다.

보조자아(남편) : 나도 이제 지긋지긋해. 이혼하자구.
보조자아(주인공) : 그래 나도 당신과 더 이상 못살겠어. 헤어지자. 서로 자유롭게 갈라서자고.
이중자아1(주인공) : 근데 이혼하면 우리 딸이 결손 가정에서 자라게 되는 건데……. 엄마한테는 뭐라고 말하지. 언니도 이혼했는데 나까지 이혼하면 엄마는 충격 받으실 거야.
이중자아2(주인공) : 그래도 언제까지 이렇게 살 수는 없잖아. 난 아직 젊은데.
이중자아1(주인공) : 그래도 내가 선택한 것에 대해 책임을 져야 하지 않을까? 남편과의 관계에서 내가 좀 바뀌면 남편도 달라지지 않을까? 사실 나도 남편에게 너무 요구하고 윽박지르기만 했어.
주인공 : 우리 부부 사이에 문제가 있지만 그렇다고 이혼이 해결 방안 같지는 않아요. 전 가정이 깨지고 내 아이가 아버지가 없는 가정에서 자라게 하고 싶지 않아요. 아무래도 남편과 더 노력해 봐야 할 것 같아요. 사실 이렇게 파국으로 치닫게 하고 싶지는 않았어요. 전 정말이지 잘해 보고 싶었어요. 그런데 남편이 안 받아 주니까.
디렉터 : 자, 지금 이 순간은 말로 설명하실 필요가 없습니다. 만일 이혼을 원하시면 이혼장에 사인을 하시고 원치 않으시면 이혼장을 찢으시면 됩니다. (다시 주인공에게 물어 본다.) 이혼시킬까요? 말까요?
주인공 : (남편과 자신의 역할을 하고 있는 보조자아들 사이에 들어가서 이혼장을 찢는다.)

나눔

관객1 : 자기 자신이 본인을 제일 괴롭히는 것 같아요. 자기 자신을 관용으로 용서하고 편안하게 해 주고 안정된 생활을 하게 풀어 주세요. 완벽한 사람은 없거든요, 다 실수할 수 있는 거잖아요.

관객2 : 저의 부모님과 비슷한데, 아빠는 엄마한테 요구하는 게 많았던 것 같고 엄마가 그 요구를 들어 주지 못하니까 자주 싸우셨던 것 같아요. 어린 마음에 부모님이 헤어지지 않을까 걱정했었어요. 그때 부모님이 헤어졌다면 지금의 난 어떤 모습일까 그런 생각이 들고, 그때 아빠가 더 큰 사랑으로 엄마를 감싸 주셔서 전 아빠께 감사드려요. 딸아이를 생각하면서 이혼하는 것만은 한 번 더 생각해 주셨으면 해요.

관객3 : 사실은 마음이 여리고 두려움이 많은데, 그걸 감추려고 하니까 말도 그렇고 행동도 더 강하게 밀어붙이는 것 같아요. 남편에게 계속 요구해도 상대방이 변화하지 않는다면 쓸모없는 소모전을 하고 있는 거라고 생각해요. 상대방에게 집요하게 요구하기보다는 상대방이 변화할 수 있도록 영감을 주는 게 좋을 것 같아요. 그리고 남편이 새벽까지 바둑에 몰두하는 것은 남편에게는 유일한 낙일 것 같아요. 부인도 힘들겠지만 남편도 외롭고 힘들 것 같아요.

디렉터 : 지금 어떠세요?

주인공 : 그동안 내 모습을 보지 않으려고 해서 악화가 된 것 같아요. 남편은 제가 노력하는 것에 대해서 아직 멀었다고 하고 내 이야기를 들어 주지 않으니까 계속 항변했어요. 난 스스로 반성도 하는데 남편은 전혀 변하려고 하지 않고 똑같은 것 같아서 화가 나고 우울했었어요. 사이코드라마를 하고 나니까 평소 생각지 못했던 제 문제가 드러나 깜짝 놀랐어요. 난 잘못이 하나도 없고 다 주변 사람들 잘못이라고 생각했는데 그게 아니라는 걸 조금 알게 된 것 같고 제가 남편에게 바라기만 하였지 스스로 변화하여 문제를 해결해 보려는 노력은 부족했던 것 같아요. 남편이 바둑으로 빠져드는 이유도 조금은 알 것 같아요. 내가 원인을 제공한 부분이 많다는 생각이 들었어요. 이제는 내가 먼저 이혼 이야기 꺼내게 되면 정말 끝장이라고 생각했었는데 막상 이혼 장면이 나오니까 용기도 없고 두려움이 생겼어요. 그리고 남편도 그동안 많이 힘들었을 것이라는 생각이 처음 들었어요.

디렉터 : 제가 부부 갈등을 겪는 커플이나 이혼한 분들을 상대로 사이코드라마를 했던 경험을 나누고 싶습니다. 지금껏 나눔을 해 주신 분들과 다른 시각을 말씀드리고 싶어요. 사실 갈등을 겪고 있는 부부들이 화합할 수 없을

정도로 감정의 골이 깊다면 같이 사는 것이 반드시 능사는 아니라고 봅니다. 이혼을 진지하게 생각해 볼 수 있는 것이죠. 아이들 때문에 혹은 남들의 이목 때문에 불행한 가정생활을 계속해 나간다면 모두가 불행일 수 있습니다. 다행히 오늘의 주인공께서는 문제를 충분히 극복할 수 있는 힘과 가능성이 높다고 봅니다. 본인 자신의 문제점을 한 번 생각해 볼 수 있는 기회가 되어서 기쁘고 앞으로 남편에 대한 행동 패턴을 바꾸어서 노력해 보시길 바랍니다. 그러한 노력은 반드시 남편의 마음을 돌려놓을 수 있다고 생각합니다. 수고하셨습 니다.

제23장 정신적 외상과 사이코드라마

심각한 정신적 외상을 경험한 사람들은 외상 이전의 모습을 회복할 수 있는 자아 탄력성(ego-resilience)을 잃어버리는 경우가 많다. Moreno(1923, 1972)는 정신적 외상에 노출된 사람들은 급작스럽게 충격적인 사건을 경험하면서 적절한 반응성과 자발성을 상실하고 정신적으로 무너지거나 마비된 상태에 이른다고 기술하였다. 신체적 · 심리적 · 사회적 측면에서 준비가 충분히 되지 않은 사람들은 스트레스 사건에 적절하게 대처하지 못한다. 정신적 외상을 가지고 있는 사람들은 내적인 경험을 하는 것이 고통스럽기 때문에 심리적 방어를 하거나 과거의 충격적인 몇몇 장면에 얽매여 정서적으로 헤어나지 못하는 경우가 많다. 이들은 또한 정신적 외상과 관련된 생각, 감정, 행동이 너무나 큰 고통과 두려움을 일으키기 때문에 해리(dissociation) 방어를 사용하여 의식 속에서 밀쳐 버린다.

대부분의 외상이론에서는 외상 후 스트레스장애를 가진 사람들이 새로운 정보들을 처리하고 기억하는 능력이 손상되었다고 보고하고 있다. 따라서 치료의 목적은 환자들이 과거 외상 경험 중에서 잘못 저장되어 있거나 일치되지 않는 정보들을 통합하고 새롭게 의미를 부여할 수 있도록 도와주는 데 있다. 외상적 사건에 새로운 의미를 부여하게 되면 환자들은 통찰력을 가지고 행동할 수 있고 어느 순간 잃어버렸던 세상에 대한 지각 능력을 회복할 수 있다. 사이코드라마는 내적인 경험이나 감정 상태를 행동 언어로 표현하게 하는데, 이렇게 내적 정서를 식별하고 명명할 수 있게 되면 외상 환자들은 자신이 한 경험을 기술할 수 있게 된다. 뿐만 아니라 외상을 경험할 당시의 납득할 수 없었던 상황을 이해하려는 수단으로 사용하였던 인지적 왜곡들이 분명해지면서 환자는 자신들이 경험한 과거의 정신적 외상에 대해 새로운 의미를 부여하고 새로운 통찰력으로 사건을 수용하게 된다.

① 사이코드라마 진행 시 고려할 점

외상을 가진 환자들을 대상으로 사이코드라마를 할 때 기본 원리는 다음과 같다. 이것은 Kellermann이 말한 일반적인 치료 논리와 비슷한데, 첫째, 안전한 상황에서 재연을 통해 외상적인 사건을 재경험하는 것이다. 둘째, 외상적인 사건과 관련해 무의식적으로 갈등을 유발하는 것들을 새롭게 이해하기 위한 인지교정 작업을 한다. 셋째, 정서적인 카타르시스를 통해 외상으로 인해 남아 있는 정서적인 잔여물을 방출할 수 있게끔 해 준다. 넷째, 잉여현실이라는 상상의 요인들을 도입하여 주인공의 세계관을 수정해 준다. 다섯째, 외상이 대인관계에 어떤 영향을 미치며 정서적 고립은 어떻게 막을 수 있는지 그 방법을 탐색하는 데 초점을 둔다. 여섯째, 외상적인 사건을 삶의 의미 있는 경험으로 바꿀 수 있는 치료를 한다. 마지막으로, 만약 외상적인 경험을 갖고 있는 동질적인 집단이라면 소시오드라마를 통해 공동 작업을 하는 것이 좋다.

사이코드라마의 모든 주요 기법들은 통제할 수 없는 외부의 힘으로 인해 형성된 뿌리 깊은 학습된 무기력을 가지고 있는 외상 후 스트레스 환자들에게 적합하다. 예를 들어 Hudgins(1998)의 담아 두는 이중자아(containing double)는 '충분히 좋은 어머니(good enough mother)' 역할과 유사한 것으로 외상 환자에게 무조건적인 지지와 안정감을 제공해 준다. 이 기법은 외상을 경험한 주인공에게 지지적이고 유연한 환경을 제공하여 그동안 처리되지 않았던 외상 자료들을 담아 두게 하고 외상과 관련된 생각, 감정, 행위 들을 내러티브

(narrative) 방식으로 표현하게 한다. 주인공과 감정적인 유대감을 형성하기 위해서 주인공이 경험하고 있는 것을 반영적으로 말해 주는 것도 한 방법이다. 주인공이 희생자 혹은 가해자 역할과 역할바꾸기를 할 때 '담아 두는 이중자아'는 주인공을 따라다니면서 가장 힘들게 하는 역할을 잘 수행할 수 있도록 정신 내적 힘을 제공해 준다. '담아 두는 이중자아'는 두 가지 치료 목적을 가지고 있다. 첫째는 실연을 통해 주인공에게 긍정적인 자아 상태를 경험하게 해 주고 궁극적으로는 주인공의 자아 발달을 도와준다. 둘째는 통제되지 않은 퇴행과 재외상(retraumatization) 경험을 막아 준다. 외상적 경험을 회상하는 동안 주인공은 강렬한 감정에 압도당할 수 있다. 이때 '담아 두는 이중자아'는 신체적 · 심리적 지지 환경(holding environment)을 제공해 줌으로써 처리되지 않은 외상 자료가 감각 운동(sensory motor) 수준의 표상 단계에서 통합적이고, 상징적이며, 개인적인 이야기로 전환될 수 있도록 도와줄 수 있다.

거울기법은 자신을 너무나도 고통스럽게 만드는 외상 사건에서 어느 정도 거리를 두면서 자신을 객관적으로 바라보게 하는 효과가 있다. 이와 같이 외상 경험을 가지고 있는 사람들을 대상으로 한 사이코드라마에서는 적절하게 개입과 거리 두기를 한 회기 내에서 조화롭게 실시해야 한다.

사이코드라마에서는 자발성을 회복하고 주어진 상황에 적절하게 반응하는 것이 핵심이 된다. 자발성을 촉진하면 외적 세계와 내적 세계를 매개하는 자기 조절 능력이 생겨 정서적 균형감이 생긴다. 뿐만 아니라 외적 스트레스에 대한 대응 능력이 커진다. 이 자발성 개념은 심리적인 외상과 관련된 과정들을 이해하는 데 중요할 뿐만 아니라 외상 후 스트레스장애 환자들을 대상으로 하는 사이코드라마의 기본 목적이 되는 회복 과정을 설명하는 데 있어서도 중요한 개념이다. 정신적 외상을 경험한 사람들을 대상으로 한 사이코드라마에서는 구체화 작업을 통해 이런 사람들이 자극에 대해 적절한 반응을 할 수 있도록 도와줄 필요가 있다. 외상으로 인해 정서적으로 무감각해지거나 감정의 범위가 제한되는 경우, 환자는 훈습을 통해서 의식에서 차단된 내면의 세계를 보기 시작한다.

외상 사건을 재연할 때에는 주인공과 집단원들 안에서 긴장과 이완의 두 가지 힘이 균형을 이루게 해야 한다. 역할 연기는 그 자체가 정서적 각성과 통제력을 잃게 할 수도 있지만 적절하게 사용된다면 통제력을 증가시킬 수 있다. 외상 환자들에게 역할바꾸기를 사용할 때는 변형해서 사용하는 것이 좋다. 특히 폭력 희생자들은 그들에게 행해진 잘못된 일에 대해 비난받을 것에 매우 민감하다. 신체적·정서적으로 상처를 입은 주인공에게 자신에게 상처를 준 사람과 역할바꾸기를 요구할 때에는 신중하게 접근할 필요가 있다. 우선 주인공이 느끼는 혼란스러운 감정을 다루는 것이 필요하며, 내면에 억압되어 있는 분노감을 표현할 수 있게 도와 주어야 한다. 이 단계에서 너무 성급하게 역할을 바꾸게 하면 주인공은 거부 반응을 보일 수 있다. 왜냐하면 공격자 혹은 가해자와 역할바꾸기를 한다는 것은 그 사람을 받아들이고 용서하라는 미묘한 메시지로 해석될 수 있기 때문이다. 따라서 역할바꾸기는 오랫동안 외상을 해결하기 위한 충분한 과정을 거친 다음 하는 것이 좋다.

외상 환자들을 대상으로 한 사이코드라마에서는 대역(stand-in)을 투입하면, 주인공이 자신을 좀 더 객관적으로 볼 수 있다. 통제 불능의 상황에서 악전고투하고 있는 자신을(대역) 바라보면서 주인공은 자신에게 공감을 할 수 있다. 이 기법은 환자가 고통스러운 정신적 외상 상황에서 벗어날 수 있게 도움을 준다. 이렇게 되면 환자는 정신적 외상으로 인해 잃어버렸던 조망 능력을 되찾게 되고, 현재와 과거를 분리할 수 있게 된다.

외상에 대한 경험을 이야기하고 객관적으로 바라보는 것은 정신적 외상을 치료하는 데 가장 중요하다. 내러티브를 통해 환자는 와해된 자기를 다시 연결시키고 자신의 삶의 전체 맥락 안에서 과거 외상 경험을 바라볼 수 있게 된다. 여기서 내러티브란 상담 및 정신치료 분야에서 하나의 기법으로 자리잡은 것으로 사람들이 살아가면서 자신의 삶에 대해서 가지고 있는 이야기를 말한다. 한 나라에도 역사가 있듯이 개인에게는 그들만의 독특한 역사 혹은 이야기가 있다. 사람들은 자신에게 일어나는 일상적인 경험이나 사건들을 이해하고 의미를 부여하는 존재들이다. 이러한 의미가 이야기의 줄거리를 형성한다. 따라서 내러티브란 개인에게 일어나는 일련의 사건들을 연결시켜서 이야기를 구성하는 실과 같다. 사람들은 자신의 삶과 대인관계에 대해 많은 이야기들을 지니고 있다. 즉, 환경과 상호작용하면서 자신의 능력, 행동, 욕망, 직업, 흥미 범위, 성취, 실패 등에 대한 전반적인 이야기가 만들어진다. 이러한 이야기들은 사람들이 살아가면서 어떤 사건들을 연결시키고 그것에 의미를 부여하면서 생겨난다. 외상 경험을 한 사람들은 자신의 삶의 어느 시점에서 일어난 특정 경험을 전체로 연결시키지 못하는 경우가 많다. 사이코드라마에서는 이와 같이 자신의 전체 삶 속으로 통합하지 못하고 밀쳐져 있는 경험들을 바라보고 새로운 이야기를 다시 쓰게(re-write) 해 주는 효과가 있다.

② 정신적 외상 시간대를 통한 작업

정신적 외상 시간대(time line)는 외상을 경험한 환자를 대상으로 하는 사이코드라마에서 많이 사용되는 워밍업기법 중의 하나다. 시간대를 이용하게 되면 환자들의 삶에서 정신적 외상이 어떤 역할을 미쳤는지 시각적으로 그려 볼 수 있다.

사람들은 외상 경험이 마치 자신의 일상적인 삶의 영역 밖에서 일어난 것처럼 여기는 경향이 있다. 이들이 겪은 외상 경험은 정상적으로 처리되지 않아 기억 손실이 동반되고 회상하더라도 파편화되고 맥락에 맞지 않는 방식으로 기억되는 경향이 있다. 정신적 외상 시간대를 통해 환자가 분열된 경험들을 삶의 전체적인 맥락 안에서 통합해서 이해할 수 있게 되면 통찰력이 생기고, 이를 통해 자신의 인생에서 정신적 외상이 미치는 영향에 대해서 알 수 있게 된다. 시간대를 그리게 하면 외상을 경험한 환자들은 어떤 시기에는 여러 가지 외상 경험이 있는 반면 어떤 시기에는 그런 경험이 전혀 없다는 사실에 놀라게 된다. 이들은 재연을 하면서 과거 외상이 자신의 삶에서 계속 반복이 되고 또 다른 외상 경험을 초래한다는 사실도 배우게 된다.

다음은 Dayton(1994)이 제시한 시간대를 이용한 워밍업 절차다.

환자는 태어나면서부터 지금까지의 시간대를 그린 다음, 거기에 매 5년마다 선을 긋는다. 그런 다음 적절한 위치에 정신적 외상을 포함한 인생에서의 중요한 사건들을 표시한다. 표시가 끝나면 그 내용을 큰 소리로 이야기한다. 일반적으로 두 가지 주제들이 많이 나온다. 하나는 외상을 경험한 사람이 당시 정신적 외상이 어떻게 일어났는지를 시간대를 통해 볼 수 있고, 인생 시간대의 어떤 시점에서는 한 번에 여러 가지 외상이 일어났다는 것을 알 수 있다. 또한 이런 작업은 하나의 정신적 외상이 어떻게 또 다른 정신적 외상을 유발하는지, 그리고 환자의 삶에서 정신적 외상이 계속해서 재연되는 역동이 무엇인지 깨닫게 해 준다.

시간대를 응용하면 주인공이 자기표현을 잘 할 수 있도록 도와줄 수 있다. 주인공은 자신에게 의미 있는 시간대에서 자신의 역할을 연기할 사람들을 선정한다. 5년 주기로 되어 있는 시간대에서 주인공 역할을 맡은 보조자아에게 적당한 역할을 취하게 한다. 주인공은 시간대를 옮겨 다니면서 자신(여기서는 역할 연기를 하는 보조자아)에게 말을 걸 수도 있고 역할을 바꿔서 그 시간대의 자신으로 돌아가서 이야기할 수도 있다. 이 방법은 정신적 외상으로 인해 와해되었던 자기를 다시 회복하고 통합하고, 나아가 자기를 발견할 수 있게 하는 효과적인 방법이다.

❸ 정신적 외상환자의 사례

다음은 어려서부터 아버지로부터 신체적 학대를 받고 자란 24세 여자 대학생 사례다. 주인공은 현재 정신보건센터에서 또 다른 폭력 피해자인 남동생과 함께 치료를 받고 있는 중이다. 담당 간호사가 권유하여 사이코드라마 회기에 참여하였고 자발적으로 주인공을 자청하였다.

젊은 나이에 뇌경색으로 쓰러져 몸이 불편한 아버지를 둔 주인공의 첫 기억은 초등학교 1학년 때 구구단을 외우지 못한다고 아버지에게 피가 나도록 구타당한 사건이었다. 빈 의자에 아버지를 앉힌 주인공은 아버지에 대한 증오감을 토로했다. 어린 시절 하지 못했던 가슴속에 묻어 두었던 울분을 무대에서 쏟아 내고는 하염없이 눈물을 흘렸다. 주인공은 관객들이 지지적 분위기로 안정감을 제공하는 사이코드라마라는 틀 속에서 당시의 사건을 재경험할 수 있었다. 당시에는 아버지가 무서워 꼼짝없이 구타를 당했으나 지금의 주인공은 아버지에 맞설 수 있는 힘을 가지고 있었다. 어린 시절에는 커다랗게 보였던 아버지가 왜소해 보이고 무섭다는 생각과 함께 안됐다는 측은함이 들기도 하였다. 두려움과 증오의 대상이었던 아버지의 존재를 상대방의 입장에서 조명해 볼 수 있는 기회를 가지게 되었다. 또한 역할바꾸기를 통해 반신마비가 되어 경제적 능력이 없는 아버지가 어떻게 해서라도 똑똑하게 아이들을 가르쳐 자신과 같은 길을 걷게 하고 싶지 않은 마음을 표현해 내기도 하였다. 이와 같이 역할바꾸기는 어린 시절부터 굳어져 있던 아버지에 대한 부정적 생각을 바꾸어 볼 수 있는 기회가 되었다. 외상적 시간대를 통해 그 이후에 벌어진 사건을 재연하면서 주인공은 아버지에 대한 증오감과 공격성을 방출함으로써 카타르시스를 느끼게 되었다.

　마지막 장면은 최후의 심판 장면으로 관객들을 검사와 변호사로 나누어 아버지를 심판하였다. 관객들 모두 검사와 변호사 양측의 입장이 되어 아버지의 죄에 대해 찬반 논란을 벌인 끝에 결국 심판의 순간이 왔다. 역할바꾸기를 통해 재판관이 된 주인공은 피고인인 아버지에게 그간 행했던 모든 잘못된 행동에 대해 자신에게 용서를 빌 것을 주문하고 판결을 내리게 되었다. "판결은……유죄입니다."라는 이야기를 할 때 주인공의 목소리는 떨림과 후련함이 배어 있었다. 보통의 경우에는 사이코드라마 재판 장면은 화해와 용서의 장면으로 끝난다. 그러나 어렸을 적부터 겪었던 외상적 충격으로 인한 정신적 고통과 주인공의 억압된 분노감을 감안하여 볼 때, 주인공이 내린 결론은 충분히 존중받을 만하다고 생각한다. 용서는 내적으로 우러나와야 하는 것이지 강요할 수 있는 성질이 아니다. 용서를 하지 못한 만큼 증오감은 완전히 해소되지 않고 남아 있었지만 주인공은 아버지로부터 심리적으로 독립하겠다는 강한 메시지를 스스로 확인할 수 있었고 내면에서 정서적 고통을 감당할 수 있다는 자신감과 용기를 얻을 수 있었다.

　다음은 사이코드라마 일부를 발췌한 것이다.

빈 의자 : 아버지와 대화

　　디렉터 : 아버지가 지금 이 의자에 앉아 계시다면 어떤 표정으로 계신가요?

주인공 : 아빠랑 마주 앉아 본 적 없는데요.

디렉터 : 아버지랑 이야기를 평소에 나누지 않나요?

주인공 : 감정을 배제하고 표면적인 이야기만 해요. 아빠는 성격이 원래 그렇다고 하지만 전 되게 힘들었거든요. 아빠랑 이렇게 앉아 있어도 대화가 안 돼요.

디렉터 : 아버지랑 해 보고 싶은 이야기를 해 보도록 해요. 마음을 열고 평소에 하지 않았던 대화를 시도해 보세요.

주인공 : 아빠랑 많이 이야기하는 주제가 막내 동생에 대한 이야기예요. 남동생은 아버지한테 걸핏하면 맞아서 정서적으로 너무 불안정한 상태예요. 이제는 많이 좋아져서 정말 다행이지만 여동생은 잘 적응을 못하는 것 같아서 너무 안타까워요. 아버지가 언어장애가 있어서 내 얘기를 듣기만 해요. 아버지는 얘기하다 표현이 안 되면 성격이 급해서 화를 내요. 저는 잘해 보려고 한 얘기인데 아빠는 화가 나서 거의 때릴 듯한 표정을 짓고 윽박질러서 저를 항복시키고 그래요. 항상 "시끄러워. 너가 뭘 알어?" 라며 화만 내세요. 아빠가 조금만 참으면 서로 이야기가 될 텐데. 꽉 막혀서 너무 외로워 보여요. 그게 너무 불쌍해요. 그게 제일 싫은 부분이기도 하고요.

디렉터 : 설명하시지 마시고 가슴속에 있는 진짜 이야기를 아버지한테 해 보세요.

주인공 : (빈 의자에 앉아 있는 아버지에게) 우리 집이 이렇게 엉망이고 남들이 우리 집에 대해서 수군거리는 건 다 아빠 책임인 것 같은 생각이 들어요. 아빠도 힘들었겠지만 가족을 조금만 더 평화롭게 만들고 내 입장이 되어 줬더라면 내가 24년을 힘들게 살지 않았어도 되었을 텐데. 나는 원래 에너지가 많은 사람인데, 내가 세상에 대해 자신감 없게 산 건 아빠 때문이에요. 내 인생에 아빠만 없었더라면, 난 독하고 남의 말 안 듣는 그런 아빠가 아니었다면 이렇게 힘든 경험을 하지 않아도 됐을 거예요. 지금도 아빠가 없었더라면 집에 동생들이 그렇게 되지도 않았을 거고, 동생들에게 그렇게 폭력적이고 가학적인 아빠만 없었더라도 지금보다 몇 십 배 행복했을 거예요.

디렉터 : 이런 본인의 답답한 마음을 누구랑 얘기해요?

주인공 : 엄마는 돌아가셨고 내 동생들과는 엄마가 다르고, 새 엄마는 몇 년 전에 돌아가셨고, 남자 친구랑 많이 얘기해요. 남자 친구와 정신보건센터에 있는 분들에게 의지하고요. 친구들은 어렴풋이 알고 있어요.

디렉터 : 그런 얘기 중 한 부분을 같이 얘기해 봅시다.

주인공 : 순간순간 죽고 싶은 때가 많거든요. 아빠가 너무 성격이 급하고 아빠한테
      남동생이 맞을까 봐. 동생이 맞는 게 슬픈 건지 아니면 내가 어릴 때 맞아
      서 맞는 걸 슬퍼하는 건지 모르겠는데, 아빠가 그럴 때마다 칼로 찌르고
      싶어요. 이제는 기관에 많이 알려서 아빠가 의식을 많이 하고 있어요.

주인공은 이제 성인이 된 자신 대신 동생을 많이 때리는 아버지에 대한 원
망감을 토로하였고 여전히 아버지한테 심한 신체적 폭력을 당하고 있는 동생
에 대한 연민과 안타까움을 이야기하며 눈물을 보였다. 이번에는 빈 의자에
앉아 있는 자신에게 이야기하도록 했다.

디렉터 : 어렸을 때 힘들었던 자신에게 이야기해 보세요.

주인공 : 내가 힘들어도 말할 사람이 없고, 말해 봤자 다 나한테만 참으라고 하고
      힘들면 나 스스로 내 살 길을 찾았어. 누가 이렇게 손을 잡아 준다거나 그
      런 적이 없었거든요.

디렉터 : 나한테 설명하지 말고 그냥 자신에게 이야기하듯이 해 보세요.

주인공 : 너 되게 용감한 거 같아? 어쩔 수 없잖아. 부모를 갈아 버릴 수도 없고, 너
      라도 잘 돼야지(울음).

디렉터 : 본인한테 해 주고 싶은 말 없어요?

주인공 : 내가 도망가길 잘 한 거야. 아니면 죽었을지도 몰라. 불쌍하지만 용감한
      사람이야.

아빠와 대화 나누기

주인공에게 가장 힘들었던 기억을 묻자 초등학교 1학년 때 구구단을 못 외
워서 아버지한테 맞아 피가 터졌는데도 약도 안 발라 주었던 장면이라고 하
였다. 과거 해결되지 않은 신체적 폭력에 관한 외상 기억을 다른 각도에서 볼
수 있도록 장면이 연출되었다. 이 장면은 주인공에게는 정서가 강한 장면이
어서 처음에는 주인공의 대역인 보조자아를 투입하여 상황을 재연하게 하다
가 주인공이 들어가고 싶을 때 그 장면에 들어가게 하였다.

보조자아(아버지) : 너 구구단 외웠어? 빨리 말해 봐(때린다). 언제 하라고 했는데
　　　　　　　　뭐 하고 놀았지?

이중자아(주인공) : 때리지 마. 아파. 아프다구.

주인공 : (매를 뺏는다.) 안 놀았어요.

보조자아(아버지) : 그럼 뭐 했어?

주인공 : 그냥 있었어요.

보조자아(아버지) : 이게 하라는 공부는 안 하고. 구구단 못 외우는 게 무슨 학생
　　　　　　　　이야.

주인공 : 만지지마.

이중자아(주인공) : 내 또래 애들도 다 못 외워.

보조자아(아버지) : 남들 못 외우니까 나도 못 외운다는 게 말이 되냐? 그렇게 공부
　　　　　　　　하려면 내일 당장 학교 그만둬.

이때 주인공이 다가가서 소리 지른다.

주인공 : 아버지는 아버지 노릇 잘했어요?

보조자아(아버지) : 이게 정말 죽으려고.

이중자아(주인공) : 내 몸에 손대지 마세요.

주인공 : 소름 끼쳐요. 때리지 마세요. (풀이 죽은 목소리로) 살고 싶지 않아.

이중자아(주인공) : 아빠가 때리면 너도 화를 내.

주인공 : 무서워. 아빠가 윽박지르면 잡아먹을 것 같아.

이중자아(주인공) : 너 언제까지 이렇게 살 거야?

주인공 : 몰라. 아빠 죽을 때까지 그럴 거야. 내가 독립해도 어떻게 할 수가 없을 것
　　　　같아.

　　아버지에 대한 가해 충동에 시달리고 있는 주인공에게 미래의 어느 날, 교
통사고로 아버지가 돌아가신 장면을 연출하였다.

주인공 : (죽어 가고 있는 아버지에게) 나한테 빨리 미안하다고 말해. 용서해 줄게.
　　　　빨리 말해. 아니면 죽어서까지 용서 못 받아.

이중자아1(주인공) : 아빠 미안하다고 빨리 말해.

이중자아2(주인공) : 평생 내 속만 썩이더니 왜 지금은 아무 말도 안 해?

디렉터 : 역할을 바꾸세요.

주인공(아버지) : 아빠가 그랬던 거 후회하고 있어. 미안해. 아빠는 원래 그런 사람이야.

보조자아(주인공) : 나, 너무 힘들었어요.

주인공(아버지) : 아빠도 힘들었어.

보조자아(주인공) : 나, 아빠 땜에 너무 힘들었다고요. 아빠 내 맘 알아요?

주인공(아버지) : 너도 아빠 맘 모르잖아.

보조자아(주인공) : 아빠가 정말 죽이고 싶도록 싫었어요.

주인공(아버지) : 그만큼 나도 힘들었어. 너희 3명 키우면서 죽고 싶을 만큼 힘들었어. 아빠가 미안하고 용서해 주면 좋겠다.

디렉터 : 역할을 바꿔 보세요.

주인공 : 아빠를 절대로 용서하지 못해요. 죽을 때까지 용서할 수 없어요. (흐느껴 운다.)

아버지를 재판하는 장면 : 검사 vs. 변호사

　주인공이 아버지를 용서할 수 없다고 말하여 아버지에 대한 재판 장면이 설정되었고 집단원 전체가 아버지의 죄를 판가름하는 입장을 취하게 하였다. 검사는 주인공 입장을 대변하였고 변호사는 아버지 입장을 대변하였다.

디렉터 : 주인공의 아버지는 살아 생전에 자식들에게 너무 가혹한 행동을 하다가 사고로 저승에 심판 받으러 왔습니다.

보조자아(검사1) : 딸이 그렇게 힘들어 하는 거 알았어요? 몰랐어요?

디렉터 : (주인공에게) 아버지 역할로 바꿔 보세요.

주인공(아버지) : 알고 있었어요.

보조자아(검사2) : 그런데도 어떻게 계속 때릴 수 있었습니까? 아무 힘도 없는 아이들을 때리는 건 아동폭행이에요.

디렉터 : 당신이 유죄이면 1000년을 불구덩이에서 살아야 하고 무죄면 환생할 겁니다.

보조자아(변호사1) : 다 자식들 잘 되라고 한 겁니다. 자식 키우면 그럴 수 있는 거 아니에요.

주인공 : 그냥 때린 게 아니라 생명에 위협이 갈 정도였어요.

보조자아(변호사2) : 죄를 지었지만 고의적이지 않았을 거예요. 아버지도 어렸을 때부터 상처를 받았을 거예요. 아버지 스스로도 통제할 수 없었을 거예요.

주인공 : 아버지의 행동이 납득이 안 가요. 어떻게 자식들에게 그렇게 죽을 정도로 때릴 수가 있어요?

보조자아(검사1) : 전 아버지를 용서할 수 없다고 봅니다. 죄를 저지르고 나서 용서해 달라고 하면 용서가 됩니까?

보조자아(변호사2) : 아버지 본심은 자식을 정말 사랑했을 수 있지 않았을까요? 죄를 씻을 수 있도록 환생시키는 게 낫지 않을까요?

보조자아(변호사3) : 단순히 겉으로 드러난 것만 보지 말았으면 합니다. 아버지도 언어장애도 있고 부인하고도 사별하고 자식들 키우기가 얼마나 힘들었겠어요?

보조자아(변호사4) : 아버지도 어쩔 수 없는 상황이 지속되면서 희생자였을 수도 있어요.

보조자아(검사1) : 왜 애들에게 사회에서 피해 받은 것을 풉니까?

보조자아(변호사1) : 아버지도 어렸을 때 사랑을 받지 못해서 그런 거예요.

주인공 : 사랑받지 못하고 자란 사람은 자식에게 모두 그래도 된단 말이에요?

보조자아(검사1) : 물론 사랑하는 마음을 표현하지 못하는 부모도 있습니다. 하지만 그렇다고 해도 어떤 이유로도 폭력은 정당화될 수 없다고 봅니다.

보조자아(변호사1) : 그 행동이 올바르다는 게 아니고 아버지 역시 불쌍한 사람이라는 것이죠. 아버지는 신체뿐만 아니라 마음도 병든 사람입니다.

디렉터 : 참고인 진술을 듣도록 하겠습니다. (주인공에게 아버지의 유죄/무죄를 판결하게 하였다.)

주인공 : 저는 아빠가 교육받지 못하고 사랑을 표현할 줄 모르는 불쌍한 사람이라는 것 인정해요. 하지만 그런 아빠를 믿고 사는 아이들에게 그런 상처를 주는 것은 도저히 용서할 수 없어요. 이렇게 지울 수 없는 상처를 아이들에게 준 것에 대해 충분히 벌을 받아야 된다고 생각합니다.

디렉터 : 역할을 바꾸세요.

주인공(아버지) : 저는 비록 장애자의 몸으로 살고 있지만 자식들에게 최선을 다했습니다. 그 방법이 틀렸다는 건 인정하지만 자식을 사랑하는 제 마음조차

그렇게 나쁘게 매도되지 않았으면 좋겠어요. 표현을 하고 싶었지만 낯 간
지러워서 표현도 잘 못하고 그랬을 뿐입니다.

디렉터 : 나이 어린 아이들에게 정도가 지나치게 혹독하게 한 건 어떻게 생각하
세요?

주인공(아버지) : 아이들에게 그리고 큰 아이의 생모에게 그랬던 것처럼 후회하고
있어요.

디렉터 : 판결을 내리겠습니다. (주인공에게 판사 역할을 지시한다.)

주인공(판사) : 피고는 잘못을 인정하십니까? 피고가 잘못한 것 3가지만 말해 보
세요.

디렉터 : 역할을 바꾸세요.

주인공(아버지) : 인정합니다. 첫째, 가족을 사랑하지 않은 것, 둘째, 가족을 학대한
것, 셋째, 친구를 사귀지 않은 겁니다.

디렉터 : 역할을 바꾸세요.

주인공(판사) : 1가지 잘못은 괜찮은데 가족을 사랑하지 않고 학대한 2가지 잘못은
용서할 수 없습니다. 지옥에 가세요. 500년 동안 하루에 1통씩 자식들에
게 미안하다고 편지를 쓰세요.

독백

억압된 분노감을 표출하도록 하기 위해 관객을 뒤로 해서 아버지에게 지금
까지 쌓아 두었던 감정을 표현하게 하였다. 감정을 증폭시키기 위해 이중자
아들은 주인공에게 강한 어조로 표현하도록 부추겼다.

주인공 : 아버지가 죽었으면 좋겠어.

이중자아1(주인공) : 빨리 죽어.

이중자아2(주인공) : 아빠만 없으면 잘 될 거 같아.

이중자아3(주인공) : 빨리 죽어. 아빠가 없으면 정말 시원해질 것 같아.

주인공 : 죽지 않을 거면 나나 동생들한테 아무 말도 하지 말고 없는 사람처럼 가만
히 있어주었으면 좋겠어.

이중자아1(주인공) : 아빠가 이 세상에 없었으면 좋겠어.

이중자아2(주인공) : 아빠가 조금만 이해하고 참으면 되잖아.

주인공 : 아니, 이해해 줄 필요도 없어.

이중자아3(주인공) : 그냥 가만히 있어. 그게 싫으면 나한테 미안하다고 말해.

나눔

주인공 : 제가 오랫동안 아빠를 용서하지 말아야겠다고 생각을 했어요. 난 당연히 용서를 하면 안 된다고 생각을 했어요. 사이코드라마를 했다고 해서 오늘 하루 만에 용서가 되지 않아요.

디렉터 : 누구도 주인공을 비난할 수 없어요. 감정적으로 아버지를 미워하는 건 당연한 것 같아요. 주인공이 분노를 표현하고 조금은 다른 각도를 통해 아버지를 볼 수 있게끔 한 것이 오늘 사이코드라마의 수확인 것 같습니다.

관객 1 : 이젠 아버지에게 더 기대할 수 없으니까 주어진 상황에서 열심히 해서 좋은 길을 찾을 수 있을 거라고 생각해요.

관객 2 : 저도 사실 주인공과 비슷한 가정 분위기 속에서 자랐어요. 아까 공감이 많이 갔는데. 저는 어떻게든지 집에서 탈출하고 싶었고 아버지를 용서할 수 없었어요. 탈출만 하면 다 끝날 것 같았는데 주인공은 동생들 때문에 집을 떠날 수 없으니까 그것이 안타까운 것 같아요. 지금은 아버지와 대적할 힘이 없지만 독립을 하게 되면 아버지에게 말할 수 있는 힘이 생길 수 있을 것이라고 생각합니다. 힘을 길러서 홀로 섰으면 좋겠어요.

관객 3(담당 간호사) : 아직 충분히 형식적인 면에서 독립을 못했지만 대학에 들어가면서 스스로 하고자 하는 것을 찾았고 독립할 수 있는 힘이 있다고 생각을 해요. 정말 대단하다는 생각이 들어요. 자신과 동생이 치료를 받을 수 있도록 정신보건센터에 도움도 청하고 있고 둘 다 많이 좋아지고 있다고 생각해요. 그리고 한 가지 말하고 싶은 것은 아버지를 용서하라고 말해 주고 싶어요. 아버지를 용서하지 못하면 나중에 자신을 용서하지 못할 것 같아요. 재판 장면에서 500년 동안 자식들에게 용서의 편지를 쓰라고 한 건 어떤 의미에서는 무죄의 의미인 것 같고 어느 정도 아버지를 용서했다는 의미가 담겨 있다는 생각이 드네요.

관객 4 : 아빠한테 피해를 많이 받아서 피해자라는 생각에 사로잡혀 있는데, 누가 봐도 피해자인 것은 분명한 것 같아요. 하지만 피해자라는 생각에 계속 사로잡혀 있으면 자신이 너무 힘들고 가해자인 아버지도 용서가 안 될 것 같아요. 피해자라는 생각보다는 어려운 역경을 딛고 일어난 생존자라는 생각을 했으면 해요. 지금은 아버지를 용서할 마음의 여유가 없겠지만 언젠가는 용서를 했으면 해요. 가장 큰 복수는 용서라는 말이 있더군요. 결국 용서는 자신에게 해를 가한 가해자를 위한 것이 아니라 자신을 위한 거라고 생각합니다.

관객 5 : 사람마다 종류와 내용이 달라도 아픔, 고통, 슬픔이 있어요. 그걸 고통이라고만 생각하면 거기서 벗어나지 못해요. 그걸 기회로 생각하고 받아들인다면 좀 더 발전적인 방향으로 나갈 수 있을 거예요. 아버지를 불쌍하게 생각해서 마음을 열면 아버지도 변할 거예요. 쉽지 않을 테지만 주인공이 힘이 있어 보이고 앞으로 더 좋아질 거라는 생각이 드네요.

주인공 : 이렇게 처음 본 사람들 앞에서 내 이야기를 늘어 놓았는데 물론 이 한 시간으로 24년의 문제가 해결되지 않겠지만 이렇게 저의 문제를 공유해 주신 것 정말 감사드리고요. 전 정말 축복받은 사람인 거 같다는 생각이 들었습니다. 신은 이길 만큼의 시련을 준다고 하잖아요. 제 스스로 이겨 낼 수 있도록 노력하고 싶어요.

　주인공은 사이코드라마가 끝난 후 오랫동안 아버지 앞에서는 눈물이 나서 말을 할 수가 없었는데, 사이코드라마 상황에서 그동안 쌓였던 마음을 표현하고 나니까 속이 후련하고 마음이 가벼워진 느낌이라고 표현하였다. 아버지 역할을 한 보조자아의 입을 통해 미안하다는 말을 듣고 보니 아버지도 사실 미안하다는 말을 하고 싶었는데 표현을 못했을지도 모른다는 생각이 든다고 하였다. 그리고 자신이 아버지 역할을 맡아서 아버지 입장에서 이야기하다 보니 아버지가 아직 완전히 용서는 안 되지만 아버지도 살면서 슬픔과 고통이 있었을 것이라는 생각이 들었다고 표현하였다.

제24장 치매와 사이코드라마

치매는 기억장애 등 다양한 인지 기능 저하와 행동 문제를 동반하는 정신장애다. 우리나라의 경우 인구 고령화로 65세 이상의 노인 인구가 점점 많아지고 있고, 이들 인구 중 9.5% 이상이 치매에 이환된다고 알려져 있다(우종인 등, 1998). 치매로 인한 삶의 질 저하, 가족 부담, 의료비 지출을 최소화하기 위해서는 치매를 조기 발견하여 조기에 치료하는 것이 매우 중요하다.

1 치매의 원인과 치료

지난 수십 년 동안 알츠하이머 질환과 같은 치매의 생물학적 원인 및 치료 방법에 대한 연구는 눈부시게 발전되어 왔지만 치매의 정신사회적 측면은 간과되어 왔다. 최근에 들어와서야 치매가 환자들에게 미치는 정신사회적 과정에 대해 이해하려는 노력들이 대두되고 있는 실정이다(Wilkinson et al., 1998; Kitwood, 1993). Beattie(1994)는 노화란 '자기와 환경에 대한 통제력을 상실하여 무력감을 느끼고 의존적으로 되는 것'이라고 보면서 이러한 문제가 치매에서 두드러진다고 강조하였다. 더구나 청력이나 시력의 감퇴와 같은 신체적 장애와 감각적 손상은 더 강한 무력감을 수반하며 주변에서 발생하는 상황에 대한 고립감을 유발시킨다. 또한 치매 환자들은 인지 결함으로 인해 다른 사람들과의 의사 소통 시 내용을 잘 이해하지 못하기 때문에 대화에 끼지 못하게 되는 경우가 많다. 이러한 점은 치매 노인들에게서 자존감 상실, 낙담과 실패의 연속 그리고 자기감(sense of self)의 약화라는 결과를 가져오기도 한다.

최근 들어 다양한 정신사회적 치료들이 치매 환자들에게 적용되고 있다(Woods, 1994). 하지만 이러한 치료들 대부분이 환자의 인지 능력을 향상시키거나 정신과적 증상들을 감소시키는 것에 역점을 두고 있어서 치매로 인한 환자의 주관적 경험이나 고통은 염두에 두지 않는 경향이 있다. 반면, 드라마·춤·동작을 이용한 창조적인 예술치료들은 손상된 자기감을 보호하고 강화할 수 있게 돕는 것을 주 목적으로 하고 있다. 이러한 방법들은 치료를 받는 환자들에게 감각적·정서적 경험을 유도하여 과거에 대한 회상, 자기 표현, 사회화 등을 촉진하는 것으로 드러나고 있다. 치매 환자들의 경우 인지 능력은 감퇴하였어도 정서적 반응성은 비교적 고유하게 유지되기 때문에 흔히 극단적인 좌절감, 불안, 슬픔, 분노, 짜증들을 경험하게 된다. 환자들에게 더욱 고통스러운 것은 자신의 감정들을 조리 있게 표현하는 능력을 상실하게 된다는 점이다. 이러한 점에서 볼 때, 드라마와 동작 치료와 같은 창조적인 예술치료들은 은유(metaphor)와 상징(symbol)을 통해 보다 조직화된 자기 표현을 할 수 있는 기회를 환자들에게 줄 수 있다.

치매 노인을 대상으로 드라마기법을 적용하려면 이들에게 맞는 구체적인 목표를 설정할 필요가 있다. Johnson 등(1992)은 치매 노인들을 대상으로 한 예술치료는 '의존성, 수동성'에 대한 해독제가 될 수 있음을 제안하고 있다. 이들은 노인들의 건강과 복지에 도움이 되는 다섯 가지 방법들—지남력과 활동성의 증가, 지나간 일들에 대한 회상을 촉진시키는 것, 자기 이해를 촉진시키는 것, 의미 있는 개인적 관계를 발전시키는 것, 공동체적 정신을 고양시키는 것—을 제안하고 있다. Laffoon 등(1985)도 드라마치료는 노년의 핵심적인 문제인 스트레스, 고독감, 주장성의 결여, 고통, 가족 내 역할 변화 및 죽음 등을 중점적으로 다룰 수 있다고 주장하였다. 드라마치료는 또한 기억을 자극하고 지나온 일들에 대한 회상을 촉진시킴으로써 치매 환자들의 자존감을 증가시키고 현실을 다루고 이해할 수 있는 자신감을 얻을 수 있게 해 준다. 뿐만 아니라 치매 노인들이 죽음과 악화에 직면했을 때 흔히 나타나는 소외감, 퇴행, 절망감과 같은 감정들을 다룰 수 있게 되고 안전하고 제한된 공간에서 여러 가지 장면을 이동하다 보면 자신의 행동반경을 확대할 수 있게 된다. 증상이 심한 경우에는 기억이나 개인적 연상을 촉진시키는 것에 초점을 둘 수 있으며 드라마적인 요소와 상상력을 자극함으로써 독립성을 심어 주고 사회적 기술을 유지하는 데 도움을 줄 수 있다.

치매 노인들을 위한 사이코드라마는 이들 환자들의 제한된 의사소통 능력으로 인해 스토리 중심의 일반 사이코드라마와는 구분이 된다. 치매 환자들은 이미 뇌 손상이 상당 부분 진행되었기 때문에 사이코드라마를 통해 현저한 인지 기능의 향상을 기대하기는 어렵다. 하지만 이들 환자들이 드라마적인 요소를 통해 정서적 만족감과 자존감이 고양되는 긍정적인 효과를 얻을 수 있다는 점에서 의미가 있다. 특히 치매 증상이 초기 단계에 있고 인지 기능의 감퇴가 심각하지 않은 경우에 사이코드라마를 적용한다면 인지 기능이 더 이상 악화되는 것을 막아 주는 예방적인 측면도 있다고 볼 수 있다.

② 사이코드라마 진행 시 고려할 점

치매 환자들에 대한 사이코드라마를 진행할 때 각 단계에서 주의할 점은 다음과 같다.

1) 준비작업

치매 노인들에 있어 준비작업은 본극보다 더 중요한 의미를 가지고 있다. 인지 기능 저하로 주변 상황을 객관적으로 통합하는 능력이 떨어지기 때문에 본극을 효율적으로 진행하기 힘들기 때문이다. 준비작업에서는 치매 노인들의 신체적 움직임을 극대화하고 즐거움을 줄 수 있는 간단한 기법을 선택하는 것이 좋다. 무용 동작이나 스트레칭 등과 같이 간단히 따라 할 수 있는 기법을 사용하는 것이 좋으며 그림 도구나 간단한 타악기 등을 준비하여 마음에 가는 대로 그림을 그리게 하고 악기를 연주하게 하는 것도 효과적이다. 복잡한 준비작업은 치매 노인들이 집중할 수 없기 때문에 피하는 것이 좋다.

2) 실연

전술했듯이 치매 노인들은 집중력 · 지남력 · 기억력 등의 인지 기능이 저하되어 있어 역할 연기를 통해 미묘한 감정의 변화를 표현하기가 어렵고 따라서 실연 단계에서 극을 매끄럽게 전개하는 것이 어렵다. 저자는 창의성과 상상력을 이용한 자발적 사이코드라마보다는 사회적 기술 훈련(social skill training)과 역할 놀이를 통한 자존감의 회복과 자극의 증대를 강조한 드라마가 오히려 이들 치매 노인들에게 효과적이라고 생각한다.

사이코드라마는 본래 즉흥성과 자발성을 중요하게 여기지만 치매 환자들을 대상으로 한 사이코드라마에서는 프로그램을 반구조화(semi-structured)시켜 미리 상황을 설정하여 매뉴얼을 작성한 다음 환자들의 반응을 살피면서 자발성과 사회성을 증대시켜 나가는 것이 좋다. 예를 들어, 화장실을 이용하는 방법, 가족들과 치료진들에게 의사 표현하는 방법, 과거 회상을 통한 기억력 훈련, 죽음에 대한 두려움을 다루는 것 등과 같은 주제들을 회기마다 하나씩 정하여 사이코드라마에 참여한 모든 치매 노인들에게 실연을 시킬 수 있다. 다소 내용이 빈약하고 현실성이 떨어지더라도 보조자아들은 지지적으로 치매 환자들을 도와주어야 하며 인지적 통찰보다는 몸을 움직이는 신체적 활동을 통해 정서적 안녕을 도모하는 데 중점을 두는 것이 좋다. 특히 치매 환자는 역할바꾸기가 원활히 이루어지지 않아 디렉터가 반복적으로 설명을 해 줘야 하는 경우가 빈번히 발생한다. 따라서 잦은 역할바꾸기는 치매 환자에게 혼란을 주기 쉽고 감정이입이 잘 되지 않으므로 피하는 것이 좋다. 그림이나 이름표를 가슴 앞쪽에 붙이고 역할이 바뀔 때마다 그림과 이름표를 바꾸어 주는 것도 치매 환자들의 역할바꾸기와 감정이입에 큰 도움을 줄 수 있다.

3) 나눔

나눔 단계에서는 발표하는 내용보다는 환자들을 지지하고 자발성을 높이는 쪽의 감정 공유가 바람직하다. 역할을 한 주인공이나 보조자아들의 이야기를 들어 보고 이를 지켜 본 사람들의 이야기도 함께 들어 봄으로써 감정을 나눌 수 있게 한다. 집단원 전원이 나눔 단계에 참여하도록 독려하는 것이 중요하며 다소 상황에 맞지 않는다고 해도 충분한 지지를 보내는 것이 좋다.

⑬ 치매 노인을 위한 반구조화된 사이코드라마 프로그램

저자는 치매 노인들을 위한 사이코드라마 프로그램을 개발하여 현재 진행 중에 있다. 이 프로그램은 인지 기능이 현저하게 저하된 치매 노인들의 인지 기능 향상을 위해 지남력 · 주의력 · 기억력 증진을 위한 인지재활적인 요소와 사이코드라마적인 요소를 결합하여 8회기에 걸쳐 시행하고 있다.

프로그램 시간 구성은 다음과 같다.
- 준비작업 : 25분
- 실연(role play) : 20분
- 나눔(sharing) : 15분

치매 노인들은 주의폭(attention span)이 떨어지기 때문에 일반 성인을 대상으로 한 사이코드라마와 달리 한 회기를 1시간 정도로 짧게 구성하는 것이 좋다. 또한 실연에 앞서 준비작업에 더 많은 시간을 할애하는 것이 좋다. 치매 노인 환자들은 자발성과 집중력이 떨어지기 때문에 충분한 준비작업의 과정을 거쳐야지만 실연 단계에서 역할을 수행하기가 수월해지기 때문이다. 또한 준비작업에서는 운동, 미술, 음악 등과 같은 활동을 통해 소근육 운동, 자극을 통한 감정의 자극, 기억력 증대 효과를 얻을 수 있는 이점이 있다.

매 회기마다 반복되는 내용으로는

- 준비작업을 시작하기 전에 글자와 숫자 카드를 사용하여 지남력을 향상시키는 교육을 한다.
- 준비작업 시작 단계에서는 〈안녕하세요. 또 만났군요〉라는 노래로 자기소개를 하고 끝날 때는 〈아리랑〉을 각색한 헤어짐의 노래를 한다.

준비작업을 통해 준비된 도화지(그리운 대상의 그림)를 준비하여 보조자아의 가슴에 붙이고 역할바꾸기(어머니의 역할)를 할 때 환자의 가슴에 그림을 붙이게 하였다. 실연을 하기 전에는 잔잔한 음악을 틀어 환자가 어머니 모습을 상상할 수 있도록 하였다.

구체적인 회기 내용은 다음과 같다.

〈표 24-1〉 치매노인을 위한 사이코드라마 회기와 내용

회기	준비작업	실연
1회기	자기소개 인사노래 배우기 음악과 동작을 통한 이완기법	병원 내에서의 역할극 (의사, 간호사, 간병인, 환자)
2회기	북, 장구, 소고, 탬버린을 이용하여 노래 배우기(몸동작에 중점)	가족 내에서의 역할극
3회기	좋아하는 음악에 맞추어 춤추기	과거 회상을 통한 역할극
4회기	좋아하는 그림 붙이면서 과거 회상	과거 회상을 통한 역할극
5회기	동물농장 놀이로 기억력 게임	자신이 바라는 역할 시연
6회기	여러 가지 미술도구를 이용하여 좋아 하는 사람 그리기	그리운 가족(예: 어머니, 사별한 배우자)을 만나게 하고 역할바꾸기
7회기	악기를 이용하여 〈고향의 봄〉을 함께 불러 보면서 과거를 회상하기	병원 내에서의 일상생활에 대한 역할극
8회기	기원할 수 있는 대상을 만들거나 그림에서 찾아 붙이게 한 후 소원을 빌게 한다(예. 예수, 부처, 불상, 기타 종교적 그림).	극을 통한 소원 성취(wish fulfillment)

❹ 치매 환자의 사례

다음은 8회기로 진행된 사이코드라마 내용 중에서 6회기 내용을 간략하게 정리한 것이다.

주인공 : 어머니, 왜 그렇게 고생만 하시다가 돌아가셨어요. (눈물을 흘린다.) 제가 이렇게 나이를 먹어 저도 할머니가 됐고 죽을 때도 다 됐어요. 어머니는 하늘나라에서 잘 계시지요?

보조자아 (어머니) : 그래. 잘 있어. 너는 잘 지내니?

주인공 : 이렇게 병원에서 지내요. 집에 가고 싶은데⋯⋯. 어머니, 생전에 호강 한 번 못 시켜 드려서 너무 죄송해요. 잘해 드리고 싶었는데 사는 게 뭔지⋯⋯. (중략)

보조자아 (어머니) : 괜찮아. 나는 아무렇지도 않단다. 이렇게 하늘나라에서 잘 지내고 있단다. 그리고 난 너를 이해해. 힘들게 살았고 또 열심히 살았고 엄마한테도 할 만큼 했어.

주인공 : 어머니, 그렇게 말씀해 주셔서 마음이 편안하네요. 병원에서 늘 생각하고 소원 하는 게 있어요. 죽을 때 고통 없이 편안하게 죽었으면 좋겠어요. 그냥 자다가 죽으면 좋겠어요. 다른 환자들 고생하면서 죽는 것 보면 나도 그렇게 될까 봐 불안해요. 어머니 하늘나라에서 제가 고통 없이 죽을 수 있도록 잘 빌어주세요. 빌어 주실 거죠?

디렉터 : 역할을 바꾸세요.

주인공(어머니) : 얘야, 걱정하지 마라. 사람들은 누구나 죽는 거란다. 죽지 않고 사는 사람은 없어. 태어나서 자라고 늙고 병들어 죽는 게 인간사란다. 나도 그랬고 너희 아버지도 그랬듯이 말이다. 죽는 것은 가슴 아픈 일이지만 어쩔 수 없는 일이란다. 사람이라면 누구나 겪는 일이니까 마음 편하게 생각해라. 그리고 넌 병원에 있으니까 의사 선생님, 간호사 선생님이 잘 돌보고 있잖니? 네가 아프면 안 아프게 해 줄 것이고 고통스럽게 죽게 하지는 않을 것이야. 걱정하지 마라. 이 어미도 하늘나라에서 너를 위해 기도하마. (중략)

디렉터 : 역할을 바꾸세요.

주인공 : 어머니, 이렇게 어머니를 뵈니 너무 좋아요. 어머니를 만나게 되리라곤 생각
　　　　도 못해 본 일인데……. 어머니 나중에 제가 죽거든 하늘나라에서 다시 만
　　　　나요.

　이 환자의 경우에는 치매 증상이 비교적 초기 상태라 제반 인지 기능이 어
느 정도 유지되고 언어적 표현력도 좋아서 사이코드라마 상황에서 자신의 생
각이나 느낌을 무리 없이 표현하였다. 또한 처음에는 역할바꾸기가 잘 안 되
었으나 디렉터가 몇 번 설명해 주자 상대방 역할에 쉽게 몰입하는 모습을 보
였다. 사이코드라마 장면에서 어머니와 역할바꾸기를 통해 죽음과 관련된 불
안감을 실연한 후 환자는 "다른 환자들이 고통스러워하는 것을 보면 죽는 것
이 불안하고 무서웠는데, 드라마에서 어머니와 대화를 나누어 보니 마음이 한
결 편해진 것 같다."라고 이야기하였다.

　이와 같이 8회기에 걸쳐 치매 환자들에게 사이코드라마를 진행한 결과, 중
간에 증상이 악화된 한두 명을 제외하고는 대부분의 환자들이 프로그램에 만
족감을 표현하였다. 특히 환자들은 자신들에게 정서적으로 관심을 보여 준
사이코드라마치료진들에게 감사하는 마음을 표현하기도 하였다. 사이코드라
마를 진행하기 이전과 이후에 심리검사를 실시한 후 통계 분석을 해 보았을
때, 사이코드라마치료 집단이 자존감 영역에서 의미 있는 변화가 나타났다.
치매 환자들이 인지 기능은 감퇴하였어도 한 인간으로서의 고유한 자존감에
대한 인식 능력이나 정서적 표현 능력은 어느 정도 갖추고 있기 때문에 사이
코드라마를 통해 무엇인가 할 수 있다는 자신감을 가진 것은 이 프로그램의
효과라고 볼 수 있다.
　우리나라도 노인인구가 점차 늘어나고 있는 추세고 이에 따라 치매 노인에
대한 사회적인 관심을 가져야 할 시점이다. 따라서 단순히 치매의 증상 치료
에만 관심을 가질 것이 아니라 치매 예방과 사회적 복지에도 관심을 가져야
한다고 생각한다. 이런 의미에서 치매 환자들에게 활동성을 제공하고 정서적
안정감과 함께 인지 기능 향상에 도움이 되는 사이코드라마를 적극 권장하고
싶다.

제25장 자존감과 사이코드라마

　정신과에서 만나는 환자들은 전부는 아니지만 많은 경우 낮은 자존감이라는 공통분모를 가지고 있다. 대학로에서 일반인을 대상으로 사이코드라마를 진행할 때에도 자존감이 낮은 사람들을 많이 접하게 된다. 낮은 자존감은 여러 가지 심리적인 문제의 촉발 요인이 되기도 하고 심리적인 문제의 결과로 파생되기도 한다.

　수줍음, 소심함, 자기 주장의 결여, 친밀한 관계를 맺기를 두려워하는 것 역시 낮은 자존감 때문이다. 어떤 사람들은 방어적으로 낮은 자존감을 부인하기도 한다. 예컨대 지나치게 통제하려는 행동, 부적절한 공격성, 과대망상 등이 모두 이런 낮은 자존감을 방어하기 위한 책략일 수 있다. 이러한 책략들은 자기효능감(self-efficacy) · 통제감 · 개인적 가치감을 얻기 위한 것이다.

　자존감은 한 개인이 자신을 얼마나 가치 있는 존재로 생각하고 있는지에 대한 개인적인 판단을 말한다. 자존감은 강력한 인간적인 욕구다. 그것은 사람이 살아가는 과정에서 필요한 기본 욕구고 정상적이고 건전한 발달에 필수적이며 생존을 위한 결정적인 가치다. 자존감은 인생에서 겪게 되는 기본적인 역경에 맞서 이겨 낼 능력이 있다는 자신에 대한 믿음이며, 스스로가 가치 있는 존재임을 느끼고, 자신의 욕구와 소망을 표현할 자격이 있으며, 자신의 노력으로 얻은 결과를 누릴 수 있고 행복해질 권리가 있음을 믿는 것이다.

① 자존감과 자기 개념

　사람들은 알게 모르게 자기에 대한 개념을 발달시킨다. '자기 개념은 운명이다.'라는 말이 있다. 대개 자존감을 형성하는 데에는 가족, 특히 부모의 영향이 중요하다. 어린아이는 태어나면서 옆에서 한없이 행복하고 기쁜 표정으로 바라보는 부모를 보고 자신이 특별하고 사랑스럽다는 생각을 갖게 되고 건전한 자기 사랑과 과시를 즐기게 된다. 여기서 건강한 자기애가 싹트게 된다. 하지만 부모로부터 무조건적인 애정과 지지를 받지 못하게 되면 수치심과 자기혐오의 씨앗이 뿌려지게 된다. 정신과를 방문하는 많은 환자들은 낮은 자존감으로 인해 자기에 대한 불만족감, 수치심과 죄책감, 자기불신, 무력감으로 고통 받는 경우가 허다하다.

　자존감이 낮으면 정신적 성장에 방해가 된다. 긍정적인 자기 개념은 스트레스의 항체로 작용하고 역경 상황에서도 원기와 저항력을 가질 수 있다. 하지만 자존감이 극도로 낮은 사람은 인생의 역경에 직면하게 되면 탄력성 있게 회복하는 힘이 줄어든다. 변화무쌍한 현실 앞에서 무너지기 쉬운 존재가 되고 삶에서 기쁨을 즐기기보다는 그저 고통을 피하려는 욕구에 의해 동기화된다. 이들은 또한 언제나 자신이 속임을 당하고 비난을 당하고 배반을 당할 것이라는 생각을 한다. 언제나 나쁜 것을 기대하고 그런 일을 맞아들일 준비를 하기 때문에 자연히 그런 자신을 지키기 위해 불신이라는 벽 뒤에 몸을 숨기고 고독과 소외 안에 갇혀 살게 된다. 높은 자기 가치감을 가진 사람일수록 상대방으로부터 좋은 대접을 받고 있다는 구체적 증거를 얻으려는 노력을 덜하게 된다. 하지만 '저 사람은 나를 어떻게 볼까? 하찮게 보는 것은 아닌가? 나를 무시하고 있는 것은 아닌가?' 하는 생각을 끊임없이 하고 있는 사람이라면 이 상태에서 합리적이며 객관적인 시각으로 관계 속의 자신과 타인을 관찰할 수 없게 된다. 낮은 자존감을 인정하고 표현할 수 있다는 것은 자신에 대한 엄청난 신뢰를 요구하는 일이다. 누구나 의기소침해지는 사건을 경험할 수 있으나 낮은 자기 가치감을 지닌 사람은 그 사건 자체가 자신에게 매우 치명적이어서 발생한 일을 객관적으로 살피고 확인하기보다는 짐짓 아무 일도 없는 것처럼 행동하려 든다. 또한 그 일에 감정적으로 압도당하고 혼란스러워하기도 한다. 오랫동안 그 상태에 머물면서도 정작 자신의 상태를 개선하려는 노력을 소홀히 하게 되면 경험에서 배우거나 얻는 것은 없게 된다. 당연히 이후에도 '어이없고, 바보스럽고, 무력한' 일을 겪을 가능성이 더 높아지게 된다.

높은 자존감을 유지하기 위해서는 연습이 필요하다. 우선 자신에 대해 좀 더 유능감을 느끼고 행복을 누릴 만한 가치가 있다고 느끼려면 다른 존재에 대한 통제감을 경험할 필요가 있다. 그러기 위해서는 '나는 나의 욕구와 바람을 이룰 책임이 있다. 나는 내 선택과 행동의 책임이 있다. 내가 행복해지는 것은 순전히 나의 책임이다.' 등 자신의 삶과 주관적 안녕감에 대한 책임감을 인식하고 있어야 한다.

치료에서 가장 중요한 순간은 환자들 혹은 내담자들이 그 어느 누구도 자신의 어린 시절을 되돌려서 그때 받지 못했던 것을 얻을 수 없다는 것과 그 어느 누구도 자신을 행복하게 해 줄 수 없다는 것을 알게 되는 때다. 자신에 대한 부정적인 생각은 분노감, 자기 연민, 우울감, 외로움, 죄책감 등과 같은 부정적인 감정을 야기하고 알 수 없는 공격적 행동, 짜증 등의 부정적인 행동을 초래한다. 더욱이 부정적인 감정과 행동은 부정적인 자기 개념을 더 영속화시킨다. 이와 같은 악순환의 고리를 끊지 못한다면, 자기 인생이 다른 주변 사람의 손에 맡겨져서 자율성과 통제감을 잃고 무의미한 삶을 살게 될 수도 있다.

사이코드라마기법에서는 부정적인 자기 개념을 극복하고 보다 긍정적인 자기 가치감을 가지도록 하기 위해 여러 가지 기법을 사용할 수 있다. 자기 안에 있는 긍정적인 마음과 부정적인 마음을 대비시켜 좀 더 명확하게 볼 수 있도록 하는 것도 한 방법이다. 특히 부정적인 마음과 이야기를 나누다 보면 자기 안에 '나는 실패자야. 아무리 노력해도 또 실패할 거야. 나는 아무것도 할 수 없어. 될 대로 되라.' 등의 부정적인 생각이 뿌리 깊게 자리잡고 있음을 발견하게 된다.

⑫ 부정적 자기 개념을 다루고 있는 사례

다음은 대학교에 재학 중인 남학생으로 사이코드라마 집단에 처음으로 참여하였고 자신을 shy라고 소개한 사례다. 어릴 적 왕따를 당한 후 대인기피증과 자살 충동을 느껴 왔고, 현재도 대인관계에서 위축되고 있고 매사에 자신감이 부족하고 열등감이 많다고 하면서 자발적으로 주인공을 하겠다고 하였다.

빈 의자 : 자신과의 대화

디렉터는 주인공에게 잠을 자는 것이라고 암시하고 빈 의자에는 자신의 인생에서 가장 영향을 주었던 한 사람이 앉아 있는 꿈을 꾸게 된다고 말하였다. 주인공은 슬픔도 모르고 기쁨도 모르는 채 위축된 일곱 살짜리 자신이 의자에 앉아 있다고 하였다. 의자에 앉은 그 아이는 보통 아이들 같이 떠들지도 않고 아무 생각 없이 그냥 쓸쓸하게 보인다고 하였다. 디렉터는 일곱 살짜리 자신에게 말하도록 지시하였다.

주인공은 초등학교에 입학해서 친구가 "안녕."이라고 인사를 했는데, 어쩔 줄 몰라 고개를 숙이고 친구에게 "안녕하세요."라고 인사를 한 이후 친구들에게 따돌림을 당했다고 하였다. 주인공은 7세 때의 자신과 현재 26세인 자신을 번갈아가며 대화를 이어갔다. 주인공은 예전의 자신이나 지금의 자신이나 비슷해 보인다고 말하였다. 그리고 자신이 예전이나 지금이나 위축되어 지내는 것이 아버지 때문이라고 하였다.

빈 의자 : 아버지와의 대화

디렉터가 아버지와의 대화를 하도록 지시하자, 처음에 주인공은 심하게 저항하다가 이제는 아버지를 많이 이해하고 있다고 바꾸어 말하였다. 디렉터는 주인공에게 아버지와 감정적인 싸움을 하지 말고 대화를 해 보도록 격려하면서 장면을 연출하였다.

주인공 : 내 모든 문제는 아빠 때문이야. 내가 애들한테 따돌림을 당한 것도 아빠
       가 무섭게 대해서야. 나는 아빠 때문에 사람들 앞에서도 겁이 나고 무서
       워서 아빠 앞에서 하던 행동을 똑같이 하게 돼. 물론 내가 약해서일 수도
       있겠지.

디렉터 : 아빠를 한 번 만나보도록 하죠.

주인공 : ······.

디렉터 : 겁이 나는가 보죠?

주인공 : ······. 아뇨, 지금은 많이 이해해요.

디렉터 : 아버지와 이야기하는 것이 어렵다면, 자 여기 다른 의자에 아버지가 있다
       고 생각하고 이야기를 나눠 보세요. 어떤 표정으로 앉아 있죠?

주인공 : 근엄한 표정이요.

디렉터 : 아버지에게 이야기를 해 보세요.

주인공 : ······. 아직도 아버지를 보면 떨리고 힘들어요.

디렉터 : 두려우면 일어나서 한 번 말씀해 보세요.

주인공 : ······. 아빠는 표정 자체가 무서워. 딱딱하고 언제나 굳어 있지. 어떤 말을
       해도 호응을 하지 않고, 만날 잔소리만 해. 난 아빠 때문에 자신감이 없어.
       나한테 사랑한다는 말도 하지 않지. 아니, 관심도 전혀 없어. 몇 년 전만
       해도 죽이고 싶을 정도로 아버지가 미웠어. 아빠가 어떻게 나를 대할지
       몰라서 그럴 수 있다고 생각하지만, 그래도······.

디렉터 : 구체적인 상황을 한 번 재연해 보도록 하죠.

아버지와의 갈등 장면

주인공은 1년 전 탁자에 앉아 음악을 듣고 있었는데 아버지가 끄라고 하였
다. 주인공이 소리를 줄이기만 하자 아버지는 일어나서 혼을 내면서 머리를
때렸는데, 주인공은 처음으로 반항하면서 소리를 질렀다고 한다. 그랬더니 아
버지가 "나가!"라고 해서 주인공이 "차라리 아빠가 나가!"라고 소리를 질렀다
고 했다. 주인공을 지지하기 위해 이중자아를 투입하였으며, 주인공이 아버지
의 입장을 이해할 수 있도록 역할바꾸기가 병행되었다. 주인공은 계속하여
아버지와의 대화 장면에 두려움을 나타내고 저항하였으며 이에 디렉터는 계
속해서 '마음 가는 대로, 느끼는 대로 하도록' 격려하였다.

주인공 : 왜 만날 명령하고 억압하기만 해. 내가 장난감이야, 인형이야? 항상 그런 식이지. 자식을 키우는 방법을 모르니까 고함지르고 잔소리하고 명령하고 때리기만 해. 아빠는 인간관계의 정을 모르니까 그 따위 것으로 사람을 조정하려 하잖아.

보조자아(아버지) : 왜 말을 안 들어?

주인공 : 아버지는 늘 이런 식이야.

보조자아(아버지) : 너 제대로 하는 게 있어? 제대로 하면 내가 말 안하지. 이 자식이.

주인공 : 거봐.

보조자아(아버지) : 네 스스로 해야 되잖아. 나이가 도대체 몇 살이야?

주인공 : 아버지가 내 스스로 못하게 만들잖아. 인상 쓰면서 자라고 하면 자기도 싫어. 내가 아직도 애 같아?

보조자아(아버지) : 도대체 넌 뭐하는 놈이야? 사내 녀석이 오죽 못났으면 다 나 때문이라고 그래!

주인공 : 물론 아버지 탓이 다는 아니지만 아무리 생각해도 절반은 아빠 때문이야.

디렉터 : 역할을 바꿔 보세요.

주인공(아버지) : 이제 와서 날더러 어떡하란 말이냐?

보조자아(주인공) : 그러니까 이제 내버려 두세요.

주인공(아버지) : 이젠 내버려 두잖아.

디렉터 : 역할을 바꿔 보세요.

주인공 : 어릴 때부터 억압된 게 지금 와서 나아질 것 같아요?

이중자아(주인공) : 다 아버지 탓이야. 대인관계에서 위축된 것도, 내가 성장하지 못한 것도.

주인공 : 나이 들어 그랬다면 이겨 냈을 텐데, 3살짜리 5살짜리가 무슨 힘이 있겠어. 힘이 없는 나한테 그러니까 견뎌 낼 수가 없잖아. 그걸 억압하다보니 지금까지 견뎌 내질 못하고 있어.

이중자아(주인공) : 나는 힘이 없는 어린애였단 말이에요!

주인공 : 다섯 살 때나 스무 살이 된 지금이나 똑같이 대하고 있어. 자식 키우는 방법도 모르잖아.

보조자아(아버지) : 다들 그래. 유독 네가 못나서 그런 거야.

주인공 : 그래요. 절반은 내 탓이야. 내가 나약하니까.

이중자아(주인공) : 내가 나약한 것도 아버지 때문이야.

보조자아(아버지) : 나는 더 어렵게 자랐어. 네가 그런 걸 알아?

주인공 : 잘 키울 자신이 없으면 차라리 자식을 낳지 말던가.

이중자아(주인공) : 차라리 낳지 말지 그러셨어요.

보조자아(아버지) : 이 못난 놈아. 그게 아비한테 할 소리냐!

이중자아(주인공) : 아버지는 그렇게 컸어도 자식은 그렇게 키우시면 안 되죠.

나약한 자신(이중자아)과의 대화

디렉터는 주인공이 생각하는 문제의 핵심은 아버지나 자신의 능력 부족이 아닌 '자신감 부족'임을 이중자아를 통해 인식하게 하였다.

주인공 : 어릴 때는 아버지 때문에 나약하고 상황 파악이 안 되었어. 학교에서 괴롭힘을 당하고 더욱 위축되어 우울했었지. 이젠 나이도 들었으니까 뭔가 변화가 필요해.

이중자아(주인공) : 나도 원하는데, 이게 한두 해가 아니잖아. 10년 넘으니까 변하고 싶어도 주위에서 도와줄 사람도 없는 것 같아. 오히려 지금이 더 자신감이 없어.

주인공 : 지금까지는 내가 머리가 나빠서가 아닐까도 생각을 해 봤어. 지금도 그 생각엔 변함없지만 IQ가 두 자리도 아니고, 대학까지 온 걸 보면 그런 건 아닌 것 같아. 공부 머리는 되는데, 사람을 대하는 두뇌 능력 자체가 떨어지는 것 같아.

이중자아(주인공) : 나는 자신감이 너무 없어.

주인공 : 난 스스로 원인을 찾아내고 고치면 될 것 같은데……. 그런데 그 원인이 막연히 아버지 억압에 의해서라고 생각하는 것 같아.

이중자아(주인공) : 자신도 기억 못하는 원인은 의미가 있을 것 같지 않아.

거울기법 : 과거에 따돌림을 당하게 된 계기가 된 사건 재연

디렉터는 초등학교 1학년 때 친구한테 "안녕하세요."라는 인사를 해서 따돌림 당하는 자신을 거울기법을 통해 지켜보게 하였다. 디렉터는 주인공에게 가슴속에 올라오는 것이 있으면 자발적으로 참여해 자신의 역할을 하는 보조자아를 교정해 보도록 지시하였다. 주인공은 이 장면에 들어가서 자신이 친구들과 있을 때 어떤 생각을 하고 감정을 느끼는지를 표현하였다. 자신감 없는 목소리로 말하는 주인공을 연습시키기 위해 디렉터는 이중자아에게 주인공의 말을 똑같이 따라하되 좀 더 자신감 있고 당당하게 말하도록 지시하였다.

보조자아(친구1) : 반가워!

보조자아(친구2) : 안녕?

보조자아(주인공) : (인사하며) 안녕하세요?

보조자아들 : (비웃는다.) 쟤 우리 반 아냐? 우리 보고 "안녕하세요."라고 인사를 하네. 이상하다.

보조자아(주인공) : 그냥 난……. 난…….

보조자아들 : 쟤 같은 말만 하네. 이상하다.

보조자아(친구1) : 너 어디 살아?

보조자아(주인공) : 난…… 난 그냥…… 말을…… 말을 잘…….

(주인공이 친구 역할을 맡은 보조자아들에게 다가간다.)

주인공 : 당황해서…… 사람들 앞에서 실수할까 봐……. 그래서 잘못 보일까 봐…….

보조자아(친구2) : 실수하면 어때? 이상한 아이네. 생긴 것도 이상하고.

주인공 : 놀리거나 때릴 것 같아.

이중자아1(주인공) : (더 큰 목소리로) 내가 실수하면 아이들이 놀리거나 날 때릴 것 같아.

디렉터 : 이중자아의 말이 맞으면 따라서 말씀하시면 됩니다.

주인공 : …….

보조자아(주인공) : 난 친해지고 싶어서 인사한 건데.

주인공 : 실패할까 봐 자신감이 없어.

이중자아(주인공) : 실패하면 거절당할 것 같아.

주인공 : 완벽하게 보이고 싶어.

이중자아(주인공) : 허점을 보이면 무슨 일이 생길 것 같아.

주인공 : 허점을 보이면 날 공격할 것 같아.

이중자아(주인공) : 난 나에게 관심을 두지 않았으면 좋겠어.

주인공 : 나에게 관심이 없었으면 좋겠어.

보조자아(친구1) : 난 네가 우리를 싫어하는 줄 알았어.

주인공 : 사람을 보면 좋기보다는 공포스럽고 적대감을 느끼게 돼.

보조자아(친구2) : 쟤 이상한 애 같아. 바보같이 "안녕하세요."가 뭐야?

주인공 : (기어들어가는 목소리로) 난 너희들과 친하게 지내고 싶어. 실수해도 너희
　　　　가 받아 줬으면 좋겠어.

　　디렉터는 주인공이 자기표현을 적극적으로 하지 못하는 것을 주목하고 장면을 중지시켰다. 주인공에게 제삼자라면 자신에게 무슨 말을 할 것 같으냐고 묻자, 주인공은 "다른 사람들이 잘 듣게 끝까지 말해라, 자신감 있게 말해라."라고 이야기해 줄 것 같다고 하였다. 무대의 보조자아들은 모두 그 말에 동조하면서 지지해 주고 다시 장면을 재연하였다.

보조자아(친구) : 너 뭐라고 말하는 거야? 똑바로 말해 봐.

주인공 : 네가 똑바로 못 들은 거야.

이중자아(주인공) : 잘하고 있어.

보조자아(친구) : 넌 왜 우리를 무섭게 보는 거야?

주인공 : 자신이 없으니까.

이중자아(주인공) : (더 크게) 난 자신이 없어!

보조자아(친구) : 우리가 너랑 달라?

주인공 : 내가 말을 잘못하면 날 비웃을 것 같아.

이중자아(주인공) : 난 자신감이 없어.

보조자아(친구) : 네가 우리한테 "안녕하세요."라고 그래서 그러는 것뿐이야.

이중자아(주인공) : 너희는 내 약점을 찾아 놀리잖아.

주인공 : 너희는 내 약점을 찾는 것 같아.

이중자아(주인공) : 얘기해 보지도 않고 걱정하고 있잖아. 너무 완벽해 보이면 오히
　　　　　　　　려 거부감이 들 수도 있어.

주인공 : 남에게 약점을 보인다는 게 스스로 용납이 되질 않아.

이중자아(주인공) : 그래. 나는 내가 강해졌으면 좋겠어.

주인공 : 나는 내가 강해지길 원해.

　　디렉터는 주인공의 마음이 두 개로 나누어져 있음을 인식시키고 이중자아

를 '긍정적인 자기' 와 '부정적인 자기' 로 나누어 투입하였다. 그리고 각 이중
자아에게 자신의 역할에서 자기의 긍정적인 측면과 부정적인 측면을 극단적
으로 표현하도록 지시하였다.

> 긍정적 이중자아 : 애들이랑 친해질 필요 없어. 분명히 날 비난할 거야.
> 부정적 이중자아 : 아니야. 너랑 친해지고 싶어 해. 일단은 부딪쳐 보는 거야.
> 주인공 : 난 비난받을 것 같아.

친구들이 대화하는 모습을 주인공이 지켜보는 장면

친구들이 서로 대화하는 장면이 연출되고 주인공은 이를 지켜보고 있다.

> 디렉터 : 친구들이 무슨 이야기를 하는 것 같습니까?
> 주인공 : 놀리는 것 같아요.
> 긍정적 이중자아 : 자기들 얘기를 하는 거야.
> 부정적 이중자아 : 사귈 필요 없어. 모두 나에 대한 욕을 하고 있잖아. 봐! 널 흘끔
> 거리며 쳐다보잖아.
> 긍정적 이중자아 : 너랑 친해지고 싶어서 보는 것일 수 있어.
> 주인공 : 그렇게 생각하지 않아.
> 긍정적 이중자아 : 그런 일로 비난받은 적 있어?
> 주인공 : 응.
> 부정적 이중자아 : 그래. 난 그런 일로 여러 번 상처를 입어 왔잖아.
> 긍정적 이중자아 : 부딪쳐 보는 거야. 애들한테 물어보는 거야. 해 보자.
> 부정적 이중자아 : 이럴 땐 피하는 게 낫지.
> 주인공 : 또 놀림 받을 거야. 왕따 당할 거야. 혼자 있는 게 더 편해. 사람들한테 신
> 경 쓰고 싶지 않아.

주인공이 변화하고 싶은 마음이 있으면서도 용기를 못 내자, 갑자기 관객
중 한 사람이 자발적으로 주인공에게 용기를 주었다(관객 이중자아). 주인공은
여기에 용기를 얻었는지 조금씩 친구들에게 다가가는 모습을 보였다. 긍정적

인 이중자아 그리고 친구들과 함께 부정적인 이중자아를 밀어내고 친구들과 어울리게 되었다.

관객 : 그럼 차라리 저 애들을 왕따시키면 되잖아.

주인공 : 긍정적인 쪽으로 생각하고 싶은데……. 워낙 오래된 마음이라 잘 되지 않아.

긍정적 이중자아 : 연연해하지 마. 그건 네 과거 모습일 뿐이야. 난 자신감 부족을 극복하고 싶어 여기에 왔잖아.

주인공 : 그냥 이대로 사는 마음에 있는 게 더 편해.

긍정적 이중자아 : 도전해 봐.

부정적 이중자아 : 그런 건 다 필요 없어. 도전해서 얻을 게 뭐가 있어? 그냥 혼자 있는 게 마음이 편해.

긍정적 이중자아 : 친구들의 말을 들어본 적도 없잖아. 친구들하고 친하게 지내면 지금보다 훨씬 더 재미있고 외롭지 않을 텐데.

주인공 : 그래, 부딪쳐 봐야 돼.

부정적인 이중자아 : (붙잡는다) 그럴 필요 없다니깐! 쟤네는 날 비웃을 거야. 그럴 필요가 없다니까. 네가 본 모습대로 해. 쟤네들은 날 비웃고 있어.

긍정적인 이중자아 : 나 사실은 불안해. 여기까지 힘들었어.

주인공 : 그냥 어울리고 싶었어.

부정적인 이중자아 : 애들은 내 뒤에서 날 놀릴 거야.

긍정적인 이중자아 : 날 좋아 할 거야. 같이 PC방에도 가고 미팅도 하고 .

(주인공이 친구들에게 다가간다)

보조자아(친구들) : 어서 와. 너 올 줄 알았어. 네가 오니까 좋다.

주인공 : (어색하게) 진작 그럴 걸 그랬네.

보조자아(친구들) : 네가 우리를 싫어하는 줄 알았어.

부정적인 이중자아 : 거봐. 널 오해하고 있잖아. 어차피 이야기 계속해 봐야 또 상 처만 받을 거야.

긍정적인 이중자아 : 아니야. 애들이 나를 보고 반가워하잖아. 얘들도 날 기다리고 있었어.

보조자아(친구들) : (붙잡는다.)

주인공 : (긍정적인 이중자아들과 힘을 합쳐서 자발적으로 부정적인 이중자아를 밀어낸다.)

등돌리기기법

디렉터는 주인공이 자신의 문제를 해결하는 방법을 생각해 낼 때마다 이중자아가 자신감 있고 큰 목소리로 말하도록 지시하였다. 관객에게도 주인공의 부정적인 모습이 보이면 자발적으로 지적해 주도록 지시하였다.

주인공 : 살 필요가 없었어. 살아도 남한테 피해가 됐을 뿐이지. 초등학교 때부터 매일 자살 충동을 느꼈지. 나 자신이 싫고 혐오스러워. 나도 친구한테 하고 싶은 말을 마음 편하게 하고 싶었어.

이중자아(주인공) : 그런데 친구한테 하고 싶은 말을 어떻게 하지?

주인공 : (자신감 없는 목소리로) 나 자신을 사랑하고 당당해져야겠지.

이중자아(주인공) : (더 큰 목소리로) 나 자신을 사랑하고 당당해져야지

주인공 : (여전히 자신 없는 목소리로) 나 자신을 사랑하고 당당해져야지.

디렉터 : 관객 분들은 부정적인 주인공의 모습이 보이면 지적해 주세요.

주인공 : 내가 잘할 수 있는 걸 찾고 싶어. 자신감이 없으니 말이야.

관객 : (합창, 크게) 잘할 수 있는 걸 찾아야 돼. 자신감이 없잖아.

이중자아(주인공) : 한 번 소리쳐 봐. 앞을 봐. 가슴을 펴. 큰 소리로.

주인공 : 사라져.

이중자아(주인공) : 사라져. 더 크게 외쳐 봐. 사라지라고.

주인공 : 사라져!

관객 : (박수친다.)

이중자아(주인공) : 내가 손을 내릴 테니까 혼자해 봐.

관객들 : 잘할 것 같아요. 한 번 해 봐요.

주인공 : 사라져! 사라져!

이중자아(주인공) : 한 번 더 크게 해 봐.

주인공 : (갑자기) 자신이 없어요.

관객들 모두 : 한 번 더! 한 번 더!

주인공 : 사라져! 사라져! 사라져!

무인도에서 낯선 사람과 만나는 장면

디렉터는 부정적인 자기 모습이 투사된 낯선 사람을 통해 다시 한 번 자기 긍정과 자신감을 훈습할 수 있도록 무인도 장면을 설정하였다. 주인공과 낯선 사람이 무대 위를 서성거리는데 두 사람은 계속 서로를 피하고 있다. 어느 순간 주인공이 먼저 낯선 사람에게 말을 걸게 되고, 그 사람에게 자신이 스스로 해야 할 부분을 차근차근 이야기하는 모습을 보여 주었다.

주인공 : 뭐하고 계세요? 기운이 없어 보여요.

보조자아(낯선 사람) : (아주 작은 목소리로) 예. 요즘 괴롭고 힘들어요.

주인공 : 무슨 일인지 얘기해 주실 수 있어요?

보조자아(낯선 사람) : 전 사람들한테 내 얘기 하는 것이 너무 힘들어요.

주인공 : 한 번 믿어보세요. 이야기하는 것이 더 좋을 거예요. 불편하면 편하게 앉아서 이야기해요. 어떤 일이 있었어요?

보조자아(낯선 사람) : 사람들이 날 따돌리고 있는 것 같아요.(주인공이 따돌림 당한 이야기를 반복한다.) 그래서 겁이 나요.

주인공 : 본인이 스스로를 낮게 평가하니까 남이 그렇게 본다고 생각하는 것 같아요. 생각하기 나름이에요.

보조자아(낯선 사람) : 다른 사람들은 다 밝은데 나는 너무 어두워요.

주인공 : 부딪쳐 봐야죠. 자유롭게 사는 게 정신건강에 좋죠. 이제부터라도 모든 걸 부딪쳐 보고 경험을 쌓는 게 더 좋죠.

보조자아(낯선 사람) : 그래도 자신이 없어요.

주인공 : 하다 보면 뭔가 나아질 겁니다.

보조자아(낯선 사람) : 노력이 부족한 게 아니에요. 날 이상하게 봐요.

주인공 : (단호한 말투로) 노력해서 안 되는 건 없어요. 무슨 성과가 있을 거예요. 처음엔 힘들어도 점점 나아질 거예요.

보조자아(낯선 사람) : 그런 사람 본 적 있으세요?

주인공 : 여기 있잖아요. 저도 옛날에는 그랬는데, 드라마하면서 스스로 변화해서 지금은 만족한 생활을 해요.

부정적인 이중자아 : 다 쓸데없는 소리야. 그냥 죽어 버리는 게 나아. 모두 이런 말을 하는 날 비웃을 거야.

주인공 : 지금까지 억눌려 있었잖아요. 자유롭게 사세요. 성공하느냐 안 하느냐는 중요하지 않죠.

부정적인 이중자아 : 죽어 버리자. 모든 게 두려워. 다 쓸데없는 소리야.

갑자기 보조자아(낯선 사람)가 걸어 나간다. 주인공이 잡아도 막무가내로 걸어 나가는데 주인공이 더 세게 붙잡고 이야기하였다. 이 순간에 자살하러 가는 낯선 사람과 주인공 역할을 바꾸어 주었다.

보조자아(낯선 사람) : 난 안 돼요. 지금까지 안 됐는데 어떻게 변하겠어요?

디렉터 : 역할을 바꿔 보세요.

주인공(낯선 사람) : 다시 시작하고 싶어. 부딪치고 싶어.

부정적인 이중자아 : 다 필요 없어. 죽어 버리자.

주인공(낯선 사람) : 뛰어내리고 싶지 않아. 부딪치고 싶어.

긍정적인 이중자아 : 사람들 앞에서 할 수 있다고 소리쳐 봐.

부정적인 이중자아 : (계속 매달려서 주인공을 놓아주질 않는다.)

주인공 : 나는 할 수 있어.

관객 : (합창) 저걸 떼 주세요.

긍정적인 이중자아 : 같이 한 번 힘을 합쳐서 얘를 보내자.

주인공 : (큰소리로) 난 할 수 있어. 난 할 수 있어.

드라마가 끝난 후 주인공은 "정말로 이상해요. 사실상 변한 것은 아무것도 없고 아직도 문제를 가지고 있지만 이제는 편안함을 느끼고 나 자신을 부정하려고 싸우지 않을 것 같아요. 현재의 이 모습이 나의 진짜 모습이고 나는 이 모습을 좋아하지 않지만 그것을 인정해야 할 것 같아요. 변한 것은 아무것도 없지만 나 자신을 이전보다 더욱 긍정적인 시선으로 보게 되었어요. 그리고 가끔씩 다시 자신감이 없어지고 죽고 싶을 때마다 오늘의 사이코드라마를 떠올리며 저를 도와주기 위해 같이 애를 써 주었던 보조자아들, 관객들, 디렉터를 생각하면서 힘을 내야겠습니다."라고 소감을 밝혔다.

제26장 꿈과 사이코드라마

　무의식의 메커니즘과 그 내용을 연구하는 데 가장 효과적인 방법은 꿈을 연구하는 방법이다. 1900년도에 Freud의 『꿈의 해석』이 발간되면서 꿈은 무의식에 이르는 왕도로 정신치료에서 중요하게 여겨졌다. 꿈의 세계는 의식과 무의식의 두 요소로 이루어져 있다. Freud와 마찬가지로 Jung도 꿈을 대단히 중요시하였다. Jung(1965)은 꿈을 무의식으로 통하는 길로 보았을 뿐만 아니라 무의식이 그것을 통해 조정 활동을 행하는 것으로 보았다. 꿈의 상징이 억압된 소원의 위장된 표현이라는 Freud의 견해를 반대하면서 Jung은 꿈의 상징은 아니마, 그림자, 페르소나(persona) 혹은 기타의 태고 유형을 개성화하고 그것들을 통합하여 조화를 이룬 전체를 만들어 내고자 하는 시도라고 보았다. 실제로 꿈은 과거를 깊이 파고 들어가서 옛 기억을 소생시켜 준다. 특히 연속적인 꿈은, 퍼즐 맞추기에서 조각을 전부 연결하면 하나의 완성된 그림이 되는 것과 마찬가지로 개인에 대한 의미 있는 정보를 제공해 준다는 것이 Freud를 비롯한 정신분석자들의 견해였다.

①1 꿈의 해석

　인간의 마음은 직면하기 어려운 내적인 감정들을 숨기려는 경향이 있지만, 무의식은 의식과 어느 정도 의사소통하고 싶어한다. 무의식과 의식 간에 소통은 은유적인 꿈의 형태로 나타날 때 더욱 잘 이루어진다. 꿈은 무의식의 현재 상태를 가장 직접적으로 입증할 수 있는 길이기 때문에 수용적인 태도를 가지고 은유적으로 약간 정교화시킨다면 무의식이 전달하려는 메시지를 이해할 수 있다.

　꿈이나 환상에서 등장하는 상징들은 창조성의 원천이 될 수 있다. 특히 생물이든 무생물이든 꿈에 나타난 모든 자료에는 생생한 인격이 부여되어 느낌이나 목적을 가진 살아 있는 사람처럼 취급된다. 사이코드라마에서 의식적인 자기와 반대편 의자에 앉아 있는 상상된 인물(즉 무의식)이라는 두 가지 역할을 다 해 봄으로써 의식과 무의식의 의사소통은 더욱 구체적이고 생생해지게 된다. 일단 사람들이 자기 내면에서 느끼고 있는 것들을 인식하게 되면, 그 순간 자신이 원하는 바에 따라 무의식은 경고하고, 격려하고, 반영해 주는 기능을 한다.

　꿈은 생생한 은유를 포함하고 있다. 꿈의 은유는 내재된 갈등이나 신체적 욕구에 대해 단순하면서도 직접적인 메시지를 제공해 준다. 이러한 은유를 직접 몸으로 표현해 보면 무의식적 갈등과 욕구들이 좀 더 명확해진다. 주인공은 꿈을 불러내고 상황을 설명하고 디렉터 혹은 치료자는 정서적 색채가 강한 주인공의 자발적인 움직임과 목소리 톤의 변화를 주시한다. 이 중에서 주인공은 가장 표현하기 쉽고 생생한 이미지를 선택해서 직접 그 역할을 해 본다. 주인공은 자신의 꿈속에 나타난 이미지, 예를 들면 푸른 시냇물, 물고기, 동물 등의 역할을 취하게 된다. 주인공이 이미지를 가지고 연상을 계속할 때, 디렉터는 내면의 깊은 감정과 연결되어 있는 사건이나 상징을 묻기도 하고 신체적 감각에 대한 질문도 한다. 주인공은 이러한 일련의 과정을 통해 자신의 꿈이 주는 메시지를 어렴풋이 느낄 수 있다.

　저자의 경험에 의하면 갈등을 주제로 한 드라마가 극적인 내용이나 반전이 있다면, 꿈을 다룰 경우에는 극이 매우 평탄하게 흘러갈 수 있다. 전자가 극의 흐름에 따라 점차로 감정의 방출이 일어나면서 정점에 이르렀을 때 카타르시스가 일어난다면 후자는 감정의 변화가 크지 않더라도 극이 끝났을 때 '아하!' 하는 체험과 동시에 자기 인식이 생기는 것을 알 수 있다. 이와 같이 주인공의 무의식적인 내용들이 다루어지면 주인공은 편한 느낌을 갖게 된다.

꿈을 실연할 때 디렉터는 주인공에게 꿈이 주는 메시지를 생각해 보도록 유도한다. 예컨대 "이 꿈이 왜 지금 당신에게 나타난 것일까요?"라고 질문을 하게 되면 주인공은 한 걸음 물러나서 꿈의 감정뿐만 아니라 꿈의 맥락을 볼 수 있다. 주인공이 꿈의 메시지를 명확하게 표현하게 되면 정신과 신체가 연결되는 경험을 할 수 있다. 전통적인 정신분석에서는 꿈을 언어적으로 분석하고 해석해 주지만 사이코드라마에서는 신체적 행위를 통해 꿈의 이미지들이 재연된다. 신체적 활동은 꿈의 메시지를 강화시켜 준다. 그 이후에 디렉터는 "이 꿈은 현재 당신의 생활에 대해 무엇을 말해 주려는 것일까요?"와 같은 질문을 하여 주인공이 자기 삶의 어떤 부분과 꿈의 메시지를 통합하면서 통찰을 얻도록 한다.

사이코드라마에서는 모든 꿈, 환상 등이 행위화된다. 대부분의 정신치료는 과거로 거슬러 올라가 갈등의 원인을 분석하고 꿈 역시 과거로 거슬러 올라가서 무의식적 의미를 탐구한다. 하지만 사이코드라마에서 꿈의 시간적 의미는 중요하지 않다. 어린 시절의 꿈이든, 몇 년 전의 꿈이든, 혹은 어젯밤의 꿈이든 오직 '지금-여기'에서 의미가 있다. 과거 시점으로 자신의 꿈에 대해 이야기하는 것보다 주인공이 훨씬 더 깊게 몰입할 수 있고 꿈속의 감정들을 더 생생하게 체험할 수 있기 때문이다. 또한 사이코드라마에서는 디렉터가 꿈의 무의식적 의미를 분석하고 해석하기보다는 꿈꾼 사람이 현재 시점에서 꿈의 이미지를 따라가면서 당면한 삶 속에서 스스로 그 의미를 찾게 한다.

꿈 작업에서 꿈의 내용, 꿈을 꾼 시점, 반복되는 꿈인지의 여부, 꿈이 어떤 메시지를 담고 있는지, 꿈을 꾸고 난 다음의 느낌 등을 탐색하는 것이 중요하다. 특히 반복되는 꿈은 평소 그 꿈이 주는 메시지에 귀를 기울이지 않아 되풀이되는 것이다. 꿈의 메시지에 주의를 기울이고 현실적으로 수용한다면 더 이상 꿈은 반복되지 않는다. 게슈탈트이론에서는 계속되는 꿈뿐만 아니라 오래 기억되는 꿈도 개인에게 어떤 중요한 게슈탈트가 완결되지 않았기 때문에 반복되거나 오랫동안 기억된다고 보고 있다(김정규, 1995).

한편 꿈 작업을 할 때에는 반드시 실제 꿈에서 일어난 대로 이야기를 전개할 필요는 없다. 처음에는 주인공의 내면을 탐색하기 위해 실제로 나타난 사건이나 등장인물, 무대, 배경 등을 그대로 행위화하지만 꿈 장면을 실연하는 도중에 주인공이 즉흥적으로 새로운 이야기를 넣거나 빼서 전개시켜도 된다. 그리고 꿈 작업을 할 때에는 시간이 허락된다면 꿈의 모든 부분들을 하나씩 차례로 실연을 하고 역할바꾸기를 시켜보는 것이 좋다. 왜냐하면 꿈의 모든 부분들이 합해지면 하나의 전체적인 이야기가 구성될 수 있고 부분들을 차례로 접촉하다 보면 주인공의 인격에서 소외되고 억압된 측면들이 명확해지고 삶에서 두려워하고 있는 것이 무엇인지 분명해진다. 특히 디렉터는 주인공이 꿈에 나타난 이미지와 부분들의 역할을 할 때 어떤 감정을 느끼는지, 어떻게 행동하는지 그리고 어떤 행동을 회피하고 있는지 등을 면밀하게 관찰하여 주인공의 내적 갈등을 이해하려고 노력해야 한다. 여기서 디렉터는 주인공에게 반복되는 행동이나 사고 양상을 찾아내어 직면시켜 줄 수도 있고 아니면 주인공이 행위화를 통해 직접 꿈의 의미를 찾아서 자신의 삶에서 통합할 수도 있다.

❷ 꿈을 다루고 있는 사이코드라마 사례

다음은 꿈을 다루고 있는 사이코드라마 사례다. 주인공은 20대 중반의 간호사로 반복적으로 꾸는 꿈을 사이코드라마 상황에서 재연하고 싶어했다.

주인공이 자주 꾸는 꿈 내용은 다음과 같다.

꿈속에서 나는 바다를 바라봅니다. 검푸른 바다, 차가운 느낌의 바다입니다. 바다는 넘실넘실 해안을 덮칠 듯합니다. 해안에는 집들이 모여 있습니다. 나는 해안의 반대쪽 산 중턱에 홀로 서 있습니다.

멀리 해안을 바라보면 두려운 생각이 듭니다. 집들을 덮칠 것 같습니다.

나는 산을 떠나 해안 쪽으로 가려 합니다. 해는 서산에 지고 저녁노을이 해변을 따라 아늑하게 집들을 감싸고 있습니다. 산은 외롭게 보입니다.

날씨는 바다만큼이나 차고 을씨년스럽습니다. 그때 헬기가 나타납니다.

나는 그 헬기를 타려고 마음을 먹습니다. 헬기는 마을 쪽으로 가려고 하고 있기 때문이지요.

나에게도 헬기가 다가오는 순간 많은 사람들이 헬기에 매달려 있는 것을 봅니다.

헬기 안에도 사람들이 타고 있었습니다. 그들은 밖에 있는 사람들과는 다른 종류의 사람들인 것 같습니다. 나는 간신히 헬기의 다리 맨 끝에 매달려 갑니다. 주변을 보니 많은 사람들이 매달려 있었습니다. 어린아이도 보이고 어른들도 보입니다.

헬기는 해안의 마을로 갑니다. 수면에 가깝게 날아갑니다. 바다에 빠질 듯하기도 합니다.

나는 헬기 끝에 매달려 있습니다. 검은 파도가 넘실넘실 나에게 다가옵니다. 검은 파도가 곧 나를 덮칠 것 같습니다. 나는 점점 숨이 막혀 옵니다. 드디어 해변에 도착했습니다.

매달려 있던 많은 사람들이 내리고 다음에는 헬기 안에 타고 있던 사람들이 내립니다. 헬기 안의 사람들이 갑자기 밖에 있던 사람들을 쫓기 시작합니다.

나도 도망을 가야 한다고 생각합니다. 나는 다른 사람들과 함께 어디론가 숨어 버립니다.

나는 계속 불안합니다. 잡힐 것 같습니다. 쫓는 이들이 바로 옆을 지나갑니다.

이것이 내가 반복해서 꾸는 꿈입니다. 꿈의 느낌은 차갑습니다. 차가운 날씨와 검푸른 바다…….

석양에 물든 해안과 물에 잠길 듯한 불안한 가옥들 모두 을씨년스럽고 차갑게 느껴집니다.

디렉터는 꿈속에 나타난 분위기를 연출하기 위해 무대조명을 어둡게 하고 파도 소리, 갈매기 소리를 들려주면서 주인공에게 다시 꿈을 꾸게 된다고 말해 주었다. 꿈에 나타난 자료 중에서 주인공이 표현하고 싶은 이미지를 고르게 한 후 꿈의 내용을 무대에 재연하였다. 나머지 집단원은 꿈에 나오는 이미지 역할을 하였다. 디렉터는 보조자아들에게 바다, 해안의 집, 헬기 그리고 산 역할을 시키고 푸른 색 천을 이용하여 파도의 넘실거림을 표현하도록 하였다. 그리고 주인공에게 편한 마음으로 꿈속에 들어가 주변 환경들과 대화하게 하고 바다가 주는 느낌이나 연상이 무엇인지 질문하였다. 해안에 있는 집을 보면서 주인공의 머리에는 부모님이 사는 집이 떠올랐고 위태롭게 헬기에 매달린 자기의 모습을 보며 남자 친구와의 관계를 연상하였다.

주인공은 이러한 과정을 통해 꿈과 현실을 오가며 꿈속에서의 이미지를 쫓아 무의식을 의식으로 드러내 보일 기회를 갖기도 하고 그 꿈이 갖는 현실적 의미도 탐구할 수 있었다. 파도는 해안에 있는 집을 덮칠 듯이 다가왔는데, 어린 시절 그 집에서 살던 어머니와 아버지 그리고 친척들과의 갈등을 떠올렸다. 헬기에서 바라보았던 파도는 자신을 삼킬 듯하였는데, 실연 과정에서 주인공은 파도를 상징하는 푸른 천에 휩싸여 공포감을 체험하기도 하였다. 주인공에게 파도는 불안감을 의미했다. 나눔 단계에서 주인공은 처음에는 당혹스럽기도 하고 연상을 해 나가는 데 힘이 들었지만 극의 중반부터는 자연스럽게 꿈의 이미지를 따라갈 수 있었다고 소감을 밝혔다. 그리고 꿈의 이미지나 상징이 현실과 연관성이 있다는 사실을 인식하고 놀라워했다.

다음은 반복적으로 떠오르는 이미지를 사이코드라마에서 실연해 보았다.

주인공은 초등학교 양호 교사로 근무하고 있는 40대의 미혼 여성으로 밤에는 야간 대학원을 다니며 상담 공부를 하고 있다. 집안에서 막내였던 주인공은 위로 언니, 오빠들이 있었지만 학업 문제로 떨어져서 지냈고 부모님은 농사일로 늘 바빴다. 어린 시절을 혼자 외롭게 지내야 했던 주인공에게는 동화책을 읽으며 공상을 하거나 글을 쓰는 것이 유일한 즐거움이었다. 그로부터 오랫동안 주인공은 어린 시절에 읽었던 〈콩알 공주〉의 이야기가 내면에 자주 떠올랐다. 주인공의 머릿속에 떠오른 내용은 다음과 같다.

어느 나라에 어린 공주가 있었다. 공주는 이불이 높이 쌓인 어느 방에서 혼자 놀다가 잠이 들곤 했는데, 그때마다 공주는 이불 밑의 콩 때문에 잠을 편안히 잘 수 없었다. 공주는 편안한 곳을 찾아 궁 밖으로 나가고 왕은 공주를 찾다가 콩알이 이불 밑에 있는 것을 발견하게 된다. 몇 년간 공주를 찾던 중 한 아가씨가 궁궐에 찾아왔다. 왕비는 그 아가씨를 이불이 높이 쌓인 방에 재우고 다음 날 잘 잤느냐고 물었다. 그 아가씨는 콩알 때문에 잠을 편히 잘 수 없었다고 말하여 공주임이 밝혀진다는 이야기다.

위의 내용은 알베르토 베네벨리의 동화에 나오는 〈공주와 완두콩〉을 기초로 한 것이지만 주인공이 기억하고 있는 내용은 약간 달랐다. 원래의 〈공주와 완두콩〉은 다음과 같은 줄거리로 구성되어 있다.

부족할 것이 없는 왕자가 고민에 빠졌다. 그것은 어떻게 해야 슬기롭고 아름다운 공주를 아내로 맞을 수 있을까 하는 것이었다. 왕자는 마음속에 간직한 공주를 찾기 위해 여러 나라를 돌아다녔지만 결국 슬기롭고 아름다운 공주를 찾지 못하고 다시 성으로 돌아왔다. 어느 날 성 밖에 허름하고 낡은 옷을 걸친 아가씨가 하루 쉬어 가기를 청하였는데, 그 아가씨는 자신이 공주라고 밝혔다. 왕비는 그 소녀가 왕자가 찾고 있는 공주인지 아닌지 알아보기 위해, 완두콩 한 알을 침대 위에 올려놓고 그 위에 두꺼운 요를 스무 채나 깔아 둔 뒤 그 위에서 그녀를 자게 하였다. 다음 날 아침 소녀는 방문을 열고 나오면서 침대 밑에 딱딱한 것이 있어 잠을 제대로 잘 수 없었다고 말했다. 왕과 왕비는 그 소녀가 왕자가 찾던 공주라는 사실을 알고 무척 기뻐하게 된다. 슬기롭고 지혜로운 공주만이 그 완두콩을 느낄 수 있었다고 믿었기 때문이다. 그렇게 해서 왕자는 꿈속에 그리던 진짜 공주를 만나 다시 웃음을 되찾게 되었다.

인터뷰 장면

반복하는 꿈이나 이미지 혹은 오래된 이야기 등 자신의 마음속에 떠오르는 내용을 주인공에게 물어보았다. 완두콩과 공주라는 동화가 주인공에게 정서적으로 강하게 부착되어 있음을 알 수 있었다. 주인공의 머릿속에 있는 동화를 무대에 재연하게 하였다.

　　디렉터 : 하고 싶은 내용이 있나요?

주인공 : 제가 항상 마음에 떠오르는 내용이 있어요. 궁전의 깊은 곳에 있는 방에서 높이 쌓여 있는 이불 위에서 혼자 노는 공주 이야기입니다. 그런데 이불 밑에 콩알이 있어서 항상 슬프고 불편해요.

디렉터 : 혼자 노는 공주의 이미지와 콩알의 이미지가 주인공과 통하는 것이 있는 것 같아요. 어떤 내용이든지 떠오르는 대로 본인이 꾸고 싶은 꿈을 꾸어 보세요.

무대 조명이 어두워지고 조용한 음악을 들려준다.

디렉터 : 꿈을 다 꾸었으면 손을 드세요. 무슨 꿈을 꾸었나요?

주인공 : 혼자 길을 걸어가는 꿈을 꾸었습니다. 나는 어린 소녀입니다. 길옆에 나무도 풀도, 꽃도 있어요. 도랑에서 놀기도 하고, 가끔씩 지나가는 사람들이 있어요. 그 소녀가 가고 싶어하는 곳이 있어요.

디렉터 : 다시 눈을 감고 도랑 길을 걸어가세요. 뭐가 보입니까?

주인공 : 언덕이 보이고 꽃이 피어 있어요. 나무가 길옆에 있고 그 옆에 꽃이 있는데 나는 언덕을 올라가고 있어요. 새도 있고 저쪽에 지나가는 사람도 있어요.

디렉터 : 자, 여기 나무와 꽃, 새와 지나가는 사람이 있어요. 원하는 대로 배치하세요.

디렉터는 보조자아들을 배치한다. 각각의 보조자아들은 왼쪽 앞쪽에는 나무, 그 뒤에는 꽃, 뒤쪽 가운데에 나무 위의 새 역할을 하고 오른쪽에 지나가는 사람 역할이 주어진다.

디렉터 : 언덕을 걸어 지나가세요. 말을 걸고 싶으면 말을 거세요.

주인공 : 참 예쁜 꽃이다. 너는 왜 여기 피어 있니?

디렉터 : 역할을 바꿔 보세요.

주인공(꽃) : 나는 바람이 여기에 실어다 줬어.

디렉터 : 역할을 바꿔 보세요.

주인공 : 정말 좋았겠다. 바람을 타고 나는 느낌이 어땠어?

보조자아(꽃) : 굉장히 시원하고 편안하고 재미있었어.

주인공 : 나도 그렇게 날아다니고 싶어.

보조자아(꽃) : 너는 왜 못 날아다녀?

주인공 : 대신 나는 걸어 다녀. 나는 길을 가는 것을 좋아하거든. 훨씬 더 좋아, 재미있고. 너는 어떻게 보면 부럽지만 불쌍해. 여기서 움직이지 못하잖아.

디렉터 : 역할을 바꿔 보세요.

주인공(꽃) : 맞아, 나는 움직이지 못해.

디렉터 : 역할을 바꿔 보세요.

주인공 : 하지만 다음에 다시 바람을 타고 날 수 있을 거야. 그러면 다시 만날지도 몰라. 여기는 너무 좋은 곳이야. 너는 정말 좋은 곳에 있어. 나무도 많고……. 너는 친구들이 많아서 참 좋겠다.

보조자아(꽃) : 그럼, 친구가 너무 많아 새도 친구고, 나무도 친구야. 사람들도 나를 좋아해.

주인공 : 나도 친구가 많았으면 좋겠다. 나는 친구가 없어. (주인공이 흐느껴 운다.)

보조자아(꽃) : 울지 마. 내가 친구 해 줄게. 너는 친구가 없니?

주인공 : 나도 친구가 많았으면 좋겠다.

보조자아(꽃) : 친구가 없어?

주인공 : 다른 친구들은 이 길을 가지 않아. 나 혼자만 가는 거야.

보조자아(꽃) : 너 혼자서 너무 쓸쓸하겠다.

주인공 : 쓸쓸해. 하지만 좋은 길이거든. 나는 이 길을 가야 해.

보조자아(꽃) : 어딜 갈 건데?

주인공 : 내가 가는 곳? 글쎄, 나도 아직 잘 모르겠어.

보조자아(꽃) : 울지 마.

주인공 : 아무도 같이 갈 사람이 없잖아. 매일 매일 그래서 슬퍼.

보조자아(꽃) : 내가 같이 가 줄까? 혼자 가면 외롭잖아.

주인공 : 그렇지만 너를 꺾을 수는 없어. 너는 꽃이고 여기에 있어야지. 내가 너를 꺾으면 아프잖아.

보조자아(꽃) : 너는 혼자 가도 괜찮아? 아프지 않아?

주인공 : 나는 이 길을 좋아해. 가는 건 다 좋아. 딱 한 가지 슬픈 건 외로운 거야. 하지만 같이 갈 사람이 없어.

보조자아(꽃) : 사람들이 왜 너랑 같이 안 가려고 그래?

주인공 : 사람들이 가고 싶지 않대. 거기가 좋대. 그래서 다른 곳에 가고 싶지 않대. 매일 매일 그것 때문에 슬퍼.

보조자아(꽃) : 내가 같이 가 주고 싶은데…….

디렉터 : 계속 길을 걸어가세요.

주인공 : 너는 날개가 있어서 좋겠다.

보조자아(새) : 나는 훨훨 날 수 있어, 정말 좋아.

주인공 : 그러다 심심하면 똥을 쌀 수도 있고.

보조자아(새) : 맞아. 맘에 안 드는 사람 머리 위에 똥을 찍 싸면 기분이 정말 좋아. 너는 어디 가?

주인공 : 나? 내가 정말 가는 곳이 어딘지 나도 잘 몰라.

보조자아(새) : 너는 길을 모르고 가니? 그러다 길을 잃어버리면 어떻게 해.

주인공 : 잃어버리지 않아.

보조자아(새) : 끝이 어딘데?

주인공 : 나도 몰라. 그렇지만 어디로 가든지 나는 제대로 가게 될 거야. 왜냐하면 지금까지 제대로 왔거든. 너는 다른 데 가 본 적 있니?

보조자아(새) : 나는 겨울에는 따뜻한 데 가서 살고 봄이 와서 따뜻해지면 다시 여기로 와.

주인공 : 너는 따뜻한 곳만 왔다 갔다 하니?

보조자아(새) : 응. 나는 따뜻한 곳이 좋아.

주인공 : 따뜻한 곳에만 살면 좋겠다.

보조자아(새) : 너도 따뜻한 곳에서 살면 되잖아.

주인공 : 그런데 나는 추운 것도 좋아.

보조자아(새) : 추운 것도 좋아?

주인공 : 추운 것도 필요하지. 눈도 오고 정말 좋아.

보조자아(새) : 추우면 날 수 없잖아.

주인공 : 추우면 따뜻한 데 가서 거기에 있으면 돼. 나는 별로 추위를 느끼지 않아. 대신에 눈이 오잖아. 비도 오고 눈도 오고……. 그게 훨씬 더 좋아. 너는 비가 오면 어디로 가니?

디렉터 : 역할을 바꿔 보세요.

주인공(새) : 나는 비가 오면 내 친구들을 찾으러 가지. 혼자 있으면 심심하잖아. 어디 있나 찾아서 나무 아래 구멍에 들어가서 비가 그칠 때까지 놀지.

보조자아(주인공) : 친구들과 같이 있으면 답답하지 않니?

주인공(새) : 그렇지만 이야기하는 것이 재미있잖아. 구멍 속에 들어가서 쉴 새 없이 이야기해.

보조자아(주인공) : 좁은 구멍 안에 들어가 있으면 답답하잖아. 나는 외로운 게 좋아. 혼자서 길을 가면 좋잖아.

주인공(새) : 그렇겠지. 하지만 비가 오면 내 털이 젖거든. 물에 젖으면 너무 추워.

보조자아(주인공): 하지만 떨어지는 비를 보면 그 외로움이 너무 좋아.

주인공(새) : 너는 외롭니? 혼자 있는 게 슬프긴 하지? 나도 날 때는 혼자서 날아. 같이 날 수는 없어. 날개를 묶어 놓으면 어떻게 날 수가 있어? 그러니까 날 때는 혼자서 나는 거야. 그리고 너는 걸어가는 거니까 혼자서 걸어가는 것이겠지.

디렉터 : 역할을 바꿔 보세요.

주인공 : 그 말이 맞아. 사실은 걸어가는 데 손과 발을 묶으면 걸어갈 수가 없어. 그리고 같이 가면 내가 가고 싶은 대로, 마음대로 못 가. 혼자 가는 게 슬프긴 하지만 내가 가고 싶은 대로 가는 게 더 좋아. 너도 네가 날고 싶을 때 나는 게 좋지?

보조자아(새) : 응.

주인공 : 그럼 너는 나와 통하는 게 있는 거야. 안녕. 다음에 날 때 나 있는 데로 놀러와. 잘 가. 안녕.

(지나가는 사람을 쳐다본다.)

주인공 : 아저씨, 아저씨는 왜 왔다 갔다 해요?

보조자아(아저씨) : 나는 원래 여기서 태어나고 여기서 자랐거든. 그러니까 여기를 떠날 수 없어.

주인공 : 그러면 아저씨는 여기서 얼마나 오래 산 거예요?

디렉터 : 역할을 바꿔 보세요.

주인공(아저씨) : 나? 얼마나 오래 살았는지 나도 모르는 걸. 왜냐하면 나는 날짜 같은 건 기억하지 않아.

보조자아(주인공) : 아, 그렇게 사는 것도 있구나. 어때요? 재미있어요?

주인공(아저씨) : 그저 그렇지 뭐. 어떠냐고 묻는 게 이해가 안 가.

보조자아(주인공) : 다른 데 가고 싶지 않아요?

주인공(아저씨) : 다른 데는 무서워.

보조자아(주인공) : 아저씨는 나보다 훨씬 키도 크고 힘도 센데 왜 무서워요?

주인공(아저씨) : 한 번도 가 본 적이 없으니까. 그리고 다른 데는 뭐 하러 가? 내가 필요한 건 여기에 다 있는데. 부족한 게 없어. 그런데 조금…… 한 가지 부족한 게 있어.

보조자아(주인공) : 뭐가 부족해요?

주인공(아저씨) : 별거 아니야. 한 가지가 부족하긴 한데 그게 뭔지 모르겠어. 그런데 부족해.

디렉터 : 역할을 바꿔 보세요.

주인공 : 내 생각에는…… 아저씨는 모든 걸 다 가졌다고 하는 데 한 가지만 부족하다고 하거든요? 그런데 나는 모든 게 다 부족한데 한 가지만 부족하지 않아요.

보조자아(아저씨) : 한 가지가 부족하지 않다고?

주인공 : 나는 집도 없고 친구도 없고 아무것도 없지요.

보조자아(아저씨) : 그게 뭐지?

주인공 : 나지요. 나 하나만 갖고 살아요.

디렉터 : 계속 길을 걸어가세요. 여기는 언제나 똑같은 상황이예요. 지나간 직후에 이들이 무슨 말을 할까요?

주인공 : 나무는 이런 말을 하고 있어요. '내가 여기 이렇게 오랫동안 지켜왔지만 저렇게 당돌한 꼬마는 처음 보는 걸. 참 용감한 것 같은데.' 꽃은 이런 말을 하고 있어요. '그렇지만 불쌍한 것 같아요. 아까도 외로워서 울던데. 혼자서 저렇게 가면 굉장히 힘들 거야.' 새는 이런 말을 하고 있어요. '나는 날 수 있어 참 좋아. 그런데 저 애는 날개가 없는데 걸어가려니까 다리가 아프겠다.' 아저씨는 이런 말을 하고 있어요. '나는 한 가지만 부족한데, 저 애는 한 가지만 부족하지 않다고 했어. 그게 무슨 의미일까?'

디렉터 : 그런 얘기를 하는 데 걸리는 게 있으면 저 안으로 가서 같이 이야기하세요.

디렉터는 주인공이 한 얘기를 토대로 새, 꽃, 나무, 아저씨 역할을 보조자아에게 맡기고 연기를 하게 한다.

보조자아(새) : 나는 훨훨 날아서 금방 갈 수 있는데 저 애는 걸어가려니 다리가 참 아프겠다.

보조자아(꽃) : 다리도 아프지만 친구가 없어서 너무 외로울 것 같아.

보조자아(나무) : 그런데 쟤는 배짱 하나는 든든한 아이인 것 같아.

보조자아(꽃) : 쟤는 도대체 혼자서 외롭게 왜 가는 걸까?

보조자아(새) : 추운 겨울인데 편안하게 친구들이랑 집에서 놀지. 왜 저렇게 가지?

보조자아(아저씨) : 나는 한 가지가 부족한데 쟤는 한 가지만 있다고 하면서 그게 바로 자신이라고 했어. 그런데 나도 자신이 있는데 그게 무슨 말이지?

보조자아(나무) : 우리는 친구도 있고……

보조자아(꽃) : 이렇게 예쁜 곳에서 살고 있는데, 우린 참 행복하고 좋은데.

보조자아(나무) : 그래도 쟤는 이렇게 추워도 잘 이겨 낼 거야. 왜냐하면 배짱도 든든하고 또 제일 중요한 자신을 갖고 있으니까 충분히 자기가 가고 싶은 곳으로 갈 거야.

보조자아(꽃) : 그래도 친구들이 도와주면 좋잖아.

보조자아(나무) : 혼자 가는 것보다 더 도움을 받을 수 있잖아.

주인공이 보조자아들 사이로 들어간다.

주인공 : 그 말이 맞아. 나도 친구를 만들고 싶어. 저 아저씨도 같이 가면 좋겠는데 같이 가기 싫다고 했잖아.

보조자아(꽃) : 내가 친구 해 주고 싶다고 했는데 나를 꺾기 싫다고 그냥 혼자 간다고 그랬어. 나는 같이 가 주고 싶은데……. 같이 가면 행복할 것 같은데……. 걔가 너무 마음이 아파 보여.

보조자아(아저씨) : 그렇긴 한데 나는 할아버지의 할아버지 때부터 이곳에 살아와서 한 번도 모험을 해 본 적이 없어. 그 아이를 따라가려니까 왠지 두려워 그리고 여기가 내가 있어야 될 곳 같기도 하고.

보조자아(새) : 날씨도 추운데 여기서 잠시 쉬어 가면 좋을 텐데, 왜 저렇게 쉬지도 못하고 걸어갈까?

주인공 : 그래 맞아. 가끔 가다가 쉬어 가면 좋을 텐데…….

한 곳에 정착하지 못하고 어디론가 길을 떠나야 하는 주인공은 피곤함을 느낀다. 주인공이 묘사한 장면 어디에서도 만족을 얻지 못하고 자신은 이방인이라는 생소한 느낌이 주인공으로 하여금 불편함을 느끼게 하였고 쉬고 싶다는 생각을 하였다.

디렉터 : 쉬고 싶어요?

주인공 : 예.

디렉터 : 가다가 잠을 자야겠지요. 이곳에 네 명이 나란히 누워 보세요. 이불이니까 가서 누워 보세요. 편안히 누워 보세요. 콩이 있나요?

주인공 : 콩이 있어요.

디렉터 : 이불들하고 이야기해 보세요.

주인공 : 나는 여기 있을 때가 참 좋은데, 뭔가 불편해. 너희들은 불편하지 않니?

보조자아(이불1) : 너는 왜 불편하니?

주인공 : 여기 이렇게 누워 봐. 이불이니까 왜 불편한지 모르지.

디렉터 : 누워 있는 느낌이 어때요? 어떻게 하면 편할까요?

주인공 : 콩이 없어야 돼요. 그런데 없앨 수가 없어요. 이불 저 밑에 있어요.

디렉터 : 이불들과 이야기해 보세요.

주인공 : 내가 이 이불들을 너무 좋아하는 데 여기서 노는 것이 너무 좋은데 깊이 잠을 잘 수가 없어요. 왜 그런지 잘 모르겠어. 잠을 자기는 하는 데 완전히 잠들지 못해. 어떻게 생각하니?

보조자아(이불2) : 등이 아픈 거니?

주인공 : 등이 아픈 거는 아닌데

보조자아(이불3) : 불편해? 딱딱해?

주인공 : 등이 아픈 건 아닌데 뭐가 굴러다녀.

디렉터 : 같이 이불이 되어 이불 사이에 누워 보세요. 여전히 콩이 이불 밑에 있어요. 기분이 어때요? 이불이 되어서 이야기해 보세요.

주인공(이불) : 이불이 되니까 느낌이 달라요. 편안해요. 기분이 좋아요.

디렉터 : 콩하고 이야기하든지 이불들하고 이야기하든지 이야기해 보세요.

주인공(이불) : 이렇게 누워 있으니까 갑자기 콩이 좋아지는 느낌이에요. 아까까지는 불편하다고 생각했는데 이불이 되어 누워 보니까 콩이 참 좋아요. 사랑스럽고 그게 그 속에 처박혀 있는데 왜 들어가 있을까?

　디렉터는 주인공에게 콩이 주는 의미를 탐색하기 위해 주인공에게 콩이 되어 볼 것을 주문하였다. 불편함과 어색함의 원인인 콩이 되어 주인공과 콩과의 관계를 모색하여 보았다. 콩의 상징을 추적해 보았다.

디렉터 : 콩이 되어 보세요.

주인공(콩) : 네가 나 때문에 불편하다고 하는 데 내가 너한테는 꼭 필요해. 내가 이
         밑에 있느라고 얼마나 힘든지 아니? 다 너 때문이야. 내가 불편하다고 하
         면 나도 슬프긴 하지. 네가 울면 내 마음도 아파. 너는 잘 모르지. 내가 필
         요하다는 걸 네가 알 날이 올 거야. 나는 너에게 아주 중요해.

디렉터 : 본인의 역할을 해보세요.

주인공 : 네가 불편했는데 이불이 되어 누워 보니까 편안하게 느껴져. 왜냐하면 이
        불이 그냥 쌓여만 있으면 너무 재미가 없어. 콩이 있어야지. 그런데 네가
        꼭 필요하다는 것을 알 날이 온다는 것이 뭔지 잘 모르겠어.

디렉터 : 다시 콩이 되어 보세요.

주인공(콩) : 불편하다는 걸 느낄 수 있다는 것이 너한테 얼마나 소중한 일인지 알
         았으면 해. 편안하게 느낀다고 다 좋은 게 아니야. 편안함이 주는 함정을
         너는 모를 거야. 편안한 삶, 네가 원하는 게 그거였니? 아주 깊은 숙면을
         취하고 싶니?

디렉터 : 다시 자신이 되어 보세요.

주인공 : 피곤해. 나도 자고 싶어. 너 때문에 잠을 잘 못 자잖아. 너도 잠을 못 자 봐.
        얼마나 힘든데.

디렉터 : 편안히 잠을 자 보세요.

주인공 : 이불 위에 누우면 잠을 잘 못 자고 이불 밑에 내려가 자면 잠은 잘 텐데 이
        불 밑에 내려가는 건 싫고 진퇴양난이네요. 콩이 있는 곳에 기대어 자다
        보면 좋은 생각이 날 것 같아요. 이불은 그냥 놔두고 내가 힘이 없으니까
        걷어낼 수가 없어요.

디렉터 : 콩 옆에 자는 게 편해요?

주인공 : 필요하다고 했으니까 뭔가 그 답을 찾고 싶어요.

디렉터 : 콩 옆에 기대어 잠을 자세요.

주인공 : 슬프지만 편안해요. 콩이 나 자신이라고 느껴졌어요.

디렉터 : 보조자아들이 이불이 되어 주인공을 둘러싸고 안아 보세요. 이불에 감싸
        여 있습니다. 어때요?

주인공 : 내가 콩이에요. 누군가의 실수로 그 안에 들어가게 됐어요. 내가 콩이니까
        나가서 싹을 틔우고 잎도 내고 자라야 하는 데……

디렉터 : 불편합니까?

주인공 : 나가고 싶어요. 나가서 콩이 할 일을 해야지요.

디렉터 : 나와서 이불들을 보세요. 쌓여 있는 이불을 보면 그 속에 아이가 상상되지
       않나요.

주인공 : 아이가 상상돼요.

디렉터 : 이불 속에 들어가 보세요. 느낌이 어떤지 말해 보세요.

주인공 : 익숙하긴 하지만 계속 있을 곳이 아니에요. 나가고 싶어요.

디렉터 : 나와서 콩 옆에 가서 잠을 자세요. 느낌이 어때요.

주인공 : 편안해요.

디렉터 : 꾸고 싶은 꿈을 꾸며 잠을 자세요. 무슨 꿈을 꿉니까?

주인공 : 콩이 자라요.

디렉터 : 편안합니까?

주인공 : 편안해요. 콩이 살아 있어요. 큰 나무로 자라요. 가지가 움직이면서 춤을
       춰요. 살아있어요.(눈물을 흘린다.)

디렉터 : 지금 눈물을 흘리고 있는데 기분이 어떻습니까? 슬픕니까, 아니면 행복합
       니까?

주인공 : 행복해요. 나무가 자랐어요. 여기에 나무가 있어요.

보조자아들이 나무가 된다.

디렉터 : 나무와 하고 싶은 이야기를 해 보세요.

주인공 : 나무와 즐겁게 놀아요. 가지 위에서. 나무가 살아 있어요. 굉장히 행복해
       요. 나무가 움직이면서 계속 춤을 춰요.

디렉터 : 나무와 즐겁게 놀아 보세요.

주인공 : 나무 같은 친구를 만나서 정말 좋아요. 나뭇가지가 끝이 없이 펴져 있어요.
       (손을 잡고 원을 그리며 돌며 논다.) 나무가 있으니까 구름도 있고 새도 있
       고 다 있어요.

디렉터 : 다시 꿈속의 언덕으로 가 보세요. 옛날과 다른 것이 있나요?

주인공 : 이 모든 것이 다 나에게 필요해요. 그때는 그냥 가야 된다고 생각하며 계
       속 갔는데 다 있어요. 이 길이, 이 세상이 다 그 나무예요. 나무를 만나서
       알게 되었어요. 가는 것과 머무는 것이 같다는 것을 알게 되었어요. 그러
       나 그 과정이 없었으면 알지 못했을 거예요. 굉장히 소중하고 아름답게 느
       껴져요. 너무너무 사랑스럽기 때문에 안아 주고 싶어요.

주인공은 나무 하나하나를 안아 주면서 드라마가 끝난다.

나눔

> 주인공 : 내 안에 깊은 감정을 찾아냈어요. 나무가 성장하는 것이 내가 성장하는 것이고 내가 가장 원하는 것이 그것이라는 것을 알게 되었어요.
>
> 디렉터 : 오늘의 드라마는 머리로 이해할 수 있는 논리적인 이야기라기보다는 주인공의 무의식적 이미지를 그대로 따라간 것입니다. 마치 유레카처럼 어떤 깨달음의 느낌이 온 것 같은데, 이런 느낌은 말로 표현하기가 어려운 것입니다. 이것이 사이코드라마에서 얻을 수 있는 긍정적인 경험이라는 생각이 듭니다. 주인공의 이미지를 쭉 따라가 보니 디렉터로서 오늘 사이코드라마를 진행하면서 일종의 매직 같은 것이 느껴졌어요. 각각은 상징적 의미가 있습니다. 예를 들어 이불이나 콩 같은 것, 자신이 콩이라고 생각하는 것은 주인공에게 아주 깊은 의미가 있다고 생각됩니다. 나무가 상징하는 것은 여러 가지가 있겠지만 주인공의 성장을 향한 의지 같은 것이 숨어 있습니다. 주인공은 나무를 안아 주면서 포근한 느낌이지만 불편하다고 말했는데, 성장을 위한 길에는 현실적인 불편감이 따를 수 있습니다. 주인공은 현실에 안주하는 사람이 아닌 것 같습니다. 즉 현실이 주는 안락함보다는 외롭고 고되고 힘들지라도 콩이 자라서 싹이 트고 줄기가 생기고 커다란 나무가 되듯이 자기 성장을 위해 부단히 정진하는 분인 것 같습니다.
>
> 보조자아(꽃) : 주인공에게 큰 바구니를 주고 싶어요. 콩이 땅에 떨어지면 잃어버리지 않도록 다 주워 담을 수 있는 바구니요.
>
> 보조자아(나무) : 콩알이 주인공 자신일 수 있을 거라고 생각했는데 오늘 드라마에서 다뤄져서 기뻤어요. 나무 역할을 해 보니 나무도 자기 뿌리로 자기 먹을 것을 얻어낸다고 생각해요.
>
> 디렉터 : 저는 고독과 상실과 슬픔이 느껴졌어요. 버리고 싶지만 자기 자신이기 때문에 버리지 못하는 것이 있습니다. 콩이 나무로 자라서 승화되어 다행입니다.
>
> 보조자아(새) : 자아성찰을 긍정적으로 하는 것이 좋았습니다. 슬픔이 마음을 아프게 했는데 그것이 주인공의 삶의 원천이자 생명력의 근원이라고 느껴졌습

니다. 배운 것이 많았습니다.

보조자아(꽃) : 딱딱하고 싸우고 무서운 드라마가 아니라 이렇게 아름다운 드라마
가 좀 더 내 내면을 정화시킬 수 있지 않을까 생각했습니다.

보조자아(새) : 새도 혼자 난다는 말이 맘에 와 닿았습니다. 그래서 그렇게 혼자 가
려고 애썼구나 생각했습니다.

디렉터 : 완벽하게 편안하다고 느끼는 순간 정체가 시작됩니다. 사람이 이 세상에
태어났을 때는 완벽하지 못하고 항상 불안한 상태에서 가는 것입니다. 거
기서 벗어날 수 없는 것이 인간의 한계인데, 그 한계를 주인공은 긍정적으
로 받아들였습니다.

위의 드라마는 기존의 갈등을 다룬 드라마와는 사뭇 다르다. 주인공의 머리
에서 떠나지 않던 〈완두콩과 공주〉는 주인공에게 여러 가지 의미가 있는 상
징들이다. 우선 공주는 미래의 왕비, 여왕이 될 수 있는 점에서 가능성과 꿈
의 상징이라고 볼 수 있다. 이불 밑의 완두콩은 Jung의 표현을 빌리자면 개성
화, 자기실현의 씨앗이라고 볼 수 있다. 즉 완두콩은 주인공 내면에 있는 창
조성 혹은 성장 잠재력을 상징한다. 여기서 완두콩은 〈잭과 콩나무〉에 나오
는 하룻밤 사이에 쭉쭉 뻗어 하늘까지 닿아버린 콩나무처럼 주인공에게 풍요
롭고 값진 미래를 보장하는 생명력을 의미한다. 하지만 재크가 보물을 얻는
과정에서 하늘나라에 사는 도깨비의 위협으로부터 일시적으로 두려움과 긴장
감을 경험해야만 했듯이 성장 혹은 개성화를 위한 과정에서 자기(self)를 드러
낼 때는 슬픔과 고통이 수반되기 마련이다. 자신에게 가치 있는 어떤 것을 얻
기 위해서는 어느 한 부분을 포기하면서 내적으로 끊임없는 투쟁과 정진이
필요하다는 것을 이 드라마는 보여 주고 있다. 드라마에서 주인공은 길을 가
면서 자신이 느끼는 슬픔이나 외로움 역시 온전히 자기일 수밖에 없다는 통
찰과 깊은 자기 이해를 하게 되었다. 극의 마지막 장면에 나오는 나무는 생명
의 나무, 지혜의 나무, 치유의 나무를 상징하고 있다. 주인공이 나무, 새, 구
름을 하나씩 안아 주는 모습은 내적 외로움, 소외감, 실존적 불안을 극복하고
이 세상과 하나가 되는 모습을 그리고 있고, 있는 그대로의 자신의 모습과 삶
의 당위성을 받아들이는 장면이라고 볼 수 있다.

제27장 애도 작업과 사이코드라마

　사랑하는 사람이나 가족을 잃은 후에 느끼는 상실감은 최근 들어 정신의학에서도 많은 관심을 받고 있다. 상실 경험을 한 사람의 약 40%가 주요 우울증이나 경미한 우울증으로 고통을 받고 있다고 한다(Zisook et al., 1997). 정서적으로 극복하기 어려운 대상 상실은 인생에서 흔히 일어나는 문제다. 중요한 대상과의 상실을 다루는 심리적 과정을 '애도 작업(mourning work)'이라고한다. 상실이라는 상처는 비합리적인 죄책감이나 분노감과 같은 불필요한 감정들을 다루어 주고, 고립감에서 벗어나 다른 사람들과 다시 관계를 맺을 수있도록 도와주며, 삶에 대해 낙관적인 전망을 가질 수 있는 심리적 자양분을제공한다면 치유될 수 있다. 하지만 중요한 대상 상실을 경험한 많은 사람들은 위에서 설명한 조건 중의 한두 가지가 충족되지 않아 충분한 애도 작업을갖지 못한 경우가 많다.

❶ 애도 반응

　가족이나 사랑하는 사람들을 상실한 후에 느끼는 정상적인 애도 반응에는 여러 가지가 있다. 상실에 대한 반응은 매우 절제된 반응에서 히스테리 형태의 반응까지 아주 다양하게 나타난다. 급성 슬픔 반응은 수 시간에서 수일 이내에 시작된다. 급성 슬픔은 상황에 따라 지연되기도 하는데, 지연된 슬픔이 사별 후 2주 이상 지난 다음에 시작된다면 그 반응이 심각하고 만성적이 되기 쉽다.

중요한 대상 상실을 경험하게 되면 불안, 초조, 안절부절, 비활동성, 무감동, 위축 등이 나타날 수 있으며, 특히 죄책감을 동반하는 우울 증상들이 나타나는 것이 보통이다. 또한 죽은 이를 애타게 찾고 그리워하며 그에게만 몰두하는 증상이 있을 수 있다. 드물지 않게 분노가 나타나며, 죽은 이나 돌보던 사람, 환자의 치료를 맡았던 기관 등으로 분노가 향할 수도 있다. 낮에는 피곤하고 지친 상태로 있다가 밤에는 불면증을 보이는 것이 흔하다.

위에 언급된 급성 슬픔의 증후들은 차차 소실되고 무감동, 사회적 위축, 슬픔과 우울 등이 2년 정도 지속된다면 만성 슬픔의 단계로 접어든 것이다. 만성 슬픔은 시간이 지나도 급성 슬픔의 증상과 증후들이 지속되는 것이 특징이다. 이러한 만성 슬픔이 나타날 수 있는 위험 요인이 여러 가지 있다. 환자는 불안이나 건강 염려증을 보일 수 있지만 대개 우울 증상이 더 잘 나타난다. 소수의 환자에게서 주요 우울증으로 의심되는 증상이 나타나며 때에 따라 자살 경향을 보이기도 한다. 심리학자들은 이러한 만성적 슬픔이 나타나는 이유에 대해 해결되지 않은 과거의 상실 경험 때문이라고 설명하고 있다. 흔히 사람들은 현재 사랑하는 사람을 잃게 되면 과거에 밀접한 관계를 형성하였던 사람에게서 위안을 구하게 되는데, 만일 과거 애착 대상이 이미 사망한 경우라면 그때 느꼈던 상실감과 슬픔이 다시 되살아나기도 하고 아니면 현재 대상 상실을 경험하면서 처음으로 과거와 현재의 상실감이 복합적으로 나타날 수 있다는 것이다.

사람들은 다양한 방어 책략을 사용하여 감정을 피하는 경향이 있다. 따라서 상실을 경험한 사람들을 대상으로 치료적 작업을 할 때에는 이들이 겪은 정서적 고통을 이야기하게 도와줌으로써 좀 더 깊은 역동에 초점을 둔 애도 작업이 이루어지도록 접근해야 한다. 비탄에 잠긴 사람이 자발적으로 주제를 끄집어내고 이야기하다가 감정 표현이 막히면 상실과 관련된 생각이나 기억

그리고 정서 표현을 부드럽게 촉진시켜 주어야 한다. 또한 애도하는 사람이 불가피한 상황을 수용하고 자신의 정신을 재조직화하고 삶을 계속할 수 있도록 도와주는 것이 필요하다. 애도 작업에서 또 다른 중요한 요소는 상실 대상 그리고 상실 자체와 화해하고 개인적 의미와 방향을 재발견하면서 자기의 여러 부분들을 통합시키는 것이다. 정신역동적 용어로 말하면, 상실의 치유란 내면화 과정으로서 과거 상실 대상과의 경험 중에서 가장 좋은 부분을 상징적으로 자기 안에 받아들이는 과정이다.

❷ 사이코드라마 진행 시 고려할 점

상실을 주제로 한 사이코드라마에서는 빈 의자에 앉아 있는 상실 대상에게 말을 하는 역할 연기가 도움이 될 수 있다. 이 기법은 상징적으로 상실 대상과 '마지막 만남'을 경험하게 해 준다. 디렉터는 대상을 상실한 사람에게 가상의 질문을 하도록 하고, 역할을 바꾸어 상실 대상이 그 질문에 대해 무슨 말을 할지 역할 연기를 시킨다. 예를 들면 대상을 상실한 사람이 "우리가 함께했던 것 중에서 가장 기억나는 것이 뭘까?", "나는 당신에게 어떤 의미였지?" 등과 같은 질문을 하고 역할을 바꾸어 상실 대상의 입장에서 대답하게 한다. 이러한 질문은 대상을 잃은 사람 입장에서 보면 상실한 대상과의 관계를 생생하게 그려 보게 해 줌으로써 자신이 그 사람에게 가치 있는 존재였다는 것을 깨닫게 해 준다. 남겨진 사람의 존재 가치를 확인시켜 주는 이러한 질문들은 대상을 상실한 사람에게 중요한 치유의 힘을 발휘할 수 있다. 인간관계에서 사람들은 자신이 누군가에게 의미 있는 영향을 주었다는 인식을 하게 되면 자기 가치감을 느낄 수 있다. 이러한 경험은 상실을 경험한 사람에게 자신의 사랑과 성품을 타인들과 다시 나눌 수 있는 잠재 능력이 있다는 확신감을 줄 수 있다. 누군가와 또 다른 친밀한 관계를 맺을 수 있는 능력이 있다는 확신이 서게 되면 서서히 비탄과 슬픔으로부터 벗어날 수 있는 힘을 회복하게 된다.

회복 단계에 들어서게 되면 앞에서 언급되었던 여러 증상들이 없어지고 목표지향적인 활동을 시작할 수 있다. 이때에는 슬픈 기분을 느끼지 않고 상실한 대상에 대한 기억들을 회상할 수 있고 죄책감이나 불안감 없이 새로운 대인관계를 맺기 시작한다. 상실을 경험한 사람들은 정상적인 슬픔의 과정들이 정서적·심리적 성숙과 개인적인 성장을 도와준다고 느낀다.

⑬ 애도 작업과 관련된 사이코드라마 사례

다음은 애도 작업과 관련된 사이코드라마를 소개하고자 한다. 첫 번째는 어떤 여성단체에서 주최한 사이코드라마 워크숍에서 간암으로 남편을 잃은 여성의 사례다. 50대의 주인공은 남편을 잃은 후에도 현재까지 만성적인 슬픔을 호소하는 병적인 애도반응을 보였다. 사이코드라마가 진행되면서 주인공은 남편에 대해 해결되지 못한 죄책감을 호소하였다. 무대 위에서 죽은 남편과 주인공의 만남이 이루어졌다. 빈의자기법을 통해 디렉터는 주인공에게 그동안 하지 못했던 이야기들과 감정들을 쏟아낼 수 있는 충분한 시간을 주었다. 주인공은 '지금-여기' 상황에서 남편과 직접 대화를 나누거나 눈물을 흘리거나 포옹하는 등의 행동을 통해 가슴속에 묻어 두었던 그리움을 표현할 수 있었다. 특히 주인공은 남편이 죽기 며칠 전 저녁 식사로 설렁탕을 먹고 싶다고 하였는데, 설렁탕의 소금 성분이 간암으로 복수가 차 있던 남편에게 해가 될 것 같아 야속하게 거절을 했던 상황이 가장 마음에 걸린다고 하였다. '어차피 죽을 사람이었는데 잘 먹이고 저 세상으로 보낼 걸……' 하는 후회감이 두고두고 주인공을 괴롭혔다. 디렉터는 식당 장면을 연출하였고 식당에 마주앉은 두 사람의 연기가 시작되었다. 주인공은 남편에게 설렁탕을 말아 주면서 자신이 얼마나 남편을 사랑하고 있는지를 표현하였다. 사이코드라마의 잉여현실 속에서 과거와는 사뭇 다르게 남편과의 감정적인 교류를 나눌 수 있었다. 주인공은 보조자아인 남편의 입을 통해 '당시의 상황에서는 누구라도 그렇게 했을 것'이라는 말을 듣고 위안을 얻기도 했다. 주인공은 가슴속에 아픈 기억으로 남았던 '그때-거기서'의 순간을 '지금-여기서' 생산적으로 재경험할 수 있는 기회를 가지게 되었다. 또한 주인공은 이 드라마를 통해 남편에 대한 그리움과 죄책감을 어느 정도 해소할 수 있었다.

　마지막 장면에서 남편 역할을 하였던 보조자아가 "당신이 더 이상 슬퍼하지 말고 우리가 함께했던 좋았던 때를 기억해 주었으면 좋겠어. 당신은 나에게는 너무 좋은 아내였고 아이들에게는 좋은 엄마였어. 당신과 행복했었어. 이제 나 없이도 당신이 행복해졌으면 좋겠어."라는 말을 하자 주인공은 그동안 참았던 눈물을 한꺼번에 쏟아내었다. 드라마가 끝난 후 주인공은 마음 한편에 남아 있던 죄책감이 한결 가벼워진 느낌이라고 하였고 드라마 상황에서 남편이 했던 말대로 좋았던 기억만을 품고 살아가겠다고 소감을 밝혔다.

　다음은 40대 중반의 여성의 사이코드라마 사례다. 주인공은 20대 후반에 신체적 결함이 있는 아이를 낳았는데, 아이는 생후 3개월 후에 죽었다. 주인공은 이와 같은 일이 자신에게 닥쳤다는 사실을 그동안 부정하였다. 주변 사람들이 근심의 눈빛으로 바라보아도 그녀는 마치 자신의 일이 아닌 양 무심한 표정을 지었다고 하였다. 친구들이 아이의 죽음에 대해 위로를 주어도 오히려 아무렇지도 않게 태연하게 받아들였다. 주인공은 이와 같이 정서적 고통을 강하게 부정하고 억압함으로써 아이를 잃은 충격을 이겨 낼 수 있었다. 그러나 시간이 지남에 따라 죄책감은 심해졌고 아이가 세상에 있었던 3개월 동안 어머니로서 그리고 가족의 일원으로서 자신이 얼마나 무심했는지를 깨닫고 죽은 아이에 대한 꿈을 자주 꾸었다. 주인공은 현재 한 봉사 단체에서 자원 봉사를 하고 있는데, 같이 일하고 있는 동료로부터 사이코드라마 이야기를 듣고 참여하게 되었다고 한다. 사이코드라마에 참여하기 전날 죽은 아들이 꿈 속에 나타나 환하게 웃는 꿈을 꾸었다고 하면서 사이코드라마를 통해 죽은 아들에 대한 미안한 마음과 그리움을 표현하고 싶어하였고, 이제는 그 일로부터 자유로워지고 싶다고 하면서 사이코드라마 주인공을 자청하였다.

　사이코드라마가 시작되고 아이와 만나는 장면에서 주인공은 담담하게 자신의 무심함에 깊은 사과를 하고 자원봉사도 열심히 하면서 속죄하듯 살아온 지난날에 대해 이야기하였다. 그리곤 어제 꿈 속에서 환히 웃는 아이의 모습을 보면서 아이가 자신을 용서하고 있고 이제는 저 세상에서 편하게 쉬고 있을 거라는 느낌을 받았다고 했다. 디렉터는 그녀에게 어제의 꿈 속으로 들어가 보도록 하였다. 그녀는 아이와 손을 잡고 음악에 맞추어 춤을 추며 상봉의 기쁨을 나누면서 이승에서 나누지 못한 부모-자식 간의 사랑을 확인하는 기회를 가졌다. 주인공은 한때 아이가 자신의 가족이었

음을 이제는 떳떳하게 이야기할 수 있다고 하였고, 역할바꾸기를 통해 아이가 된 주
인공은 이제는 어머니를 이해한다고 고백하였다. 아이와 밀린 이야기를 마치고 춤
을 추는 장면에서 그녀는 카타르시스를 경험하였고, 아이와의 대화를 통해 죄책감
을 덜어내고 그동안 미루어 왔던 애도 작업을 마칠 수 있었다.

주인공의 꿈 장면

주인공에게 꿈 이야기를 자세하게 물어본 뒤 상황을 재연해 보았다. 꿈 속
장면에서 아들이 밝은 모습으로 주인공 주변을 춤추고 있었다.

> 주인공 : (자신의 꿈을 설명하는 주인공) 하늘나라 그냥 공간이에요.
> 디렉터 : 지금 꿈 속으로 들어가서 상호를 만나시는데요, 그냥 편안하게 느낌에 충
>   실하시면 돼요. 자, 가봅시다.

> (상호와 천사들, 주인공 주위를 춤을 추면서 맴돈다. 춤추는 상호, 잡힐 듯 말 듯하
> 여 안타까운 주인공. 상호에게 다가간다.)

> 주인공 : 상호야 얼굴 좀 보자.
> 보조자아(상호) : 제 친구들이에요. 우리 엄마야 인사드려. 엄마 함께 춤 춰요.
> 주인공 : 너 얼굴 좀 보려는데 왜 이렇게 도망가니.
> 보조자아(상호) : 도망가는 거 아니에요.
> 주인공 : 상호야, 춤 그만 추고 얘기 좀 해 봐.(상호를 잡고 신기한 듯이 쳐다보는 주
>   인공)
> 주인공 : 야, 너무 예쁘다. 동자승처럼 얼굴이 너무 예쁜 거 있지.
> 보조자아(상호) : 엄마가 웃고 있으니깐 저도 기분이 굉장히 좋아요.
> 주인공 : 함께 돌아볼까.(상호와 천사들과 함께 즐거운 표정으로 춤추는 주인공)
> 보조자아(천사) : 상호가 항상 엄마 생각하고 걱정해요.
> 주인공 : 그래요? 어제 상호가 엄마 꿈 속에 나타나서 너무 좋은 거 있지. 나 너무
>   걱정했거든.
> 보조자아(상호) : 걱정하지 마세요. 엄마 걱정할 것 같아서, 나타났다고요. 저 잘 지
>   내고 있어요.

주인공 : 너, 너무 예쁘다.

주인공과 상호는 중간에 마주 보고 있고 나머지 천사들 두 사람 주위에 앉아 있다.

보조자아(상호) : 죄책감 때문에 너무너무 힘들죠. 그러실 것 같아서, 그런 말씀드
리려고 온 거예요. 좋아요?

주인공 : 좋구나. 네 이름이 생긴 것 같아. 넌 원래 있었잖아. 나의 아이로 태어났
고……. 난 자꾸 널 없었던 것처럼 했는데 네가 나타나서 이게 정말 사실
이었구나 하고 막 느껴지는 거 있지. 근데 내가 물어볼게. 네가 우리에게
와서 세 달 동안 함께 있었던 게 나에게 선물인데. 그게 선물로 안 여겨지
고 내 인생의 실패로 자꾸 느껴지는 거야. 왜 그럴까? (눈물을 흘림)

보조자아(상호) : 음. 엄마는 너무 욕심이 많아. 내가 엄마 인생에 기쁨도 못 주고 3
개월 동안 엄마를 괴롭히고 떠났지만, 엄마는 엄마의 인생이 완벽하게 실
패가 없어야 된다고 생각하잖아.

주인공 : 난 남들이 알까 봐 전전긍긍하고 그랬어. 네가 우리 곁에 온 게 선물인데
그냥 내 곁을 떠나간 것이 실패한 것 같아서 숨기고 싶고 널 잊으려고 밖으
로만 밀쳤어.

보조자아(상호) : 혹시 엄마가 날 가졌을 때, 누나와 달리 엄마가 뭔가 잘못해서 그
런 것으로 인해 죄책감이 있어서 엄마가 더 날 떠올리기 싫고 너무 힘들고
그랬는지 모르겠어.

주인공 : 그런 게 있는 것 같아, 뭔지 모르겠지만. 그냥 널 가졌을 때 더 잘 했더라
면……. 지금도 그게 뭔지는 잘 모르겠어. 잘 했더라면 네가 건강한 아이
로 태어났을 텐데. 왜 내 인생이 너를 가졌을 때부터 뭔가 막 헝클어지고.
너와 관련된 일에서 그런 것들이 있었어.

보조자아(상호) : 이제 엄마 그만 힘들게 살았으면 좋겠어. 내가 3개월밖에 못 살고
가서 엄마가 너무 힘들어하니까 나도 괴로워. 그래서 내가 밝게 나타난 거
잖아.

주인공 : 그래. 너무 내 입장만 생각했지. 네 입장은 생각 못했다.

보조자아(상호) : 그냥 밝은 모습으로 잘 지내는 모습을 봤으면 좋겠다는 생각이 들
어. 속상해하면 뭐 해, 다 지난 일인데.

주인공 : 근데 나는 꿈에 나타나 준 것이 너무 고맙구나. 내 앞에서 이런 얘기할 수

있다는 게 고마워. 뭔가가…… 뭔가 이런 게 (손으로 가슴을 쓸어내리며)
있는데…… 풀 수도 없고…… 해도 되는데…… 내가 그걸 못 하는 거야.

보조자아(상호) : 숨기고 지냈으니깐……. 예전에 나를 알았던 사람들은 몰라도 그
이후에 만난 사람들은 나를 전혀 모르잖아. 얘기도 안 하고…….

주인공이 거울 앞에서 과거 자신의 모습을 보며 서 있는 장면

자신의 진짜 모습을 남들에게 보이기 싫어하며 살아온 주인공에게 내면을
바라볼 수 있도록 거울기법을 사용하였다.

디렉터 : 꿈에서 깨어나 본인의 과거 모습을 볼까요? 불이 들어오면 과거의 자기
모습입니다. 10년 전에 그런 일이 없었으면 좋겠고, 죄스러워하고, 부끄
러워하는 자신을 보면서 얘기를 해 보세요. 과거의 거울에 비친 모습은
어땠나요?

주인공 : 너무도 아무렇지도 않은 척했어요. 그때도 울긴 울었어요. 제가 건강하지
못한 아이를 낳았다는 것으로 인한 주위의 시선이 뭐가 중요하다고 거기
에 얽매여서 살았는지……. 정말 이 세상에 자식을 잃는 것만큼 큰 슬픔
이 없는데 그렇게 슬퍼하는 나를 제대로 받아주지 못하고……. 시댁에서
는 아들을 낳아서 좋아하셨는데 그런 손자가 건강하지 못한 아이였으니
까 며느리로서의 자책감이 클 수밖에 없었어요. 근데 너무 잘 버텼어요.

디렉터 : 자, 10년 전의 본인의 모습이 있습니다. 본인한테 하고 싶은 얘기 있으면
하세요.

주인공 : (한참 침묵이 흐른 뒤 10년 전의 자신에게) 그냥 자연스럽게 살아. 그렇게
너무 노력하면서 아닌 것처럼 하지 말고. 슬픈데도 너무 의연한 것처럼
하지 마. 남이 뭐가 중요해. 너 자신이 더 중요하지. 너는 솔직하지 못해.
솔직하게 그냥 슬프면 땅을 치고 통곡을 하고 그래. 이 세상에 건강하지
못한 아이를 낳았고 그 아기가 한 번도 집에 와 보지도 못하고, 젖 한 번
먹어 보지 못하고 하늘나라로 간 것만큼 슬픈 게 어디 있어. 근데 넌 울지
도 않고 이웃들이 알까 봐 쉬쉬하고 알고 있는 사람들에게도 의연하게 버
티고, 그 당시에 아들을 잃고 얼마 되지 않아서 아무렇지도 않은 척하면
서 딸아이 엄마들 모임에 갔었어. 그냥 그렇게 안 살아도 되잖아. 슬프면

이불 뒤집어쓰고 울면 되고, 사람 안 만나면 되는데……. 그리고 약해 보이면 어때? 완벽하게 뭐든 하려고 하지 말고 약한 모습 남한테 보이면 어때? 살다가 보면 잘 될 수도 있고 못 될 수도 있는데 네게 좋은 일만 일어나라는 법 있어? 슬픔은 슬픔으로 받아들여.

디렉터 : 거울 속 자신의 모습에 직접 눈을 마주치고 분명한 메시지를 전달하세요.

주인공 : 슬프면 슬픈 표정을 지을 수 있어야 해. 아무렇지 않은 척했어. 아무 일도 일어나지 않은 척하지 말고 슬픔을 있는 그대로 표현해 봐.

꿈 속으로 돌아와 상호와 다시 마주 앉은 주인공

디렉터 : 다시 꿈으로 돌아오셔서 상호와 다시 이야기해 볼까요.

보조자아(상호) : 괜찮아?

주인공 : 난 항상 너를 잊으려고 했어……. 네가 몇 살인지도 모르겠어. 같은 또래의 남자애들을 보면 네 생각이 날 것 같아서. 네가 태어났던 해와 그 해에 있었던 일들을 잊으려고 했기 때문에 네가 몇 살인지 모르겠어. 그냥…… 안 보려고 했어. 초등학교를 다닐지, 몇 학년일지, 그것조차 기억하지 못해서 너무 미안하네.(눈물을 보임)

보조자아(상호) : 엄마, 그렇게 잊고 지내려고 했으면 완전히 잊든가. 때로는 힘들어하고, 내 또래 아이들 보면 내 생각할 텐데. 잊으려고 하면서도 그러지 못하니까 더 힘들잖아.

주인공 : 아니야. 나 오늘 집에 돌아가면 다시 생각할 거야. 네가 언제 태어났고, 네가 몇 살인지.

보조자아(상호) : 힘들잖아.

주인공 : 아니야. 이건 내가 직면해야 될 것 같아. 그냥 네가 열 살이면, 아, 상호도 10살이겠구나 그러면 되는데…….

디렉터 : 집에 가서 생각을 해 보신다고 했죠? 조금 있으면 꿈을 깨야 하니까. 다시 아들과 만남의 기쁨을 나누어 보세요.

　충분히 애도 작업을 거치지 못했던 주인공을 위해 죽은 아들을 애도하며 떠나보내는 의식을 준비시켜 주었다.

상호와의 이별 장면

보조자아(천사들) : 우리 이제 가야 해. 빨리 가자. 10초밖에 안 남았어.

보조자아(상호) : 난 엄마랑 좀 더 있다 갈래.

보조자아(천사들) : 안 돼, 가야 해.

보조자아(상호) : 엄마! 시간이 얼마 없대.

주인공 : 엄마도 좀 더 있고 싶은데 너희들 조금만 기다려 줘. 10초만 기다려 줘.

보조자아(상호) : 엄마 나 이제 가면 또 올까? 그럼 엄마 나 이제 어떡할까?

주인공 : 그래 계속 내 꿈에 나타나 줄래?

보조자아(상호) : 엄마는 나 나타나는 거 싫어하잖아.

주인공 : 아니야. 지금의 이런 모습은 너무 좋아, 행복하고. 자주 봤으면 좋겠어. 너 만나서 얼마나 행복한데.

보조자아(상호) : 엄마가 행복하다면 자주 올 수 있을 거예요. 엄마가 원하는 대로.

주인공 : 근데 그걸 강요하면 안 돼. 시간이 걸릴 거야.

보조자아(상호) : 엄마, 너무 걱정하지 마세요. 나중에 우리 또 올게요. 엄마 마음이 정리되면 그때 밝은 모습으로 찾아올게요.

(주인공은 손을 흔들며 눈물 흘리며 배웅한다.)

방 안에 혼자 앉아 아들에 대한 생각을 정리하고 있는 장면

디렉터 : 꿈 속에서 아들을 만나 봤어요. 그리고 완벽하고 싶은 마음, 남의 시선을 신경 쓰는 그런 본인의 모습을 보셨거든요. 그런 부분이 정리가 되어야 할 것 같은데. 자, 댁에 오시면 대개 가족들과 함께 있을 것 같은데…… 혼자서 아들에 대한 생각을 정리할 시간을 드릴게요. 본인의 방에 뭐가 보이죠? 공간에 있는 물건들을 설명해 보시죠.

주인공 : 책장에 책이 가득 꽂혀 있어요. 저는 여기 앉아 있고요. 앞에는 오디오가 있어요.

디렉터 : 맘이 슬프거나 하면 오디오를 많이 틀어 보나요?

디렉터 : 방 안에 물건들이 있죠. 오디오, TV, 책장, 서랍장, 옷장 들이 주인에 대해 이야기해 줄 거예요. 자, 주인님에 대해 말씀 좀 해 보세요.

보조자아(가구1) : 주인님, 오늘 표정이 많이 밝아지셨네요……. 이런 모습 보니까 좋다.

보조자아(가구2) : 그래, 웬일로 슬픈 음악도 안 나와요.

보조자아(가구3) : 슬퍼 보이는데 무슨…….

보조자아(가구4) : 아냐, 이 정도면 밝아 보이는 것 같은데…….

보조자아(가구5) : 뭔가 가슴에 가득 채우고 있는 것 같은데…….

보조자아(가구6) : 뭘 또 그리 깊이 생각하세요?

주인공 : 그냥 우리 아들 상호 생각하고 있어요.

보조자아(가구1) : 시간이 그렇게 지났는데 아직도 상호 생각하고 계세요?

보조자아(가구2) : 계속 생각나지…… 아무리 오래되었어도……. 근데 그런 말 한 적 없더니 오늘은 웬일이세요?

보조자아(가구3) : 한 번도 소리 내서 운 적도 없고, 딸 있는 데서 얘기한 적도 없는데 오늘따라 왜 그러세요?

주인공 : 상호가 꿈에 나타나서 얘기를 나누었어요. 상호가 제가 맘이 편해지면 다시 꿈에 나타날 거라고. 그래서…… 그래서 지금까지는 그동안 마음속에 꾹꾹 눌러 뒀는데 이번에는 상호와 있었던 일을 떠올려 보고 싶어요. 누르기만 하는 게 아니라…… 그냥 내 안에서 있었던 일을 정리해 보고 싶어요, 지금.

보조자아(가구1) : 그런 모습이 안쓰러웠어요. 참기만 하는 거 같아서.

주인공 : 그죠. 참기만 했던 내 모습이 불쌍해요.

보조자아(가구2) : 이제 주인님께서 우실 용기가 생겼나 봐요. 많은 시간이 지나면 상처가 아물어야 되는데, 그럴 용기가 생겼어요?

주인공 : 상처가 아무는 게 아니라요. 그냥 상처가 아무는 것처럼 행세해 온 거예요.

보조자아(가구3) : 욕심이 많으시네. 자존심도 강해서 남한테 약점을 보이는 것이 싫으니까 표현을 안 하시잖아.

보조자아(가구4) : 맞아요.

보조자아(가구3) : 아픈 아이를 낳아서 떠나보낸 건 주인님 잘못이 아닌데 너무 남을 의식하는 건 아닌가요?

주인공 : 그래요. 머리로는 그렇게 알면서도 맘으로는 그런 생각이 들었다니까요.

보조자아(가구4) : 상호를 만나고 나서서 이젠 어떻게 정리를 하시고 싶은 거예요?

주인공 : 그냥 제가 정리란 말을 워낙 좋아해요. 그래서 부지불식간에 정리라는 말이 튀어나온 거예요. 무슨 일이 있으면 딱 정리하고 그래요. 생각의 정리

요. 근데 지금 말한 건 그런 차원이 아니라, 상호가 왔다가 갔고 그런 일들을 그냥 인정하고 싶어요. 내 인생에서 일어나지 않은 것처럼 하지 않고 내 인생의 한 부분으로 인정하고 싶어요.

보조자아(가구1) : 그 용기에 박수 쳐 드리고 싶어요.

보조자아(가구2) : 이때까지 모습 중에 제일 편안해 보여요. 웃으시니깐 좋은데 늘 집에 있으면 뭔가 근심 있어 보이고 그랬어요. 근데 오늘 웃으시니깐 보기 좋아요.

주인공 : 제가 좀 자연스러워 보이죠.

보조자아(가구3) : 네. 늘 답답하고 억압되어 있는 느낌이 들어서 저희도 보면서 답답했거든요.

주인공 : 저도 상호와의 부분에서…… 아닌 것처럼…… 그러니까 자연스럽지 않고 그랬겠죠.

보조자아(가구) : 너무 억지로 애쓰지는 마세요.

주인공이 온 가족을 만나는 꿈을 꾸게 되는 장면

디렉터 : 맘속의 것들을 다 떨쳐 버리시고 꿈을 꾸실 거예요. 음악 들으시면서 꾸고 싶은 꿈을 꾸시게 될 거예요……. 꿈 속에서 아들을 볼 거예요. 환한 가운데 아들을 만나게 될 텐데, 어떤 꿈을 꾸게 되죠……. 본인이 꾸고 싶은 꿈을 이야기해 보세요. 자, 이제 조명을 환하게 해 주세요.…… 딸과 상호를 만나 보세요. 본인이 꾸는 꿈이니깐 맘대로 하세요. 어디 앉히든지.

밝고 편안한 모습의 주인공, 딸과 상호를 보면서 뿌듯해한다.

보조자아(남편) : 여보, 우리 상호 이렇게 늠름해졌네. 어유, 잘 생겼다.

주인공 : 그래요, 너무 멋있죠. 우리 상호.

보조자아(딸) : 나 대학 갔다.

주인공 : 둘이 같이 앉아서 서로 대학 갔다고 축하하는 얘기를 들으니깐 너무 기분이 좋아요.

주인공 : 넌 내 꿈에 나타나서 잘 지낸다는 걸 잘 보여 줬잖아.

보조자아(남편) : 이젠 엄마도 달라졌어. 그때 얘기도 잘 못했는데.

주인공 : 근데 왜 난 이렇게 바보같이 얘기도 못했니. 그동안 난 왜 그랬지. 근데 이
　　　　제 내가 많이 바뀌었어. 이제는 너 얘기를 사람들한테 할 수 있을 것 같아.

보조자아(딸) : 너도 자주 엄마한테 와라.

주인공 : 상호야! 나 부탁 있어. 누나 꿈에도 나와 줘. …… 나한테 왔던 것처럼 누
　　　　나한테 나와서 누나를 행복하게 해 줘. 너희 친구들도 데리고 와 줘. ……
　　　　누나도 기쁘게 해 줘.

보조자아(상호) : 정말 보기 좋다.

보조자아(딸) : 우리 진짜 행복한 것 같지.

보조자아(남편) : 우리 집의 행복을 위해서 그동안 우리 엄마가 많이 노력한 거야.

디렉터 : 가족사진을 찍을 거예요.(주인공과 가족 역할을 맡은 보조자아들이 나란
　　　　히 서서 가족사진을 찍는다.)

주인공의 요구로 딸과 아들 두 명을 세워놓고 사진을 찍는다.

주인공과 상호의 사진을 찍는다.

주인공 : (상호를 얼싸안으며) 상호야 사랑해…….

　주인공은 사이코드라마가 끝난 후 이제는 주변 사람들에게 자신의 둘째 아이에 대한 이야기를 할 수 있을 것 같다고 하면서 마음 한편에 남아 있던 미안함과 죄책감이 한결 가벼워진 느낌이라고 표현하였다. 완벽한 스위트 홈을 이루고 싶었던 소망에 흠집을 내었던 그 사건을 애써 태연한 척하면서 마음껏 슬픔을 표현하지 못했던 자신을 돌아보면서 마지막으로 "이제는 내게 슬픔을 허락하노라."라는 말로 소감을 대신하였다.

제28장 갈등과 사이코드라마

사람들은 누구나 내적으로 갈등이나 불편감이 없는 평안한 상태를 희구한다. 하지만 일상생활을 하다 보면 내적·외적인 자극에 의해 갈등이 유발되는 경우가 많다. 일단 갈등적인 상태에 휩싸이게 되면 서로 상반되고 양가적인 생각과 감정으로 인해 불필요한 심적 에너지를 낭비하게 된다.

① 갈등의 원인과 해결

정신분석의 갈등모델에 따르면 정신병리와 같은 정신적 현상은 갈등의 결과, 즉 강력한 무의식적 힘에서 기인한다고 보았다. 무의식적 힘은 표현하고자 하는 동시에 그 표현을 방해하는 힘으로부터 지속적인 감시를 받는다. 이렇게 서로 상충되는 내적 힘들은 서로 다른 목적을 지닌 정신 내적인 요소들로 구성되어 있어서 개인이 이루고 싶은 소망을 방어하고 외부 현실적 요구를 인식하는 것을 막아준다(이정태·채영래 역, 2002).

정신적으로 건강한 사람들은 내적으로 갈등을 경험해도 이러한 내적 경험들을 잘 분별하고 적절히 균형을 유지하는 능력을 갖추고 있다. 하지만 어떤 사람들은 내적 불일치와 부조화를 해결하려고 하면 할수록 더욱더 혼란감, 좌절감, 불안감에 빠져들기도 한다. 정신치료란 치료자가 환자와 함께 뒤죽박죽 엉켜 있는 사고와 감정의 미로 속을 더듬으며 갈등을 다루어 나가면서 정신적 변화와 성장을 촉진시키는 작업이라고 볼 수 있다.

개인 내적으로 겪는 갈등 외에도 모든 인간관계는 정도의 차이는 있겠지만 많은 종류의 갈등을 유발한다. 특히 사회가 복잡해지고 다양해짐에 따라 사람들이 인간관계에서 겪는 문제와 갈등은 점차로 심화되고 있다. 다른 사람들과의 관계에서 갈등에 직면하면 이를 직접적으로 해결하려고 시도하는 사람들도 있지만 어떤 사람들은 자기주장 자체를 피하려고 한다. 갈등을 회피하려는 이유 중의 하나는 이러한 갈등을 해소하는 대처 전략을 알지 못하기 때문이다. 따라서 내적 갈등을 극복할 수 있는 방법을 알게 되면 불편감을 좀 더 분명하게 인식하게 되고 건설적인 방식으로 문제에 접근할 수 있는 힘이 생길 수 있다.

단순한 형태의 갈등 해결 방법에는 다음의 세 가지가 있다.

- 문제가 무엇인지 인식하고 끄집어내는 것
- 상대방의 입장을 이해하는 것
- 갈등이 되는 사람과 협상을 시도하는 것

갈등이나 문제해결을 위해 선행되어야 할 것은 문제 혹은 갈등이 무엇인지 명확하게 하는 것이다. 대인관계에서 갈등이 생길 때 대부분 자신의 입장을 피력하고 주장하는 경향이 있다. 이 때문에 상대방의 입장에서 생각하고 느끼는 것이 매우 중요하다. 이러한 관점에서 볼 때 역할바꾸기는 매우 효과적이다. 역할바꾸기는 다른 사람의 상황에 처해 있다면 어떻게 할지를 체계적으로 상상하고 이야기함으로써 그 사람의 입장을 이해할 수 있게 해 준다. 대인관계에서 견해차가 생기면 잠깐 멈추고 '그래. 이 문제를 당신의 입장에서 생각해 보도록 하지.'라고 혼잣말을 하면서 상대방의 상황이나 입장에서 문제를 바라보고 말을 한다면 갈등을 좀 더 솔직하고 분명하게 다룰 수 있게 된다. 역할바꾸기는 상대방의 견해에 전적으로 동의할 수 없어도 몇 가지 그럴 듯하고 이해할 만한 입장을 찾으려고 시도할 수 있게 해 준다. 사람은 누구나 자기를 보호하고 방어하는 측면이 있기 때문에 자신의 입장이나 욕구를 전적으로 포기하면서까지 상대방을 이해할 수는 없다. 여기서 중요한 것은 한 사람이 이기면 다른 사람은 지고 마는 제로섬(zero-sum) 게임이 되기보다는 양쪽이 모두 이길 수 있는(win-win) 사고로 전환하는 것이다. 사회적 상황은 복잡 미묘하기 때문에 한 사람이 완전히 옳고 다른 한 사람은 완전히 틀린 경우는 드물다. 따라서 갈등 상황에서 자신의 입장만 주장하는 유아적인 태도를 버리고 지적인 타협을 하는 것이 필요하다.

저자는 정신과 환자뿐만 아니라 대학로에서 일반인을 대상으로 하는 사이코드라마에서 대개 이러한 개인 내적, 개인 간 갈등을 다루어 왔다. 아버지와의 갈등, 어머니와의 갈등, 형제간의 갈등, 배우자 갈등, 직장 상사와의 갈등 등 모든 인간관계에 수반되는 갈등 상황은 사이코드라마적인 방법을 통해 해결의 실마리를 찾을 수 있다.

⑫ 갈등을 다루고 있는 사이코드라마 사례

다음은 어머니와의 갈등을 다룬 사례다.

주인공은 30세의 여자 회사원으로 어머니와의 갈등을 사이코드라마 상황에서 해결해 보고 싶다고 주인공을 자청하였다. 주인공은 아버지가 없는 가정에서 3녀 중의 장녀로 자랐고 어려서부터 어머니의 기대에 어긋나지 않으려고 늘 착한 딸 역할을 하였다. 이제는 어머니로부터 심리적인 독립을 하고 싶고 어머니가 원하는 삶이 아닌 자신이 원하는 삶을 살고 싶은 욕구가 강하지만 어머니는 이를 인정하지 않고 있다. 의존과 독립이라는 양가적인 감정 때문에 어머니와 갈등 상황이 계속되고 있고 어머니 역시 훌쩍 자라 자신의 목소리를 내는 딸이 대견스러우면서도 서운한 감정이 앞서고 있는 상태다.

빈 의자

디렉터가 빈 의자에 누가 앉아 있는 것 같으냐고 질문하자 주인공은 힘이 없어 보이고 어깨가 쳐져 있는 어머니가 앉아 자신을 걱정하고 있다고 하였다. 주인공은 어머니가 자신을 더 이상 어린아이 취급하지 않았으면 좋겠다고 말하였다. 디렉터는 주인공에게 어머니가 이 말을 들었을 때 어떤 말을 할지 어머니의 역할이 되어서 이야기해 보라고 하였다.

주인공(어머니) : 네가 얘기하는 거 다 이해한다. 고맙고 대견스러운데. 우리 딸이 많이 컸구나 그런 생각이 들고, 잘 키웠다고 생각한단다. 하지만 내 눈에는 아직 네가 어린 것 같고 자꾸 걱정을 하게 되는구나. 네가 어려서부터 어른스럽고 의젓해서 오히려 걱정되었어. 차라리 말썽 많고 철이 없어서 야단을 많이 쳤다면 밖에서도 잘 할 거라 믿을 텐데……. 오히려 나한테는 잘하는 모습만 보여서 괜히 걱정이 된단다. 그리고 네가 날 부담스러워하는 건 아닐까 해서 미안하기도 하단다.

주인공은 어머니 역할을 맡은 보조자아의 상황이 연출되자마자 계속 눈물을 흘리는 모습을 보였다. 디렉터는 주인공에게 어머니와 역할을 바꾸도록 지시하였다. 역할바꾸기를 통해 자기 자신으로 돌아와서도 주인공은 여전히 울면서 어머니에게 말을 하였다.

주인공 : 자랑스러운 딸이 되려고 하는데, 항상 걱정하시는 것 같아요. 가끔은 솔직하게 엄마한테 내 얘기를 하고 싶은데 엄마는 내 걱정하느라 내 얘기를 잘 안 듣는 것 같아요. 엄마도 저 혼자 노력하고 애쓰는 것이 마음 아프다고 하셨는데, 엄마 마음도 솔직하게 얘기했으면 좋겠어요.
디렉터 : 어머니와 역할을 바꿔 보세요.
주인공(어머니) : 너의 얘기를 좀 더 듣고 싶구나.
디렉터 : 역할을 바꿔 보세요.
주인공 : 엄마는 희생만 당했다고 생각하는 것 같아. 난 그런 엄마를 무조건 받아주기가 힘들어. 나도 내가 원하는 꿈이 있어. 그래서 엄마를 벗어나고 싶기

도 해. (계속 울음) 엄마와는 오래 이야기해도 너무 두꺼운 벽이 쌓여서인
지 날 이해해 주지 못하는 것 같아 속상해.

디렉터 : 다시 역할을 바꾸세요.

주인공(어머니) : 네가 그렇게 이야기하니까 마음이 너무 아프다. 나도 우리 사이에
깨기 어려운 벽이 있다는 걸 항상 느끼고 있단다. 그렇지만 분명한 건 난
언제나 널 사랑했고, 네가 잘 되기를 바랐다는 거야. 네가 어렵고 힘들 때
는 나에게 제일 먼저 달려와 얘기해 주기를 바랐고. 그러면서도 마음 한구
석에는 네가 사회에서 훌륭하게 제 몫을 하려면 너를 엄격하게 키워야 된
다고 생각했어. 오로지 널 사랑하는 마음에서 그랬던 거지. 이제 생각해
보니 내가 속마음을 잘 표현하지 못해서 엄마가 널 얼마나 사랑하는지 느
끼지 못한 것 같구나. 나도 엄마로서 너가 힘들 때 달려오면 받아 주는 사
람이 되고 싶은데, 그게 안 되는구나. 내가 어떻게 해야 너한테 힘이 되는
지 정말 모르겠구나. 나는 최선을 다했는데, 너는 충분히 나에게 사랑을
받지 못했다고 말하는구나. 너와 그렇게 많은 이야기를 나누었지만 여전
히 풀리지 않는 문제가 있구나.

　평상시 모녀 관계가 어떤 양상인지 탐색하기 위해 어머니와 딸이 일상적으
로 대화하는 장면을 설정하였다. 딸은 어머니의 여러 요구에 순응적인 모습
을 보였다. 게다가 어머니가 들으면 기뻐할 만한 행동들을 미리 계획하고 따
르려는 모습이 연출되었다.

보조자아(어머니) : 일찍 들어와. 네가 늦게 들어오면 엄마는 걱정이 돼서 아무것도
할 수가 없어. 그러니까 빨리 들어와야 돼.

주인공 : 응, 알았어. 걱정하지 마.

보조자아(어머니) : 그리고 요즘 질이 나쁜 애들이 많다던데, 학교에서 서클 활동
같은 건 안 하는 게 낫지 않겠니?

주인공 : 내가 누구 딸이야. 난 공부하는 게 더 좋아. 이번 학기 목표가 장학금 받는
거야.

보조자아(어머니) : 정말? 아이고, 우리 딸 기특하구나.

어머니와의 만남-자신이 원하는 바를 주장하기

겉으로는 착한 딸로 살아왔지만 내면은 그렇지 않았던 점을 주인공이 표현할 수 있도록 하였다.

주인공 : 엄마, 이제는 나 다 컸으니까 내 마음대로 살고 싶어요.

보조자아(어머니) : 지금까지 잘해 왔잖니. 오늘따라 왜 그래. 네가 공부도 잘하고 그래서 엄마가 널 얼마나 기특하게 생각해 왔는지 잘 알잖아.

주인공 : 더 이상은 싫어. 왜 그렇게 공부만 했는지 모르겠어. 이제 생각해 보니 내가 공부를 잘해야 엄마가 좋아했잖아.

보조자아(어머니) : 너답지 않구나. 무슨 일이 있는 거니?

주인공 : 이게 나다운 거야! 왜 나 같지 않다는 거야? 엄마 인생은 엄마 인생이잖아. 왜 엄마 인생에 내 인생을 끼워 넣으려고 하는 거야.

보조자아(어머니) : 그러지 마. 네가 그러면 엄마는 죽을 정도로 괴로워. 너 하나밖에 없는데, 내가 널 하나 보고 살아왔는데…….

주인공 : 속상해. 답답해서 못 살겠어. 내 입장을 생각해 줘.

보조자아(어머니) : 너야말로 내 입장을 생각해 봐라. 너 하나만 바라보고 사는데 꼭 이래야 되니? 한 번도 날 실망시킨 적 없는 네가 오늘은 왜 이러니?

주인공 : 엄마도 이제 엄마 인생을 살아. 더 이상 나에게 아무런 기대도 하지 마.

보조자아(어머니) : 내가 기대 안 해도 잘해 왔잖아. 그리고 엄마 인생이 바로 네 인생인데 어떻게 말을 그렇게 하니? 넌 자랑스러운 내 딸로 있으면서 네 인생 살면 되잖아.

주인공 : 답답해, 엄마. 그리고 미안해. 하지만 내가 하고 싶은 대로 하게 내버려 둬.

보조자아(어머니) : 정말 너무하는구나. 미안하면 그러지 마. 너밖에 안 보고 살았는데, 네가 이러면 엄마 사는 재미가 없어.

주인공 : 엄마가 원하는 대로 사는 삶은 나에게 어울리지 않아. 이렇게 살기 싫어. 날 놔줘.

보조자아(어머니) : 나는 너 없으면 못 사는 걸 너도 잘 알잖니. 그게 무슨 말이야?

디렉터 : 정면을 똑바로 보고 속마음을 터뜨려 보세요.

주인공 : 왜 엄마가 원하는 대로 살아야 돼! 난 이제 내 인생을 스스로 개척하고 살아야 되는데, 이젠 숨 막혀! 갑갑해! 엄마한테 미안하지만 엄마도 이젠 알

아야 돼. 이렇게 고분고분 살 수 없다는 걸 말이야. 나도 의지가 있고 자유로운 사람이야!

주인공과 엄마의 대화

디렉터는 주인공이 잠시 무슨 생각을 하고 있었던 것이라고 암시를 준 후, 주인공에게 다시 어머니와 이야기를 시도해 보라고 하였다. 주인공의 이야기가 끝난 후에 다시 어머니가 되어 자신에게 이야기하게 하였다.

> 주인공 : 엄마가 마음 아파할 것 같아서 너무 얘기하기 힘들지만 서로를 위해서 꼭 할 말이 있어. 엄마가 아까 얘기했듯이 엄마가 날 사랑한다는 걸 알지만, 엄마가 아는 방법으로 날 사랑해 왔어. 엄마가 소중하지 않은 게 아냐, 엄마가 원하는 대로 안 하겠다는 것도 아니야. 커 갈수록 엄마가 사랑한 방식이 나를 위해서가 아니라 엄마 자신을 위해서였다는 느낌이 들어. 엄마는 엄마 맘에 드는 딸만 사랑했지, 그렇지 않은 딸은 엄마딸이 아니라고 생각했어. 내가 실패했을 때 엄마의 위로가 얼마나 절실했는지 알아? 엄마는 내가 실패하면 온몸으로 얘기했어. "그렇게 못난 딸은 내 딸이 아니야!"라고. 내가 엄마로부터 받지 못한 걸 다른 사람한테 받으려고 얼마나 몸부림친 줄 알아? 다른 애들은 힘이 들면 엄마한테 가는데, 난 힘들면 엄마 눈에 띄는 것이 제일 두려웠어. 그리고 엄마한테 받지 못한 것을 다른 사람들에게 달라고 했지. 그런 관계는 고스란히 나에게 마음의 빚으로 돌아왔어. 이제야 알게 됐어, 그런 관계는 건강하지 못하다는 걸 말이야. 엄마가 지금 세상 무너지는 기분이란 걸 알아. 하지만 엄마 역시 나 없이 사는 연습을 해야지. 이제는 엄마가 날 보내 줬으면 좋겠어. 힘들겠지만 그렇게 해줘.
>
> 디렉터 : 주인공이 다시 엄마가 돼서 독백해 보세요.
>
> 주인공(어머니) : 엄마가 사랑하는 방법이 그렇게 잘못된 거니? 엄마 인생에서 네가 차지하는 자리가 너무 커서 엄만 널 기대하고 의지했었어. 너가 나한테 이런 원망을 할 거라고는 상상도 해 본 적이 없단다. 네가 엄마 기대를 채워 줄 때 너도 행복할 거라 믿었단다. 네 잘못을 인정하고 끌어안아 주면 올바르게 자라지 못하고 계속 잘못할 줄 알았단다. 네가 나 때문에 힘들었

다고 하니 엄마는 앞으로 이제 어떻게 해야 할지 모르겠다. 난 이 세상에서 누구보다 널 가장 사랑하는데 그 사랑을 주려고 해도 이젠 네가 받을 수 없다고 하니 뭐라고 말해야 될지 정말 모르겠다, 난 정말 어떻게 해야 할지 모르겠구나.

나눔

디렉터가 주인공에게 다시 빈 의자를 내어 주며 누가 앉아 있냐고 물어보자 주인공은 여전히 '엄마'라고 대답하였다. 디렉터가 엄마를 어떻게 하고 싶은지 질문하자 주인공은 "안아 주고 싶다."고 하였다. 디렉터는 관객석에 앉아 있는 사람들 모두 나와서 주인공을 중심으로 원을 만들라고 지시한 후, 주인공에게 따뜻한 말 한마디씩을 하도록 하였다. 관객들은 주로 이런 무대에 나온 주인공의 용기에 지지를 해 주었으며, 또한 어머니를 좀 더 이해하고 계속해서 대화를 시도해 보도록 격려하였다. 한 중년 여자 관객은 자신도 나이가 드니까 딸한테 의지하게 된다고 하면서 이제는 딸이 엄마에게 따뜻한 역할을 해 줄 때라고 격려하였다. 디렉터는 주인공을 모두가 안아 주고 이 장면이 바로 어머니와 딸이 화해를 하는 장면이라고 설명하였다. 주인공은 마지막 소감으로 "얘기하고 나니 속이 후련하고 엄마가 정말 날 사랑한다는 걸 깨달아 많이 힘이 됐어요. 힘들 때는 이제 엄마를 믿을 수 있을 것 같아요."라고 하였다.

제29장 일상생활과 사이코드라마

지난 10년 동안 우리나라에서도 사이코드라마에 대한 인식이 널리 퍼지면서 사이코드라마가 공연되는 극장을 찾는 이들이 늘었지만, 아직도 많은 사람들은 사이코드라마에 대해 비정상적인 사람들이 하는 연극쯤으로 인식하고 있는 것을 볼 수 있다. 원래 사이코드라마는 정신치료의 한 형태로 시작되었지만, 사이코드라마기법은 문제나 갈등을 가지고 있는 사람들뿐만이 아니라 보통 사람들이 일상생활에서 접하는 여러 가지 삶의 양식을 실험해 보고 삶의 질을 향상시킬 수 있도록 적용하는 것이 가능하다. 외국에서도 1960년대까지는 주로 교육 장면이나 기업체(Corsini et al., 1955)에 사이코드라마를 적용하는 게 전부였으나 요즘에는 그 응용 범위가 넓어졌다. 다음에서는 사이코드라마가 적용될 수 있는 일상생활 영역을 간단히 살펴보고자 한다.

❶ 사이코드라마의 적용 영역

1) 사회 및 정서적 기술 학습

사이코드라마는 학교와 직장 등에서 사회·정서적 기술 계발과 관련된 영역에서 광범위하게 적용되기도 한다(Blatner, 2000). 이러한 영역의 능력 계발은 강의식, 토의식, 도서 교육 등으로도 가능하지만 주요 기술들은 보다 경험적이고 전체적인 면을 아우를 수 있는 역할 연기나 사회극을 통해 가장 효과적으로 습득될 수 있다. 이를 실행할 수 있는 몇 가지 방법은 다음과 같다.

① 일반적인 자발성 훈련: 즉흥적으로 생각하고 행동할 수 있게 도와줌
② 비언어적 의사소통 교육: 사람들이 신체, 얼굴 표정, 행위를 이용하여 조화롭게 자신을 표현하고 타인들에게서 이러한 비언어적인 요소들이 불일치할 때 적절하게 표현할 수 있게끔 하는 방법
③ 주장성 훈련: 타인에게 일정한 거리를 유지하면서 적절하게 자신의 생각을 표현하고 관심을 얻을 수 있는 방법을 배움
④ 공감 훈련: 타인을 더 잘 이해하기 위해 역할바꾸기를 하는 것
⑤ 역할 분석: 다른 사람의 사이코드라마나 사회극에 이중자아로 참여하고 나눔 과정에 적극적으로 동참하는 것. 익숙하지 않은 사회적 역할을 탐색하기
⑥ 역할 훈련: 피드백, 모델링, 재연 등을 이용하여 직장 면접 상황이나 낯선 사회적 상황 속에서 자신을 표현하는 방법을 배움
⑦ 자기이해: 독백, 거울기법, 이중자아 및 기타 여러 기법들을 통해 가능함

2) 개인적 의미의 심화

개인적인 의미는 단일한 공식이나 법칙이 있는 것은 아니지만 한 개인이 깊게 느끼는 경험, 즉 다양한 경험적 요소들에서 도출되는 느낌을 말한다.

① 타인에게 자기만의 독특한 경험을 이야기하기(다른 사람의 이야기를 잘 듣는 것만으로도 서로에 대한 이해와 상상력을 촉진할 수 있다.)

② 일상적인 생활 사건에서 이야깃거리가 될 만한 주제를 찾을 수 있음

③ 개인적인 생활사에 반영된 보편적인 문화적 테마들을 인식하게 되면 생활사들이 '개인적 신화'로 변하는 것이 가능해짐

④ 다양한 의식과 행사를 만들고 변형하여 주변 사람들과 상황에 좀 더 관심과 활기를 갖게 되고 민감해질 수 있음

사이코드라마가 매우 광범위하게 적용되는 까닭은 사이코드라마의 행동 기법과 전반적인 원리들은 위에서 언급한 과정들을 더욱 생생하게 경험하도록 해 주고 자기(selfhood)에 대해 보다 심층적으로 이해할 수 있는 계기를 마련해 주기 때문이다. 예를 들어 사이코드라마 디렉터는 집단 역동, 심리학, 드라마, 영성에 대한 지식을 적용하여 문화에 맞는 의식과 행사를 보다 창의적으로 적용할 수 있다.

3) 자기주장

자기주장을 할 수 있는 능력은 정신 건강에 매우 중요한 요소다. 많은 사람들이 자기 속에 있는 내용을 잘 표현하지 못해 끙끙 앓는 경우가 많다. 적절한 자기주장은 상대방에게 불쾌감과 불편감을 주지 않으며 다른 사람의 권리를 부정하지 않고 자신이 표현하고 싶은 것을 나타내는 행동이다. 자기주장은 또한 자기 자신의 권리를 찾는 행동으로 자기가 가지고 있는 생각, 느낌, 견해를 사회적으로 적절한 방법으로 표현하는 행위다.

역할 연기 상황 속에서 시연하고 토의하고 피드백을 주는 일련의 과정 속에서 사람들은 일상적인 역할 레퍼토리 이상의 역할 행동에 친숙해질 수 있다. 주장 훈련을 한다고 해서 자신의 목소리를 무조건 높이라는 게 아니라 단지 크고 힘 있게 자신의 생각을 말하라는 것이다. 집단에서 하는 역할 연기는 마치 '행동 훈련'과 같아서 역할 레퍼토리를 확장하는 방법이 된다.

4) 비언어적 의사소통

자신만의 습관적인 비언어적 반응 패턴을 보다 잘 인식하면서 자신을 표현하는 방식들을 다양하게 늘려간다면 대인관계에서 유능감과 융통성을 갖게될 것이다. 가정과 직장 내의 많은 대인관계에서 일어나는 마찰들은 얼굴 표정, 목소리 톤, 자세 등에서 표현되는 방식으로 빚어질 수 있다. 실상 대화에서는 말의 내용만이 전달되는 것이 아니라 어조도 전달된다. 즉 '말하는 방식은 내용 그 이상의 것을 전달하는 것이다.' 따라서 사람들은 사이코드라마 집단에서 "당신이 ……와 같이 말하는 방식은 ……하다."와 같이 말하고 그 후에 더 나은 행동을 이야기하고 이를 거울로 실연하게 되면 사람들에게 마찰을 일으키는 자신의 비언어적인 패턴을 인식하고 교정할 수 있다.

5) 분노관리와 사이코드라마

우리는 살아가면서 다양한 감정들을 경험하게 된다. 그러나 성격이나 상황에 따라서 감정을 표현하는 것이 사람마다 다르다. 자신의 감정을 알아차리고 느끼는 것이 어떤 사람에게는 쉽지만, 또 어떤 사람에게는 어색하고 쑥스러운 것이기도 하다. 더욱이 자기 마음 안에서 고마움, 즐거움과 같은 긍정적 감정들은 어느 정도 허용하지만, 고통, 슬픔, 분노, 두려움과 같은 부정적 감정들은 누구나 불편하기 때문에 억압하거나 피하게 된다. 그러나 억압하거나 피하는 것은 일시적인 해결일 뿐이다. 감정은 억압하고 피하는 만큼 마음 안에 쌓이게 된다. 그 감정들을 풀어주는 것이 가장 좋다. 불편하고 불쾌한 상태를 피하지 않고 직접 다루어 줄 수 있는 방법을 익힌다면, 화가 나서 또는 속상해서 고통을 받는 일이 없을 것이다. 우선, 감정은 모두 다 옳은 것이다. 틀리거나 잘못된 감정은 없다. 내가 느끼는 감정은 모두 그럴만한 조건이 되기 때문에 느껴지는 것이다. 감정을 논리로 따지게 될 때, 옳고 그르고 하는 시비가 벌어지고, 누군가에게 정당성을 주장하기 위해 대결하는 자세가 된다. 억압하거나 피하지 말고 감정이 느껴지는 그대로 느끼고 수용하는 자세가 우선 필요하다. 감정은 표현한다고 반드시 해소되는 것은 아니다. 오히려 부작용이 생겨서, 아예 표현을 안 했더라면 하고 후회할 수도 있다. 그 이유는 내 감정을 표현한다고 시작했지만, 대화를 하다보면 상대방에게 내 감정의 책임을 묻는 상황이 되기 쉽다. 자신이 느끼는 감정을 상대방에게 '너 때문이니까 책임져라.' 하는 논리가 된다. 이럴 때 상대방은 당연히 기분이 나쁘고 방어적이 된다. 따라서 감정 표현은 반드시 "내 감정은 ~다.", "나는 ~ 기분이다."라는 나 전달법으로 전해져야 한다.

① 내면에 남아 있는 분노 놓아주기

앞서 설명했듯이, 불쾌 감정을 적절히 다루어 주지 못하면 내면에 감정적 찌꺼기가 생겨 나쁜 결과를 가져올 수 있다. 드라마 상황에서 분노감을 놓아주게 하기 위해서 디렉터는 다음과 같은 말을 할 수 있다.

'지금 화가 많이 나 있는데 그것은 누구의 잘못도 아닙니다. 상대방이나 상황의 잘못도 아니고 당신의 잘못도 아닙니다. 모든 조건, 상황이 만들어 낸 당신의 현실입니다. 현재 당신이 마음을 차지하고 있는 것이 분노라면 그 분노를 만나주고 감정적으로 마음속에 찌꺼기가 남지 않게 소화를 시켜 줘야 합니다.'

② 불러일으켜진 분노 감정 다루어 주기(역할 연기)

빈 의자를 앞에 가져다 놓은 후, 그 의자에 보조자아를 앉히고 지원자 한 명을 나오게 한다. 그런 다음 음악과 더불어 다음과 같은 지시문을 나지막한 목소리로 읽어 준다.

'자, 여기 놓여 있는 의자를 쳐다보세요. 이 의자에는 당신을 화나게 만들었던 사람이 앉아 있습니다. 그 사람이 이제는 더 이상 두렵거나 크게 보이지 않습니다. 여기 앉아 있는 사람이 그 사람이라고 생각하고 그 사람에게 아직 못 다한 말이 있다면 다 해 보세요. 이제는 당신이 그 사람의 의자로 바꾸어 앉아 보세요(보조자아와 자리 바꾸기). 이제 당신은 당신을 분노하게 만든 사람의 입장이 되고 의자에 앉아 있던 사람은 당신이 될 것입니다. 서로 역할을 바꾸어 연기하는 것입니다. 자, 한번 해 보

세요.' (먼저 보조자아에게 역할 연기를 하도록 시키고, 이에 주인공이 반응하
도록 격려한다.)

분노는 다양한 역할 행동을 통해 여러 수준의 강도로 표현하는 것이 가능하
다. 가장 가벼운 수준의 분노감에서부터 광적으로 격분하여 통제력을 상실하는
강렬한 표현에 이르기까지 그 수준들을 연기로 표현하고 연습할 수도 있다.

6) 욕구 자각

사이코드라마는 이외에도 인간이 가지고 있는 욕구와 욕망을 다룰 수 있다.
다음은 40대 중반의 여자 주인공이 사이코드라마 상황에서 내면의 욕망을 어
떻게 자각하고 표현하고 있는지를 보여 주고 있다.

나의 에로스 여행

다음은 40대 초반의 여성의 내적 욕망과 환상을 다룬 사이코드라마를 소개하고자 한
다. 이 드라마는 주인공의 느낌과 이미지를 따라 간 것으로서 주인공이나 디렉터, 관객
들 모두 어떤 드라마가 진행될지 모르는 상태에서 시작되었다. 디렉터는 그날따라 갈등
이나 관심 주제를 깊이 파고드는 전형적인 드라마에서 벗어나 뭔가 색다른 드라마를 진
행하고 싶었다. 어떤 결론이 날지, 그리고 드라마가 잘 될지 안 될지 모르지만 드라마의
구조나 형식에 구애받지 않고 주인공의 무의식적 흐름을 느긋하게 따라가 보자고 마음
을 먹었다.

먼저 준비작업으로는 유도된 환상(guided imagery)기법을 써서 집단원들이 두 명씩
짝을 지어 등을 맞대고 여행을 떠나는 장면으로 연출되었다. 뒤에 있는 사람은 자신과
함께 여행을 떠나고 싶은 사람이라고 암시를 준 후 준비작업 동안 비언어적 교감을 나누
게 하였다. 워밍업기법을 통해 선발된 주인공은 40대 초반의 여성으로 한 여성 단체에
몸담고 있는 사람이었다. 그녀는 뛰어난 상상력과 창조성을 지닌 사람으로 섬세하고 감
각적으로 자신의 감정을 솔직히 잘 표현해 내었다. 며칠후 인도 여행을 떠나기로 예정되
었던 주인공은 인도 여행에 대한 자신의 환상을 연기하고 싶어했다. 특별한 기법을 사용
하기보다는 주인공의 환상을 따라 편안하게 드라마가 뒷받침해 주는 방식으로 진행되

었다. 또한 디렉터가 일일이 장면을 지시해 주기보다는 주인공이 직접 모노드라마 형식으로 자신이 원하는 장면을 선택하고 극을 이끌어가도록 해 주었고, 필요할 경우 디렉터가 잠깐 개입하여 그때 느낌이나 생각을 물어보는 정도로 하였다.

첫 번째 장면에서는 주인공의 신체적·정신적 이완을 위해서 잠을 자도록 유도했다. 조용한 음악이 흐르고 신체적 긴장을 풀고 잠을 자는 장면이 연출되었고 주인공은 마치 꿈을 꾸는 듯한 표정으로 자유로운 연상을 하였다. 디렉터가 무엇이 떠오르는지 질문하자, 주인공은 꿈을 꾸듯이 사막의 달빛 아래 조용히 달을 바라보고 있는 자신의 모습이 떠오른다고 하였다. 디렉터가 옆에 누가 있는지 질문하자, 주인공은 자신의 옆에는 햇볕에 그을린 검은 피부를 가진 건장한 남성이 함께 있다고 말하였다. 디렉터는 즉시 건장한 남성 역할을 해 줄 보조자아를 투입하였다. 주인공에게 하고 싶은 대로 해 보라고 지시하자, 옆에 있는 건장한 남성과 팔짱도 끼고 음식도 나누어 먹고 이야기도 함께 나누었다.

현재 여러 가지 일로 스트레스를 많이 받고 있던 그녀는 정말로 오랫만에 갖는 휴식을 즐기는 것 같았다. 디렉터는 주인공이 자칫 성적인 환상으로 빠져들지는 않을까 약간 염려되었다. 하지만 점차로 극이 흐르면서 주인공에게 있어서 남성은 단지 성적인 욕망의 대상이라기보다는 현재 누리고 있는 자유를 함께 공유하고 즐길 수 있는 동반자의 의미가 더 크다는 인상이 들었다. 다음에 무엇을 하고 싶은지 주인공에게 물어보자 그녀는 문명과는 거리가 먼 어떤 미개발된 도시에서 아무런 거리낌 없이 거지들과 같이 생활을 하고 싶다고 하였다. 주인공은 자발적으로 거지들과 어울리고 함께 춤도 추고 이야기도 나누고 따뜻한 정을 나누었다. 이때 주인공은 꿈을 꾸듯이 "하늘에서 갑자기 비가 쏟아져요. 진흙 속에서 마음껏 뒹굴고 싶어요."라고 말했다. 디렉터는 "여기에서는 본인이 원하시는 대로 할 수 있습니다. 자, 하고 싶은 대로 마음껏 자유로움을 느껴 보시길 바랍니다."라고 말하자, 주인공은 진흙 속을 뒹굴면서 행복한 미소를 지어 보였다. 디렉터가 느낌이 어떠냐고 질문하자 "아무런 눈치 볼 것 없이 마음대로 뒹굴고 웃을 수 있어 너무 행복해요. 사는 것이 즐거워요."라고 말하였다.

비를 내리게 하는 검은 구름의 일부가 걷어지자 강렬한 햇살이 진흙 속의 그녀에게 비추었다. 온몸을 따뜻하게 하는 태양이 주인공으로 하여금 카타르시스를 느끼게 해 주었다. 이어서 주인공은 무대 위를 열정적으로 왔다 갔다 하면서 춤을 추었다. 그녀의 얼굴에서 자유로움과 해방감을 엿볼 수 있었다.

디렉터가 다음 장면을 연상시키자, 주인공은 미지근한 물속에 가만히 떠 있고 싶다고 말했다. 디렉터가 보조자아들에게 푸른 천으로 강물을 만들도록 지시하였다. 주인공은 물고기처럼 강물을 헤엄쳤다. 이어서 물 밖으로 나온 주인공은 풀밭에 앉아 평화롭게 휴식을 취하였다. 주변을 둘러보니 어둠이 내리기 시작했다. 주인공의 몸에는 고요함과 기분 좋은 노곤함이 배어들었다.

이와 같이 사막의 달빛 아래 조용히 달을 바라보고 있는 자신을 떠올리는 첫 장면을 시작으로 문명과는 거리가 먼 도시에서의 자연과의 합일, 거지들과의 만남, 물속에서의 느낌, 조용히 어두워지는 강가의 풍경으로 장면이 이동되는 동안 주인공의 환상과 욕망을 따라갔을 뿐 디렉터의 인위적인 장면 설정은 없었다.

마지막 장면에서 디렉터는 주인공에게 자신의 이중자아가 되어 누워 있는 자신을 바라보게 하면서 현재 기분을 물어보았다. 주인공은 아주 행복하다고 이야기했다. 그리고 드라마가 처음에는 단순한 연애 욕구에서 출발하였으나 자연과 일치감을 느끼고 자신에 충실해질 수 있는 경지로 승화되어 말로 표현할 수 없는 기쁨을 주었다고 설명하였다. 디렉터는 주인공이 경험한 환상 여행이 다름 아닌 '삶에 대한 실존적 자각이었다.'라는 말에 깊은 인상을 받았다.

다음은 주인공이 직접 쓴 드라마 후기다.

그날은 크리스마스 이브여서 관객이 별로 없었다. 단골 관객 몇 명과 보조자아로 활약하는 배우들을 합하여 모두 10명 정도였고, 모두 익숙한 얼굴들이었다. 디렉터는 오붓한 분위기를 살려 다른 방식으로 드라마를 진행하였다.

모두 무대로 나와서 짝을 지어 등을 대고 앉은 채, 자신이 꿈꾸는 상황을 상상하게 하였다.

나는 실제로 혼자 며칠 후에 떠날 인도 여행을 상상했다.

누군가와 등을 대고 앉아서 상대의 등으로 전달되는 체온을 느끼고, 등의 움직임을 서로 같이 느끼는 것은 특별한 느낌을 주었다.

누군가와 사랑하고 싶다는 생각이 파도처럼 밀려왔다. 실제 여행을 앞두고 약간의 두려움이 있었기 때문인지, 목이 굵고 튼튼한 등을 가진 남자가 나와 함께했으면 하는 마음이 당혹스러울 정도로 간절한 소망이 되어 다가왔다.

준비작업에서부터 완전히 풀려 버린 나는 당연히 그날 드라마의 주인공으로 선정되었고 디렉터는 내가 가고 싶은 곳에 나를 있게 하였고, 내가 하고 싶은 것을 마음대로 하게 두었다.

사막의 달빛 아래에 내가 있었다. 적절한 거리에 한 남자가 있고, 나도 그도 달을 보고 피곤해지면 그대로 눕기도 했다.

상대역을 맡은 보조자아는 자꾸 나의 욕망에 부응하느라 열심히 애인 역할을 하고자 애쓰고 있었다. 그러나 내가 원하는 것은 그런 상황이 아니었다. 그가 내게 옷을 벗어 주려고 하고, 나를 배려하려고 하고, 전형적인 남녀관계의 역할을 맡으려고 하자 짜증스러워졌다. 나는 상대에게 본인이 하고 싶은 걸 하면서, 그냥 나랑 같이 있어 주기만 해 달라고 부탁했다.

사막도 달도 참 조용하다, 그리고 따뜻하다. 나는 사막의 모래가 된다. 그도 사막의 모래가 되어서 말없이 서성이기도 하고 눕기도 한다.

아침, 낮, 오후, 밤, 사막의 모든 시간들이 송두리째 내 안으로 들어오고 시간이란 것이 내게서 없어진다. 시간이 있는 곳에서 나는 완전히 탈출한 것이다. 배가 고프면 부스럭거리며 배낭에서 먹을거리를 꺼내 씹어 먹고, 말없는 그와 나눠 먹기도 하고, 그와 내가 가엾게 느껴지기도 하고 사랑스럽게 느껴지기도 했다. 점점 그가 좋아진다.

다음 날, 거지들이 모여 있는 거리에 있다. 거지들과 같이 불도 쬐고, 밥도 해 먹었다. 눈빛이 따뜻한 거지, 인상이 조금 험해도 우정을 느낄 만한 거지, 늙은 거지들과 같이 떠들다가 끌어안고 춤도 춘다.

그런데 갑자기 비가 쏟아진다. 나는 아니 우리들은 마구 신이 난다. 비 오는 거리를, 진흙탕 위를 나는 마구 뒹군다. 오래전부터 이렇게 진흙 위를 뒹굴고 싶었다. 사는 게 좋다. 지금 이 순간 살아 있어서 너무 좋다.

갑자기 해가 하늘에서 공중으로 내려와 수직으로 크게 떠 있다. 빛나는 태양과 그 주위를 쏟아지는 비. 그 반짝이는 빗줄기와 쏟아지는 빗소리, 온통 하얗게, 노랗게, 오렌지색으로 어우러진 세계. 와우! 와우! 나는 미친 듯이 춤춘다! 빛에 열광하며.

환희, 이 말은 이런 순간에 어울리는 말이다. 나는 완전히 황홀해져서 미칠 것 같았다.

나는 강으로 간다.

수많은 사람들이 강가에서 무언가를 하면서 바쁘게 움직이고 있고, 강 안에도 많은 사람들이 있다. 인파 속에 끼어 나도 강으로 들어간다.

미지근한 강물에 나를 적시고 나는 서서히 물속으로 빠져든다. 강물 안에서 물고기처럼 평화롭게 헤엄친다.

강에서 나와 나는 오래도록 물가에 앉아 강가 풍경을 바라보다 거지처럼 눕는다. 사방이 어두워진다. 주변은 여전히 시끌거리고 북적대는데 내 마음은 아득할 정도로 조용해진다. 조용해진 마음이 퍽 좋다. 안전한 느낌이 든다.

멀리 저쪽에 그가 보인다. 사람들 사이에서 무언가를 하고 있다. 같이 놀던 거지들도 각자 바쁜 것 같다. 몸이 노곤해져 오는 것이 짜릿하다.

내 온몸에 고요와 황홀이 함께 흐른다.

끝으로 디렉터가 나를 보고 누워 있는 나 자신에게 하고 싶은 말이 없냐고 묻는다. 나는 금방 하고 싶은 말을 찾아낼 수 있었다.

"난 네가 정말 마음에 들어."

연애욕망으로 시작한 환상 여행에서 내가 어떤 것을 원하는지, 어떤 관계를 소망하는지 어렴풋이 알게 되었다.

그것은 결코 관습적인 남녀관계가 아니었다. 꼭 남자가 아니어도 좋았으리라. 그가 나를 잘 알지 않아도 되었다. 나는 그에게 바라는 것이 없었다. 그냥 순간을 함께 존재하는 것, 자연 속에서 같이 살아 있는 것, 내가 바라는 에로스는 바로 그것이었다. 무언가가 깨끗이 씻겨 내려간 기분이 지속되었다. 내 내면의 환상을 연기하며 나의 순수한 소망을, 나의 진짜 모습을 만났다. 놀랍게도 일상의 크고 작은 문제들이 부질없어 보였다. 환상 여행이 내게 준 선물은 다름 아닌 삶에 대한 실존적 자각이었다.

자연이, 삶이 그리고 사람이 본디 에로스인 것을, 왜 그 느낌을 잃고 살고 있었지? 우리가 잃어버린 현실, 그것이 바로 환상이었다.

태양이, 사막이, 달빛이, 진흙이, 강물이, 춤이, 어울림이 현실이 아니고 무어란 말인가?

에필로그 _ 사이코드라마의 전망

여기에서는 사이코드라마에 열정과 관심을 가지고 있는 디렉터로서 앞으로 사이코드라마의 전망에 관해 두 가지 측면을 언급하고자 한다. 정신치료는 과학(science)이자 예술(art)이라는 점을 고려해서 정신치료 모듈로서 그리고 예술적 모듈로서의 사이코드라마에 관해 조망해 보고자 한다.

❶ 정신치료 모듈

사이코드라마가 오랜 역사를 가지고 있음에도 불구하고 이론적 구조와 발전이 뒤따라 주지 못해 정신치료의 주류에 들어가지 못하고 있다는 것은 주지의 사실이다. 대개 사이코드라마는 일회적으로 주인공의 갈등을 다루는 경우가 많기 때문에 그 효과에 의문을 가지는 임상가들이 있다. 또한 사이코드라마가 사람들 앞에서 지나치게 감정을 방출시키고 그것에 대한 수습을 제대로 하지 않는다는 점, 주인공이 내놓은 문제에 대한 비밀 보장이 되지 않는다는 점을 들면서 회의적인 시각을 가지고 있는 경우가 많다. 그러나 이러한 제한점들은 다른 정신치료와 마찬가지로 사이코드라마에서도 치료 회기를 늘린다거나 치료자, 보조자아들로만 구성된 소규모 폐쇄 집단으로 실행한다면 보완이 될 것이라 사료된다. 또한 인지행동치료와 같은 기존의 잘 알려진 치료양식과 접목시켜 특정 진단군에 적용해 보는 것도 효과적일 것이다.

이 외에도 통제된 사이코드라마 치료 논문들이 많이 나오고 치료적 효과를 극대화시키기 위한 지속적인 노력을 기울인다면 사이코드라마 자체의 강력한 치료적 요인들과 더불어 독특한 개성, 감각과 경험을 중시하는 현대사회에 잘 어울리는 치료적 모듈이 될 수 있다고 본다.

현재 사이코드라마의 흐름은 고전적인 사이코드라마의 형태보다는 좀 더 세분화된 사이코드라마가 주류를 이룬다는 생각이다. 외국에서는 지진 피해자, 정신외상치료, 여성의 정신적 외상, 약물중독, 동성애 문제 등 특화된 사이코드라마가 성행하고 있다. 이와 마찬가지로 국내에서도 이혼자, 알코올 자녀, 성폭력 피해자 등 집단의 특성에 맞는 사이코드라마 치료 모듈이 개발될 필요가 있을 것으로 보인다.

2 예술적 모듈

현대인에 있어 문화는 필수적이다. 우리나라도 경제가 발전하면서 사람들의 삶에 점점 여유가 생기다보니 다양한 문화적 욕구가 싹트고 있다. 음악, 미술, 연극에 일반인의 참여도 늘고 있고 문화 센터를 통해 직접 도자기를 빚는다든지 댄스를 배우는 등 문화 활동에 참여하려는 사람들도 많아졌다. 인터넷상에는 같은 취미와 관심을 갖고 있는 동호회 등을 통해 자신들의 독특한 문화를 즐기기도 한다. 사이코드라마 동호회도 인터넷 카페에 만들어져 연극 형태로 공연도 하고 많은 사람들이 관람을 하러 다니기도 한다. 단순히 갈등해소나 문제해결이 목적이 아니라 그저 같은 취향을 가진 사람들끼리 사이코드라마의 경험과 생각들을 공유하고 즐기는 것이다. 사이코드라마는 이제 고전적 의미의 드라마에서 다양한 욕구를 수용할 수 있는 문화적 매체로서 탈바꿈하고 있다. 저자가 대학로에서 매주 월요일 공연하고 있는 '나를 찾아서'라는 사이코드라마는 대학로에서 하나의 문화로 정착된 느낌이다. 직장인들이 퇴근 후에 들려 스트레스를 풀기도 하고 공통된 주제로 사회극의 형식으로 웃고 즐기기도 한다. 사이코드라마에서 가고 싶었던 여행을 떠나기도 하고 여행을 다녀왔던 다른 이들과 경험을 공유하기도 한다. 또한 이루지 못한 꿈을 관객들과 같이 공유하기도 한다. 몇몇 사람들은 매주 대학로 공연을 찾아 사이코드라마를 통해 자신의 문제를 탐구하기도 하고 드라마팀과 친분을 쌓기도 한다.

　저자는 2003년 성곡미술관에서 미술 전시와 함께 사이코드라마를 공연한 적이 있다. 당시 타이틀은 '사이코드라마전'으로서 미술과 사이코드라마를 접목하는 새로운 형태의 시도였다. 관람자들이 수동적으로 미술 작품을 관람하는 기존의 관행에서 벗어나 자발성과 적극성을 가지고 직접 참여할 수 있게 하자는 새로운 착상을 가지고 성곡미술관의 큐레이터들과 저자가 의욕적으로 기획하여 미술과 사이코드라마라는 서로 다른 장르가 처음 만나는 기회가 되었다.

　당시에 극을 진행하며 느낀 점은 사이코드라마와 표현 예술은 많은 공통점이 있으며 상호보완적이라는 점이었다. 예술은 인간의 내면에 있는 감정, 사고, 기억 들을 작품으로 표현하는 것이고 관객들은 이를 보고 감동하고 정화되는 느낌을 갖는다. 사이코드라마 역시 내적인 욕망이나 갈등을 외적으로 표출하여 카타르시스를 경험한다. 이처럼 예술과 사이코드라마는 인간의 내면을 다룬다는 점에서 공통점이 있으며 함께 사용한다면 시너지 효과가 있다고 본다. 무용이나 동작을 통해 표현되는 신체적 언어, 캔버스 위에 표현되는 색감의 언어, 청신경을 통해 대뇌에 정서적 메시지를 전하는 음악적 언어 모두가 표현 예술이다. 사이코드라마가 이러한 표현 예술적 측면을 보완하여 발전시킨다면 사이코드라마 고유의 효과와 더불어 문화적인 코드로 발전할 수 있는 계기가 될 것이라는 전망을 해 본다. 사회가 다양해지면서 인간의 문화적 욕구나 취향이 다양해지고 있다. 이와 같이 다양해진 문화적 욕구와 추세에 발맞추어 사이코드라마 역시 많은 이들이 참여하고 즐길 수 있는 문화적 수단으로 발돋움했으면 하는 것이 저자의 바람이다.

용어해설

가족 사이코드라마(family psychodrama)

　가족이나 친척을 집단으로 사이코드라마를 진행하는 것으로 역할바꾸기, 미래투사, 그 밖의 적절한 사이코드라마기법을 사용한다. 가족들은 서로에게 보조자아가 되어 준다. 이 기법을 통해 가족들에게 역할바꾸기 기술을 가르침으로써 가족관계에서 서로 공감대를 형성하게 한다. 사이코드라마기법은 진단적이고, 치료적이며 교육적인 도구로도 가치가 있다. 전통적인 가족치료에다가 사이코드라마적인 기법을 가미할 경우 더욱 효과적일 수 있다.

가족조각(family sculpture)

　살아 있는 가족 그림이라고도 하며, 주인공과 보조자아가 가족조각을 만들어 낸다.

개조된 보조자아(reformed auxiliary ego)

　드라마가 행해지고 갈등이 해결된 후, 주인공의 중요한 타자 역할을 했던 보조자아를 통해 자신이 갖고 있던 중요한 대상에 대한 생각이 바뀌게 된다.

거울기법(Mirror)

　주인공은 보조자아가 자신이 표현한 역할을 다시 실연해 보이는 동안 뒤에 서서 지켜본다. 가족 간의 상호관계가 다시 보일 수도 있고, 또는 자신의 어린 시절 장면을 지켜봄으로써 문제나 갈등을 객관적으로 볼 수 있는 시각을 갖게 된다.

관객(Audience)

주로 치료집단이지만 가족, 치료자집단, 환자집단, 또래집단 등 어느 집단이든 가능하다. 자리에 있기는 하지만 주어진 실연에서 별다른 역할을 하지 않는 사람도 있고 관객은 집합적 역할(collective role)을 하기도 한다. 대부분의 경우 관객은 20명 미만이다. 모레노는 100명 이상의 관객과 개방된 사이코드라마를 하기도 했으나, 이렇게 큰 집단의 경우 비밀보장과 추후 지도가 문제가 될 수 있다.

구체화(Concretization)

사이코드라마에서는 주인공이 추상적인 표현을 하면 좀 더 구체적인 것으로 바꾸도록 한다. 문제를 직접적으로 다루는 것을 회피하기 위해 주지화나 애매모호함을 주된 방어로 사용하는 주인공들에게 필요한 방법이다.

꿈실연(Dream presentation)

꿈은 지금 여기서 일어나는 것처럼 실연된다. 주인공 자신이나 보조자아를 통해 꿈 속의 모든 이미지, 즉 생물·무생물을 모두 묘사한다. 꿈의 이미지를 따라가면서 주인공은 꿈이 주는 의미를 깨닫고 자신의 삶에서 긍정적으로 통합하게 된다.

나눔(sharing)

실연 후 역할연기자와 보조자아들이 사이코드라마를 함께하는 동안 그들에게 인상 깊었던 것들을 공유하는 것을 말한다.

노출된 긴장(open tension)

아직 완전하게 해결되지 않아서 불안을 유발하는 정신이나 자기-체계 등을 지칭하는 말이다.

높은의자기법(High chair)

주인공이나 보조자아가 단상 위에나 높은 의자에 올라간다. 주인공이 올라가게 되면 보다 자신 있는 태도로 자기를 표현하고 주장할 용기를 갖게 된다. 특히 권위적인 인물에 대해 갈등을 가지고 있는 주인공에게 사용하면 효과적이다. 높은 의자 대신 발코니를 사용할 수도 있다.

다중 보조자아(multiple auxiliaries)
주인공은 역할이나 사람을 상징하는 하나 이상의 보조자아를 선택할 수 있다.

다중 이중자아(multiple double)
주인공에게 자아의 부분들을 표현해 주는 둘 이상의 이중자아를 말한다. 미래의 나, 현재의 나, 과거의 나 또는 착한 나와 나쁜 나 또는 Eric Berne의 부모, 어른, 아이 또는 Fritz Perls의 상전과 하인 등과 같은 다양한 측면들이 표현된다.

독백(Soliloquy)
주인공은 평소에 숨어 있거나 억압되었던 느낌과 생각을 독백으로 표현한다. 독백은 충고의 내용일 수도 있고, 용기를 북돋아 주는 말일 수도 있고, 꾸짖는 비난의 말일 수도 있다. 이를 변형한 것으로는 이중자아와 함께 걸어 다니며 독백을 할 수도 있고, 주인공이 애완용 동물에게 말할 수도 있고, 빈 의자와 만날 수도 있고, 현자 역할의 보조자아와 만나거나, 미래의 자아 또는 성격의 다른 한면과도 만날 수 있다.

드라마 게임(drama game)
미리 정해진 주제를 바탕으로 한 구조화된 실험적 상황으로, 준비단계 혹은 실연단계에서 행해질 수 있다.

등뒤기법(Behind the back)
주인공이 무대 한쪽 구석으로 가서 집단원으로부터 등을 돌린다. 집단원은 주인공이 없는 것처럼 하고 주인공에 대해 의견을 나눈다. 이때 주인공은 자신에 대해 이야기하는 것을 엿듣게 된다. 한 가지 변형은 주인공이 장면이나 상황을 보여 주면 집단은 그 장면이나 상황에 대해서 토론한다. 또 다른 방법은 집단이 주인공으로부터 뒤돌아 앉거나 서서 어떤 자극이 있어도 아무런 반응도 보이지 않도록 한다.

디렉터
사이코드라마나 역할놀이에서 과정을 총괄하는 사람으로 집단지도자, 치료자, 분석가, 연출자 역할을 한다.

마무리 빈의자기법

사이코드라마의 나눔 단계에서 느낌 나누기 과정 중 관객들은 앞의 장면에서 중요한 역할을 한 인물과 비슷한 자기 삶 속의 인물에 대한 반응을 빈 의자를 통해 표현할 수 있다. 이 기법은 '관객 카타르시스'를 완성시키기 위해 관객들로 하여금 짧은 장면에 참여해서 주인공의 극에 나왔던 인물들을 만나거나 자신의 삶 속의 인물을 만나게 한다. 이때 분노나 슬픔, 용서나 화해의 감정을 재연할 수 있다.

마무리(Closure)

행위가 끝나면, 디렉터는 역할을 했던 사람들이 각각 느낌을 표현하며 당시 상황으로부터 거리감을 가짐으로써 '역할 벗기' 기회를 갖도록 한다. 역할을 맡았던 사람들을 모두 일어나게 해서 역할을 '벗어나게 하는 것'이 필요하다.

마스크(Masks)

역할로부터의 거리감을 조장하기 위해 가면을 사용한다. 소시오드라마에서 흔히 사용된다. 각각의 가면과 이야기하고, 주인공이 그 역할을 해 보고 나서 행위를 통한 만남에 들어간다.

모노드라마(Monodrama)

주인공이 혼자서 모든 역할을 해 보는 것이다. 보조자아가 필요하지 않기 때문에 개인치료 시에 사용할 수도 있다. 주인공은 역할바꾸기를 통해 주요한 타인과의 관계에 대한 자신의 견해를 확대시킬 수 있다. 빈의자기법과 함께 사용하며 주인공은 여러 가지 다른 의자로 위치를 옮겨 가면서 다른 역할을 맡게 된다. Fritz Perls의 게슈탈트치료기법은 본질적으로 모노드라마기법을 적용한 것이다.

무대(The stage)

사이코드라마에서 무대는 원래 중요한 부분이었다. 모레노는 무대를 설계할 때 소관객 집단에게 근접하도록 했으며, 3계단으로 원형이어서 극적 행동감을 더욱 유발시키도록 했다. 정통 사이코드라마는 모레노가 사용했던 무대를 사용하기도 한다. 그러나 대부분의 사이코드라마는 집단정신치료실이나 빈 회의실(책상, 걸상을 치워 놓고)이나 넓은 사무실과 같이 형식에 구애받지 않고 이루어지고 있다.

문화적 보존(cultural conserve)

장례식이나 결혼식같이 문명 안에서 고정된 방식으로 행해지는 자발적 행위들을 지칭한다.

미래투사법(Future projection)

미래의 특정한 장면이 설정된다. 가장 바라고 있는 일, 가장 두려운 일, 현실적 기대, 또는 닥쳐올 상황을 탐색하기 위한 것이다. 역할 훈련에서 이 기법은 리허설과 행동 연습의 기회를 제공해 준다. 주인공은 이 기법을 통해 자신에 대해 좀 더 현실적인 접근을 하게 되고 현실 판단력을 갖게 된다. 미래의 소원 성취적 상황을 제시하여 줌으로써 좌절감에서 벗어나게 해 주고 미래에 대해 희망을 품어 보게 할 수 있다.

방백(Asides)

주인공이 실연을 할 때 실제로는 느끼고 있으나 말로 표현할 수 없는 것을 방백으로 표현하게 한다. 방법은 주인공이 관객을 향해 자기 의견을 말할 수 있으며, 얼굴 방향이나 손을 들어서, 상대방이 이러한 의견을 말하는 것을 모르는 것으로 표시할 수가 있다. 따라서 감추어진 생각이나 느낌이 밖으로 표현된 생각들과 병행해서 표현되기도 한다.

보조자아(Auxiliary, auxiliary ego)

주인공을 도와서 주인공이 상황을 좀 더 생생하게 경험하게 한다. 다른 집단원들이나 훈련된 보조자아, 동료 치료자들이 포함될 수 있다.

분광(Spectrogrma)

표시선에 개인적 가치, 강도, 정의를 표시하는 것을 말한다. 예를 들어 1-5, 차가운-뜨거운, 매우 많이-매우 적게 등을 표시해 놓고 집단원을 배치시킨다. 주로 준비 작업에서 많이 사용되는 기법이다.

빈의자기법(Empty chair)

주인공이 실연 시, 보조인물 역할을 하는 사람 대신 사용되는 보조의자다. 이 기법은 매우 강력하고 가치 있는 방법으로 게슈탈트치료와 같은 일대일 치료장면에서 흔히 사용되기도 한다.

죽음장면(Death scene)

주인공은 중요한 타인이 죽어가거나, 죽어서 입관되어 있을 때 말을 하도록 한다. 또는 주인공이 죽은 사람 역할을 하고 집단원들이 말을 시킬 수 있다.

사이코드라마(psychodrama)

행위화와 역할연기기법 등을 사용하는 치료적인 방법을 지칭한다.

사진 워밍업(Photograph warm-up)

디렉터는 사진 속에 누가 들어 있는지, 그 사람이 누군지 표현하게 한다. 사진으로 하는 준비작업은 일종의 행위 소시오그램을 끌어낼 수 있는 영향력 있는 기법이다. 내재된 사고와 언어를 표현하게 되어 만남 또는 사이코드라마가 탄생한다.

사회적 원자(social atom)

사회측정학에서 중요한 개념으로 사회적 상호작용의 기본 단위가 되며 사회적 균형과 관계를 형성할 수 있게 하는 정신사회적 네트워크를 말한다.

사회측정학(Sociometry)

모레노가 집단 내 인간관계를 측정했던 방법으로 집단 상호관계를 위해 워밍업으로도 쓰일 수 있다. 지필을 사용하여 다양한 활동을 하는 데 있어서 자신의 파트너로 생각한 인물을 집단 중에서 선택하게 한다. 결과를 표나 도표로 표시하여 집단과 토론할 수 있다. 이것을 통해 집단에서 누가 인기가 많은지, 누가 상대적으로 고립되어 있는지를 알 수 있다. 지필을 이용하지 않고도 사회측정학적 선택을 할 수 있는 방법들이 다양하다.

상징적 실현법(Symbolic realization)

주인공이 처한 상황을 상징적으로 표현한다. 예로 주인공이 어떤 문제로 중압감을 느낀다면, 보조자 서너 명이 주인공의 등에 매달린다. 주인공이 소외감을 느끼고 답답해하고 있다면 보조자아들이 작은 원을 만들어 놓고 주인공이 통과하거나 탈출하게 한다.

소시오드라마(Sociodrama)
환자와 의사 관계, 교사와 학생, 보수파와 진보파 등 주요 역할 관계에 대해 실연을 한다. 사이코드라마에서는 개인의 삶에서 문제가 되는 것을 다루는 반면, 소시오드라마에서는 집단원과 관련된 일반적인 문제가 소재가 된다.

소품(Vignette)
주인공이 선택한 한 명 혹은 두 명의 역할 연기자들이 실연하는 작은 장면을 말한다.

시간 퇴행(Time regression)
과거의 장면과 은유를 말로 표현해서 구체화시키는 행위를 지칭한다.

실연(Enactment)
주인공이 제시하는 상황을 무대에서 행위로 옮기는 것을 말한다. 과거의 기억이나 환상, 현재 일어나고 있는 상황, 혹은 미래의 희망과 걱정, 두려움을 표현할 수 있다.

역할놀이(Role playing)
역할놀이에서 중요한 것은 문제에 대한 최선의 접근법을 찾는 데에 있다. 경영, 산업, 교육현장에 가장 자주 사용된다. 역할놀이와 소시오드라마, 사이코드라마는 용어를 서로 혼용하여 사용하기도 한다. 그러나 일반적으로 역할놀이는 인간 행동의 이면을 깊이 탐색하기보다는 문제를 다양한 측면에서 바라보고 정의하는 데 목적이 있기 때문에 흔히 소시오드라마와 유사하다.

역할 대치(Substitute role)
의심이 많거나 수줍음이 많아서 자기 자신을 묘사하기를 꺼리는 주인공들에게 주로 사용된다. 처음엔 다른 사람의 역할을 하다가 점점 자신의 문제를 드러내게 한다. 예컨대 자신의 역할 대신 자기와 친한 친구 역할을 할 수 있다. 주변 사람의 역을 맡으면서 실제의 자신의 모습이 자연스럽게 드러날 수 있다.

역할 맡기(Role taking)

특정한 역할, 주로 자기 삶의 부분이나 어떤 역할을 구체화하는 행위는 그 역할을 어떻게 묘사할 것인지 정의하는 범위에 따라 이루어진다. 역할을 맡는 과정에 많은 자발성을 보여 주는 경우, 이것을 역할 창조성이라고 할 수 있다.

역할바꾸기(Role reversal)

사이코드라마에서 핵심적인 기법으로 참가자들이 역할을 바꾼다. 주인공이 역할을 바꾼다는 것은 자기 중심적 틀을 벗어나는 수단이 된다. 역할바꾸기는 주인공이 다른 사람의 견해에 공감할 필요가 있을때 적절하게 사용하는 것이 좋다. 주인공은 역할을 바꾸어 그 장면에서 다른 사람이 어떻게 행동하는지 보여 준다.

역할 표현(Role presentation)

주인공은 어떤 역할이든 표현할 수 있다. 무생물 물체라도 일단 역할이 맡겨지면 느낌을 표현하게 된다. 예를 들면 집안의 책상이 주인에게 어떤 식으로 무시를 받았는지 표현할 수 있고, 침실 속의 침대가 부부 문제에 대해 지각한 바를 표현할 수 있다. 이와 비슷하게 애완동물, 꿈 속의 인물, 태어나지 않은 자녀, 천국의 심판자, 그 외의 인물들이 모두 사이코드라마에서 심리적으로 실재할 수 있다.

요람기법(Cradle scene)

유아침대(crib)기법이라고 불리기도 하는 이 기법은 주인공이 자신의 의존성 및 욕구를 경험하는 데 사용된다.

워밍업 또는 준비작업(Warm-up)

사이코드라마 초기에 다양한 기법들을 사용하여 집단응집력을 증진시키고, 집단이 작업에 집중하도록 하며, 집단 내에 특별한 분위기와 방향 설정, 주제 등을 만들어낼 수 있다. 집단원들은 자기 자신이나 다른 사람의 심리적·정서적 탐색 영역에 들어가기 위해 신체적·정서적으로 준비작업을 하게 된다. 워밍업기법은 매우 다양하고 주인공을 비롯하여 집단원의 자발성을 촉진하기 위해 창의적인 아이디어가 많이 필요한 부분이다.

의인화법(Personification)

책상과 의자와 같은 사물이나 추상적 개념을 의인화하여 이것들이 모두 주관과 감정이 있는 것처럼 보조자아가 표현한다.

이별기법(Goodbye scenes)

과거에 해결되지 않은 일(unfinished business)을 완성하는 데 사용하며, 애도작업의 중요한 부분이다.

이중자아(Double)

주인공의 분신으로 사이코드라마에서 가장 중요하고 기본적인 기법이다. 숙련된 보조자아나 동료 치료자 혹은 집단원이 주인공의 감정과 생각을 명료하게 표현하는 역할을 한다. 주인공과 공감적 유대관계를 갖는 것이 필수적이다.

인도된 공상(Guided fantasy)

주인공은 이완을 한 상태에서 디렉터가 지시하는 대로 경험해 본다. 워밍업이나 마무리기법으로 유용하다. 주제로는 신체 내부나 바다 속으로 여행하거나, 기묘한 집이나 성을 탐험하는 것이 있다.

인터뷰(Interview)

주인공이나 보조자아와 관련된 보다 많은 정보를 알아내기 위해 디렉터가 조사하는 것을 말한다.

잉여현실(Surplus reality)

실제 일어나는 사건 만을 사이코드라마적인 상항으로 옮기는 것이 아니라 Zerka Moreno가 말했듯이, '한 번도 일어나지 않았고, 앞으로 일어나지 않을 것이며 또는 결코 일어날 수 없는' 장면들을 실연한다. 이 장면에서는 흔히 희망과 두려움, 미해결된 심리적 사건들을 상상력을 사용하여 표현하게 된다. 모레노는 사이코드라마가 사람들에게 진실한 감정, 환상, 잉여현실의 영역을 포함하고 있기 때문에 '진실 극장'이라고 불렀다.

자동극(Autodrama)

디렉터 없이 행해지는 극을 지칭한다. 자동극에서는 주인공 자신이 디렉터가 되어 보조자아를 선택할 수 있다.

장면 설정(Scene setting)

실연을 할 때 주인공이 바라보고 또 그렇게 되길 바라는 설정된 장면에서 주인공이 경험한 과정을 말하는 것이다.

재판기법(Judgement scene)

주인공은 마치 법정 장면과 유사하게 갈등을 전개한다. 마음의 법정일 수도 있고 하늘에서의 마지막 심판일 수도 있다. 주인공이 죄책감을 느끼면서 자신을 비판할 때 도움이 되며, 용서하기 어려운 사람을 정죄하기 위한 장면 구성 시 효과적이다, 주인공과 보조자아를 검사, 변호사, 피고인, 판사, 배심원 등의 역할을 하게 하여 극화시킨다.

조명(Lighting)

색깔 조명이나 희미한 불빛은 연극적인 효과를 높인다. 예를 들어, 푸른색 조명은 하늘이나 바다를 표현하고, 검은색은 잠을 자거나 꿈기법에 사용되며 빨간색은 지옥이나 분노감을 표현할 때 효과적이다.

주인공(Protagonist)

사이코드라마에서 중심 역할을 하는 사람을 가리키는 용어다. 주인공은 탐구할 문제나 갈등 상황을 제시하며, 이러한 주인공의 경험이 집단의 중심적 초점이 된다.

춤과 동작(Dance and Movement)

주인공이 장면에서 감정을 충분히 표현하기 위해 아무런 말 없이 몸을 움직이게 한다.

텔레(Tele)

사람과 사람, 사람과 대상, 사람과 상징 간에 흐르는 감정의 흐름과 충동을 지칭하는 사이코드라마 용어다.

행위 갈증(Act hunger)

상황을 실제로 실연해 봄으로써 어떤 정서나 신체, 행위 차원을 경험하고 완결하려는 내면의 의식적·무의식적 욕구를 말한다. 반복적인 강박 행동(repetition compulsion)처럼 만족되지 않은 갈망을 의례화해서 재연할 수 있다. 이러한 갈망은 즐거운 경험이 아닌 고통스러운 경험에서 나온 것인데, 그 이유는 과거에 겪은 정신적 외상을 의식적 수준으로 불러내서 극복하려는 욕구가 반영되기 때문이다. 사이코드라마에서는 보조자아들을 통해 원래의 상황을 구체적인 형태로 재연하면서 행동에 대한 욕구, 즉 행위 갈망을 인격화시킨다. 실연을 통해 욕구나 추동이 사이코드라마에서 충족이 되면 정신내적으로 해결되지 않고 쌓여있던 사건이 수정되고, 완결된 형태가 되어서 정서적 마비나 긴장 상태가 사라지게 된다.

행위 소시오그램(Action sociogram)

사회적 원자를 행위화시키는 것을 말한다.

행위 완료(Action completion)

주인공이 사이코드라마적인 방법으로 자기의 바람을 충족시키고, 꿈이나 갈등을 긍정적으로 해결하고, 전에 좌절되었거나 억압되었던 계획을 성공적으로 재창조하도록 하는 것이다. 행위 충족이라는 용어와 의미가 같다. 예컨대 어린 시절 상처를 받았거나 좌절스러웠던 장면을 재연할 때 몇 가지 요소를 바꾸어 볼 수 있다. 동료 치료자나 집단원이 '완전한' 부모나 교사 역할을 맡기도 한다. 이 기법은 '교정적 정서 경험'을 위한 보다 직접적인 방법이 될 수 있다.

참 고 문 헌

김미리혜 · 김진영 역(1995). 심리치료: 절충 · 통합적 접근. 서울: 정민사.

김유광(1977). 정신질환에 대한 심리극 효과. 중앙의학, 32:2, 165-168.

김유광(1980). 정신질환에 대한 심리극 효과(2). 중앙의학, 32:2, 89-94.

김유숙(1998). 가족치료: 이론과 실제. 서울: 학지사.

김정규(1995). 게슈탈트 심리치료. 서울: 학지사.

류분순(2000). 무용 · 동작치료학. 서울: 학지사.

송종용(1998). 현재 정신분석과 심리극. 서울: 도서출판 백의.

이정실 역(2003). 내적 음악을 표출하기 위한 음악치료와 사이코드라마. 서울: 학지사.

이정태 · 채영래 역(2002). 역동정신의학. 서울: 하나의학사.

최윤미 역(2002). 임상현장에서의 사이코드라마. 서울: 시그마프레스.

최해림 · 장성숙 역(1993). 집단정신 치료의 이론과 실제. 서울: 하나의학사.

Appelbaum, S. A. (1988). Psychoanalytic therapy: A subset of healing. *Psychotherapy, 25,* 201-208.

Bandura, A. (1971). *Social learning theory.* Englewood Cliffs, N. J.: Prentice-Hall.

Bandura, A. (1977). Self-efficacy: Toward a unified theory of behavioral change. *Psychological Review, 84,* 191-215.

Beattie, W. M. (1994). Social senility. In J. Wertheimer & M. Marois (Eds.), *Senile Dementia: Outlook for the future*(pp.159-166). New York: Alan R. Liss Inc.

Beck, A. T. (1976). *Cognitive therapy and the emotional disorders*. New York: International Universities Press.

Bellak, L., Hurvich, H., & Gediman, H. K. (1973). *Ego functions in schizophrenics, neurotics, and normals*. New York: Wiley.

Bibling, E. (1954). Psychoanalysis and the dynamic psychotherapies. *Journal of the American Psychoanalysis Association, 2*, 745–770.

Blatner, H. A. (Ed.)(1966). *Psychodrama, Role playing, and action methods; a syllabus*. Thetford, England: Author.(2nd edition 1968).

Blatner, A., & Blatner, A. (1988). *Foundation of psychodrama: History, theory & practice*(3rd ed.). New York: Springer.

Blatner, A. (2000). *Foundation of psychodrama: History, theory & practice*(4th ed.). New York: Springer.

Blatner, H. A. (1973). *Acting-in: Practical applications of psychodramatic methods*. New York: Springer.

Bonny, H. L., & Savary, L. M. (1973). *Music and your mind*. New York: Harper and Row.

Bowen, M. (1978). *Family therapy in clinical practice*. New York: Aronson.

Breuer, J., & Freud, S. (1893). *Studies on hysteria*. London: Hogarth Press.

Buchanan, D. R., & Taylor, J. A. (1986). Jungian typology of professional psychodramatists: Myers–Briggs Type Indicator Analysis of certified psychodramatists. *Psychological Reports, 58*, 391–400.

Carswell, M. A., & Margraw, K. (2003). *The body talks: Using psychodrama and metaphor to connect mind and body*. New York: Springer Publishing Company.

Chace, M. (1953). Dance as an adjunctive therapy with hospitalized mental patients. *Bulletin of Menninger Clinic, 17*, 219–225.

Corsini, R. J., & Rosenberg, B. (1955). Mechanism of group psychotherapy: Processes and dynamics. *Journal of Abnormal and Social Psychology, 51*, 406–410.

Dayton, T. (1994). *The drama within*. Florida: Health Communications, Inc.

Farmer, C. (1995). *Psychodrama and systemic therapy*. London: Karnac.

Farmer, C., & Geller, M. (2003). *Applying psychodrama in the family systems therapy of bowen*. New York: Springer Publishing Company.

Frank, J. D. (1961). *Persuasion and healing: A comparative study of psychotherapy* (Revised edition 1973). Baltimore: John Hopkins University Press.

Frank, J. D. (1969). Common features account for effectiveness. *International Journal of Psychiatry, 7,* 122–127.

Freud, A. (1968). Symposium: Acting out and its role in the psychoanalytic process. *International Journal of Psychoanalysis, 49,* 165–170.

Freud, S. (1926). *Inhibitions, symptoms and anxiety.* London: Hogarth Press also P.F.L. 11.

Freud, S. (1900). *The interpretation of dreams.* S. E. 4/5, pp. 1–685.

Gershoni, J. (2003). *Psychodrama in the 21st Century: Clinical and Educational Applications.* New York: Springer Publishing Company.

Goodman, G., & Dooley, D. (1976). A framework for help–intended communication. psychotherapy. *Theory, Research, and Practice, 12,* 106–117.

Goldman, E. E., & Morrison, D. S. (1984). *Psychodrama: Experience and process, dubuque.* IA: Kendall Hunt.

Greenberg, L. S. (2002). *Emotion–focuced therapy: Coaching clients to work through their feelings.* American Psychological Association(APA).

Greenson, G., & Dooley, D. (1967). *The technique and practice of psychoanalysis.* New York: International Universities Press.

Grotjahn, M. (1976). A discussion of acting out incidents in groups. In L. R. Wolberg & M. L. Aronson (Eds.), *Group Therapy.* New York: Intercontinental Medicla Books.

Haddock, G., & Slade, P. (Eds.)(1996). *Cognitive–behavioral intervention with psychotic disorders.* London: Loutledge.

Hall, I. (1977). The effects of an intensive weekend psychodrama vs. spaced psychodrama sessions on anxiety, distress and attitude toward group interaction in nursing students. Unpublished Doctoral dissertation: University of New Mexico.

Hart, van der O. (1983). *Ritual in psychotherapy: Transition and continuity.* New York: Irvington.

Hart, J., Corriere, R., & Binder, J. (1975). *Going Sane: An introduction to feeling tsherapy.* New York: Dell.

Haskell, M. R. (1975). *Socioanalysis: Self direction via sociometry and psychodrama.* Long Beach, Cal.: Role Training Associates.

Hayden–Seman, J. A. (1998). *Action modality couples therapy.* Jason Aronson Inc. New Jersey.

Holmes, P., & Krap, M. (1991). *Psychodrama: Inspiration and technique*. London: Routledge.

Hudgins, M. K. (1998). The containing double as part of the therapeutic spiral model for treating trauma survivors. *International Journal of Action Methods, 51,* 63–72.

Jacobson, E. (1964). *The self and the object world*. New York: International Press.

Janov, A. (1970). *The primal scream*. New York: Putnam's Sons.

Jung, C. G. (1965). *Memories, dreams, reflections*. New York: Vintage Books.

Johnson, C., Lahey P., & Shore A. (1992). An exploration of creative arts therapeutic group work on an Alzheimers unit. *The arts in psychotherapy, 19,* 271–277.

Karp, M. (1994). The River of Freedom. In P. Holmes, M. Karp, & M. Watson (Eds.), *Innovations in theory and practice: psychodrama since Moreno*. London: Routledge.

Kellermann, P. F. (1985a). Charismatic leadership in psychodrama. *Group Psychotherapy, Psychodrama, and Sociometry, 38*: 84–95.

Kellermann, P. F. (1985b). Participants' perception of therapeutic factors in psychodrama. *Group Psychotherapy, Psychodrama, and Sociometry, 38*: 123–132.

Kellermann, P. F. (1987a). Outcome research in classical psychodrama. *Small Group Behavior, 18*: 459–469.

Kellermann, P. F. (1987b). Psychodrama participants' perception of therapeutic factors. *Small Group Behavior, 18*: 408–419.

Kellermann, P. F. (1991). An essay on the metascience of psychodrama. *Group Psychotherapy, Psychodrama, and Sociametry, 44,* 19–32.

Kellermann, P. F. (1992). *Focua on psychodrama*. London: Jessica Kingsley Publishers.

Kellerman, P. F. (1994). Role reversal in psychodrama. In P. Holmes, M. Karp, & M. Watson (Eds.), *Psychodrama since Moreno: Innovations in theory and practice*. London: Routledge.

Kelly, G. A. (1955). *The psychology of personal constructs*. New York: Norton.

Kernberg, O. (1984). *Severe personality disorders: Psychotherapeutic strategies*. New Haven & London: Yale University Press.

Kingdon, D. G., & Turkington, D. (1994). *Cognitive-behavioral therapy of schizophrenia*. New York: The Guilford Press.

Kitwood, T. (1993). Person and process in dementia. *International Journal of*

Geriatric psychiatry, 8, 541-545.

Kipper, D. A. (1986). *Psychotherapy through clinical role playing.* New York: Brunner/ Mazel.

Kipper, D. A. (1989). Psychodrama research and the study of small groups. *International Journal of Small Group Research, 5,* 4-27.

Kobler, J. (1974). The theater that heals men's minds. In I. A. Greenberg (Ed.), *Psychodrama: Theory and therapy.* New York: Behavioral Publications. (Original work published 1962).

Kruger, R. T. (1980). Gruppendynamik und wideratandsbearbeitung im psychodrama. *Gruppenpsychotherapie und Gruppendynamik, 15,* 243-270.

Landy, R. (1986). *Dramatherapy: Concept and practice.* New York: Charles Springer.

Laffon, D., Bryan, V., & Sinatra, C. C. (1985). Stop-gap: Senior theatre outreach program. In N. Weisberg & R. Wilder (Eds.), *Creative arts with older adults: A sourcebool.* New rok: Human Sciences Press.

Lebovici, S., Diatkine, R., & Kestenberg, E. (1952). Applications of psychoanalysis to group psychotherapy and psychodrama therapy in France. *Group psychotherapy, 5*(1-2-3), 38-50.

Lemoine, P. (1977). Toward a psychoanalytical theory of psychodrama. *Group analysis, 10*(3), 203-206.

Leutz, G. A. (1985a). Psychodrama in psychiatry: Its imaginary reality and auxiliary world. In P. Pichot, P. Berner, R. Wolf, & K. Thau (Eds.), *Psychiatry* (Vol. 4. pp. 245-250). New York: Plenum.

Leutz, G. A. (1985b). What is effective in psychodrama? In G. A. Leutz Mettre, *Sa Vie En Scene.* Paris: Epi.

Marmor, J. (1962). Psychoanalytic therapy as an educational process. In J. H. Masserman (Ed.), *Science and psychoanalysis* (Vol. 5. pp. 286-299). New York: Grune & Stratton.

McNiff, S. (1998). *Art-based research.* London: Jessica Kingsley Publishers.

Mead, G. H. (1934). *Mind, self and society.* Chicago: University of Chicago Press.

Moreno, J. L. (1920). *Das testaments des vaters.* Berlin: Gustav Kiepenheuer.

Moreno, J. L. (1923). *Das Stegreiftheater.* Potsdam: Kiepenheuer.

Moreno, J. L. (1937). Interpersonal therapy and the psychopathology of interpersonal relations. *Sociametry.*

Moreno, J. L. (1940). Mental catharsis and the psychodrama. *Sociometry, 3,* 209-244.

Moreno, J. L. (1946 & 1977). *Psychodrama*. New York: Beacon House

Moreno, J. L. (1953). *Who shall survive?* A new approach to the problem of human interrelations. Washington: Nervous and Mental Disease Publishing Co.

Moreno, J. L., Moreno, Z. T. (1959). *Psychodrama: Foundations of psychotherapy*. New York: Beacon House.

Moreno, J. L. (1960). *The sociometry reader*. Glencoe: The Free Press of Glencoe.

Moreno, J. L. (1967). *The psychodrama of Sigmund Freud*. New York: Beacon House.

Moreno, J. L. (1972). *Psychodrama*. New York: Beacon House.

Moreno, Z. T. (1965). Psychodramatic rules, techniques, and adjunctive methods. *Group psychotherapy, 18*, 73–86.

Moreno, Z. T. (1975). *An interview with Zerka T. Moreno dean of training*. The Moreno Institude, Beacon, NY', Practical Psychodrama for Physicians.

Ochsner, K. N., & Barrett, L. F. (2001). A multiprocess perspective on the neurosciences of emotion. In Mayne, T. J., & Bonanno, G. A. (Eds.), *Emotions: Current Issues and future directions*. New York: The Guilford Press.

Perls, F. G., Hefferline, R., & Goodman, P. (1950). *Gestalt therapy: Exitement and growth in the human personality*. New York: Brunner/Mazel.

Piaget, J. (1951). *Play, dreams and imitation in childhood*. London: Routledge & Kegan Paul.

Polansky, N. A., & Harkins, E. B. (1969). Psychodrama as an element in hospital treatment. *Psychiatry, 32*: 74–87.

Reich, W. (1949). *Character Analysis*. New York: Orgone Institute press.

Sandler, J., & Rosenblatt, B. (1962). The concept of the representational world. *Psychoanalytic studies of the Child, 17*, 128–162.

Sacks, J. (1976). The psychodrama group: Formation and beginning. *Group process, 7*, 59–78.

Schneider–Duker, M. (1991). Psychodrama als forschungsmethode und forschungsgegenstand. In M. Vorwerg & T. Alberg (Eds.), *Psychodrama psychotherapie und grenzgebiete, Band 12*. Heidelberg: Johann Ambrosius Barth.

Schutz, W. C. (1971). *Here comes everybody*. New York: Harper & Row.

Seabourne, B. (1966). Some hinta on dealing with various kinds of protagonists. In A. Blatner (Ed.), *Psychodrama, role–playing and action methods*. Theory and Practice: A syllabua.

Schoop, T. (1973). Dnace and delusions. In B. F. Govine, & J. C. Smullwood (Eds.), *What is dance therapy really?* Proceeding of the 7th Annual Conference of the American Dance Therapy Association.

Singer, J. L. (1977). Imagination and make-believe play in early childhood: Some educational implications. *Journal of Mental Imaginary, 1,* 127-144.

Stone, L. (1981). Notes on the noninterpretive elements in the psychoanalytic situation and process. *Journal of the American Psychoanalytic Association, 29,* 89-118.

Sundberg, N. D., & Tyler, L. E. (1962). *Clinical psychology.* New York: Appletion - Century -Crofts.

Sullivan, H. S. (1953). *The interpersonal theory of psychiatry.* New York: Norton.

Wakins, M. (1986 & 1990). *Invisible guests-the development of imaginal dialogues.* Boston, MA: Sigo Press.

Weiner, M. F. (1977). Catharsis: Areview. *Group Process, 7,* 173-184.

Weiner, H. B. (1967). The identity of the psychodramatist. *Group Psychotherapy, 20,* 114-117.

Wilkinson, N., Srikumar, S., Shaw, K., & Orrell, M. (1998). Drama and movement therapy in dementia: A pilot study. *The arts in psychotherapy, 25*(3), 195-201.

Williams, A. (1989). *The passionate technique: Strategic psychodrama with individuals, families and groups.* London, Routledge.

Winnicott, D. W. (1971). *Playing and Reality.* London: Tavistock Publications.

Woods, B. (1994). Management of memory impairment in older people with dementia. *International Review of Psychiatry, 6,* 153-161.

Woo, J. I., Lee, J. H., Yoo, K. Y., Kim, C. Y., Kim, Y. I., Shin, Y. S. (1998). Prevalence estimation of dementia in a rural area of Korea. *Journal of American Geriatric Soc, 46*(8), 983-987.

Yablonsky, L., & Enneis, J. M. (1956). Psychodrama Theory and Practice. In F. Fromm-Reichmanna & J. L. Moreno (Eds.), *Progress in Psychotherapy,* Vol 1. New York: Grune & Stratton.

Yalom, I. D. (1975). *The theory and practice of group psychotherapy.* New York: Basic Books.

Zisook, S., Paulus, M., Shuchter, S. R., & Judd, L. L. (1997). The many faces of depression following spousal bereavement. *Journal of Affective Disorder, 45,* 85-94.

찾 아 보 기

내용색인

저자약력

김수동
고려대학교 의과대학 졸업(의학박사 Ph.D.)
신경정신과 전문의
고려대학교 의과대학 정신과 외래 부교수
임상예술학회 부회장
서울여대 특수치료 전문대학원 겸임 교수
현재 용인정신병원 진료부장

이우경
한국외국어 대학교 포르투갈어과 졸업
가톨릭대학교 대학원 졸업(임상심리학 석사)
임상심리전문가(한국 심리학회), 정신보건 임상심리사 1급(보건복지부)
현재 용인정신병원 임상심리과장

사이코드라마의 이론과 적용

2004년 7월 22일 1판 1쇄 발행
2020년 4월 20일 1판 3쇄 발행

지은이 • 김수동 · 이우경
펴낸이 • 김진환
펴낸곳 • (주) 학지사
　　　　　04031 서울특별시 마포구 양화로 15길 20 마인드월드빌딩
대표전화 • 02)330-5114　　　팩스 • 02)324-2345
등록번호 • 제313-2006-000265호

홈페이지 • http://www.hakjisa.co.kr
페이스북 • https://www.facebook.com/hakjisa

ISBN 978-89-7548-525-1 93180

정가 18,000원

출판 · 교육 · 미디어기업 학지사

간호보건의학출판 학지사메디컬 www.hakjisamd.co.kr
심리검사연구소 인싸이트 www.inpsyt.co.kr
학술논문서비스 뉴논문 www.newnonmun.com
원격교육연수원 카운피아 www.counpia.com